메이저리그
전설들
1

메이저리그 전설들 1

야구공을 파괴한 타자들

김형준 · 이창섭

지음

북콤마

일러두기

- 책 속의 인명은 국립국어원의 외래어 표기 용례와 표준국어대사전을 따랐다.
  다만 몇몇 선수들의 인명(타이 콥 등)은 오래 사용해 굳어진 것을 그대로 유지했다.

- 선수들의 프로필과 공식 기록은 베이스볼 레퍼런스를 따랐다.

- 성적(슬래시 라인)을 적을 때는 타율, 출루율, 장타율 순으로 함께 적으면서
  빗금으로 구분했다. 예: 루 게릭 0.340/0.447/0.632.

- 선수들의 데뷔 연도는 메이저리그 데뷔 연도에 따랐다.
  조시 깁슨과 로이 캄파넬라만 니그로리그 데뷔 연도로 적었다.
  재키 로빈슨과 윌리 메이스는 그들의 니그로리그 1년 기록이 최근 메이저리그
  기록으로 공식 편입됐기에 따로 적시했다.

- 선수들의 나이를 언급할 때는 대부분의 경우 만 나이를 적었다.

완전무결하지 않은 99인의 인생 이야기

오랜 시간이 흐른 뒤에도, 히어로 영화는 나를 설레게 한다. 꼬마였던 나를 열광하게 만든, 보자기를 둘러쓰고 계단에서 뛰어내리도록 한 히어로들은 외계인과 악당에게서 지구를 지키는 완전무결한 존재였다.

하지만 어른의 눈으로 다시 보고 나니, 눈에서 레이저를 쏘고 유조선을 들어 올리는 화려함 뒤에는 그에 못지않은 고뇌, 그리고 약점이 있었다. 그들은 완전무결한 존재가 아니었다.

1871년에 시작한 메이저리그 야구는 내셔널리그가 1876년, 아메리칸리그가 1901년에 창설됐다. 그리고 20만 경기가 넘게 열린 150년 동안 2만 명이 넘는 선수가 뛰었다. 베이스볼 레퍼런스에 따르면, 2021년 6월 22일에 데뷔한 2001년생 선수 완더 프랑코Wander Franco(탬파베이)는 2만 2430번째 선수다.

하지만 명예의 전당에 오른 선수는 1퍼센트에 해당되는 235명에 불과하다. 그중에서도 엄선된, 이 책에 이름을 올린 99명은 150년 역사에서 가장 빛난 히어로들 중 슈퍼히어로들이다.

이들의 인생을 탐구하면서 깨달은 점은 자신의 시대를 지배했던 이들 또한 저마다의 '크립토나이트'를 갖고 있었다는 것이다. 그래서 이들에게 더 빠져들었고, 더 애틋함을 느꼈던 것 같다.

메이저리그와 야구의 역사를 대표하는 99명은 완전무결한 존재들이 아니다. 그들은 경기에서도 완전무결하지 않았으며, 완전무결한 인생을 살지도 않았다. 이 책은 완전무결한 선수들의 이야기가 아니라 완전무결하지 않은 이들의 인생 이야기다.

책을 쓰면서 느낀 행복은 부러움을 동반했다. 메이저리그가 가진 다채로운 역사에 대한 부러움이다.

2020년 팬데믹으로 인해 역사상 가장 짧은 60경기 시즌을 보낸 메이저리그는 2021년 원래 모습으로 돌아왔다. 비거리 140미터 홈런을 연일 날리고, 시속 162킬로미터 공을 뿌린 오타니 쇼헤이大谷翔平는 100년 전 베이브 루스를 소환했다. 역사적인 시즌의 시작이었다.

2021년 8월 13일, 인구가 4000명에 불과한 오하이오주 다이어스 빌에서 전혀 생각하지도 못한 야구 경기가 열렸다. 메이저리그는 케빈 코스트너의 1989년 영화 '꿈의 구장'을 재현하기 위해 옥수수밭 한가운데 야구장을 만들었다. 슈리스 조 잭슨을 비롯한 영화에서의 8명처럼, 옥수수밭을 헤치고 등장한 양키스와 화이트삭스 선수들은 영화보다 더 재미있는 승부를 만들어냈다.

같은 해 9월 12일은 9·11 테러 20주기가 되는 날이었다. 3000명에 가까운 사망자가 발생한 끔찍했던 날을 추모하기 위해 뉴욕의 두 팀, 양키스와 메츠는 뉴욕 경찰관과 소방관들의 모자를 쓰고 경기를 치렀다. 경기는 이른바 '케네디 스코어'(8대 7)로 끝났다.

9월 16일, 푸에르토리코 출신을 포함한 많은 선수가 자신의 이름이 새겨지지 않은 21번 유니폼을 입었다. 1972년 12월 31일, 니카라과 지진 피해자들을 위해 구호품을 실은 비행기에 올라탔다가 38세 나이에 세상을 떠난 로베르토 클레멘테를 기리기 위해서였다. 클레멘테의 소속 팀이었던 피츠버그는 짜릿한 끝내기 승리를 선물했다.

2021년은 그동안 역사를 소중히 지켜온 메이저리그가 그 노력에 대한 보상을 받은 해였다. 역사는 경기를 뛰어넘는다. 우리도 경기 너머에 있는 역사를 봐야 한다. 야구도 결국 사람 이야기다.

우리를 있게 해주신 부모님들, 아내 박민경과 유은진, 아빠에게 힘을 주는 딸 김나현과 아빠를 따라 야구팬과 롯데 팬이 될 것이 틀림없는 창섭 주니어, 우리를 메이저리그의 길로 이끈 선배님들과 큰 도움을 준 후배들, 아낌없는 격려와 응원을 보내주신 팬들에게 감사를 드린다.

2021년 9월
김형준, 이창섭

차례

타율의 시대에서 홈런의 시대로

인종의 벽이 무너지다

안타왕과 도루왕

우리 시대의 레전드들

타율의 시대에서 홈런의 시대로

처음 야구의 모습은 지금과 달랐다. 베이스에는 나무말뚝이 박혀 있었다. 공을 던져 주자를 맞히면 아웃이었다. 그리고 타자가 헛스윙을 한 것만 스트라이크로 인정됐다. 볼이라는 개념이 만들어지고 파울도 스트라이크로 카운트된 것은 그 후의 일이었다. 타자가 걸어 나가기 위해 골라내야 했던 볼의 수도 처음에는 9개였다.

마지막으로 일어난 변화는 공이 딱딱해진 것. 그 분기점은 1920년이었다. 이에 메이저리그는 1920년을 기점으로 그 이전을 데드볼 시대(Dead-ball Era), 그 이후를 라이브볼 시대(Live-ball Era)로 부른다.

데드볼 시대의 특징은 공의 반발력이 적어 타구가 멀리 뻗어나가지 않았다는 것이다. 지금은 경기당 평균 두 개의 홈런이 나오고 있지만, 데드볼 시대에는 두 경기를 봐야 한 개를 구경할까 말까였다. 타자들은 방망이를 짧게 잡고 단타에 주력한 타격을 했다. 그러다 보니 정확성이 중시됐고 도루가 적극적으로 이뤄졌다. 지금은 도루가 경기당 한 개 정도 나오지만 데드볼 시대는 세 개에 육박했다. 이 장은 데드볼 시대와 라이브볼 시대를 교차한 선수들이 나온다. 그들의 야구는 지금과 달랐다.

호너스 와그너, 최고의 유격수

나 대신 방망이가 말해줄 것이다. _호너스 와그너

호너스 와그너 John Peter "Honus" Wagner, 1874~1955

유격수, 우투우타

활동 기간 1897~1917(21시즌)

19세기(1897년)에 데뷔한 호너스 와그너와 21세기 선수인 알렉스 로드리게스Alex Rodriguez(1975년 출생, 1994년 데뷔). 100년의 시간 차가 나는 둘을 두고 한때 누가 최고의 유격수인지 논쟁이 있었다.

사람들은 무섭게 홈런 수를 쌓아가는 알렉스 로드리게스가 결국은 와그너를 제치고 역대 최고가 될 것으로 생각했다. 하지만 흥미진진했던 와그너 추격전은 로드리게스가 2004년 뉴욕 양키스에 입단하기 위해 유격수를 포기하면서 싱겁게 끝났다. 유격수로 출발했다가 1루수로 더 많이 뛰고 은퇴한 어니 뱅크스처럼 로드리게스도 나중에 3루수로 자리를 옮겼다(로드리게스는 2013년 약물 추문에까지 휩싸이며 사람들의 고민을 덜어줬다).

통산 2777경기 중 1887경기에 유격수로 나선 와그너도 유격수만 고집한 것은 아니다. 하지만 그것은 와그너가 너무나 뛰어난 재능을 갖고 있어서였다. 와그너는 데뷔하고 첫 6년간 팀에 구멍 난 자리를 메우기 위해 포수를 제외한 내외야 전 포지션을 오갔다. 29세 시즌이던 1903년 풀타임 유격수가 된 와그너는 은퇴 직전인 마흔두 살까지 14년간 유격수로 활약했다. 마흔두 살 나이에 유격수를 주 포지션으로 맡아 100경기 이상 나선 선수는 그와 루크 애플링뿐이다.

9개 수비 포지션을 모두 소화할 수 있었던 와그너는 메이저리그 역사상 가장 다재다능한 선수였다. 정규 경기에서 마스크를 쓴 적은 없지만 포수도 가능했으며, 투수로 두 차례 마운드에 올라 3이닝 무실점과 5.1이닝 무실점을 기록해 통산 평균자책점 제로 기록도 갖고 있다.

저명한 야구 분석가 빌 제임스Bill James는 와그너를 역대 선수 랭킹에서 베이브 루스의 다음 자리에 두면서 "단점이 하나도 없었던 유일한 선수"라고 칭했다. 베이스볼 페이지는 각 선수마다 장단점을 기술해놓았는데, 와그너의 장점은 '타격, 주루, 수비, 송구'라고 한 반면, 단점은 단호하게 '없음'이라고 적었다.

드와이트 아이젠하워 대통령은 회고록에 다음과 같이 쓴 바 있다. "어린 시절 나는 호너스 와그너처럼 최고의 야구 선수가 되고 싶었다. 반면 내 가장 친한 친구는 대통령이 되고 싶어 했다. 우리는 둘 다 꿈을 이루지 못했다."

호너스 와그너는 8번 타격왕에 올라, 토니 그윈과 함께 내셔널리그 최고 기록을 갖고 있다. 그보다 더 많이 타격왕에 오른 선수는 타이 콥(아메리칸리그 11회)이 유일하다. 그윈과 콥은 좌타자이고 와그너는 우타자다. 타격왕 8회는 1900년부터 1911년까지 12년 사이에 나온 것으로, 타격왕에 오르지 못한 4시즌에도 모두 5위 내에 들었다.

총 21시즌 중 16시즌에 걸쳐 타율 3할 이상을 유지했고, 3할 5푼 이상을 기록한 시즌도 7차례나 됐다. 와그너는 17년 연속 3할 타율을 기록한 것으로 인정받았지만, 훗날 안타 한 개가 취소되어 2년차이던 1898년의 타율이 0.300에서 0.299로 떨어졌다. 연속 3할 타율 기록도 15년으로 줄었다.

와그너는 그 밖에도 장타율에서 6번, 출루율에서 4번, 타점에서 5번, 2루타에서 7번, 3루타에서 3번 리그 1위에 올랐다. 특히 점수가 적게 나는 데드볼 시대를 보냈는데도 100타점 시즌을 9번이나 만들어냈다(타이 콥 7회). 와그너는 상대 에이스들이 가장 두려워하는 타자였는데, 전설적인 투수들을 상대할 때도 빈틈을 보이지 않았다. 사이 영(511승)을 상대로 0.343, 크리스티 매튜슨(373승)을 상대로 0.324, 키드 니콜스Kid Nichols(361승)를 상대로 0.352의 통산 타율을 기록했다.

플라잉 더치맨

호너스 와그너의 별명인 '플라잉 더치맨'은 전설 속의 유령선을 말하는데, 뛰어난 스피드와 날아다니는 듯한 유격수 수비 때문에 붙여진 별명이다. 하지만 더 큰 이유는 플라잉 더치맨이라는 제목('방황하는 네덜란드인')의 오페라를 만든 작곡가 바그너와 이름이 같았기 때문이다(와그너는 네덜란드계가 아니라 독일계다).

와그너가 역대 최고의 유격수인 데는 당연히 공격뿐 아니라 수비까지 뛰어난 것이 한몫했다. 와그너는 레프티 고메스Lefty Gomez가 "허리를 숙이지 않고도 구두끈을 묶을 수 있을 것 같다"고 한 긴 팔과 엄청나게 큰 손, 강한 어깨를 갖고 문어발 수비를 했다. 명감독 존 맥그로John McGraw는 와그너 쪽으로 간 타구가 안타가 될 수 있는 방법은 그의 머리에서 8피트(2.4미터) 위로 날리는 것뿐이라고 했다. 당시 스카우팅 리포트에도 '(타구가) 와그너 쪽으로 가지 않기를 바랄 뿐'이라는 문구가 있었다.

와그너의 통산 수비율 0.940은 지금 기준으로 보면 상당히 낮다. 하지만 당시는 그라운드 상태가 엉망이었으며 글러브도 조악했다. 와그너는 가끔씩 글러브를 뒷주머니에 꽂고 맨손으로 수비를 했다. 그의 통산 수비율은 동시대 유격수들의 평균보다 1푼 3리가 높은 것으로, 이와 같은 차이는 1000경기 이상 출장한 유격수 중 역대 최고다(2위 아지 스미스 1푼 2리, 3위 오마 비스켈Omar Vizquel 1푼 1리).

와그너는 다리가 심하게 휜 선천적인 문제를 지니고도 대단한 스피드를 자랑했다. 통산 723도루(역대 10위)는 타이 콥의 892개(4위)에 미치지 못하지만, 정말로 필요한 순간에만 도루를 했다는 점에서 대단한 수치다. 여기에 콥만큼은 아니지만 홈스틸 능력도 뛰어났다(와그너 27개, 콥 54개). 1루에 출루한 후 3회 연속으로 도루해 홈에 들어온 것이 3차례나 되며(콥 4차례), 1901년에는 20세기 최초로 한 경기 2개 홈스틸을 성공시키기도 했다.

피츠버그가 사랑한 선수
하지만 호너스 와그너를 진정한 최고로 만든 것은 그의 성품이었다. 와그너는 타이 콥이나 로저스 혼스비와 달리, 누구에게나 친절하고 부드러웠으며 조용하고 겸손했다. 심지어 유머까지 겸비했다. 그를 아는 모든 사람들로부터 존경을 받은, 야구 선수의 가장 완벽한 모델이었다. 1917년 은퇴를 발표했을 때 그가 가는 곳마다 마치 2001년의 칼 립켄 주니어와 토니 그윈 때처럼 박수가 쏟아졌다.

와그너는 로저스 혼스비와 마찬가지로 하루 11~12시간씩 잠을 잤다. 술과 담배, 영화처럼 경기력에 조금이라도 방해되는 것은 하지 않았다. 정량보다 많은 식사를 하면서도 강도 높은 운동을 한 덕에 180센티미터 91킬로그램이라는 당시로서는 보기 드문 탄탄한 체격을 가질 수 있었다.

그는 인생을 야구에 바쳤다는 점에서 로저스 혼스비와 같았지만, 혼스비처럼 그 대가를 다른 사람에게 전가하지 않았다. 혼스비의 아내가 알코올중독자가 된 반면, 와그너는 딸 셋을 둔 행복한 결혼 생활을 영위했다. 혼스비는 세인트루이스 최고의 선수였지만, 와그너는 피츠버그가 사랑하고 존경한 선수였다.

요즘 와그너의 이름이 언론에 보도되는 경우는 거의 대부분 그의 얼굴이 들어간 야구카드 T206 때문이다. 1991년 아이스하키 선수 웨인 그레츠키Wayne Gretzky가 49만 달러에 샀던 이 야구카드는 2012년 경매에서 120만 달러, 2021년 660만 달러에 팔리는 등 시간이 지날수록 가치가 치솟고 있다. 당시 아메리칸 타바코 컴퍼니(ATC)는 자사 담배의 사은품으로 야구 선수 카드를 끼워주었는데, 당시 담배를 혐오하던 와그너는 담배에 자신의 카드가 들어간 것에 반발했다. 회사가 전량 회수해 폐기하면서 희소가치가 생겨, 현재 상품 가치가 있는 것은 전 세계에 걸쳐 50장뿐이다. 와그너는 자기 때문에 담배가 많이 팔리는 것을 원하지 않았다(돈 때문이었다는 설도 있다).

타이 콥이 질투한 유일한 상대

호너스 와그너는 1874년 펜실베이니아주 피츠버그 근교에서 태어났다. 아버지는 독일에서 건너온 광부였다. 형제는 9남매였는데 넷은 어릴 때 죽었다. 어머니는 그를 한스Hans라고 불렀고 이는 훗날 호너스Honus로 바뀌었다.

아버지의 뜻에 따라 열두 살 때 학교를 그만두고 광부가 된 와그너에게 하늘이 내려준 기회가 찾아왔다. 1920년대 양키스의 설계자로, 당시 막 스카우트 생활을 시작한 에드 배로Ed Barrow가 강가에서 돌을 던지고 있는 그의 모습을 우연히 발견한 것이다. 당시 열여덟 살이던 와그너는 이발사가 될 준비를 하고 있었다. 하지만 실제로는 배로가 야구 선수인 와그너의 형 앨버트 와그너를 보러 왔다가 그의 존재를 알게 됐다는 설이 유력하다.

1897년 내셔널리그의 루이빌 커널스에 입단한 와그너는 1899년 시즌 후 18명이 대거 이동한 트레이드에 의해 피츠버그로 이적했다. 당시 루이빌 커널스의 구단주는 자신의 팀이 리그에서 퇴출될 것을 알고 피츠버그 팀을 산 다음 루이빌의 주력 선수들을 피츠버그에 몰아줬다. 피츠버그는 이런 식으로 두 팀을 흡수하면서 1900년대 초반 내셔널리그 최강 팀으로 올라섰다(실제로 1900년 내셔널리그는 팀 수를 12개에서 8개로 줄였다).

와그너는 피츠버그에서 첫해인 1900년 타율 0.381를 기록해 처음 타격왕에 올랐다. 그리고 1905년 '루이빌 슬러거 배트'에 처음으로 이름을 새긴 선수가 됐다. 1908년 와그너는 타율, 출루율, 장타율, OPS, 총 루타, 2루타, 3루타, 타점, 도루 타이틀을 휩쓸었지만 홈런 두 개가 모자라 트리플 크라운에는 실패했다.

당시 출범한 지 얼마 되지 않은 아메리칸리그는 내셔널리그에서 스타들을 빼내 오기 위해 엄청난 노력을 기울였다. 와그너도 시카고 화이트삭스로부터 2만 달러라는 파격적인 제안을 받았지만 가지 않았다. 1908년 시즌이 시작하기 직전 은퇴 소동을 벌인 후 와그너는 당시 최고 연봉인 1만 달러를 받게 됐다(진짜로 은퇴할 생각이었다는 설과 협박이었다는 설 두 가지가 있다). 하지만 와그너는 구단이 책정한 연봉에 한 번도 이의를 제기하지 않는 등 돈에 초연했던 것으로 알려지고 있다. 실제로 와그너는 당시 거의 모든 스타들이 부업 삼아 나서던 순회 시범경기에도 불참했다.

디트로이트와 피츠버그가 격돌한 1909년 월드시리즈는 두 천재, 타이 콥과 호너스 와그너의 대결로 큰 주목을 받았다. 시리즈에서 서른다섯 살의 와그너는 타율 0.333 6타점 6도루를 기록하면서 타율 0.231 5타점 2도루에 그친 스물두 살 콥을 압도했다. 콥은 와그너에게도 스파이크를 들이댔지만 그때마다 와그너는 절묘하게 피했다. 피츠버그가 4승 3패로 창단 첫 월드시리즈 우승을 차지했고, 디트로이트는 3년 연속 준우승에 그쳤다. 콥은 그 후 월드시리즈 무대를 더 이상 밟지 못했다.

와그너는 자신이 최고라고 믿은 타이 콥이 질투와 경쟁심을 느낀 유일한 상대였다. 콥은 와그너를 결코 좋아하지 않았지만, 1945년 자신의 올타임 팀을 뽑으면서 유격수에 와그너의 이름을 적어 넣었다.

1912년 서른여덟이 된 와그너는 5번째 타점왕에 올랐다. 40세 시즌인 1914년 와그너는 캡 앤슨Cap Anson에 이어 역대 두 번째이자 20세기 최초로 3000안타를 달성했다(석 달 후 냅 래저웨이Nap Lajoie가 3000안타 대열에 세 번째로 합류했다). 그해 8번째 타격왕에 오르면서 내셔널리그 최고령 타격왕 기록을 세우는데, 이는 2002년이 되어서야 배리 본즈Barry Bonds에 의해 경신됐다.

1915년 7월엔 최고령 만루 홈런 기록을 세웠다. 이 기록은 1985년 토니 페레스Tony Perez가 마흔세 살 나이에 만루 홈런을 칠 때까지 70년간이나 유지됐다.

하지만 이후 하향세가 시작됐고, 1917년 시즌을 마지막으로 마흔세 살 나이에 은퇴했다. 은퇴할 당시 그는 안타, 타점, 득점, 2루타, 3루타, 도루에서 내셔널리그 기록을 갖고 있었다. 그의 통산 3420안타 기록은 이후 스탠 뮤지얼이 넘어서는 데 45년이나 걸렸다.

피츠버그는 은퇴한 와그너에게 감독직을 제안했다. 하지만 와그너는 자신에게 맞지 않는다며 고사했다. 그 대신 39년간이나 피츠버그의 마이너리그 팀에서 타격코치 및 인스트럭터를 맡아 랠프 카이너Ralph Kiner, 폴 웨이너Paul Waner와 로이드 웨이너Lloyd Waner 형제, 카이카이 카일러Kiki Cuyler, 아키 본Arky Vaughan, 파이 트레이너Pie Traynor 등 명예의 전당급 타자들을 길러냈다. 선수로서 18년을 포함하면 와그너는 인생의 3분의 2에 해당되는 57년을 피츠버그에서 보냈다.

1936년 와그너는 명예의 전당에 오른 '최초의 5인'(First Five)이 됐다. 득표율 95.1퍼센트는 베이브 루스와 같았고, 타이 콥(98.2퍼

1909년 디트로이트와 피츠버그가 격돌한 월드시리즈에서 악수를 나누는
타이 콥과 호너스 와그너(오른쪽). **사진 Sporting News**

센트) 다음이었다(크리스티 매튜슨 90.7퍼센트, 월터 존슨 83.6퍼센트). 1955년 5월 피츠버그는 포브스필드 밖에 실물 크기의 와그너 동상을 세웠다. 동상 제막식에 참가한 와그너는 7개월 후 여든한 살을 일기로 눈을 감았다. 와그너의 동상은 스리리버스 스타디움으로 옮겨졌다가 지금은 PNC파크 앞에 있다. 피츠버그에서 야구가 사라지지 않는 한 와그너는 언제나 그 앞을 지키고 있을 것이다.

타이 콥, 고독한 늑대

그의 위대함은 영원히 기억될 것이다. _조지 시슬러

타이 콥 Tyrus Raymond "Ty" Cobb, 1886~1961

중견수, 우투좌타

활동 기간 1905~1928(24시즌)

최고의 투수이자 최고의 신사였던 월터 존슨은 '월터경' 또는 '백 기사'로 불렸다. 하지만 그 반대편에서 무시무시한 다크 포스를 뿜 어낸 선수가 있었으니 '방망이를 든 냉혈한'이라 불린 타이 콥이다.

메이저리그 역사상 최고의 타자 3명을 꼽으려면 야구라는 스포츠 를 재창조한 베이브 루스를 우선 언급해야 한다. 가장 완벽한 타격 을 한 테드 윌리엄스도 빼놓을 수 없다. 그리고 베이브 루스가 나타 나기 전 데드볼 시대를 지배한 콥이 한 자리를 가져갈 수 있을 것이 다.

콥의 통산 타율 0.366는 사이 영의 511승, 월터 존슨의 110완봉 승과 함께 영원히 깨지지 않을 기록으로 꼽는다. 그를 제외하면 3할

6푼대에 진입한 선수는 없다(로저스 혼스비 0.358, 조 잭슨 0.356). 라이브볼 시대 이후로는 테드 윌리엄스(0.344)와 베이브 루스(0.342)만이 3할 4푼을 넘어섰다. 장타를 포기했던 토니 그윈(0.338)과 스즈키 이치로(2010년 시즌까지 0.331, 통산 0.311)도 콥의 타율에서 3푼 정도를 빼야 한다.

메이저리그에서 24시즌을 보낸 콥은 열여덟 살이던 데뷔 첫 시즌을 제외하면 마흔한 살 나이에 은퇴할 때까지 23년 연속으로 3할 타율이라는 경이로운 기록을 세웠다. 타율에서 11번 타격왕을 차지하고 2번 2위에 올랐으며, 20번 리그 10위 내에 들었다. 또 4할 타율은 3번, 3할 5푼 이상 타율은 16번이나 기록했다.

데드볼 시대에 대한 가장 큰 오해는 홈런이 적은 대신 타율 관리가 쉽지 않았겠느냐는 것이다. 하지만 콥이 뛰는 동안 아메리칸리그의 평균 타율은 2할 5푼대에 불과했다. 타자들에게 가장 괴로운 해였던 1968년 아메리칸리그의 평균 타율은 0.230이었는데, 그해 칼 야스트렘스키는 평균보다 7푼 1리나 높은 0.301를 기록해 타격왕에 올랐다. 그보다 59년 전인 1909년 아메리칸리그의 평균 타율은 0.244였는데, 그해 콥은 평균보다 무려 1할 3푼 3리나 높은 0.377를 기록해 타격왕이 됐다.

콥은 단타만 치는 '똑딱이'가 아니었다. 장타율 1위를 콥(8회)보다 많이 차지한 선수는 베이브 루스(13회), 로저스 혼스비(9회), 테드 윌리엄스(9회)뿐이다. 반면 둘이 합쳐 15번 타격왕을 차지한 토니 그윈과 로드 커루는 장타율 1위에 올라본 적이 없다.

은퇴할 당시 콥은 안타와 득점을 비롯해 90개 부문에서 메이저리그 기록을 갖고 있었다. 그 후 콥의 안타 기록(4191)이 깨지는 데는

57년(피트 로즈Pete Rose), 득점 기록은 73년(리키 헨더슨)이 걸렸다. 피트 로즈는 콥보다 67개 안타를 더 때려냈지만 거기에 2619타수를 더 사용했다. 콥은 은퇴하고 93시즌이 지난 2021년 현재 안타와 득점, 3루타에서 2위, 출루(Times On Base)에서 3위, 2루타와 도루에서 4위, 총루타에서 6위를 차지하고 있다.

공포의 주자

타이 콥은 야구 역사상 가장 악랄한 주자였다. 발도 워낙 빨랐지만 천재적인 판단력과 결단력으로 상대 수비의 허점을 잔인하게 파고들었다. 콥은 2루 도루를 시도하면서 스타트가 완벽하다고 생각되면 2루에서 슬라이딩하지 않고 3루까지 내달렸다. 외야 플라이 때 주자로서 2루에서 홈으로, 단타를 치고는 1루에서 홈까지 내달린 장면은 기록으로만 남아 있는 전설이다.

콥이 세운 한 시즌 96도루와 통산 892도루 기록은 각각 47년과 49년 후 경신됐다. 하지만 절대로 깨어지지 않을 기록이 하나 있으니, 바로 54개 홈스틸이다. 이는 역대 2위인 맥스 케리Max Carey의 기록보다 21개나 더 많다.

콥이 진정으로 무서운 주자였던 이유는 플레이가 너무도 잔인했기 때문이다. 콥은 상대 선수들이 뻔히 보는 앞에서 스파이크 날을 날카롭게 간 다음, 발을 높이 쳐들고 슬라이딩을 했다. 미처 피하지 못한 야수들은 처참히 당할 수밖에 없었다. 그 이유는 달랐지만, 콥은 재키 로빈슨보다 먼저 살해 협박을 받은 선수였다(총을 갖고 다니다 출장 정지를 받은 적도 있다).

콥은 뛰어난 중견수이기도 했다. 동시대에 활약한 '회색 독수리'

1912년 홈 플레이트 앞에서 발을 높이 쳐들고 슬라이딩하는 타이 콥과 이를 저지하는 세인트루이스 브라운스의 포수 폴 크리첼의 모습

트리스 스피커는 2루 베이스 바로 뒤에 둥지를 틀고 수많은 안타를 잡아먹었는데, 통산 어시스트 1위인 스피커(449) 다음으로 많은 어시스트를 기록한 선수가 콥(392)이다. 콥은 데뷔 첫 세 시즌을 제외하고는 은퇴할 때까지 거의 중견수로 뛰었다.

악명, 자존심

타이 콥에게 야구는 목숨을 걸고 뛰는 전쟁이었다. 승리를 향한 그의 냉혹함을 지켜본 한 동료는 "아직도 남북전쟁이 끝나지 않은 줄 안다"며 몸서리를 쳤다.

콥은 1886년 조지아주 애틀랜타의 유복한 가정에서 태어났다. 아버지는 주 상원의원이었고, 어머니는 많은 유산을 상속받은 부자였다. 하지만 콥이 데뷔하기 3주 전에 끔찍한 일이 일어났다. 어머니가 총을 쏴 아버지를 죽인 것이다. 어머니는 집에 침입한 강도로 오인했다고 하지만, 실상은 어머니의 부정한 행각을 눈치 챈 아버지가 현장을 급습하기 위해 침실 창문을 기어오르다 당한 것이었다.

콥은 아버지를 사랑했다. 아들이 변호사가 되기를 원했던 아버지는 야구 하는 것을 반대했다. 하지만 콥의 의지를 꺾을 수 없다는 것을 확인한 후로는 가장 든든한 후원자가 됐다. 콥은 그런 아버지에게 총을 쏜 어머니를 용서할 수 없었다. 그 누구도 믿을 수 없었다. 그가 믿은 것은 오직 자기 자신과 방망이, 그리고 승리였다.

콥의 자존심은 상상을 초월할 정도였다. 1904년 당시 유명한 야구 기자 그랜틀랜드 라이스Grantland Rice는 '타이 콥이라는 열일곱 살짜리 유망주가 있는데 앞으로 최고의 선수가 될 것이다'라는 내용의 편지 한 통을 받았다. 나중에 이는 콥 자신이 써 보낸 것임이 밝혀졌다.

은퇴 후 30년이 지난 1958년 어느 날 한 기자가 콥에게 물었다.

"당신이 요즘 시대에 뛰었다면 어땠을까요?"

콥의 대답은 이랬다.

"3할 1푼은 쳤겠지."

깜짝 놀란 기자가 타율이 너무 낮지 않느냐며 다시 묻자 콥은 태연히 답했다.

"나이 일흔둘에 3할 1푼이면 됐지. 그럼, 더 치라고?"

콥의 평소 모습을 감안하면 이는 진심이었을 가능성이 높다.

콥은 주변 사람들이 참지 못할 정도로 자기 자랑이 심했다. 자랑하면 할수록 사람들은 그에게서 멀어졌고, 그럴수록 그의 자랑은 심

1920년의 베이브 루스와
타이 콥(오른쪽).
사진 Cobb archive

해졌다. 이런 콥에게 콤플렉스를 안겨준 선수가 나타났으니, 베이브
루스였다.

베이브 루스를 향한 콥의 분노는 실력이 떨어진다는 자괴감이 아
니라 루스에게 보내는 대중의 이해할 수 없는 열광 때문이었다. 콥
은 루스의 '한 방 야구'보다는 안타를 치고 나가 그라운드를 헤집고
다니는 야구가 훨씬 고차원이라고 생각했다. 또 홈런을 노리다 삼진
을 당하는 루스를 보면서 혀를 찼다. 콥은 루스를 보고 '반半검둥이'
라고 놀렸고, 루스는 흑인의 피가 전혀 섞이지 않았는데도 늘 그 말
에 상처를 받았다.

1920년 베이브 루스가 홈런 시대를 몰고 왔다. 하지만 콥이 타격
스타일을 바꾸기에는 너무 늦었다. 그렇다면 콥이 1905년이 아니라

루스와 동시대에 데뷔했다면 어땠을까. 은퇴를 3년 앞둔 1925년 한 기자가 자신의 면전에서 루스를 칭찬하자, 서른여덟 살의 콥은 그 경기에서 홈런 세 방을 날리고, 다음 날 두 방을 더 날리는 것으로 대답을 대신했다.

콥의 난폭함은 그라운드 바깥에서도 여전했다. 지독한 인종차별 주의자였던 그는 여러 차례 흑인을 폭행해 물의를 빚었으며, 뉴욕 원정 경기에서 한 장애인 관중이 자신을 향해 '반검둥이'라고 야유 하자 관중석으로 뛰어올라 가 주먹을 날리기도 했다. 조지아주 출신 임을 자랑스럽게 여겼던 콥은 유색인종은 말할 것도 없고 북부 출신 선수들까지 싫어했다. 당시 그가 속한 디트로이트 타이거즈는 아일 랜드계와 독일계 북부 선수들이 유난히 많은 팀이었다. 콥이 이들과 잘 지낼 리 없었다.

콥이 인종차별주의자였다는 것에 대해서는 다른 주장이 존재한 다. 그는 오히려 니그로리그에서 뛰는 흑인 선수들을 존중했으며 그 들을 칭찬하는 데 거리낌이 없었다는 것이다. 흑인 선수들이 메이저 리그에서 뛰어야 한다고 했던 말도 남아 있다. 따라서 관중을 폭행 한 일은 피부색을 떠나 본인을 야유했기 때문이며, 베이브 루스를 '반검둥이'라고 놀린 것 또한 그를 자극하기 위한 작전이었을 가능 성이 있다. 물론 그렇다고 콥이 신사였던 것은 결코 아니다.

1910년 타격왕

타이 콥은 원래 오른손잡이였다. 하지만 왼쪽 타석이 1루와 더 가 깝다는 것을 알고는 누가 시키지 않았는데도 우투좌타가 됐다.

1905년 디트로이트에서 데뷔한 콥은 20세 시즌인 1907년을 시작으로 1919년까지 13년간 11번 타격왕을 차지했다. 두 번 모두 2위에 그친 1910년과 1916년이 아니었다면 13연패를 달성할 수도 있었다. 1909년 23세 나이에 타율 0.377 9홈런 107타점을 기록해 타율, 홈런, 타점 부문을 석권하며 역대 최연소 트리플 크라운을 달성했다.

1910년 정규 시즌 마지막 날을 남겨놓고 콥은 리그 2위 냅 래저웨이에 9리 앞서 넉넉히 타율 선두를 달리고 있었다. 타격왕은 확정된 것이나 마찬가지였는데 이때 믿을 수 없는 일이 일어났다. 래저웨이가 마지막 경기에서 8타수 8안타를 기록한 것이다. 그럼에도 콥은 4모(0.0004) 차이로 아슬아슬하게 타격왕을 차지했다.

냅 래저웨이는 어떻게 해서 8타수 8안타를 기록할 수 있었을까. 래저웨이의 8안타는 3루 쪽으로 댄 번트히트 7개와 외야수가 햇빛에 공을 잃어버렸다고 주장한 하나였다. 콥을 증오했던 세인트루이스 브라운스의 잭 오코너Jack O'Connor 감독은 3루수에게 엄청나게 깊은 수비를 지시했고 다른 선수들에게도 래저웨이의 타구는 잡지 말라고 했다. 오코너 감독은 이 사건으로 영구 추방됐다.

그로부터 71년이 지난 후 두 번째 반전이 일어났다. 1981년 스포팅뉴스에서 1910년 시즌 중 냅 래저웨이의 안타 한 개가 실책으로 잘못 기록된 것을 찾아낸 것이다. 이로 인해 1910년 타격왕은 콥에서 래저웨이로 바뀌었다. 하지만 당시 메이저리그 커미셔너였던 보위 쿤Bowie Kuhn은 이에 대해 어떤 반응도 보이지 않았다. 명예의 전당에 있는 콥의 동판에는 아직도 그가 12번 타격왕에 올랐으며 9년 연속 타격 1위를 했다고 쓰여 있다.

콥의 타격 타이틀은 12개일까, 11개일까. 메이저리그 사무국이

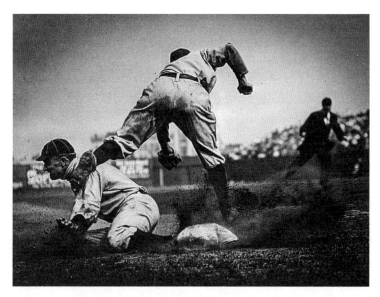

1909년 3루를 훔치기 위해 슬라이딩을 하는 타이 콥. **사진 Charles M. Conlon**

이를 수정하지 않고 있는 것은 한때 로저 매리스Roger Maris의 61홈런에 별표를 달았던 것만큼이나 어처구니없는 일이지만, 냅 래저웨이가 마지막 날 때려낸 8안타를 생각하면 이 역시 뒷맛이 개운치 않다(1961년 사무국은 매리스의 기록은 162경기 시즌에 만들어져서 베이브 루스가 154경기 시즌이던 1927년에 만든 60홈런 기록과 다르므로 별표[*]를 달아 구분해야 한다며 억지를 부렸다).

고독

타이 콥과 달리, 야구를 배려와 신사의 스포츠라고 생각한 월터 존슨은 자신의 공에 타자가 맞고 죽을까 봐 몸 쪽 공을 최대한 던지지 않으려 했다. 콥은 존슨의 이런 심리를 이용해 홈플레이트 쪽으로 더 바짝 붙어 섰다.

그럼에도 콥이 월터 존슨을 상대로 기록한 타율은 자신의 통산 타율보다 0.133 낮은 0.233였다. 콥이 존슨에게서 뽑아낸 31안타(133타수) 중 장타는 2루타 3개와 3루타 3개뿐이었다. 그러니 콥은 존슨을 상대로 기습 번트를 노릴 수밖에 없었다. 콥의 통산 기록에서 존슨을 상대한 성적을 빼면 타율은 0.366에서 0.368로 올라간다.

콥은 앞서 언급한 1912년 관중 폭행 사건으로 영구 출장정지 처분을 받았다. 디트로이트 선수들은 경기를 거부했고, 다음 날 디트로이트는 동네에서 방망이를 잡을 줄 아는 사람들을 모아 경기를 치렀다. 스코어는 24대 2. 리그가 난장판이 될 것을 우려한 밴 존슨Ban Johnson 아메리칸리그 회장은 백기를 들었다. 콥의 출장정지가 10경기로 줄자 디트로이트 선수들도 경기에 복귀했다.

1921년부터 감독을 겸임한 콥은 1926년 역시 클리블랜드의 감독 겸 선수였던 트리스 스피커와 함께 승부 조작을 하다 걸렸다. 하지만 6년 전 블랙삭스 스캔들을 처리하면서 조 잭슨을 비롯한 8명을 영구 추방했던 케네소 랜디스Kenesaw Landis 커미셔너는 콥과 스피커를 다른 팀으로 보내는 것으로 이 사건을 덮었다. 콥은 청문회에서 자기편에 서준 코니 맥Connie Mack 감독의 필라델피아 어슬레틱스로 이적해 2년을 더 뛰고 은퇴했다.

1936년 최초의 명예의 전당 입회 투표에서 226명 기자단 중 단 4명만이 콥에게 반대표를 던졌다. 콥과 함께 후보에 오른 베이브 루스와 호너스 와그너가 받은 반대표는 각 11개씩이었다. 콥을 좋아한 사람은 없었지만 그의 실력을 외면할 수 있는 사람도 없었다.

한편 1946년 환갑이 다 된 콥은 양키스타디움에서 열리는 올드

스타들의 자선 경기에 초청받았다. 타석에 들어선 콥은 포수에게 말했다. "이봐, 젊은이. 내가 힘이 없어 방망이를 놓칠지도 모르니 뒤로 물러나 앉게나." 포수가 뒤로 물러선 것을 확인한 콥은 번트를 대고 총알같이 1루로 뛰어나갔다.

은퇴 후 콥은 야구 선수 최초로 갑부가 됐다. 연봉을 모아서가 아니라 사업에 성공해서였다. 콥은 이미 현역 때부터 껌과 여성용 속옷 사업으로 돈을 만지지 시작했다. 1918년 코카콜라를 시작으로 제너럴모터스 등의 주식을 사들였고, 부동산에도 투자해 큰돈을 벌었다(콥과 함께 1886년 조지아주에서 탄생한 코카콜라는 1907년 콥을 광고 모델로 썼다). 초기의 적지 않은 스타들이 주체하지 못하고 돈을 탕진해 은퇴할 무렵에는 빈털터리가 된 것과는 대조적이었다.

콥은 고향 애틀랜타에 큰 병원을 짓는 등 은퇴 후 적지 않은 사회 사업을 벌였다. 하지만 반응은 차가웠다. 1961년 74세를 일기로 사망한 그의 장례식에 온 야구인은 단 3명이었다.

트리스 스피커, 회색 독수리

**그는 외야의 왕이었다. 항상 자신이 잡는다고 말했다.
덕분에 우리는 한 번도 부딪친 적이 없다.** _더피 루이스Duffy Lewis

트리스 스피커 Tristram E. Speaker, 1888~1958

중견수, 좌투좌타

활동 기간 1907~1928(22시즌)

디트로이트 전담 캐스터로 50년 넘게 메이저리그를 중계한 어니 하웰Ernie Harwell은 야구를 "음악 없는 발레"라고 표현했다. 수비에서 나오는 장면들이 우아한 발레 동작을 연상케 한다는 의미였다.

트리스 스피커는 수비로 야구의 품격을 높였다. 수비의 가치가 지금 같지 않던 초창기에 차원이 다른 중견수 수비를 선보였다. 타구를 쏜살같이 쫓아가 낚아채는 모습이 마치 독수리 같다고 해서 '회색 독수리'로 불렸다(머리색이 일찍 바랬다). 전설적인 스포츠 기자 그랜틀랜드 라이스는 마이너리그 시절의 스피커를 보고 "내가 본 외야수 중 가장 부드럽다"고 말했다. 그가 스피커 다음으로 꼽은 외야수는 타이 콥이었다.

실제로 스피커는 타이 콥에 견줄 수 있는 몇 안 되는 선수였다. 콥이 타격의 신이라면, 스피커는 수비의 신이었다. 하지만 콥의 존재감이 워낙 절대적이었다. 항상 최고의 선수는 콥이었고, 스피커는 콥의 그늘에 가려진 2인자였다.

외야의 제왕

트리스 스피커는 투수로 출발했다. 그런데 재능이 없었다. 1906년 텍사스리그에서 6경기 연속 패전의 멍에를 썼으며, 22타자 연속 장타를 허용한 적도 있었다. 투수를 고집했다면 메이저리그 무대를 누비지 못했을 것이다.

외야수로의 변신은 운명처럼 다가왔다. 휴식을 취하던 어느 날 팀의 우익수가 경기 중 부상을 당했다. 대체 자원이 없어서 하는 수 없이 스피커가 나갔다. 스피커는 마운드보다 넓은 외야에서 편안함을 느꼈다. 소속 팀 휴스턴 버팔로스는 즉시 스피커를 외야수로 전향시켰다.

1907년 스피커는 풀타임 외야수로 뛰었다. 그리고 텍사스리그에서 가장 높은 타율 0.314를 기록했다. 공수에서 두각을 드러내자 보스턴이 관심을 보였다. 스피커는 1907년 9월 보스턴에서 메이저리그에 데뷔했다. 그러나 너무 뒤늦게 계약하는 바람에 그해는 실력을 보여줄 기회가 부족했다(7경기 0.158).

그 대신 스피커는 경기 외적으로 소중한 시간을 보냈다. 당시 열아홉 살 스피커를 따로 데리고 다니던 고참 투수가 있었다. 그는 스피커에게 타구를 날려 그의 수비력 향상에 도움을 줬다. 덕분에 스피커는 타구의 방향과 비거리를 좀 더 빨리 측정할 수 있었다. 훗날 스피커도 이 훈련을 거치며 한층 안정된 수비를 펼칠 수 있었다고 회고했다. 스피커가 감사한 마음을 전한 선배는 사이 영이었다.

외야 수비에 정점을 찍는 건 송구다. 아무리 타구 판단이 뛰어나도 송구가 뒷받침되지 않으면 완성도가 떨어진다. 다행히 투수 출신인 스피커는 엄청난 강견이었다. 얕은 타구는 땅볼로 둔갑시키기 일쑤였다(타구 판단과 스피드에 자신이 있었던 스피커는 2루 베이스 바로 뒤에 위치했다).

스피커가 타구를 잡으면 주자들도 함부로 움직이지 못했다. 스피커의 통산 중견수 어시스트는 무려 450개. 이는 2위 타이 콥(275개)과 상당한 차이가 나는 압도적 1위 기록이다. 중견수로서 해낸 더블 플레이도 2위 콥의 두 배나 되는 146회에 달했다(콥 77회). 동료 스모키 조 우드Smoky Joe Wood는 스피커를 제5의 내야수라고 소개했다.

스피커는 월드시리즈에서도 눈부신 수비를 연출했다. 1915년 월드시리즈 2차전에서 마지막 아웃카운트를 처리해 팀의 2대 1 승리를 지켰다. 필라델피아의 도드 패스커트Dode Paskert가 친 타구가 담장 밖을 향해 날아갔는데, 스피커가 담장에 매달려 간신히 타구를 잡아냈다. 스피커의 슈퍼 캐치에 힘입어 시리즈를 1승 1패로 만든 보스턴은 끝내 창단 3번째 월드시리즈 우승을 차지했다.

통산 3514안타

어린 시절 낙마 사고를 당해 왼손잡이가 된 트리스 스피커는 타격도 출중했다. 커리어 초반 메이저리그에 안착하지 못했지만 좌절을 딛고 스스로 올라섰다.

스피커가 메이저리그에 자리를 잡은 때는 1909년이다. 이후

1927년 워싱턴 세너터스로 옮긴 직후의 트리스 스피커. **사진** 미국 의회도서관

20년에 걸친 시즌에서 3할 타율에 실패한 때는 1919년(0.296)과 마지막 40세 시즌인 1928년(0.267)뿐이다.

클리블랜드로 이적한 1916년에는 타이 콥(0.370)을 누르고 타격왕에 올랐다(0.386/0.470/0.502). 스피커의 유일한 타격왕 시즌이었다. 아메리칸리그는 콥이 1907년부터 9년 연속 타격왕을 독차지했다. 1917년부터 다시 3년 연속 타격왕을 사수한 콥은 1916년 스피커가 아니었다면 13년 연속 타격왕으로 질주할 수 있었다.

1912년은 스피커에게 잊을 수 없는 시즌이다. 20경기 이상 연속 안타를 세 번이나 이어간 그해 8월까지 4할 타율을 유지했다. 6월 10일 세인트루이스 브라운스를 상대할 때는 사이클링히트도 달성했다. 9월에 다소 주춤하면서 4할 타율은 놓쳤지만 홈런(10)과 2루타(53) 1위를 차지하면서 리그 MVP에 선정됐다(0.383/0.464/0.567). 도루도 52개를 기록한 스피커는 '50개 2루타 50도루' 시즌을 만들어 낸 두 명 중 하나다(1998년 크레이그 비지오 51개 2루타 50도루).

1912년이 특별했던 이유는 첫 번째 우승을 이뤄냈기 때문이다. 1912년 보스턴은 양 리그에서 가장 많은 105승을 올렸다. 월드시리즈에서도 뉴욕 자이언츠를 꺾고 우승의 감격을 누렸다. 2차전이 무승부로 끝난 1912년 월드시리즈는 양 팀의 혈투로 8차전까지 열렸다. 심지어 8차전도 연장 승부였다.

보스턴은 연장 10회 초 1대 1 균형이 무너지는 한 점을 헌납했다. 자이언츠는 10회 말에도 에이스 크리스티 매튜슨이 마운드를 지켰다. 실책과 볼넷으로 주자를 모은 보스턴은 1사 1, 2루에서 스피커가 타석에 들어섰다. 스피커는 파울 뜬공으로 허무하게 물러나는 듯했지만 자이언츠 수비가 이 타구를 놓쳤다. 행운이 찾아온 스피커는 극적인 동점 적시타를 날렸다. 매튜슨은 다음 타자를 고의사구로 내보내는 강수를 뒀지만, 보스턴이 끝내기 희생플라이를 쳐 우승을 확정 지었다.

메이저리그에서 22시즌을 뛴 스피커는 통산 타율이 0.345에 이른다. 타이 콥(0.366), 로저스 혼스비(0.358), 슈리스 조 잭슨(0.356), 레프티 오돌Lefty O'Doul(0.349), 에드 델라헌티Ed Delahanty(0.346)에 이은 역대 6위다. 발이 빨라서 안타를 양산하는 데 유리했던 스피커는 통산 3514안타를 쳐 이 부문 5위에 올라 있다. 이 가운데 2루타는 792개로 제일 많다. 또 그는 3루타 200개 이상(222개)을 친 마지막 선수이기도 하다.

스피커의 타율, 출루율, 장타율(0.345/0.428/0.500)은 타이 콥의 기록(0.366/0.433/0.512)과 상당히 비슷하다. 통산 117홈런도 콥과 동일하다. 하지만 타격 평가에서 둘의 온도 차는 매우 크다. 스피커의 타격은 여러 측면에서 과소평가됐다.

구설수, 승부 조작

트리스 스피커는 열정이 넘쳤다. 승부욕도 강했다. 싸움이 일어나면 지지 않고 덤벼들었다. 마음에 들지 않을 때는 팀 내 충돌도 불사했다. 적이 많을 수밖에 없었다.

1888년 텍사스주 힐 카운티에서 태어난 스피커는 친가와 외가 모두 남부연합에 속해 있었다. 남부연합은 노예제도 존치를 지지하는 입장으로, 북부의 도발 때문에 남북전쟁이 발발했다고 여겼다. 이러한 교육을 받은 스피커는 극심한 인종차별주의자로 성장했다. 설상가상 백인 우월주의 집단인 큐 클럭스 클랜(KKK)의 일원이라는 소문까지 나돌았다(2대 수장 히람 웨슬리 에번스Hiram Wesley Evans가 힐 카운티 출신이다). 다행히 스피커는 훗날 최초의 아메리칸리그 흑인 선수 래리 도비Larry Doby를 개인 지도하는 등 차별의 시선에서 벗어 났다(도비는 명예의 전당에 입성하면서 연설에서 스피커를 멘토로 언급 했다).

스피커는 편견이 심했다. 종교와 가치관의 차이를 인정하지 않았 다. 반가톨릭주의자이기도 했던 스피커는 반대 성향의 동료 포수 빌 캐리건Bill Carrigan과 앙숙이었다. 오히려 마음이 잘 맞았던 동료는 다른 팀에 있었다. 스피커가 올려다본 타이 콥이었다.

스피커와 타이 콥은 같은 의혹에 휩싸였다. 1926년 시즌 스피커 는 클리블랜드에서, 콥은 디트로이트에서 감독 겸 선수로 뛰고 있엇 다. 그런데 시즌 후 콥이 돌연 은퇴를 선언하자 스피커도 이내 은퇴 를 발표했다. 두 선수가 동시에 야구계를 떠나면서 대혼란이 일어났 다.

갑작스런 은퇴에 대한 궁금증은 곧 밝혀졌다. 1926년 시즌이 끝 났을 때 아메리칸리그 회장 밴 존슨은 진정서 한 통을 받았다. 스피 커와 타이 콥이 1919년 9월 26일 경기에서 승부 조작을 공모했다는 내용이었다. 당시 리그 2위가 확정된 클리블랜드와 달리 디트로이 트는 뉴욕 양키스와 3위 싸움을 하고 있었다. 성적에 따른 배당금이 3위한테까지 나왔기 때문에 3위 경쟁도 치열했다. 시즌 중반에 클리 블랜드의 감독직을 물려받은 스피커는 디트로이트와의 원정 경기에 앞서 콥을 만났다. 스피커는 콥에게 '내일 경기는 걱정하지 말라'는 취지의 말을 전했다. 그리고 클리블랜드의 투수 스모키 조 우드, 디 트로이트의 투수 더치 레너드Dutch Leonard와 함께 디트로이트의 승리에 돈을 걸었다.

이 상황을 고발한 인물은 함께 가담했던 더치 레너드였다. 내기에서 부당한 대우를 받아 화가 난 레너드는 타이 콥과 스모키 조 우드에게 받은 편지를 증거로 제출하면서 잘못을 실토했다. 밴 존슨은 이 증거가 충분한 효력이 있다고 판단했다. 하지만 존슨과 대척점에 있던 케네소 랜디스 커미셔너가 증거 불충분을 주장하며 사건을 은폐했다.

케네소 랜디스는 1919년 승부 조작을 하다가 적발된 시카고 화이트삭스 선수 8명을 영구 추방한 전례가 있었다(블랙삭스 스캔들). 하지만 스피커와 타이 콥은 처벌하지 않으려고 애를 썼다. 또 한 번 승부 조작에 휘말려 메이저리그의 명예가 실추되는 걸 바라지 않았고, 연고지를 대표하는 스피커와 콥을 퇴출함으로써 인기를 잃는 것 또한 바라지 않았다. 랜디스는 스피커를 워싱턴 세너터스로, 콥을 필라델피아 어슬레틱스로 이적시키는 것으로 사건을 일단락 지었다. 공식 징계는 없었지만 스피커에겐 지울 수 없는 낙인이 찍혔다.

야구를 향한 사랑

트리스 스피커는 팬들의 사랑을 듬뿍 받았다. 1916년 보스턴이 연봉에 관한 이견을 좁히지 못해 스피커를 클리블랜드로 트레이드하자 팬들은 물론 투수들의 불만도 폭주했다. 보스턴은 스피커를 보낸 직후 월드시리즈 2연패를 달성했지만, 스피커도 클리블랜드에 완벽히 적응했다.

스피커는 감독으로도 성공했다. 클리블랜드 감독 2년차였던 1920년 팀의 창단 첫 월드시리즈 우승을 이끌었다. 개인 통산 세 번째 우승이었다. 참고로 타이 콥은 월드시리즈에서 우승한 적이 한 번도 없다. 스피커는 클리블랜드를 떠나기 전까지 통산 617승 520패를 기록해 5할 승률을 넘겼다(0.543). 617승은 클리블랜드 감독 역대 4위에 해당한다.

대개 스타 출신은 누군가를 가르치는 데 익숙하지 않다. 눈높이가 다르기 때문이다. 하지만 스피커는 육성에 소질이 있었다. 일선에서 물러난 뒤에도 왕성한 활동을 이어가던 스피커는 후배 양성이라면 적극적으로 나섰다. 그만큼 자부심도 대단했는데, 조 디마지오가 최고의 중견수로 거듭나자 "그보다 더 좋은 외야수는 15명도 댈 수 있다"고 엄포를 놓았다.

한 시대를 풍미한 스피커는 1937년 명예의 전당에 헌액됐다. 1936년 '최초의 5인' 다음으로 명예의 전당에 들어간 3명 중 하나였다(냅 래저웨이, 사이 영). 여전히 후보자가 많았던 1937년 투표에서는 피트 알렉산더와 로저스 혼스비, 에디 콜린스Eddie Collins 등이 고배를 마셨다. 스피커가 얼마나 대단한 선수였는지 짐작할 수 있다.

스피커는 1958년 12월 일흔 살을 일기로 눈을 감았다. 사인은 심장마비였다. 공과가 분명한 선수였지만, 야구를 향한 사랑은 언제나 진심이었다. 혹자는 말했다. 만약 아기 앞에 야구공과 다른 장난감이 놓여 있다면, 가장 먼저 야구공을 집어들 사람은 스피커라고.

슈리스 조 잭슨, 비운의 천재

나는 조 잭슨을 따라 했다. _베이브 루스

슈리스 조 잭슨 Joseph Walker "shoeless Joe" Jackson, 1887~1951

외야수, 우투좌타

활동 기간 1908~1920(13시즌)

1940년대 후반 어느 날 타이 콥은 자선 골프 대회 참가를 위해 조지아주 오거스타로 가는 도중 사우스캐롤라이나주 그린빌에 있는 한 술집에 들렀다. 술집에서 콥은 낯익은 얼굴과 마주쳤다. 초라한 행색의 슈리스 조 잭슨이었다. 콥이 잭슨에게 다가가 물었다.

"당신, 슈리스 조 잭슨이지요? 내가 누군지 알겠습니까?"

잭슨이 말했다.

"모를 리 있겠습니까. 다만 나는 다른 사람들처럼 당신도 나를 외면할 줄 알았습니다."

콥은 잭슨에게 "늘 갖고 싶었던 것"이라며 사인을 부탁했다. 자부심이 하늘을 찌르던 콥이 세상에서 가장 완벽한 스윙을 갖고 있다고 생각한 선수가 바로 잭슨이었다. 잠시 머뭇거린 잭슨은 이렇게 말했다.

"아, 내일 이 자리에서 다시 만날 수 있을까요? 내가 사인을 가져오겠습니다."

하지만 지나가는 길이었던 콥은 하루 더 머물 수 없었다. 콥은 잭슨의 사인을 받지 못했다.

이상은 1993년에 출간된 책 〈슈리스 조와 래그타임 시대 야구 *Shoeless Joe and Ragtime Baseball*〉에 나오는 내용이다. 입단 계약서에 X 자 표시로 사인을 대신하던 잭슨은 그때까지도 글을 쓸 줄 몰랐다.

잭슨은 타이 콥(0.366)과 로저스 혼스비(0.358)에 이어 타율 역대 3위(0.356)에 올라 있다. 잭슨은 베이브 루스의 목표이기도 했다. 루스는 "지금 내 타격은 내가 본 선수들 중 최고의 타자이자 최고의 타격 재능(the greatest natural hitter)을 지닌 잭슨을 본뜬 것이다. 오늘의 나를 있게 한 것은 그다"라는 말로 잭슨에게 감사 표시를 했다. 테드 윌리엄스가 신인 시절 에디 콜린스에게 들었던 최고의 칭찬도 "녀석, 방망이를 조 잭슨처럼 휘두르네"였다.

맨발의 조

타이 콥이 1886년 조지아주에서 교장이자 정치가인 아버지와 부유한 친정을 둔 어머니 사이에서 유복하게 태어난 반면, 슈리스 조 잭슨은 1887년 사우스캐롤라이나주에서 가난한 노동자 부부의 6남매 중 장남으로 태어났다. 여섯 살 때 공장 마룻바닥을 청소하는 것으로 돈벌이를 시작한 잭슨에게 정규 교육의 기회는 끝내 오지 않았다.

일상생활에서 잭슨은 바보라는 소리를 들을 정도로 어수룩하고 소심했다. 첫 번째 팀인 필라델피아 어슬레틱스(현 오클랜드 어슬레틱스)에서 적응하지 못한 것도 그 때문이었다. 하지만 그라운드에 서면 그는 완전히 다른 사람이 됐다. 유니폼을 입은 잭슨은 천부적인 재능과 뛰어난 판단 능력을 보유한 천재 선수였다.

열세 살 때 잭슨은 방직공장 팀에서 어른들과 함께 뛰었다. 야구는 그에게 중요한 돈벌이 수단이기도 했다. 잭슨은 투수였다. 하지만 포수가 그의 강속구를 받다가 팔이 부러진 후 아무도 포수를 맡겠다고 나서지 않자 어쩔 수 없이 외야수가 됐다. 잭슨은 메이저리그 역사상 가장 강한 어깨를 자랑한 좌익수였다.

그 무렵 잭슨은 인생의 보물이자 동반자를 만났다. 목공소 주인이 동네의 자랑인 잭슨을 위해 만들어준 특별한 방망이였다. 잭슨은 길이 91센티미터에 무게 1.36킬로그램이 나가고 담뱃물을 검게 칠한 그 방망이에 '블랙 벳시Black Betsy'라는 애칭을 붙였다. 벳시는 금발머리를 가진 그의 여동생 이름이었다. 잭슨은 숨을 거두는 순간까지도 블랙 벳시와 함께했다.

'맨발의 조'라는 잘 알려진 별명은 잭슨이 신발을 사 신을 수 없을 만큼 가난한 데서 생겨난 것 같지만, 실제론 한 마이너리그 경기에서 새로 구입한 신발이 발에 맞지 않아 맨발로 경기에 나섰던 일에서 유래했다. 그 경기에서 잭슨은 시원한 타구를 날린 후 1루와 2루를 돌아 3루에서 슬라이딩까지 했다. 발도 빨랐던 잭슨은 1912년에 2루 도루, 3루 도루, 홈스틸을 연달아 성공시키기도 했다.

1908~1909년 필라델피아 어슬레틱스에서 뛰면서 따돌림을 받은

잭슨은 1910년 냅 래저웨이가 이끄는 클리블랜드 냅스(현 클리블랜드 인디언스)로 트레이드되면서 마침내 날개를 펴게 됐다. 풀타임 첫 시즌인 1911년, 스물한 살의 잭슨은 안타 233개를 뽑아내면서 타율 0.408를 기록했다. 233안타는 2001년 스즈키 이치로가 242안타를 기록하기 전까지 90년간 신인 최고 기록이었으며, 타율 0.408는 지금도 유일한 신인 4할 타율로 남아 있다.

잭슨은 첫 3년간 연속으로 리그 타격 2위에 그쳤는데 이는 순전히 타이 콥 때문이었다. 잭슨이 풀타임으로 뛴 10년간 콥이 8회 타격왕에 오르면서 잭슨은 한 번도 기회가 오지 않았다.

잭슨의 활약은 계속됐다. 하지만 재정난에 봉착한 클리블랜드는 1915년 잭슨을 시카고 화이트삭스로 넘겼다. 비극의 시작이었다.

블랙삭스 스캔들

시카고 화이트삭스의 창립자이자 당시 구단주였던 찰스 코미스키Charles Comiskey는 밴 존슨 회장을 도와 아메리칸리그를 창설한 야구계의 거물이었다. 또 선수 출신으로 최초로 구단주의 위치에 오른 인물이었다.

그는 수비시 베이스에서 벗어날 생각을 한 최초의 1루수이기도 했다. 지금은 당연해 보이는, 1루수가 베이스 커버에 들어간 투수에게 공을 토스하는 장면은 바로 그의 머릿속에서 나왔다.

하지만 구단주로서 찰스 코미스키는 그야말로 폭군이었다. 화이트삭스 선수들은 늘 더러운 유니폼을 입고 경기에 나섰다. 코미스키가 당연히 지급해야 할 세탁비를 주지 않았기 때문이다. 사람들은 그런 화이트삭스를 '블랙삭스'라고 놀렸다.

찰스 코미스키는 연봉에 대해서는 더 악독했다. 1917년 에이스 에디 시콧Eddie Cicotte에게 30승을 거두면 1만 달러의 보너스를 주겠다고 하고는, 시콧이 시즌 종료가 한 달 넘게 남은 상황에서 28승을 올리자 그를 경기에 내보내지 말라고 감독에게 지시했다. 1919년에도 시콧은 같은 이유로 29승에서 멈춰야 했다. 반면 2루수 에디 콜린스에게는 대학 졸업자라는 이유로 몰래 더 많은 연봉을 챙겨줬다. 당대 최고의 스타 중 하나였던 슈리스 조 잭슨도 실력에 비해 형편없는 연봉을 받았다. 당시 구단주의 폭정에 불만을 품은 선수들이 대항할 방법은 없었다.

결국 1919년 화이트삭스의 주전 선수 8명은 도박사에게 8만 달러를 받는 대신 월드시리즈에서 져주기 시합을 하기로 하는, 해서는 안 될 선택을 했다. 그 8명(칙 갠딜Chick Gandil, 에디 시콧 등)에는 잭슨도 포함돼 있었다.

1917년에 내셔널리그 챔피언인 뉴욕 자이언츠를 꺾고 월드시리즈 우승을 차지한 화이트삭스는 1919년에 다시 아메리칸리그 정상에 올라 월드시리즈에서 신시내티 레즈와 붙게 됐다. 월드시리즈 1차전에서 화이트삭스의 선발투수 에디 시콧이 2구째 던진 공이 레즈의 1번 타자 모리 래스Morrie Rath의 등을 정확히 맞혔다. 사람들은 시콧의 단순한 실투쯤으로 여겼지만 사실 그 데드볼은 승부 조작을 알리는 신호탄이었다.

화이트삭스가 전력상 한 수 아래인 신시내티 레즈에 3승 5패로 패하자(당시는 9전 5선승제) 일부러 져주었다는 소문이 돌기 시작했다. 1920년 리그의 내사에서 잭슨은 에디 시콧과 함께 승부 조작을 한 사실을 털어놓았다. 잭슨이 받았다고 한 돈은 5000달러였다.

법원은 승부 조작을 한 사실이 대중을 기만한 것인지에 대한 판단 근거가 불충분하다며 무죄 판결을 내렸다. 그러나 1920년 11월 대법원 판사 출신으로 메이저리그 초대 커미셔너가 된 케네소 랜디스는 재판 결과와 별개로 이들을 메이저리그에서 영구 제명하는 결정을 내렸다.

그러면서 1332경기에서 1772안타를 쏟아냈던 잭슨은 선수로서 한창인 서른 살에 유니폼을 벗었다. 그러나 이들을 쫓아내는 데 일말의 자비도 베풀지 않은 케네소 랜디스 커미셔너는 훗날 승부 조작을 한 타이 콥과 트리스 스피커에 대해선 모른 척 넘어갔다.

잭슨이 실제 승부 조작에 가담했는지는 지금도 논란이 되고 있다. 법정에서 가담을 시인한 잭슨은 훗날 말을 바꿔 "야구 선수로서 최선을 다하지 않은 적이 한 번도 없었음을 신을 걸고 맹세한다"며 결백을 호소했다.

실제로 1919년 월드시리즈에서 잭슨은 팀 내 최고의 활약을 펼쳤다. 타율 0.375와 6타점은 모두 팀에서 가장 좋은 기록이었다. 잭슨은 팀의 유일한 홈런을 날렸으며 실책과 주루사도 없었다. 하지만 이에 대해 베이스볼 페이지는 잭슨의 안타와 타점 중 상당수가 이미 승부가 결정된 상황에서 나왔다며 잭슨 역시 승부 조작에 가담했을 거라고 결론 내렸다.

야구계에서 추방당한 슈리스 조 잭슨은 고향으로 돌아가 세탁소를 운영했다. 하지만 야구를 더 이상 할 수 없다는 사실은 너무도 큰 고통이었다. 잭슨은 '그라운드의 천재 타자'에서 '멍청한 세탁소 주인'으로 돌아왔다. 공터에서 야구를 하는 아이들에게 타격 지도를

블랙삭스 스캔들이 터진 직후인 1920년 여러 신문 지상에 실린 시카고 화이트삭스 선수 8명의 모습. 에디 시콧을 중심으로 우측 상단에 슈리스 조 잭슨의 모습이 보인다.

사진 Underwood & Underwood

하거나 메이저리그 이야기를 들려주는 것이 그의 유일한 낙이었다.

1936년 명예의 전당이 만들어지자 일부 기자들은 후보 명단에도 없는 잭슨의 이름을 꾸준히 적어내며 복권을 주장했다. 하지만 케네소 랜디스 커미셔너는 1944년 사망할 때까지 고집을 꺾지 않았다. 후임들도 랜디스의 결정을 번복하지 않았다. 결국 잭슨은 1951년 가슴속에 큰 응어리를 안은 채 세상을 떠났다.

할리우드 최고의 야구광인 케빈 코스트너는 1989년 '블랙삭스' 8명의 이야기를 다룬 영화 '꿈의 구장'을 만들었다. 평범한 농부인 주인공은 '옥수수밭에 야구장을 만들면 그들이 올 것이다'라는 목소리를 듣고 그에 따른다. 그러자 정말로 그들이 찾아왔다(영화에서 잭슨 역을 맡은 레이 리오타가 오른손잡이인 탓에 우타자로 묘사된 것은 큰 오점이다). 케빈 코스트너의 영화에서, 블랙 벳시를 든 잭슨의 모습은 한없이 행복해 보였다.

한편 영화 '꿈의 구장'은 2021년 8월 현실이 됐다. 메이저리그 사무국이 영화 촬영지였던 아이오와주 다이어스빌의 옥수수밭을 사들여 임시 야구장을 만들었고, 양키스와 화이트삭스 간 경기가 열렸다. 선수들은 영화의 한 장면처럼 옥수수 줄기를 헤치고 등장해 영화를 그대로 재연했다.

베이브 루스, 야구를 바꾸다

**20년 전쯤 나는 베이브 루스에 대해 말하는 것을 포기했다.
내가 본 것을 아무도 믿으려 하지 않았기 때문이다.** _토미 홈스Tommy Holmes

베이브 루스 George Herman "Babe" Ruth, 1895~1948

외야수 및 투수, 좌투좌타

활동 기간 1914~1935(22시즌)

1920년 1월 4일. 메이저리그의 역사가 송두리째 바뀌는 일이 일어났다. 베이브 루스가 보스턴 레드삭스에서 뉴욕 양키스로 옮긴 것이다. 서양 역사에 기원전과 기원후가 있다면, 양키스의 역사에는 루스 전(Before Ruth)과 루스 후(Anno Bambino)가 있다. 이는 메이저리그가 '홈런의 시대'와 그 이전으로 나뉘는 기점이기도 하다.

메이저리그라는 거대한 강이 흘러오는 동안 무수한 선수들이 큰 획을 그리고 사라졌다. 하지만 루스의 위치에는 그 누구도 도달하지 못했다. 루스는 최고의 선수이기 전에 야구라는 스포츠를 재탄생시킨 인물이었다.

투수 베이브 루스

베이브 루스는 1895년 볼티모어에서 피뢰침 사업에 실패한 가난한 선술집 주인의 장남으로 태어났다(1894년생이라는 설과 고아인데 입양됐다는 설도 있다). 자녀 교육에 무관심한 부모 슬하에서 문제아가 된 루스는 다섯 살 때부터 씹는담배를 달고 살았다. 그리고 동네의 나쁜 형들과 어울렸다.

루스를 감당할 수 없던 부모는 일곱 살 때 그를 소년원의 일종인 세인트메리공업학교에 보냈다. 그곳에서 루스는 인생의 은인인 마티아스 신부Brother Matthias를 만났다. 신부에게 야구를 배우면서 인생의 목표가 생겼다.

1914년 2월 열아홉이 된 루스는 12년 만에 소년원을 떠나 이스턴리그의 볼티모어 오리올스에 입단했다. 20대 중반이 대부분이었던 볼티모어 선수들은 그를 '베이브babe'라고 불렀다(향후 이탈리아계 미국인들은 루스를 같은 뜻으로 '밤비노bambino'라고 불렀다).

5개월 만에 루스가 보통내기가 아님을 알게 된 잭 던Jack Dunn 구단주는 그를 필라델피아 어슬레틱스에 보내려 했다. 루스에다가 선수 두 명을 붙인 가격은 1만 달러. 하지만 어슬레틱스의 감독 겸 단장인 코니 맥은 너무 비싸다며 거절했다. 신시내티도 그를 지나치자 보스턴 레드삭스에 기회가 왔다.

루스는 빠른 공을 가진 좌완 투수였다. 보스턴에 도착하자마자 치른 데뷔전에서 7이닝 무실점으로 승리를 따낸 루스는 1915년 풀타임 첫 시즌에 18승(8패 2.44)을 올렸다.

1916년엔 평균자책점(1.75), 선발(40), 완봉(9), 피안타율(0.201)에서 리그 1위, 다승(23)과 탈삼진(170)에서 3위를 차지하는 돌풍을 일으켰다. 13이닝을 소화하며 1대 0 완봉승을 기록한 경기도 있었고, 당대 최고의 투수 월터 존슨과 붙은 4차례 선발 대결에서는 모두 승리했다(5대 1, 1대 0, 1대 0, 2대 1). 게다가 323.2이닝을 소화하는 동안 하나의 홈런도 허용하지 않았다. 그해 메이저리그에서 200이닝 이상을 던지고 홈런을 맞지 않은 투수는 루스와 월터 존슨(369.2이닝)뿐이었다.

레드삭스는 1916년 월드시리즈에서 브루클린 로빈스(현 LA 다저스, 당시 뉴욕 연고)를 만났다. 브루클린 로빈스에겐 월드시리즈 첫 도전이었고, 팀명도 당시 감독인 윌버트 로빈슨Wilbert Robinson의 이름을 땄다. 2차전에서 선발투수로 나선 루스는 1회 장내 솔로 홈런을 맞은 뒤 14회까지 한 점도 내주지 않아 14이닝 2대 1로 완투승을 거뒀다. 로빈스는 투수력을 앞세운 레드삭스에 시리즈 전체 1승 4패로 졌다.

1917년 베이브 루스는 38경기에 선발로 나서 35차례 완투하고 24승을 따냈다. 1915~1917년 3년간 루스보다 더 많은 승리를 올린 투수는 피트 알렉산더와 월터 존슨뿐이었으며, 그보다 승률이 좋은 투수는 알렉산더가 유일했다.

1918년 월드시리즈에서 시카고 컵스와 만났을 때는 1차전에서 완봉승을 거두고 4차전에서 7이닝을 보태 이때 29이닝 연속 무실점이라는 기록을 만들어냈다. 이는 1961년 화이티 포드가 32이닝으로 경신하기 전까지 포스트시즌 최고 기록(월드시리즈 통산 3경기 3승 0.87)이었다.

만약 루스가 투수만 했다면 어땠을까. 많은 전문가가 그가 역사상 세 손가락 안에 꼽힐 좌완 투수가 됐을 것이라고 믿는다. 레너드 코

1914~1919년 무렵 보스턴 레드삭스에서 투수로 활약하던 시절의 베이브 루스.

사진 Frances P. Burke

페트Leonard Koppett는 당시 지명타자 제도가 있어 나흘마다 등판하고 나머지 사흘은 지명타자로 뛰었다면 루스가 400승과 800홈런을 동시에 기록했을지도 모른다고 상상했다.

　뉴욕 양키스에서 전업 타자가 된 루스는 시즌 막판이 되면 가끔씩 팬서비스 차원에서 마운드에 오르곤 했는데, 그 5경기에서도 모두 승리를 따냈다.

양키스로 트레이드

　베이브 루스는 1915~1917년 3년간 투수로만 뛰면서 9개 홈런을 때려냈다. 같은 기간 당대 최고의 타자 타이 콥이 기록한 홈런은

14개였다. 루스가 가장 닮고 싶어 한 선수이자 콥과 어깨를 나란히 한 슈리스 조 잭슨은 13개 홈런을 때렸다. 루스는 투수로서 통산 타율 0.305와 장타율 0.504를 기록했다. 한편 루스는 투수로서 때려낸 통산 1호 홈런을 양키스를 상대로 기록했다.

1918년, 훗날 명예의 전당에 오르는 레드삭스의 중견수 해리 후퍼Harry Hooper는 에드 배로 감독을 찾아가 루스에게 타자를 시켜보면 반드시 성공할 것이라고 귀띔했다. 그해 루스는 투수로 20경기에 등판하고(13승 7패 2.22) 타자로 72경기에 나섰는데(외야수로 59경기, 1루수로 13경기), 리그에서 가장 많은 홈런 11개를 날렸다.

1919년 루스는 투수 비중을 더 줄여(17경기) 타자로 116경기에 나섰다. 그해 29개 홈런을 때려내 1884년 네드 윌리엄슨Ned Williamson이 세운 메이저리그 기록 27개와 1915년 개비 크라바스Gavvy Cravath가 세운 1900년대 기록 24개를 모두 경신했다. 이제 루스는 투수를 하고 싶어도 하지 못하는 상황이 됐다.

1920년 1월 4일 보스턴 레드삭스 팬들은 눈과 귀를 의심해야 했다. 레드삭스가 12만 5000달러를 받고 루스를 뉴욕 양키스에 넘기기로 했다는 것이다. 비난이 거세지자 레드삭스의 구단주 해리 프래지Harry Frazee는 다음과 같은 성명을 발표했다.

"루스는 인격 파탄자이며 우리 구단은 그가 가진 상식 밖의 괴벽을 더 이상 참을 수 없었다. 나는 양키스가 그를 데려가는 것이 위험한 도박이라고 생각한다. 루스가 사상 최고의 타자인 것은 부인할 수 없지만 여태껏 유니폼을 입었던 사람 중에 그처럼 이기적이고 분별력 없는 사람은 찾아볼 수 없었다."

해리 프래지의 말이 완전히 틀린 것은 아니었다. 루스는 벌써부터 팀 분위기를 흐리는 행동을 하면서 연봉을 1만 달러에서 2만 달러로 올려달라며 떼를 쓰고 있었다. 하지만 그렇게 쉽게 트레이드를 해버리기에는, 누가 보더라도 그는 역사적인 선수를 향해 나아가고 있었다. 사실 프래지의 말은 당시 재정 손실 때문에 자금 압박을 받고 있던 구단의 사정을 숨기기 위한 변명에 불과했다.

루스의 이동은 즉각적인 효과를 불러왔다. 1920년 양키스의 관중 수는 전년도 60만 명에서 120만 명으로 곱절이 되며 관중 동원 부분에서 리그 1위에 올랐다. 120만 명은 당시로서는 충격적인 관중 수였다. 뉴욕 자이언츠의 홈구장인 폴로그라운즈에서 셋방살이를 하던 양키스는 루스를 통해 떼돈을 벌고 그 돈으로 1923년 양키스타디움을 개장할 수 있었다. 양키스타디움을 '루스가 지은 집'(The House that Ruth built)이라고 한 표현은 정확했다.

그와 달리 1919년까지만 해도 40만 명대였던 보스턴의 관중 수는 1921년부터 20만 명대로 내려앉았다. 입장 수입이 뚝 끊긴 보스턴은 루스를 넘길 때 펜웨이파크(보스턴 홈구장) 건설 자금으로 꿨던 30만 달러를 갚지 못하게 되자 그 대신 선수들로 갚았다. 그리고 리그 최악의 팀으로 전락했다. 모두 알다시피 이후 루스는 홈런왕이 돼 양키스를 정상으로 이끈 반면 보스턴은 2004년까지 86년간 월드시리즈 우승컵을 차지하지 못했다. '밤비노의 저주'다.

당연히 루스는 양키스의 신줏단지가 됐다. 양키스는 루스의 눈을 보호하기 위해 우측 필드에 특별히 차양 막을 만들었다. 원정 경기를 갔을 때 좌측이 그늘이고 우측에 햇빛이 비치면 좌익수 밥 뮤젤 Bob Meusel과 자리를 바꿔줬다. 그 때문에 뮤젤은 루스를 대신해 언제나 햇빛과 싸워야 했다.

한편 양키스가 배가 많이 나온 루스를 위해 조금이라도 날씬하게 보이도록 유니폼에 줄무늬를 넣었다는 말은 잘못된 것이다. 양키스는 루스가 오기 전인 1915년부터 줄무늬 유니폼을 입었다.

통산 714홈런

뉴욕 양키스에서 맞이한 첫해인 1920년, 베이브 루스는 처음으로 타자로만 출전했다. 그리고 54홈런을 날렸다. 야구라는 스포츠가 만들어진 이래 30개 홈런을 넘긴 타자도 없는 상황에서 나온 실로 충격적인 기록이었다. 그해 아메리칸리그에서 루스보다 더 많은 홈런 수를 기록한 팀은 양키스뿐이었다. 루스는 소인국에 나타난 걸리버였다.

1921년 루스는 홈런 59개를 날려 자신의 기록을 갈아 치웠다. 또 이로써 스물여섯 나이에 타자로서 치른 풀타임 2년차에, 그때까지 통산 최다 홈런 기록이었던 로저 코너Roger Connor의 138홈런을 경신했다. 루스가 1920년대에 날린 홈런은 467개로, 2위 로저스 혼스비(250개)보다 217개가 많았으며, 1920년대 아메리칸리그에서 나온 홈런의 10퍼센트에 달했다.

1927년 루스는 동료 루 게릭과 44대 44까지 가는 치열한 레이스를 펼친 끝에 60홈런 고지에 올랐다. 홈런 60개는 그해 아메리칸리그에서 나온 홈런의 14퍼센트에 해당했다. 한편 2001년 배리 본즈가 때려낸 홈런 73개는 리그에서 차지한 비중이 2.5퍼센트였다. 또 2019년 아메리칸리그에서 나온 전체 홈런의 14퍼센트를 점유하려면 487개를 기록해야 했다.

메이저리그에서 '그라운드 룰 더블'이라는 규정이 생긴 때는 1930년이다. 2루타나 3루타성 타구가 바운드가 돼 담장을 넘어가거나, 타구가 담장 틈에 끼인 경우 보통 2루타로 인정하는 것을 말한다. 그 전에는 바운드가 되더라도 담장만 넘어가면 홈런으로 인정받았다. 하지만 루스의 통산 홈런 714개 중에는 바운드 홈런이 하나도 없다.

또 당시는 주자가 있는 상황에서 나오는 끝내기 홈런은 주자가 홈을 밟는 순간 경기가 끝난다고 판단해 홈런이 아닌 안타로 인정했다. 그 때문에 루스는 홈런 한 개를 손해 봤다.

1974년 행크 애런은 715호 홈런을 때려냄으로써 베이브 루스를 추월했는데, 이는 루스보다 3000타수를 더 쓰고 만들어낸 기록이었다. 루스보다 홈런 생산력이 더 좋았던 선수는 스테로이드를 사용한 적이 있다고 고백한 마크 맥과이어Mark McGwire뿐이다.

그렇다면 루스는 양키스타디움의 짧은 우측 펜스 덕을 얼마나 봤을까. 루스가 양키스에서 뛰면서 기록한 659개 홈런 가운데 홈경기에서 날린 것은 334개로, 원정 경기에서 기록한 325개와 차이가 거의 나지 않는다. 밀어 친 홈런이 상당히 많았던 루스는 오히려 좌측 펜스가 짧은 폴로그라운즈를 더 좋아했다.

홈런왕 12회

베이브 루스는 1919년부터 1931년까지 13년 동안 아메리칸리그를 완벽히 통치했다. 시대를 얼마나 지배했는지를 알 수 있는 블랙잉크 지수(한 선수가 주요 기록들에 대해 리그에서 얼마나 자주 1위를 했는지를 측정해 이를 수치화하는 지표)에서 명예의 전당에 입성한 선수들의 평균이 27인 반면 베이브 루스는 161이다. 이는 압도적인 1위임은 물론이며 테드 윌리엄스(101)의 한 배 반, 배리 본즈의 두 배

(78)에 해당한다.

1919년부터 1931년 사이에 루스가 홈런왕에 오르지 못한 때는 1922년과 1925년, 두 차례뿐이었다. 1922년에는 오프시즌 동안 커미셔너가 출전을 금한 시범경기에 밥 뮤젤과 함께 나섰다가 6주짜리 출장정지를 받은 탓이었다(당시 메이저리그 스타들은 시즌이 끝나면 전국을 돌며 시범경기를 가져 짭짤한 수입을 챙기곤 했다). 그 때문에 루스는 44경기를 놓쳤다. 그럼에도 홈런 1위와는 불과 4개 차이였다.

반면 1925년은 변명의 여지가 없었다. 오프시즌 동안 자기 관리에 실패한 루스는 스프링캠프에서 부상을 입어 두 달간 결장했고, 돌아와서는 밀러 허긴스Miller Huggins 감독과 신경전을 벌이느라 경기에 집중하지 못했다. 결국 56경기에 결장하면서 1919년부터 1933년 사이에 가장 적은 25홈런에 그쳤다(리그 1위 밥 뮤젤 33개).

루스는 홈런과 타점 타이틀을 6번이나 동시에 차지하고도 트리플 크라운은 달성하지 못했다. 1924년에 단 한 차례 타격 타이틀을 따냈다. 하지만 하필이면 그해 타점 타이틀을 놓쳤다. 루스가 타격왕에 오른 것은 그때 한 번뿐이지만, 통산 타율 0.342는 역대 9위에 해당한다. 루스를 앞선 8명 중 1920년 이후에 타자 생활을 시작한 선수는 로저스 혼스비(0.358)와 테드 윌리엄스(0.344) 둘뿐이다. 그리고 투수일 때의 성적을 제외하면 0.349로 윌리엄스를 제친다. 루스는 "내가 단타만 치기로 작정한다면 6할도 칠 수 있을 것"이라며 허풍을 떨었다.

루스는 통산 5번이나 삼진왕에 올랐다. 하지만 홈런왕 12번에 비하면 애교로 봐줄 수 있는 수준이다. 루스가 1920년부터 1934년까지 15년 동안 연평균 44홈런을 기록하면서 당한 삼진 수는 연평균 75개였다.

파트너 루 게릭

베이브 루스에게는 최고의 파트너 루 게릭이 있었다. 물론 게릭이 루스에게 받은 도움이 더 컸지만, 루스가 게릭에게 받은 도움 역시 적지 않았다. 하지만 둘의 사이는 그다지 좋지 못했다. 루스가 게릭을 무시한 탓이었다.

루스는 원정 경기를 다녀오면 기차역에 마중 나온 엄마에게 달려가 눈물을 글썽이는 루 게릭을 보면서 마마보이라 놀렸다. 또한 게릭이 연속 경기 출장 기록에 집착하는 것을 못마땅해했다. 게릭의 실력이 자신에 한참 미치지 못한다고 생각한 루스는 번번이 "네가 그러니까 4번 타자밖에 못 되는 거야"라고 했다. 만약 게릭의 성격이 루스와 같았다면 둘은 한 팀에 있지 못했을 것이다.

하지만 루 게릭의 인내심 덕분에 둘은 공포의 듀오로 군림했다. 게릭과의 홈런 경쟁에 힘입어 루스가 60홈런 기록을 세운 1927년, 둘은 도합 홈런 107개를 날렸다. 이는 아메리칸리그 전체 홈런 수의 25퍼센트에 해당했다. 1931년 루스와 게릭은 나란히 46홈런을 기록하며 347타점을 합작해, 메이저리그 최고 기록을 세웠다.

루스가 '반항의 1925년'을 보낸 후 1926년부터 1931년까지 6년 간 둘은 연평균 84홈런 303타점을 기록했다. 많은 팀이 루스와 게릭이 나오는 타석을 견디지 못하고 양키스전을 망쳤다. 월드시리즈 역시 마찬가지였다.

타율의 시대에서 홈런의 시대로

전설로 남은 장면

베이브 루스는 내셔널리그 팀들에도 공포 그 자체였다. 루스가 월드시리즈 통산 41경기에서 올린 성적은 0.326/0.467/0.744, 15홈런 233타점에 달한다. 1923년에는 26타석에 나서 15번 출루했으며, 1927년과 1928년, 1932년 세 차례 연속 우승하면서 모두 4연승을 거둔 기간에는 12경기에서 0.457/0.527/0.978, 7홈런 17타점을 기록했다.

또 1928년 월드시리즈에서 기록한 타율 0.625(16타수 10안타)는 1990년 빌리 해처Billy Hatcher가 0.750(12타수 9안타)으로 경신하기 전까지 최고 기록이었다. 월드시리즈 역사상 한 경기에 3개 홈런을 날린 타자는 단둘, 루스와 레지 잭슨뿐이다(이후 앨버트 푸홀스Albert Pujols와 파블로 산도발Pablo Sandoval이 이름을 올렸다). 그리고 루스는 이를 두 차례나 기록했다.

루스는 보기와 다르게 수비도, 베이스 런닝도 열심히 했다. 투수 출신으로 강력한 송구를 자랑했으며, 배가 심하게 나오기 전까지는 수비 범위와 주력도 평균 이상이었다(홈스틸 통산 10회). 하지만 주자로서의 판단 능력은 좋지 못했는데, 1926년 월드시리즈 7차전에서는 한 점을 뒤진 9회 말 2사 1루에서 느닷없이 2루 도루를 시도하다 '월드시리즈 끝내기 도루 실패'를 기록하기도 했다.

1933년 열린 제1회 올스타전에서 처음으로 홈런을 친 선수도 루스였다. 1934년 올스타전에서 칼 허벨은 루스부터 루 게릭, 지미 폭스, 알 시먼스Al Simmons, 조 크로닌Joe Cronin까지 5연속 삼진으로 잡아냈다. 하지만 당시 루스는 서른아홉 살이었고, 전성기 때였다면 그런 명장면 탄생은 없었을지도 모른다.

보스턴 레드삭스에서 투수로 뛰던 1917년 6월 23일, 루스는 첫 4개 공이 모두 볼로 판정되자 심판에게 달려갔다. 루스는 방망이를 휘두르는 난동까지 벌이다가 경찰에 의해 퇴장을 당했다. 루스를 구원한 어니 쇼어Ernie Shore가 초구를 던지는 사이 1루 주자가 2루를 훔치려다 아웃을 당했고, 쇼어는 이후 26명 타자를 연속 범타로 잡으며 경기를 끝냈다. 쇼어에게는 퍼펙트게임이었다(1991년 합작 노히터로 정정됐다).

루스가 가장 전설로 남은 장면은 1932년 시카고 컵스와의 월드시리즈 3차전에서 나온 이른바 '예고 홈런'(called shot)이다. 전날 어린이병원을 방문해 홈런을 치겠다는 약속을 한 루스가 방망으로 타구가 갈 방향을 가리킨 후 그곳으로 홈런을 날렸다는 것이다. 하지만 이는 언론에 의해 그럴듯하게 포장된 것이었다.

평소 루스의 활약을 배 아파하던 타이 콥은 루스만 만나면 '반검둥이'라고 놀렸다. 흑인의 피가 섞이지 않았는데도 루스는 여기에 민감하게 반응했다. 그러자 상대 팀들은 그의 평정심을 흩트려놓기 위해 이 단어를 유용하게 써먹었다. 월드시리즈 3차전이 열린 그날 리글리필드에 온갖 야유와 욕설이 난무한 가운데, 시카고 컵스 측 더그아웃에서도 이 단어가 흘러나왔다. 이후 루스는 방망이로 어딘가를 가리키며 뭐라고 소리쳤고, 바로 홈런을 날렸다. 상대 투수 찰리 루트Charlie Root의 주장과 루 게릭의 목격담에 따르면, 화가 머리끝까지 오른 루스는 루트에게 "공으로 네 녀석을 맞혀버리겠다"(실제로는 더 과격한 표현이었다)고 하면서 방망이로 그를 가리킨 것이었다.

1922년 4월 그리피스스타디움에서 관중석에 앉아 개막전 경기를 지켜보는 베이브 루스.
그해 그는 출장정지 처분을 받아 시즌 초반에 출전하지 못했다. **사진** 미국 의회도서관

방탕과 은퇴

베이브 루스의 가장 큰 문제는 노력하지 않아도 최고였다는 점이다. 루스는 어린이들을 위한 위인전에 성실한 선수로 묘사되지만 실제로는 그렇지 않았다. 겨울이 되면 루 게릭은 열심히 스케이트를 타며 다음 시즌을 준비했다. 하지만 루스는 술독에 빠져 지냈다. 흥미롭게도 미국이 금주령을 시행한 1919년부터 1933년까지는 루스의 전성기와 정확히 일치한다.

1925년의 부상도 폭식하다 생긴 것이었다. 루스가 즐겨 먹은 아침 식단은 계란 18개로 만든 오믈렛과 손바닥만 한 햄 세 조각, 토스트 여섯 조각, 그리고 맥주 두 병이었다. 또 다른 아침 식단은 일어나자마자 버번위스키를 벌컥벌컥 들이켠 후 스테이크를 배가 터질 때

까지 먹는 것이었다. 루스는 폭식과 폭음을 했고, 성생활도 자제하지 못했다.

만약 루스에게 루 게릭 같은 성실함이 있었다면 어땠을까. 1921년 컬럼비아대가 루스의 신체적 능력을 조사했을 때 그는 시각, 청각, 신경 반응 속도 등 대부분 항목에서 조사 대상 500명 중 1위를 차지했다. 총점에서 평균적인 20대 미국인 남성이 60점을 받은 반면 루스는 90점을 받았다. 루스는 성실해야 할 이유가 없었다.

1931년 양키스에 부임한 조 매카시Joe McCarthy 감독은 루스의 무절제한 생활을 용납하지 않았고, 곧 둘의 신경전이 시작됐다. 1934년 '실력'이라는 마지막 보호막이 사라지자, 매카시 감독은 루스에게서 핀 스트라이프 유니폼을 벗겨냈다.

1935년 루스는 선수로 뛰며 부사장을 맡는 조건으로 보스턴 브레이브스(현 애틀랜타 브레이브스)와 3년 계약을 맺었다. 보스턴에는 루스를 보려는 구름 관중이 몰렸다. 하지만 루스는 예전의 자신이 아니라는 사실을 숨길 수 없었다. 루스의 마지막이었다.

부모의 사랑을 받지 못하고 자란 루스는 어린이만큼은 진심으로 사랑했다. 누가 시키지 않았는데도 선수 생활 내내 수많은 병원과 고아원을 찾아다니며 아이들에게 희망과 용기를 주려 했다. 이는 이후 메이저리그의 전통이 됐다.

1914년 연봉 600달러에 프로 생활을 시작한 루스는 1931년 연봉 8만 달러에 도장을 찍었다(당시 메이저리그 최저 연봉은 2000달러 정도였다). 이는 허버트 후버 대통령의 연봉보다 5000달러나 많은 액수로, 당시 미국 사회에서 엄청난 이슈가 됐다. 소감을 묻는 기자들의 질문에 루스는 이렇게 말했다.

"내가 그 사람보다 한 일이 더 많았나 보지."

루스의 연봉 폭등은 다른 선수들의 연봉 상승으로 이어졌다. 루스의 동료였던 웨이트 호이트Waite Hoyt는 "모든 메이저리거의 아내와 아이들은 식사하기 전에 '루스에게 행운이 있기를'이라고 기도해야 한다"고 했다.

1948년 루스는 쉰세 살 나이에 인후암으로 사망했다. 양키스타디움에서 열린 장례식에는 무려 15만 명에 달하는 사람들이 몰려들었다. 특히 루스를 보며 자란 아버지들이 자식을 데리고 나와 그의 마지막 가는 길을 축복했다. 사망 당시 루스가 갖고 있던 메이저리그 기록은 56개에 달했다. 그는 메이저리그 통산 2503경기에 나서 타율 0.342 714홈런 2213타점을 기록했다.

미국인들의 사랑

1920년 메이저리그는 반발력이 큰 공을 도입했다. 그해 베이브 루스는 54개 홈런을 날렸다. 1921년 메이저리그는 스핏볼을 금지했다. 그리고 루스는 59개 홈런을 날렸다. 그렇다면 루스는 단지 라이브볼 시대의 산물이었을까.

사실 메이저리그가 코르크를 집어넣은 '라이브볼'을 도입한 때는 1920년이 아니라 1910년이었다. 그럼에도 타자들은 단타를 노리는 기존의 스윙을 바꾸지 않았다. 하지만 루스는 달랐다. 루스는 풀스윙을 하며 등장한 최초의 타자였으며, 방망이를 노브(배트의 손잡이 아래 튀어나온 부분)까지 내려 잡아 장타력의 극대화를 시도한 최초의 타자였다.

당시 메이저리그는 블랙삭스 스캔들을 겪으며 최대 위기를 맞이

한 상황이었다. 바로 그때 루스가 홈런이라는 놀라운 발명품을 갖고 나타났다. 홈런으로 인해 야구는 훨씬 박진감 넘치고 재미있는 스포츠가 됐다. 루스가 없었더라도 데드볼 시대는 종말을 맞이했을 것이다. 하지만 루스로 인해 더 빨리, 더 극적으로 끝났다.

조 디마지오는 1940년대 미국인들의 사랑을 받았다. 하지만 루스가 받은 사랑과는 비교가 되지 않는다. 루스는 미국인들이 대공황을 버틸 수 있었던 힘이자 위안이었다. 제2차 세계대전 도중 미군이 "일왕에게 저주를"이라고 외치자 일본군이 "베이브 루스에게 저주를"이라고 답한 것은 유명한 일화다.

최고의 허풍쟁이였지만 결코 틀린 말은 하지 않던 레프티 고메스는 베이브 루스를 이렇게 표현했다. "베이브 루스는 서커스였으며 연극이었고 또 영화였다. 그리고 모두의 꿈이었다."

로저스 혼스비, 최고의 우타자

그는 어둠 속에서도 3할 5푼을 칠 수 있는 유일한 타자였다.

_프랭키 프리시 Frankie Frisch

로저스 혼스비 Rogers Hornsby, 1896~1963

2루수 및 유격수, 3루수, 우투우타

활동 기간 1915~1937(23시즌)

최고의 공격력을 가진 2루수였던 제프 켄트Jeff Kent는 통산 장타율 5할로 은퇴했다. 메이저리그 역사에는 켄트보다 장타율이 높은 2루수가 딱 한 명 존재한다. 그것도 커리어 초반이 데드볼 시대였던 선수다.

사람들은 역사상 가장 완벽한 타격 능력을 보여준 선수로 테드 윌리엄스를 꼽는다. 그런 윌리엄스가 최고로 인정한 타자가 있었으니, 바로 로저스 혼스비다(장타율 0.577).

혼스비의 통산 타율은 0.358(홈 0.359, 원정 0.358)로, 그 위에는 단 한 명, 타이 콥(0.366)이 있을 뿐이다. 중요한 점은 혼스비가 우타자라는 것이다. 통산 타율 10위 내에서 우타자는 혼스비가 유일하다

(20위 내 5명).

혼스비는 타이 콥(11회), 토니 그윈과 호너스 와그너(8회) 다음으로 많은 7회 타격왕을 차지했다. 6회 넘게 타격왕을 차지한 7명 가운데 우타자는 그와 와그너뿐이다. 그가 역대 최고의 우타자라는 주장은 전혀 무리가 없다.

혼스비의 23시즌 통산 OPS는 1.010(7위)이다. 1.000을 넘는 선수는 8명뿐이다(새로 편입된 니그로리그 출신 선수들을 포함하면 11명). 첫 10시즌 동안 1.050을 기록한 앨버트 푸홀스는 2021년 후반 0.919까지 떨어졌으며, 11시즌째 뛰고 있는 현역 1위 마이크 트라웃 Mike Trout은 1.002를 기록 중이다.

중요한 점은 혼스비가 2루수였다는 것이다. OPS 역대 35위 가운데 1루수이거나 외야수가 아닌 선수는 혼스비가 유일하다(36위 3루수 치퍼 존스).

트리플 크라운을 달성한 선수는 2012년에 성공한 미겔 카브레라 Miguel Cabrera를 끝으로 총 15명(1900년 이후 12명)인데, 그중 트리플 크라운을 두 번 달성한 선수는 혼스비와 테드 윌리엄스뿐이다.

1938년 혼스비가 은퇴하고 타격코치로 부임한 마이너리그 팀에는 열여덟 살의 테드 윌리엄스가 있었다. 혼스비는 윌리엄스에게 타석에서의 수 싸움이라는 비공을 전수했다. 윌리엄스는 혼스비를 존경했지만 그의 완벽한 레벨 스윙 대신 자신만의 어퍼 스윙을 만들어 냈다.

301홈런 2루수

1896년 텍사스주 윈터스에서 태어난 로저스 혼스비가 세인트루이스 카디널스에 입단한 것은 열아홉 살이던 1915년이었다. 당시 혼스비는 키가 180센티미터인 반면 몸무게는 61킬로그램에 불과했다. 밀러 허긴스 감독은 파워를 전혀 기대할 수 없다고 판단해, 혼스비에게 방망이를 짧게 잡으라는 지시를 내렸다. 혼스비는 이를 극복하기 위해 조금씩 몸무게를 늘려갔다. 단순히 살을 찌운 게 아니라 웨이트트레이닝을 통해 근육량을 늘렸다. 당시 웨이트를 하는 야구 선수는 혼스비가 거의 유일했다.

1920년 그때까지 유격수와 3루수를 오가던 혼스비는 처음으로 붙박이 2루수가 됐다. 그해 혼스비는 타율 0.370을 기록해 첫 번째 타격왕에 올랐다. 홈런은 전년도보다 1개 늘어난 9개에 불과했지만 2루타와 3루타는 24개에서 64개로 늘어 홈런 폭발을 예고했다. 라이브볼 시대가 개막된 그해, 아메리칸리그에서는 베이브 루스가 충격적인 54홈런을 때려냈다. 그 무렵 혼스비의 몸무게는 90킬로그램으로 늘었다. 데뷔 초기에 심하게 웅크리던 타격 폼도 점점 펴져 꼿꼿이 선 업라이트 자세가 됐다.

혼스비의 타격 폼은 독특했다. 그는 마치 타격할 의사가 전혀 없는 것처럼 홈플레이트에서 가장 먼 곳에 자리를 잡았다. 하지만 그것은 파리지옥이 파리를 유인하는 것과 같았다. 투수가 바깥쪽이라는 미끼를 덥석 물면, 혼스비는 재빨리 왼발을 대각선으로 내딛으면서 낮은 코스의 공까지 정확히 받아쳤다. 바깥쪽 낮은 코스는 그가 가장 좋아했던 코스로, 그는 이러한 타격을 통해 최대 약점인 몸 쪽 높은 코스 문제를 해결했다.

혼스비는 최고의 경기력을 유지하기 위해 가혹하리만큼 자기 관리에 철저했다. 담배와 술을 절대로 입에 대지 않았으며, 식단에도 세심한 주의를 기울였다. 하루 12시간씩 잠을 잤고, 시력 보호를 위해 책과 신문은 물론 당시 유일한 여가 활용이던 영화도 보지 않았다.

그 덕분인지 혼스비는 당대 최고의 선구안을 자랑했다. 어느 날 혼스비를 상대한 신인 투수가 연속으로 볼 3개를 판정받고 항의하자 주심은 이렇게 말했다. "얘야, 네가 스트라이크를 던지는지는 혼스비 씨가 알려줄 거야."

혼스비는 통산 135도루에 그쳤지만, 당대 가장 빠른 선수 중 하나였다. 미키 맨틀(153도루)과 스탠 뮤지얼(78도루)처럼, 자신의 빠른 발을 도루 대신 한 베이스를 더 가는 데 썼다. 혼스비는 제프 켄트(377홈런), 로빈슨 카노Robinson Cano(334홈런)와 함께 300홈런 이상 날린 2루수이지만(통산 301홈런, 2루수로서 264홈런) 홈런보다 2루타와 3루타를 더 좋아했다. 특히 자신의 타구를 쫓는 야수들을 보며 쾌감을 느꼈다. 반면 공을 쳤는데도 쫓아가는 사람이 없는 골프는 거들떠보지도 않았다.

1920년대를 지배하다

1921년 로저스 혼스비는 타율 0.397 21홈런을 기록했다. 이는 예고편에 불과했다. 1922년 그는 내셔널리그 타자로는 1899년의 에드 델라헌티(0.410) 이후 23년 만에 4할 타율을 달성하면서(0.401), 250안타를 휘둘러 윌리 킬러Willie Keeler가 1897년에 세운 243안타 리그 기록을 경신했다. 또 종전 리그 기록보다 18개 더 많은 42개 홈런을 날리고 152타점을 올려 트리플 크라운을 달성했다.

그해 혼스비가 기록한 450루타는 베이브 루스가 1921년에 기록한 457루타에 이은 역대 2위이자 내셔널리그 최고 기록이다. 지금까지 한 시즌에 '100장타, 450루타, 150타점, 140득점'을 기록한 선수는 1922년의 혼스비와 1921년의 루스뿐이다.

1900년 이후 메이저리그에서 4할 타율이 나온 것은 13번인데, 40홈런이 동반된 것은 혼스비의 1922년 기록이 유일하다. 기준을 25홈런으로 내려도 혼스비(3회)와 테드 윌리엄스(1회)밖에 없다. 42홈런은 지금까지 유지되고 있는 2루수 타이기록으로, 데이비 존슨Davey Johnson이 1973년 43홈런을 기록하기는 했지만 2루수로서 친 홈런은 42개였다. 역사상 40홈런을 친 2루수는 혼스비와 데이비 존슨, 라인 샌드버그, 브라이언 도저Brian Dozier뿐이며, 이 중에 혼스비(2회)와 샌드버그만이 홈런왕에 올랐다.

1923년 혼스비는 타율 0.384 17홈런에 그쳐 잠시 부진했다가, 1924년 이번에는 타율 0.424를 기록함으로써 20세기 내셔널리그 최고 타율을 만들어냈다. 1901년 냅 래저웨이가 기록한 20세기 최고 타율(0.426)을 넘지 못한 것이 아쉬웠다. 그해 내셔널리그에서 혼스비에게 안타를 2개 이상 맞지 않은 투수는 없었다.

1925년 혼스비는 2년 연속 4할(0.403)과 타격왕 6연패, 그리고 두 번째 트리플 크라운에 성공했다(39홈런 143타점). 또 시즌 도중 브랜치 리키로부터 지휘봉을 물려받아 스물아홉 살 나이에 감독 겸 선수가 됐다.

1920년대 내셔널리그는 혼스비의 독무대였다. 혼스비는 10년간 타율에서 7번, 출루율과 장타율에서 8번, OPS에서 9번 리그 1위에 올랐다. 1920년대에 혼스비보다 더 좋은 타율, 홈런, 타점을 기록한 내셔널리그 타자는 없었다. 또 역사상 '10년짜리 트리플 크라운'

을 차지한 선수는 혼스비가 유일하다. 아메리칸리그까지 포함해도 1920년대에 그보다 더 많은 홈런과 타점을 기록한 선수는 베이브 루스가 유일했다.

그중에서도 최고의 전성기는 1921년부터 1925년까지의 5년이었다. 그동안 혼스비는 4할 타율을 세 번이나 달성하는 등 0.402/0.474/0.690, 216안타, 29홈런, 2루타 41개, 3루타 13개, 120타점, 123득점을 평균 성적으로 냈다. 5년간 장타율이 0.690이 넘는 선수는 1920~1924년의 베이브 루스(0.778)와 1926~1930년의 루스(0.730) 그리고 2000~2004년의 배리 본즈(0.781)뿐이다.

감독 혼스비

선수 겸 감독으로서 풀타임 첫해였던 1926년, 앞선 6년간 0.370 아래로 내려가본 적이 없던 로저스 혼스비의 타율은 0.317로 급락했다. 하지만 그해 세인트루이스 카디널스는 1892년 내셔널리그에 합류한 지 35년 만에 처음으로 리그 우승을 차지하고 월드시리즈에 나섰다. 상대는 베이브 루스가 버티는 뉴욕 양키스였다.

월드시리즈가 열리기 하루 전날, 혼스비에게 어머니의 사망 소식이 전해졌다. 하지만 그는 장례식에 가지 않았다. 최종 7차전에서 감독 혼스비는 3대 2로 앞선 7회 말 2사 만루 위기에서 퇴물이 된 피트 알렉산더를 마운드에 올리는 모험을 감행했다. 알렉산더는 혼스비의 믿음대로 토니 라제리Tony Lazzeri를 삼진으로 잡아냈다. 2루수로 뛴 혼스비는 9회 말 2사 1루에서 2루 도루를 시도한 베이브 루스를 태그해 마지막 아웃을 잡아냈다.

혼스비는 감독으로서도 탁월했다. 하지만 이것이 문제였다. 자신이 최고라 생각한 그는 다른 사람들을 무시했다. 거칠고 무례했으며 얼음장처럼 차가웠다. 감독이 된 뒤로는 더욱 독단적이 됐으며 프런트까지 무시했다. 결국 연봉 문제가 발단이 돼(당시 세인트루이스는 감독으로서의 연봉은 어물쩍 넘어가려 했다) 혼스비는 월드시리즈 우승을 이끌고도 뉴욕 자이언츠로 트레이드됐다. 세인트루이스가 받아 온 두 명 중 하나는 역시 명예의 전당에 오르는 2루수로 1934년 감독 겸 선수로 활약하며 두 번째 월드시리즈 우승을 이끄는 프랭키 프리시였다.

뉴욕 자이언츠의 27년차 감독 존 맥그로는 오래전부터 혼스비에게 눈독을 들여왔다. 그는 혼스비에게 자신의 자리를 물려주려 했다. 하지만 혼스비는 맥그로에게 고개 숙이기를 거부했다. 혼스비는 1년 만에 다시 보스턴 브레이브스로 넘겨졌다.

1928년 보스턴 브레이브스에서 다시 감독 겸 선수로 뛴 혼스비는 통산 7번째이자 마지막 타격왕(0.387)에 올랐다. 프런트와의 충돌도 없었다. 하지만 브레이브스는 선수 5명과 현금 2만 달러를 주겠다는 시카고 컵스의 제안을 거절하지 못했다.

1929년 혼스비가 합류하자마자 시카고 컵스는 11년 만에 월드시리즈에 올랐다(우승은 필라델피아 어슬레틱스가 차지했다). 1930년 혼스비는 발목 골절상을 입어 100경기 이상 결장했고, 1931년이 돼서는 선수로서 마지막 불꽃을 태웠다.

1932년에는 감독으로서 컵스를 월드시리즈 진출로 이끌었지만 양키스에 4연패를 당해 물러났다. 혼스비는 1933년부터 5년간 세인트루이스 브라운스에서 감독과 대타를 맡았다. 하지만 브라운스는 혼스비가 손쓸 수 없는 팀이었다. 1937년 혼스비는 감독에서 해임되면서 유니폼도 벗었다.

경기장 밖에서 로저스 혼스비는 위대한 야구인은 아니었다. 그는 불법 도박과 주식 사기에 얽혀 추문을 일으켰으며, 대표적인 인종차별주의자였다. KKK 단원이었다는 주장도 있다. 어두운 면은 타이 콥과 비슷했지만, 콥이 부동산과 주식 투자에 성공해 갑부가 된 반면 혼스비는 그러지 못했다. 1929년 주가가 폭락할 때 10만 달러를 잃기도 했다.

결국 혼스비는 1942년이 돼서야 78.1퍼센트의 낮은 득표율을 기록하며 명예의 전당에 올랐다. 투표에 참여한 기자들은 그가 그라운드에서 보여준 인간성과 그라운드 밖에서 일으킨 문제들을 기억하고 있었다.

2005년 앨버트 푸홀스는 MVP 수상 소감에서 "로저스 혼스비 같은 훌륭한 타자가 되고 싶다"고 했다가 깜짝 놀란 기자들의 질문 공세를 받아야 했다. 푸홀스는 혼스비가 세인트루이스 카디널스는 물론 메이저리그의 역사를 대표하는 우타자인 건 알았지만 또 다른 면을 가진 것은 알지 못했던 것이다.

1928년 7월 타임 매거진의 표지 인물로 실린
보스턴 브레이브스 시절의 로저스 혼스비

조지 시슬러, 마운드를 사랑한 타자

기량이 절정이었을 때, 조지 시슬러는
루 게릭보다 더 뛰어난 1루수였다. _빌 제임스

조지 시슬러 George Harold Sisler, 1893~1973

1루수, 좌투좌타

활동 기간 1915~1922, 1924~1930(15시즌)

그의 시대에 지명타자 제도가 있어 나흘마다 선발로 나서고 나머지 사흘은 지명타자로 출전했다면? 400승과 800홈런을 동시에 기록하고 투수와 타자 양쪽 모두에서 명예의 전당에 올랐을지도 모른다.

전설적인 야구 기자 레너드 코페트가 베이브 루스를 두고 해본 상상이다. 메이저리그 역사에는 여기에 대입할 수 있는 선수가 한 명 더 있다. 조지 시슬러다.

1.2킬로그램이나 되는 무거운 방망이를 들고 스프레이 히팅을 선보였던 시슬러는 스즈키 이치로가 2004년 262안타를 기록하기 전까지, 257안타라는 한 시즌 최다 안타 기록을 84년이나 유지했다.

통산 타율은 1900년 이후 데뷔한 타자 중 역대 10위에 해당되는 0.340이다. 4할 타율도 두 번이나 만들어냈다. 하지만 그의 꿈은 타자가 아니라 투수였다.

시슬러는 1893년 오하이오주에서 태어났다. 아버지와 어머니가 모두 대학을 나온, 당시로서는 보기 드문 엘리트 가정이었다. 1911년 시슬러는 고교를 졸업하면서 지역 마이너리그 팀인 애크런에 입단했다. 하지만 아버지는 야구를 하고 싶다면 대학부터 졸업하라고 했다. 미시간대에 진학한 시슬러는 야구를 하면서 기계공학을 전공했다. 시슬러는 대학에서 한 인물과 운명적으로 마주치는데 미시간대 야구팀의 감독인 브랜치 리키였다.

1913년 갑자기 피츠버그 파이리츠가 시슬러를 데려간다고 나섰다. 애크런이 소유권을 피츠버그에 넘긴 것이었다. 시슬러의 아버지는 '시슬러는 미성년자로 보호자의 동의 없이 계약했고, 계약금도 받지 않았다'며 내셔널리그 측에 탄원서를 냈다. 2년을 끈 공방 끝에 시슬러와 애크런 간의 계약은 무효이며 피츠버그에 우선 교섭권이 주어진다는 유권해석이 나왔다. 시슬러는 피츠버그 대신 브랜치 리키가 감독으로 있던 세인트루이스 브라운스(현 볼티모어)에 입단했다.

이루지 못한 꿈

월터 존슨이 우상이자 목표였던 조지 시슬러는 리그 최고의 좌완이 될 자질을 갖고 있었다. 하지만 투수가 되기에는 큰 문제가 있었으니, 방망이 실력이 뛰어나도 너무 뛰어나다는 것이었다. 팀은 타자를 원했지만 시슬러는 투수를 하고 싶어 했다. 일단은 투수와 타자를 병행하는 것으로 결정됐다.

데뷔 첫해인 1915년, 시슬러에게 가슴 떨리는 순간이 찾아왔다. 월터 존슨과의 선발 맞대결이 성사된 것이다. 시슬러는 마운드에서 1실점 완투승을 거둬 팀의 2대 1 승리를 이끌었다. 타석에서는 존슨을 상대로 4타수 4안타를 뽑아냈다. 존슨과의 맞대결이라는 소원을 이루는 것으로, 시슬러는 투수에 대한 미련을 접기로 했다.

시슬러는 이듬해에도 세 차례 선발로 나섰는데 월터 존슨과의 2차 격돌에서는 1대 0 완봉승을 만들어냈다. 투수로서 거둔 마지막 승리였는데 당시 존슨은 최고의 전성기를 보내고 있었다.

민첩하고 빨랐던 시슬러는 2루수나 3루수로도 뛸 수 있었다. 하지만 6년간 1루수를 7명이나 기용한 세인트루이스 브라운스는 시슬러에게 1루를 맡겼다. 이후 시슬러는 역사상 가장 화려한 수비를 선보인 1루수가 됐다. 1920년에는 3-6-3으로 이어지는 더블플레이만 13번이나 성공시키는 등 명장면을 무수히 연출했다.

시슬러는 역사상 가장 빠른 1루수였다. 도루 타이틀을 4번이나 거머쥐었으며, 1916년부터 1922년까지 7년간은 연평균 39도루를 기록했다.

257안타, 41경기 연속 안타

1916년 타율 0.305를 기록한 조지 시슬러는 이듬해 타율 0.353 190안타를 기록하면서 타율과 안타 모두 타이 콥에 이어 2위에 올랐다. 시슬러가 1917년부터 1919년까지 기록한 평균 타율 0.349는 메이저리그 전체에서 콥(0.383) 다음이었으며, 리그 평균(0.256)보다 9푼 3리나 높은 것이었다.

여기까지는 예고편에 불과했다. 1920년 시슬러는 154경기 전 경기에 나서 한 번도 교체되지 않고 모든 이닝을 소화하며 257안타를 기록했다. 이는 타이 콥이 1911년에 세운 248안타 기록을 경신한 것이다. 시슬러는 타율 0.407를 기록하며 첫 번째 타격왕을 차지했는데, 8월 0.442, 9월엔 0.448까지 이르렀다. 도루(42)와 2루타(49), 3루타(18), 홈런(19), 타점(122)에서도 모두 2위에 올랐다. 그해 아메리칸리그에서 그보다 더 많은 홈런과 타점을 기록한 타자는 베이브 루스(54홈런 137타점)뿐이었다.

1921년 시슬러는 10타수 연속 안타라는 또 하나의 신기록을 세웠고(1952년 월트 드로포Walt Dropo가 12타수 연속 안타로 경신했다), 1922년 이번에는 41경기 연속 안타를 기록해 타이 콥이 1911년에 세운 40경기 연속 안타의 아메리칸리그 기록을 경신했다. 하지만 42번째 경기에서 오른팔을 다치면서 윌리 킬러가 세운 44경기 메이저리그 최고 기록에는 도전하지 못했다.

1922년 시슬러가 기록한 타율 0.420은 1901년 냅 래저웨이가 기록한 0.426와 1924년 로저스 혼스비가 기록한 0.424에 이어 20세기 최고 타율 3위로 남았다. 시슬러는 그해 커리어 마지막 4할을 기록한 타이 콥(0.401)을 제치고 두 번째 타격왕에 올랐으며, 처음 제정된 아메리칸리그 MVP의 첫 번째 수상자가 됐다.

20세기 초반 아메리칸리그 최악의 팀이던 세인트루이스 브라운스는 1922년 창단 최다인 93승을 올렸다. 하지만 1승 차이로 뉴욕 양키스에 리그 우승을 내줘야 했다. 시슬러는 은퇴할 때까지 월드시리즈 무대를 밟지 못했다. 브라운스가 리그 우승과 함께 월드시리즈에 오른 것은 1944년이 처음이자 마지막이었다.

시슬러가 1920~1922년 3년간 기록한 타율은 0.400이었다(정확히는 0.399667). 사람들은 그가 타이 콥의 뒤를 이어 아메리칸리그 타격 타이틀을 쓸어 갈 것으로 예상했다. 하지만 정점에 선 그 순간 끔찍한 재앙이 찾아왔다.

급성 축농증, 시력 이상

조지 시슬러는 1923년 시즌을 앞두고 급성 축농증에 걸려 극심한 두통에 시달렸다. 그리고 그 후유증으로 공이 두 개로 보이는 시력 이상(double vision)이 발생했다. 시슬러는 그해 한 경기도 뛰지 못했다. 1년을 쉰 시슬러는 1924년 타율 0.305, 1925년 0.345를 기록했다. 하지만 예전의 시력과 실력은 되찾지 못했다.

시슬러에게는 같은 해 같은 세인트루이스 팀(카디널스)에서 데뷔한 로저스 혼스비라는 라이벌이 있었다. 1922년까지의 통산 타율은 시슬러가 0.361로 혼스비의 0.348를 앞섰다. 하지만 혼스비가 이후 0.368를 기록한 반면 시슬러는 0.320에 그쳤다. 결국 혼스비는 시슬러보다 1푼 8리가 높은 0.358의 통산 타율을 기록했다.

1924년 이후 시슬러에게는 새로운 습관이 생겼다. 초점을 맞추기 위해 한동안 땅을 바라본 뒤 타격에 임하게 된 것이다. 하지만 이를 눈치 챈 투수들은 시슬러의 초점 맞추기 작업이 끝나기도 전에 공을 던졌다. 2812안타로 은퇴한 시슬러는 1923년 시즌만 놓치지 않았어도 3000안타를 달성할 수 있었다. 아니, 시력 문제가 일어나지 않았다면 3500안타를 넘어 4000안타에 접근했을지도 모른다.

1927년 서른네 살이 된 시슬러는 타율 0.327를 기록하며 도루 1위(27), 안타 3위(201)로 시즌을 끝냈다. 하지만 세인트루이스 브라운스는 디트로이트에서 데려온 루 블루Lu Blue에게 자리를 만들어주기 위해 시슬러를 워싱턴 세너터스로 넘겼다.

1928년 시슬러가 첫 20경기에서 타율 0.245에 그치며 부진하자, 워싱턴은 그를 다시 보스턴 브레이브스로 넘겼다. 보스턴에서 로저스 혼스비를 만난 시슬러는 타율 0.340의 맹타를 휘둘렀다. 시슬러를 데려올 때 2만 5000달러를 쓴 반면 넘길 때 7500달러밖에 받지 못한 워싱턴으로서는 낭패였다.

시슬러는 1929년에도 타율 0.326 205안타를 기록했다. 하지만 이듬해 타율 0.309 133안타에 그쳐 기록이 떨어지자 그를 데려가겠다는 팀이 나타나지 않았다. 시슬러는 마이너리그에서 2년 더 선수 생활을 연장했지만 끝내 돌아오지 못하고 유니폼을 벗었다.

은퇴 후 조지 시슬러는 브랜치 리키를 따라다니며 타격 인스트럭터 겸 스카우트로 활약했다. 다저스에서는 듀크 스나이더에게, 피츠버그에서는 로베르토 클레멘테에게 돌파구를 열어줬다. 브랜치 리키에게 재키 로빈슨을 데려온 사람도 시슬러였다.

시슬러는 1939년 85.8퍼센트 득표율을 기록하며 명예의 전당에 올랐으며, 1941년에는 조 디마지오가 자신의 41경기 연속 안타 기록을 경신하자 축하 전보를 보냈다. 마지막 순간까지 스카우트로 활약한 시슬러는 1973년 여든 살 생일이 지나고 이틀 후 숨을 거두었다.

시슬러는 동시대 선수들인 타이 콥과 베이브 루스, 로저스 혼스비에 비해 화려하지 못했다. 여기에 그가 뛴 브라운스는 당대 최악의 팀이었다. 언론의 관심을 받지 못한 것은 워낙 조용한 성품 탓이기

The St. Louis Star.　　　　　　　　　—By RIPLEY.

- LEADER IN STOLEN BASES

AN ALL AROUND STAR.

SISLER

1922년 7월 로버트 리플리가 그린 세인트루이스 브라운스 시절의 조지 시슬러.
삽화 Robert Ripley

도 했다. 빌 제임스는 시슬러의 통산 출루율이 0.379인 점을 들어 그를 야구 역사상 가장 과대평가된 선수로 뽑았다. 역대 1루수 순위에서도 24위로밖에 평가하지 않았다.

　그러나 누구보다도 자존심이 강했던 타이 콥이 시슬러를 "가장 완벽에 가까운 선수"라고 칭했던 것처럼, 동시대의 동료들만큼은 그의 실력을 의심하지 않았다. 콥이 말한 가장 완벽에 가까운 대상이 투수나 타자가 아니라 선수(ball player)라면 결코 지나친 말은 아니었다.

루 게릭, 양키스의 긍지

루 게릭은 양키스 선수들이 느끼는 자신감의 원천이었다.

_스탠리 프랭크Stanley Frank

루 게릭 Henry Louis "Lou" Gehrig, 1903~1941

1루수, 좌투좌타

활동 기간 1923~1939(17시즌)

연속 경기 출장, 베이브 루스의 파트너, 비운의 은퇴. 그에 앞서 루 게릭은 메이저리그 역대 최고의 1루수이자 최고의 타점 머신이었다. 역사상 게릭(0.632)보다 더 좋은 장타율을 기록한 선수는 베이브 루스(0.690)와 테드 윌리엄스(0.634) 둘뿐이다. 그(1.080)보다 더 좋은 OPS를 기록한 선수도 루스와 윌리엄스뿐이다.

게릭은 역대 타점 순위에서 행크 애런(2297), 베이브 루스(2213), 캡 앤슨(2075), 배리 본즈(1996)에 이은 5위(1995)에 올라 있다. 하지만 통산 성적을 오늘날 연간 경기 수인 162경기로 환산하면 그의 타점 수는 149개로, 루스(143), 앤슨(133), 애런(113), 본즈(108)를 모두 뛰어넘는다. 비운의 은퇴만 아니었다면 역대 타점 1위는 그의 차지였을 것이다.

게릭이 1931년에 올린 184타점은 단일 시즌 역대 2위 기록(1위 1930년 핵 윌슨Hack Wilson 191타점)이자 아메리칸리그 최고 기록으로, 역대 6위까지의 타점 기록 중 3개가 그의 것이다. 게릭은 1927년부터 1937년까지 11년간 타점 부문에서 1위 5회, 2위 4회, 3위 1회, 4위 1회를 차지해 한 번도 4위 아래로 떨어져보지 않았다.

게릭은 '12년 연속 3할 타율'과 함께 메이저리그 타이기록에 해당되는 '13년 연속 100타점'(지미 폭스, 알렉스 로드리게스), '13년 연속 100득점'(행크 애런, 알렉스 로드리게스)을 달성했다. 그러나 '13년 연속 100득점 100타점 동시 달성'은 게릭이 유일하다(로드리게스는 13년 연속 100득점과 13년 연속 100타점의 시기가 다르다).

게릭은 200안타를 8회, 150타점을 8회, 100볼넷을 11회, 3할 5푼 이상 타율을 6회나 기록했다. 또 400루타 시즌을 5회(2위 척 클라인 Chuck Klein 3회), '200안타 40홈런 100볼넷' 시즌을 5회(2위 베이브 루스 3회) 만들어내 역대 1위에 올라 있다.

또 게릭은 알렉스 로드리게스가 25개로 넘어서기 전까지 23개 만루 홈런 기록을 오랫동안 지켰다. 100장타 시즌을 두 번 이상 만들어낸 3명 중 하나이기도 하다(나머지 둘은 척 클라인, 토드 헬튼Todd Helton).

물론 게릭은 메이저리그 역사상 방망이가 가장 뜨거웠던 시대인 1920년대 후반부터 1930년대를 보낸 선수다. 게다가 그의 앞에는 베이브 루스라는 역대 최강의 타자가 있었다. 하지만 루스 역시 게릭에게 큰 도움을 받았으며, 게릭은 타자들의 시대에서도 가장 빛난 타자 중 한 명이었다.

철마, 2130경기 연속 출장

루 게릭은 1903년 뉴욕 94번가에서 태어났다. 부모는 1900년에 독일에서 건너온 이주민이었다. 아버지는 잡역부였고, 어머니는 식당에서 일했다. 아버지가 간질에 시달리면서 생계를 꾸려나가는 것은 어머니의 몫이 됐다.

고교 시절 메이저리그 구장에서 열린 경기에서 장외 만루 홈런을 날리기도 했던 게릭은 건축가가 되기를 바라는 어머니의 뜻에 따라 컬럼비아대에 진학했다. 그러던 중 1923년 역대 최고의 스카우트 중 한 명인 폴 크리첼Paul Krichell의 눈에 띄어 뉴욕 양키스의 유니폼을 입게 됐다. 투수로서도 뛰어났던 게릭은 베이브 루스가 양키스타디움 개장 1호 홈런을 때려낸 날, 대학 경기에서 1경기 17탈삼진이라는 컬럼비아대 최고 기록을 세웠다. 경기 후 크리첼에게 입단 제안을 받았다. 크리첼은 게릭을 투수가 아닌 타자로 지목했다.

게릭은 어머니의 뜻에 따라 대학 졸업장까지 딸 생각이었다. 하지만 설상가상으로 아버지에 이어 어머니까지 병석에 눕게 되면서 돈을 벌기 위해 나설 수밖에 없었다.

입단하고 2년간 마이너리그 수업을 받은 게릭은 1925년 6월 1일 유격수 피-위 워닝어Pee-Wee Wanninger의 대타로 출장하면서 연속 경기 출장의 서막을 열었다. 다음 날 게릭이 두통을 호소한 주전 1루수 월리 핍Wally Pipp 대신 경기에 나가 2안타를 날리고, 이것을 계기로 주전 자리를 따낸 것은 유명한 일화다. 시즌 전 보스턴에 필 토트Phil Todt(통산 타율 0.258 57홈런 454타점)와 교환하자고 제안했다가 거절당한 양키스는 게릭이 자리를 잡지 못하고 시즌을 마감할 경우 세인트루이스 카디널스로 보낼 생각이었다. 하지만 양키스는 시즌이 끝난 후 게릭 대신 픕을 신시내티 레즈로 보냈다.

그 후로 14년간 이어지는 연속 경기 출장의 가장 큰 위기는 1935년에 있었다. 게릭은 6월 8일 경기에서 수비를 하던 중 보스턴의 칼 레이놀즈Carl Reynolds와 1루에서 크게 충돌했다. 어깨를 잡고 쓰러진 게릭은 다음 날 도저히 경기에 나설 수 있는 상황이 아니었다. 하지만 하늘이 게릭을 도왔다. 비로 인해 경기가 취소된 것이다. 사실은 큰 비가 아니어서 경기를 치를 수 있었지만, 양키스의 구단주 제이컵 루퍼트Jacob Ruppert가 힘을 써서 경기를 취소했다는 설도 있다. 1934년에는 부상 때문에 1회 초 1번 타자로 나서 안타를 때려낸 후 교체되기도 했다(이날 그는 허리 부상으로 제대로 걸을 수조차 없었다).

이렇게 게릭이 세운 2130경기 연속 출장 기록은 1995년 칼 립켄 주니어(2632경기)에 의해 깨질 때까지 56년간 유지된 결코 폄하될 수 없는 위대한 업적이다. 뛰어난 근성과 내구성을 가진 그에게 '철마'(The Iron Horse)라는 별칭이 붙었지만, 당시는 선수의 몸 상태에 전혀 관심이 없었던 시절이었다. 은퇴하기 직전 엑스레이로 찍은 게릭의 손에서는 열 손가락 모두를 포함해 금이 갔다 저절로 아문 자국이 열일곱 군데나 발견되기도 했다.

최고의 원투 펀치

뉴욕 양키스 역대 최고의 해로 꼽히는 1927년은 루 게릭이 베이브 루스와 동급의 타자로 올라선 첫해이기도 하다. 9월 초까지 루스와 게릭은 44홈런 타이를 이뤘다. 하지만 이후 루스가 16개를 쏘아올리는 동안 게릭은 3개를 추가하는 데 그쳤다. 게릭의 부진은 당시 경기가 끝나자마자 병세가 악화된 어머니에게 달려간 탓이었다.

1925년 뉴욕 양키스와 워싱턴 세너터스 간의 경기에서 루 게릭이 헤드 퍼스트 슬라이딩으로 홈으로 쇄도하는 모습. 1루수 조 해리스Joe Harris의 송구를 포수 행크 세베레이드Hank Severeid가 놓치면서 이날 경기는 양키스의 3대 2 승리로 끝났다.

사진 미국 의회도서관

　그해 아메리칸리그의 총 홈런 수는 439개였는데 그중 107개가 베이브 루스와 게릭의 방망이에서 나왔다. 양키스를 제외한 리그 7개 팀 중 게릭보다 많은 홈런을 기록한 팀은 3개 팀뿐이었다. 하지만 리그 MVP는 60홈런 신기록에 타율 0.356 164타점을 기록한 루스가 아닌 타율 0.373 47홈런 175타점을 기록한 게릭에게 돌아갔다. 당시는 수상 경험이 없는 선수에게 우선권이 주어지는 것이 관례였다.

　타선에서는 역사상 최고의 원투 펀치였지만 극단적으로 다른 성격이었던 둘의 사이는 그리 좋지 않았다. 베이브 루스는 게릭이 연속 경기 출장 기록에 너무 연연해한다며 못마땅해했다. 마마보이인 게릭에게 '맘 게릭'이라는 별명을 선사한 이도 루스였다. 하지만 둘은 경기에서만큼은 결코 반목하지 않았다.

1932년 필라델피아 어슬레틱스 전에서 게릭은 아메리칸리그 선수로는 처음으로 4연타석 홈런을 쳐냈다. 게릭은 다섯 번째 타석에서도 홈런 타구를 날렸지만 어슬레틱스의 좌익수 알 시먼스가 담장 위로 뛰어올라 잡아냈다.

베이브 루스의 마지막 양키스 시즌이었던 1934년, 게릭은 양키스 선수로는 처음으로 트리플 크라운(타율 0.363 49홈런 165타점)을 차지했다. 반면 루스는 트리플 크라운을 달성하지 못했으며, 이후 양키스 선수로는 미키 맨틀(1956년)만이 이름을 올렸다. 게릭은 조 디마지오가 등장한 1936년에도 트리플 크라운급 성적(타율 0.354 49홈런 152타점)을 내 두 번째 MVP를 따냈다. 양키스의 상징이 루스에서 디마지오로 교체되는 과정에는 게릭이라는 든든한 가교가 있었다.

은퇴

풀타임 14년째 시즌인 1938년, 35세 시즌을 맞은 루 게릭은 29홈런 114타점과 함께 타율이 13년 만에 처음으로 2할대(0.295)로 떨어졌다. 시즌 후 게릭은 동계 훈련을 어느 때보다 열심히 했다. 그러나 몸이 빠르게 악화돼갔다.

1939년 첫 8경기에서 28타수 4안타에 그친 게릭은 4월 30일 경기가 끝난 후 조 매카시 감독을 찾아가 다음 경기 라인업에서 빼줄 것을 부탁했다. 자신의 평범한 플레이에 격려를 보내는 동료들의 모습을 보고 더 이상의 연속 출장은 무의미하고 느꼈기 때문이었다.

1928년 4월 양키스와 필라델피아 어슬레틱스 간의 경기에서 루 게릭(왼쪽부터), 트리스 스피커, 타이 콥, 베이브 루스. **사진** International Newsreel

그의 마지막 출장이었다.

5월 1일 휴식일에 이은 5월 2일, 조 매카시 감독이 구심에게 건넨 라인업 카드에서 마침내 게릭의 이름이 빠졌다. "여러분, 게릭의 연속 경기 출장이 2130경기로 끝났습니다"라는 장내 아나운서의 멘트가 디트로이트의 브리스스타디움에 울려 퍼졌다. 14년간의 대장정이 끝나는 순간이었다. 스무 살 생일을 나흘 남겨놓고 데뷔했던 게릭은 35세 315일 나이에 마지막 경기를 치렀다.

게릭을 무너뜨린 병은 대뇌와 척수의 운동신경세포가 파괴돼 근육이 힘을 잃어가는 근위축성 측상경화증(ALS)이라는 희귀병으로, 훗날 그의 이름을 따 루게릭병으로 불리고 있다. 한때 전염병이라는 소문이 돌기도 했지만, 오랜 룸메이트인 포수 빌 디키Bill Dickey는 끝까지 그의 곁을 떠나지 않았다.

각계각층의 유명 인사들을 포함한 6만 2000여 명이 양키스타디움의 스탠드를 가득 메우고 베이브 루스를 포함한 1927년의 멤버가 모두 초청된 1939년 7월 4일, 미국의 독립기념일이었던 그날 게릭은 은퇴식을 치렀다. 게릭은 "오늘, 나는 지구상에서 가장 운좋은 사람입니다"라는 감동적인 한마디로 2분간의 연설을 시작했다. 그의 말대로, 어쩌면 게릭은 가장 행복한 은퇴를 한 선수일지도 모른다.

시즌이 끝나자 명예의 전당 위원회는 게릭을 5년의 유예 기간 없이 곧바로 명예의 전당에 올렸다. 게릭은 최연소 헌액자가 됐으며, 그의 등번호 4번은 메이저리그 최초의 영구 결번이 됐다.

그로부터 2년이 지난 1941년은 조 디마지오가 연속 안타에 도전한 시즌이었다. 디마지오가 19경기 연속 안타에 성공한 1941년 6월 2일, 게릭은 38세 생일을 17일 남겨두고 눈을 감았다. 그가 월리 핍을 대신해 경기에 나선 지 정확히 16년이 지난 날이었다.

조 디마지오가 53경기 연속 안타를 때려낸 7월 13일, 게릭의 일대기가 영화로 만들어질 거라는 계획이 발표됐다. 게릭의 역은 로널드 레이건과 게리 쿠퍼 간의 2파전 끝에 쿠퍼에게 돌아갔다. 영화 제목은 '양키스의 긍지'(The Pride of the Yankees)였다. 그는 메이저리그의 긍지이기도 했다.

지미 폭스, 오른손 베이브 루스

지미 폭스는 머리카락도 근육일 것이다._레프티 고메스

지미 폭스 James Emory "Jimmie" Foxx, 1907~1967

1루수 및 3루수, 포수, 우투우타

활동 기간 1925~1942, 1944~1945(20시즌)

부드러운 스윙이 만들어내는 라파엘 팔메이로Rafael Palmeiro의 홈런은 늘 감탄스러웠다. 베이브 루스의 홈런이 그랬다고 한다. 완력, 짐승, 야만 같은 단어들이 떠오르는 블라디미르 게레로의 홈런 역시 감탄스럽기 그지없다. 지미 폭스의 홈런이 그랬다고 한다.

이름에 X 자 두 개가 들어가 '더블 X'로 불린 폭스의 또 다른 별명은 '짐승'(The Beast)이었다. 폭스는 당대 최고의 거구였던 베이브 루스(188센티미터 98킬로그램)는 물론, 프로필상 같았던 루 게릭보다도 작았다(183센티미터 88킬로그램). 그의 실제 키는 180센티미터였다.

하지만 폭스는 헤라클레스 같은 근력을 갖고 있었다. 이는 타고난

것이기도 했고 만들어진 것이기도 했다. 그는 열 살 때부터 아버지를 도와 농장 일을 했다.

'오른손 베이브 루스'로도 불린 폭스는 무지막지한 힘 덕분에 1킬로그램이 넘는 방망이를 들고도 가공할 만한 배트 스피드를 자랑했다. 월터 존슨이 공을 던지면 기차가 지나가는 것 같았다면, 폭스가 휘두른 방망이와 공이 접촉하면 '펑' 하며 폭발하는 소리가 났다고 한다.

역사상 가장 무시무시한 홈런을 날린 선수로는 미키 맨틀이 꼽힌다. 하지만 폭스와 맨틀을 모두 본 사람들은 폭스의 홈런이 더 멀리 날아갔다고 주장한다. 아쉽게도 폭스가 활동한 시절에는 비거리를 측정할 방법이 없었다.

보스턴 레드삭스 시절 동료이자 감독이었던 조 크로닌은 폭스가 좌타자였다면 홈런을 70~80개씩 쳤을 것이라고 주장했다. 좌타자인 베이브 루스와 루 게릭이 우측 펜스가 짧은 홈구장을 썼던 것과 달리, 폭스의 홈구장이던 필라델피아 샤이브파크와 보스턴 펜웨이파크는 우타자에게 유리한 구장이 아니었다. 수준급 좌완 투수가 적었던 당시는 그야말로 좌타자 전성 시대였다.

폭스는 1932년 58개 홈런을 날렸다. 이는 금지 약물 추문을 일으킨 마크 맥과이어와 새미 소사Sammy Sosa의 기록을 지울 경우 꽤 오랫동안 우타자 최고 기록이었다(2017년 장칼로 스탠턴Giancarlo Stanton이 59개로 경신했다). 은퇴 선수 중 폭스보다 통산 장타율(0.609)이 더 높은 3명은 모두 좌타자이며(베이브 루스 0.690, 테드 윌리엄스 0.634, 루 게릭 0.632), 5위 역시 좌타자다(배리 본즈 0.607). 7할 장타율을 세 번 이상 만들어낸 4명 역시 좌타자 셋(루스, 게릭, 본즈)과 폭스다.

우타자인 앨버트 푸홀스는 첫 10년 동안의 장타율이 0.624로 폭스보다 높았다. 하지만 폭스와 같은 8000타수에 도달하게 되자 5할대로 떨어졌고 1만 타수를 넘긴 2021년 후반엔 0.544까지 낮아졌다. 메이저리그 역사상 최고의 오른손 파워 히터는 여전히 폭스다.

괴력의 소년, 어슬레틱스

지미 폭스는 1907년 메릴랜드주의 작은 시골 마을에서 가난한 아일랜드계 농부의 아들로 태어났다. 폭스의 영웅은 남북전쟁에 남군으로 참전한 할아버지였다. 군인이 꿈이었던 그는 1917년 미국이 제1차 세계대전(1914~1918년)에 뛰어들자 장병모집소를 찾아갔다. 그러나 퇴짜를 맞고 돌아왔다. 전쟁이 몇 년 더 늦게 시작됐거나 더 오래 지속됐다면, 혹은 폭스가 몇 년 더 일찍 태어났다면, 그는 야구 선수가 아니라 군인이 됐을지도 모른다.

1923년 폭스는 열여섯 살 나이에 이스턴리그에 소속된 홈런 베이커Home Run Baker의 팀에 입단했다. 여기에는 전설 하나가 전해온다. 지나가던 베이커가 밭을 갈고 있는 폭스에게 길을 묻자, 폭스가 소가 끄는 쟁기를 한 손으로 들어 올리며 방향을 가리켰고, 그 괴력에 감탄한 베이커가 그를 자기 팀으로 데려갔다는 것이다. 하지만 빌 제임스는 당시 폭스는 이미 알려질 만큼 알려진 선수여서 그런 이야기는 거짓말일 가능성이 높다고 주장한다.

폭스가 원한 포지션은 투수나 3루수였다. 하지만 홈런 베이커의 팀에는 포수가 모자랐다. 폭스는 마스크를 썼다. 이듬해 베이커는 폭스를 친정 팀인 필라델피아 어슬레틱스로 넘겼다. 마지막까지 경합을 벌인 상대는 뉴욕 양키스였다. 승리자가 양키스였다면 '살인 타선'의 공포는 한 층 더했을 것이다.

양키스에서는 루 게릭과 포지션이 겹치지 않았겠느냐고? 당시 리그의 자존심을 걸고 대결했던 올스타전에서 아메리칸리그 감독들은 게릭을 1루수, 폭스를 3루수로 썼다. 칼 허벨이 5타자 연속 탈삼진을 잡아낸 1934년 올스타전 당시 아메리칸리그의 3~5번은 베이브 루스, 게릭, 폭스였다.

어슬레틱스엔 훗날 명예의 전당에 오르는 포수 미키 코크런Mickey Cochrane이 버티고 있었다. 그 때문에 폭스는 첫 2년간 44타석밖에 서지 못했다.

1927년 폭스 앞에 한 거물이 나타났다. 승부 조작에 가담했다 디트로이트에서 쫓겨난 타이 콥이었다. 어슬레틱스로 옮긴 콥은 폭스에게 많은 것을 가르쳤다. 12년 후 폭스는 다시 스무 살짜리 루키에게 자신의 노하우를 전수한다. 테드 윌리엄스였다. 윌리엄스는 폭스를 무척 좋아하고 존경했다.

그해 6월 12일 필라델피아 어슬레틱스는 타이 콥이 우익수, 알 시먼스가 중견수, 잭 휘트Zack Wheat가 좌익수, 폭스가 1루수, 에디 콜린스가 2루수, 미키 코크런이 포수, 레프티 그로브가 구원투수로 경기에 나섰다. 한 팀의 라인업에 훗날 명예의 전당에 오르게 되는 선수 7명이 포진된 것은 살인 타선 시절의 양키스를 제외하면 유일했다.

58홈런, 3번의 MVP

1928년 스무 살 된 지미 폭스는 3루수로 61경기, 1루수로 30경기, 포수로 20경기에 나서며 타율 0.328 13홈런 79타점(400타수)을 기록했다. 시즌이 끝나고 코니 맥 감독은 주전 1루수 조 하우저Joe Hauser를 방출하고 그 자리를 폭스에게 넘겼다.

1929년 1루수로서 풀타임 첫 시즌을 맞이한 폭스는 타율 0.354 33홈런 118타점을 기록했다. 그해 필라델피아 어슬레틱스는 16년 만에 월드시리즈 우승을 차지했다.

1930년 폭스는 타율 0.335 37홈런 156타점을 올렸다. 팀도 월드 시리즈 2연패에 성공했다.

1931년 폭스는 타율 0.291 30홈런 120타점에 그치며 주춤했다. 폭스는 이때를 계기로 스윙을 교정하게 되는데 이는 대폭발의 도화선이 됐다.

1932년 폭스는 베이브 루스의 7연패를 저지하고 첫 홈런왕에 올랐다. 1918년부터 1931년까지 14년 동안 루스가 홈런왕을 놓친 것은 단 두 차례뿐이었다. 1922년은 오프시즌에 시범경기에 나섰다가 출장정지를 받는 바람에, 1925년은 부상 때문에 경기에 나서지 못해 기회가 부족했다. 즉 처음으로 루스가 풀타임으로 뛰고도 홈런왕을 놓치는 충격적인 일이 일어난 것이다. 더 놀라운 점은 루스가 41개를 기록한 반면 폭스는 그보다 17개나 더 많은 58개를 쳤다는 것이다. 홈런왕을 놓친 앞선 두 시즌에서 루스와 1위의 차이는 4개와 8개였다.

그해 폭스는 1961년의 로저 매리스보다 먼저 1927년 베이브 루스가 세운 60홈런 기록을 깰 수 있었다. 하지만 홈런 2개가 노 게임으로 취소됐으며, 1927년에는 없었던 세인트루이스 구장의 우측 스크린을 맞고 나온 것이 5개, 클리블랜드 구장의 좌측 스크린을 맞고 나온 것이 3개에 달했다. 비에 쓸려간 홈런 2개만 아니었더라도, 폭스는 60개 타이기록을 만들어낼 수 있었다.

1932년은 또 다른 면에서 아쉬웠다. 타율 0.364 58홈런 169타점을 기록한 폭스는 3리 차이로 타격왕을 놓쳐 트리플 크라운 달성에 실패했다. 특히 타율 1위를 차지한 데일 알렉산더Dale Alexander(0.367)는 454타석에 그쳤는데, 지금의 기준으로 따지면 규정 타석 미달이었다.

1933년 폭스는 타율 0.356 48홈런 163타점을 기록해 기어코 트리플 크라운을 달성했다. 아메리칸리그에서는 1901년 냅 래저웨이와 1909년 타이 콥에 이은 3호 기록이고, 라이브볼 시대가 열린 뒤로는 처음 나온 기록이었다. 폭스는 1932~1933년 연속으로 리그 MVP에 선정돼 기자들이 뽑기 시작한 1931년 이후 최초의 두 차례 수상자가 됐다. 여기에 1938년에도 수상하면서 최초의 세 차례 수상자가 됐다.

때 이른 퇴조

1933년이 끝나자 구단주까지 겸하던 코니 맥 감독은 지미 폭스의 홈런이 10개나 줄었다는 이유로 연봉을 1만 6000달러에서 1만 1000달러로 깎았다. 사실은 돈이 없었다. 대공황의 직격탄을 맞은 어슬레틱스는 선수들을 내다 팔기 시작했다. 폭스도 1935년 시즌을 마지막으로 어슬레틱스를 떠났다. 폭스를 손에 넣은 팀은 보스턴 레드삭스였다.

보스턴에서도 폭스의 질주는 계속됐다. 폭스는 보스턴에서의 첫 4년간 연평균 타율 0.332 41홈런 138타점을 기록했다. 1938년에는 개인 최다인 175타점과 함께 50홈런을 기록해 보스턴 역대 최고 홈

타율의 시대에서 홈런의 시대로

1937년 7월 올스타전에서 아메리칸리그 선수들 7명이 포즈를 취하고 있다. 왼쪽에서부터 루 게릭, 조 크로닌, 빌 디키, 조 디마지오, 찰리 게링거, 지미 폭스, 행크 그린버그. 7명 모두 훗날 명예의 전당에 올랐다. **사진 Harris & Ewing**

런 기록을 세웠다(2006년 데이비드 오티즈David Ortiz가 54개로 경신했다). 행크 그린버그가 유독 그해 58개를 날리지만 않았다면 지미 폭스는 두 번째 트리플 크라운에 성공했을 것이다(그린버그는 1937년과 1939년 각각 홈런 40개와 33개를 기록했다).

하지만 폭스는 점점 무너지고 있었다. 32세 시즌인 1940년 타율이 0.360에서 0.297로 급락하더니, 1941년에는 홈런이 36개에서 19개로 반 토막이 났다. 그러면서 12년 연속 30홈런(배리 본즈, 알렉스 로드리게스 13년 연속)과 12년 연속 30홈런 100타점(알렉스 로드리게스 13년 연속)이라는 기록이 중단됐다.

폭스의 때 이른 퇴조에는 이유가 있었다. 자기 관리가 엉망이었던 그는 특히 음주 문제가 심각했는데, 보스턴에 오고 나서 더욱 심각해졌다. 어슬레틱스 시절에는 할아버지뻘인 코니 맥이 쓴소리를 했지만 보스턴에서는 폭스를 막아설 사람이 없었다. 인심 좋은 톰 야키Tom Yawkey 구단주가 어슬레틱스 시절보다 두 배로 늘려준 연봉은 폭스가 더 많은 술을 사 마시는 결과로 이어졌다.

1942년 서른네 살이 된 폭스는 33타점에 그쳤다. 1929년부터 1941년까지 13년간 연평균 134타점을 올리면서 세운 13년 연속 100타점 기록(루 게릭, 알렉스 로드리게스와 타이기록)도 여기서 중단됐다. 그리고 시즌 도중에 시카고 컵스로 트레이드됐다. 폭스는 더욱 망가졌다.

1943년 시카고 컵스의 필 리글리Phil Wrigley 구단주는 퇴물이 된 폭스를 다른 용도로 쓰기로 했다. 새로 창설된 우먼스리그의 감독을 맡긴 것이다(영화 '그들만의 리그'에서 톰 행크스가 맡은 감독은 바로 폭스를 모델로 삼았다). 하지만 우먼스리그가 1년 만에 붕괴되면서 폭스도 선수로 돌아왔다. 폭스의 몸은 엉망이 돼 있었다.

1945년 폭스는 이제 어슬레틱스가 아닌 필리스의 유니폼을 입고 처음 출발했던 필라델피아로 돌아왔다. 벤 채프먼Ben Chapman 감독은 폭스를 마운드에도 올렸다. 원래 투수가 되고 싶었던 폭스는 공식 투수 데뷔전에서 6이닝 노히트를 기록하는 등 9경기에서 1승 평균자책점 1.59라는 놀라운 활약을 펼쳤다.

시즌이 끝난 후 서른일곱 살의 폭스는 짧고 굵었던 선수 생활을 끝냈다. 베이브 루스, 테드 윌리엄스와 함께 메이저리그 역사상 3명밖에 없는 '3할 타율, 4할 출루율, 6할 장타율, 500홈런, 1500타점, 1500득점'이라는 대기록을 남기고.

초라한 말년

1940년 지미 폭스는 베이브 루스에 이어 역대 두 번째로 500홈런을 달성했다. 그의 나이는 32세 338일에 불과했다. 이는 67년 후인 2007년 알렉스 로드리게스가 32세 8일의 나이로 경신하기 전까지 역대 최연소 기록이었다. 하지만 폭스는 이후 34개를 추가하는 데 그쳤다.

메이저리그 역대 1위, 2위 1루수로 꼽히는 루 게릭과 폭스는 똑같이 일찍 은퇴했다(게릭 36세, 폭스 37세). 하지만 조기 은퇴의 이유는 전혀 달랐다. 게릭에게 더 후한 평가가 내려질 수밖에 없는 부분이다.

루 게릭　　0.340/0.447/0.632, 493홈런 1995타점

지미 폭스　　0.325/0.428/0.609, 534홈런 1922타점

유니폼을 벗은 폭스에게는 돈이 얼마 남아 있지 않았다. 그는 술을 사는 데 너무 많은 돈을 썼고 낭비벽도 심했다. 모든 사람에게 인심이 후했던 폭스는 하는 사업마다 족족 실패했다. 빈털터리가 된 폭스는 1967년 예순 살을 불과 석 달 남기고 갑자기 세상을 떠났다. 저녁식사를 하다 목에 음식물이 걸려 일어난 급사였다.

멜 오트, 홈런을 그린 예술가

내가 그를 대신했다는 이유로 모든 사람들이 나를 싫어했다.

_리오 더로셔Leo Durocher

멜 오트 Melvin Thomas Ott, 1909~1958

우익수 및 3루수, 우투좌타

활동 기간 1926~1947(22시즌)

오늘날 우리는 타구의 비거리뿐 아니라 속도와 각도까지 알 수 있다. 홈런을 보고 감탄만 하는 시대는 가고 홈런을 분석하는 시대가 도래했다.

홈런에 최적화된 지점이 있다. 방망이의 중심부를 지칭하는 배럴(barrel)은 스위트 스폿이 위치해 공을 맞히면 홈런과 장타가 쏟아진다. 그런 사정상 이상적인 타구 속도와 발사 각도가 조화된 타구를 두고 배럴 타구라고 부른다.

타자들의 목표는 배럴 타구다. 강하게 때리는 것뿐 아니라 발사 각도의 중요성을 깨달은 타자들은 이제 타구를 띄우기 위해 노력한다. 무엇이든 극단적인 경향은 과유불급이지만, 홈런을 치려면 기본적으로 발사 각도가 높은 것이 유리하다. 발사 각도가 낮은 땅볼 타구가 홈런이 될 수는 없기 때문이다.

타구에 대한 이론이 제대로 정립되지 않았던 먼 옛날, 어렴풋이 발사 각도의 존재를 알아차린 선수가 있었다. 아름다운 포물선을 수차례 그린 멜 오트였다. 오트가 쏘아 올린 타구는 높게 뻗어 담장을 넘어갔다. 오트는 홈런과 발사 각도의 상관관계를 본능적으로 알고 있었다. 역사상 최초의 발사 각도 신봉자였다.

타고난 타자, 자이언츠

멜 오트는 1909년 루이지애나주의 작은 마을 그레트나에서 태어났다. 체구는 크지 않았지만 선천적으로 운동신경이 남달랐다. 또래 친구들과 어울려 노는 것보다 삼촌들과 야구를 즐겨했던 오트는 공을 받는 포수에 매력을 느꼈다. 하지만 무엇보다 신나는 건 타격이었다. 공을 강하게 맞히고 나면 가슴이 뻥 뚫렸다. 홈런이 나오면 주변에서 터지는 환호성도 듣기 좋았다.

열네 살 때 이미 세미프로 팀에서 뛰었던 오트는 지역에서 유명했다. 어른들도 거뜬히 상대하는 괴물 소년이었다. 소문을 접한 사람들은 그의 그릇이 어느 정도인지 궁금했다. 두 눈으로 직접 확인하기 위해 삼삼오오 모여들었다.

열여섯 살이 된 1925년, 일대에서 가장 전문적으로 야구를 하던 팀이 오트를 찾아왔다. 오트의 앞날을 바꾼 해리 윌리엄스Harry Williams와의 첫 만남이었다. 구단주인 윌리엄스는 백만장자이자 야구광이었다. 오트의 비범함을 한눈에 파악했다. 오트에게 흠뻑 빠진 윌리엄스는 급히 자신의 친구에게 전보를 보냈다. 뉴욕 자이언츠의 수장 존 맥그로였다. 맥그로는 통산 감독 최다승에서 코니 맥 (3731승) 다음으로 많은 승수를 올린 명장 중 명장이다(2763승).

오트는 자이언츠의 트라이아웃에 참가하라는 해리 윌리엄스의 제안이 농담인 줄 알았다. 상상도 하지 못한 일이었다. 윌리엄스가 끊어준 뉴욕행 기차표를 받아 들고서야 그 말이 진짜라는 것을 실감했다.

태어나서 처음 대도시에 온 오트는 얼어붙었다. 뉴욕은 화려하고 복잡한 도시였다. 여기에 강력한 눈빛을 가진 존 맥그로를 마주하자 더욱 위축됐다. 맥그로는 실제 나이보다 어려 보이는 오트가 탐탁지 않았다. 아마추어 야구를 하기에도 너무 어리다고 생각했다. 그러나 친구인 해리 윌리엄스의 부탁을 거절할 수는 없었다. 속는 셈 치고 한번 믿어보기로 했다. 훗날 오트는 "당시 내가 열일곱 살이라서 다행이었다. 맥그로는 내가 열여섯 살이었다면 그냥 돌려보냈을 것이라고 말했었다"고 밝혔다.

존 맥그로는 포수 장비를 챙기고 있는 오트에게 타격만 보여줄 것을 지시했다. 굳이 시간 낭비를 하고 싶지 않았다. 선수와 기자들에게 둘러싸인 오트는 긴장했다. 온몸이 경직되는 바람에 정타를 만들지 못했다. 오트는 좌완 투수로 바뀌면서 호흡을 가다듬기 시작했다. 잘 맞은 타구들이 나오자 슬슬 자신감이 붙었다. 맥그로는 다시 투수를 바꿨지만, 타격감을 회복한 오트는 흔들리지 않았다. 보란 듯이 홈런을 쏘아 올렸다. 매의 눈으로 바라보던 맥그로가 타격을 중지시켰다. 맥그로는 오트를 다른 곳으로 보낸 뒤 그가 들리지 않는 곳에서 말했다.

"놀라운 소년이 나타났군요. 마치 골프 선수처럼 공을 칩니다. 몸을 움직이지만 머리가 고정되어 있고 공에서 시선을 떼지 않았습니다. 타고난 타자처럼 보이죠. 장차 내셔널리그 최고의 좌타자로 성장할 재목입니다."

20세 42홈런

자이언츠는 즉시 멜 오트와 계약했다. 존 맥그로는 오트를 마이너리그로 내려보내지 않았다. 혹시나 잘못된 지도를 받아 오트가 망가지는 것을 경계했다. 맥그로는 고참들이 어쭙잖은 조언을 건네는 것도 금지시켰다. 누구보다 오트를 귀하게 대했다.

오트는 1926년 열일곱 살 나이에 메이저리그에 데뷔했다. 그해 35경기에 출장해 준수한 성적(0.383/0.393/0.417)을 기록했지만, 이듬해도 경기 수가 크게 늘지 않았다(82경기 0.282/0.335/0.380). 그다음 시즌도 출장은 제한됐다(124경기 0.322/0.397/0.524, 18홈런).

이유는 수비 때문이었다. 존 맥그로는 오트에게 포수 마스크를 주지 않았다. 포수를 보기에는 체구가 너무 작았다(175센티미터 77킬로그램). 맥그로는 오트가 수비 부담을 덜고 최대한 공격에 집중하기를 바랐다. 그래서 오트를 외야수로 전향시켰는데, 이 과정에서도 서두르지 않았다. 충분히 시간을 주면서 오트의 수비력을 개선시켰다.

오트는 존 맥그로가 배려하는 사이 차근차근 계단을 밟고 올라섰다. 20세 시즌인 1929년이 돼서야 완전히 주전으로 도약했다. 150경기에 나와 타율 0.328 42홈런 151타점을 기록했다. 역사상 20세 이하에 40홈런을 때려낸 선수는 오트가 유일하다(1956년 프랭크 로빈슨이 20세 시즌에 38홈런을 친 바 있다).

1930년 25홈런, 1931년 29홈런을 기록하며 홈런 수가 줄었지만,

1926년(풀타임 첫 시즌), 1937년(홈런왕 시절),
1942년(감독 첫 시즌) 때의 멜 오트의 모습. 사진 1942년 4월호 리버티 매거진

1932년 38홈런을 치며 첫 홈런왕 타이틀을 따냈다. 1932년은 아메리칸리그에서도 대형 사고가 발생했다. 베이브 루스의 홈런왕 7연패를 가로막은 타자가 등장한 것이다. 58홈런을 친 지미 폭스였다(루스 41홈런). 루스가 황혼기에 이른 1930년대는 리그를 대표하는 홈런 타자가 오트와 폭스로 교체된 시기다(오트와 폭스는 1951년 명예의 전당에도 함께 들어갔다).

1934년 오트는 35홈런을 쳐 홈런왕을 탈환했다(0.326/0.415/0.591). 그해 처음 뽑힌 올스타전은 이후 12년 연속 거르지 않았다. 1936~1938년 3년 연속으로 홈런왕에 오른 오트는 1942년 통산 8번째 30홈런을 치면서 5번째 홈런왕을 차지했다. 1942년은 감독을 겸한 첫 시즌이었는데, 감독으로서 7시즌 성적은 464승 530패로 신통치 않았다.

마지막으로 두 자릿수 홈런을 친 1945년, 오트는 21홈런을 보태 내셔널리그 첫 500홈런 타자로 이름을 올렸다. 오트가 500홈런을 달성할 당시 내셔널리그 통산 홈런 2위는 300홈런을 친 척 클라인이었다(로저스 혼스비 298홈런).

1947년 오트는 38세 시즌을 끝으로 방망이를 내려놓았다. 내셔
널리그 홈런 1위(511), 득점 1위(1859), 볼넷 1위(1708), 타점 2위
(1860), 최다 안타 6위(2876)로 마감했다. 내셔널리그에서 '1800타
점 1800득점 1700볼넷'을 달성한 타자는 오트 이후 한 명밖에 나오
지 않았다(배리 본즈 1996타점 2227득점 2558볼넷). 오트를 처음 보고
내셔널리그 최고의 좌타자가 될 것이라고 했던 존 맥그로의 안목은
정확했다.

폴로그라운즈의 수혜자

멜 오트는 선수로 활동한 22년 동안 한 번도 팀을 옮기지 않았다.
그래서 폴로그라운즈를 계속 홈으로 사용했다. 폴로그라운즈는 오
트의 500홈런 달성에 결정적 기여를 했다.

큰 말발굽 모양으로 된 폴로그라운즈는 홈플레이트에서 가운데
담장까지 거리가 엄청나게 멀다. 무려 475피트(145미터)였다. 이 특
징 때문에 1954년 월드시리즈 1차전에서 윌리 메이스의 '더 캐치'
가 탄생할 수 있었다. 그 대신 좌우측 담장은 매우 짧았다. 좌측이
279피트(85미터), 우측이 257피트(78미터)였다. 당겨 치는 좌타자들
의 천국으로, 베이브 루스가 폴로그라운즈를 무척 좋아했다.

오트는 폴로그라운즈의 수혜자였다. 당겨 치기에 능한 좌타자답
게 폴로그라운즈와 궁합이 좋았다. 오트도 폴로그라운즈를 최대한
활용하려고 노력했다. 넓은 스탠스에 큰 레그킥 동작은 공을 잡아
당기기 위한 준비 자세였다.

홈에서 20홈런 이상을 기록한 시즌이 7번이나 되는 반면, 원정

에서 20홈런을 친 시즌은 스무 살에 42홈런을 쳤던 1929년뿐이다. 34세 시즌이던 1943년, 오트는 홈런 18개를 모두 홈에서 때려냈다. 마지막 투혼을 보여준 1945년에도 21홈런 중 원정 홈런은 3개에 불과했다. 홈에서 통산 323홈런을 터뜨린 오트는 원정에서는 188홈런에 그쳐 파괴력이 떨어졌다. 홈과 원정에서 홈런 수가 거의 비슷했던 지미 폭스와 차이가 나는 부분이다(폭스의 경우 홈 299홈런, 원정 235홈런). 디애슬레틱이 조사한 바에 따르면 통산 500홈런을 기록한 타자 중 홈에서의 홈런 비중이 60퍼센트가 넘는 타자는 오트밖에 없다(오트 63.2퍼센트, 프랭크 토머스 59.9퍼센트).

하지만 오트가 원정에서 약한 타자는 아니었다. 오트는 원정 1363경기에서 통산 타율이 0.311였다(홈 통산 타율 0.297). 통산 OPS 0.918도 1000경기 이상 나온 232명 중 17위였다(1위 베이브 루스 1.148). 폴로그라운즈처럼 홈런은 많이 때려내지 못했지만, 타자로서 완성도가 떨어지지는 않았다.

좋은 사람

멜 오트는 겸손했다. 뛰어난 성적을 올려도 기고만장하지 않았다. 간혹 빠른 성공이 독이 되어 나락으로 빠지는 경우가 있다. 그러나 오트는 도취하지 않았다. 실력보다 성품이 돋보이는 선수가 바로 오트였다.

오트는 한 번도 MVP를 수상한 적이 없다. MVP 투표에서 2위에 오른 적도 없다. 1942년 모트 쿠퍼Mort Cooper와 에노스 슬로터Enos Slaughter(이상 세인트루이스)에 이어 3위에 오른 것이 최고 순위다. 그사이 절친한 동료인 칼 허벨은 두 번이나 MVP에 선정됐다(1933,

1936년). 하지만 오트는 질투하지 않았다. 오트보다 일곱 살이 많았던 허벨은 그의 이러한 면을 진심으로 존경했다. 상대편도 오트를 미워하지 않았다. 오트는 자이언츠와 앙숙인 다저스의 팬들에게도 박수갈채를 받았다.

오트가 자이언츠 감독으로 있을 당시 다저스 감독은 리오 더로셔였다. 더로셔는 오트와 달리 논쟁적인 인물이었다. 할 말은 다 하는 성격으로, "사람 좋으면 꼴찌"라는 말도 그가 남겼다. 이때 더로셔가 가리킨 사람이 바로 오트였다. 한편 오트는 1948년 시즌 중반 성적 부진에 책임을 지고 감독에서 물러났다. 오트의 후임은 더로셔였다.

오트는 선수 생활을 그만둔 뒤에도 자이언츠와의 인연을 이어갔다. 당시 팜 디렉터(육성 총괄)였던 칼 허벨을 도와 자이언츠의 팜을 관리했다. 방송 경력도 쌓았는데 자이언츠가 아닌 디트로이트의 전담 해설가로 활동했다. 침착하고 친절한 해설은 많은 이들로부터 호평을 받았다.

제2의 인생을 꾸며가던 오트는 1958년 11월 교통사고로 세상을 떠났다. 그의 나이 불과 마흔아홉 살이었다. 갑작스러운 부고여서 충격이 더 컸다. 슬픔이 모두 덮어지기까지는 꽤 오랜 시간이 걸렸다고 한다.

인종의 벽이 무너지다

1883년 메이저리그에 최초의 흑인 선수가 등장했다. 그러나 백인 구단 주들은 이를 용납하지 않았다. 1887년 흑인 선수는 흑인들로 구성된 팀에서만 뛸 수 있으며 흑인 팀은 리그에 받아들이지 않는다는 조항이 만들어졌다. 이로써 야구라는 스포츠 내에서 백인과 흑인은 완벽히 분리됐다.

이후 60년간, 메이저리그는 오직 백인 선수들만 뛸 수 있는 백인들의 리그였다. 같은 기간 뛰어난 실력을 가진 무수히 많은 흑인 선수들이, 단지 피부색이 다르다는 이유로 기회조차 얻지 못했다. 니그로리거 생활은 가난했고, 선수들은 야구를 하기 위해 떠돌아다녀야 했다.

1947년 재키 로빈슨이 등장하면서 인종의 장벽은 무너졌다. 하지만 이는 시작이었다. 그 후로도 흑인 선수들은 오랫동안 차별과 싸워야 했다. 그사이 메이저리그엔 시대의 아이콘들이 등장했다. 베이브 루스가 떠났지만 야구의 품격을 높인 선수들이 모습을 드러냈다. 사람들은 루스의 빈자리를 그들로 채웠다.

이 장에서는 시대를 잘못 만나 기회를 얻지 못했던 선수들, 그 벽을 허물기 위해 노력한 선구자들, 그리고 리그의 수준을 끌어올린 선수들을 만나볼 수 있다.

조시 깁슨, 검은 베이브 루스

조시 깁슨의 가치는 아무리 낮게 잡아도 두 명의 요기 베라였다.

_빌 베크 Bill Veeck

조시 깁슨 Joshua Gibson, 1911~1947

포수 및 외야수, 1루수, 우투우타

활동 기간 1930~1946(17시즌)

1947년 뉴멕시코주 로즈웰에 위치한 니그로리그 팀에는 홈런을 베이브 루스만큼 잘 치는 흑인 선수가 있었다. 뉴욕 양키스에서 스카우트를 보낸 날, 공교롭게도 그는 형편없는 모습을 보였다. 사실 그는 야구와 사랑에 빠진 외계인이었다! 부진한 모습을 보인 것도 메이저리그에 진출하면 정체가 밝혀질까 봐 두려웠기 때문이었다. 61번째 홈런을 날려 신기록을 세운 날, 그는 계획이 틀어질 것을 우려한 동료 외계인에 의해 죽임을 당한다.

이는 TV 시리즈 '엑스파일'의 에피소드 중 하나인 '인간이 된 외계인'(Unnatural)의 내용이다. 1947년은 재키 로빈슨이 인종 장벽을 처음으로 허문 해이자, 일부 사람들이 외계인의 UFO가 로즈웰에 떨

어졌다고 믿는 해다.

'블랙 베이브 루스' 또는 '브라운 밤비노'로 불리는 조시 깁슨에 대해 알고 있는 사람이라면, 화면 속에서 그레이스(홈스테드 그레이스)의 유니폼을 입고 있던 흑인 선수가 그를 모델로 만들어진 것임을 눈치 챌 수 있었을 것이다.

깁슨은 1930년대 후반의 두 시즌 동안 타율 4할과 장타율 1.000을 넘기기도 했으며, 1943년에는 타율 0.521를 기록했다. 통산 962홈런, 통산 타율 0.373, 한 시즌 84홈런이 그가 세웠다고 믿어지고 있는 기록이다.

명예의 전당에 걸려 있는 동판에는 깁슨이 '거의(alomost) 800개 홈런'을 쳤다고 적혀 있다. 야구 역사가 존 코츠John Coates는 깁슨의 홈런 수가 823개라고 주장한다. 통산 타율 역시 최저 0.354에서 최고 0.384로 제각각이다.

깁슨의 기록이 정확히 제시되지 못하는 것은 그가 니그로리그 선수였기 때문이다. 여기에는 그가 뛴 독립 리그(주로 해외 리그)와 세미프로 리그의 경기 기록도 포함돼 있다.

메이저리그가 인정한 깁슨의 니그로리그 공식 기록은 598경기, 타율 0.374 165홈런 725타점과 장타율 0.719다. 경기 수가 적은 이유는 당시 니그로리그가 관중 수익을 기대할 수 있는, 따라서 모든 선수가 참가하는 일요일 경기만 공식 경기로 인정했기 때문이다(그 대신 일요일은 무조건 더블헤더로 치러졌다. 어니 뱅크스가 "한 게임 더 하자고"(Let's play two!)를 외쳤던 이유다). 따라서 깁슨에 대한 신화는 불확실한 숫자들보다는 같은 시대를 보낸 선수들의 증언과 목격담이 더 믿을 만하다.

블랙 베이브 루스

니그로리그 최고의 투수로 메이저리그 최고의 타자들을 쩔쩔매게 했던 새철 페이지는 자신이 경험한 최고의 선수로 조시 깁슨을 꼽았다. 역시 니그로리그 스타였던 몬테 어빈Monte Irvin은 깁슨을 '테드 윌리엄스의 눈과 베이브 루스의 파워를 가진 선수'로 평가했다. 니그로리그 연구가 로버트 피터슨Robert Peterson은 "아마도 깁슨이 역대 최고의 파워 히터일 것이다. 베이브 루스를 제외하지 않더라도"라고 했다.

팔은 안으로 굽지 않겠느냐고? 그렇다면 이 사람의 말을 들어보자. "그가 하지 못하는 것은 없다. 공을 1마일(1.6킬로미터)까지 날려 보내며 흔들의자에 앉아서도 공을 받아낼 수 있다. 송구는 총알과 같다. 최고의 포수는 깁슨이다." 깁슨을 워싱턴 세너터스에서 뛰게 하기 위해 노력했던 월터 존슨의 말이다.

당시 메이저리그 선수들은 부수입을 올리기 위해 올스타 팀을 만들어 니그로리그 올스타들과 자주 대결했다. 깁슨은 1934년에 30승을 거둔 디지 딘이나 1938년 2경기 연속 노히트노런을 달성한 조니 밴더 미어Johnny Vander Meer 같은 당대 최고의 메이저리그 투수들을 상대하면서 61타석에서 타율 0.426와 5홈런을 기록했다.

신체 조건(185센티미터, 98킬로그램)이 베이브 루스(188센티미터, 98킬로그램)와 거의 같았으며, 정식 지도를 받지 못했는데도 교과서적인 스윙을 갖고 있던 깁슨은 루스처럼 엄청난 파워를 자랑했다. 당시 루스와 깁슨의 경기를 모두 지켜본 팬들 중 일부는 차라리 루스를 '화이트 조시 깁슨'이라 부를 정도였다.

역시 트레이드마크는 초대형 홈런이었다. 깁슨은 포브스필드의

139미터 센터필드를 처음으로 넘긴 타자였으며, 양키스타디움에서 날린 홈런은 훗날 비거리가 177미터로 추정됐다. 양키스타디움 86년 역사에서 나온 장외 홈런 3개는 양키스 선수인 미키 맨틀이 날린 하나와 깁슨이 날린 둘이다.

깁슨은 폴로 경기장을 개조해 만든 초대형 야구장인 폴로그라운즈에서도 장외 홈런을 때려냈다. 그가 홈런을 날린 후 한참 만에 누가 찾아왔는데, 경기장 뒤 기차역에서 일하는 역무원이었다. 승강장에 공이 떨어진 것을 목격한 역무원이 누가 쳤는가 싶어 달려온 것이었다. 거리는 180미터가 훨씬 넘었다.

어느 날 깁슨이 피츠버그 포브스필드에서 날린 타구는 점이 되어 사라졌다. 다음 날 깁슨은 워싱턴 디시의 그리피스스타디움에서 다시 큰 타구를 날렸는데 펜스 앞에서 아슬아슬하게 잡혔다. 그러자 주심이 농담을 던졌다. "어제 네가 날린 타구는 아웃이야."

새철 페이지는 돔구장 시대가 열린 소감을 다음과 같이 말했다. "깁슨이 지금 태어났더라면 경기에 나서지 못했을 거야. 지붕이라는 지붕은 죄다 부셔놨을 테니까."

깁슨이 주로 활동한 팀인 홈스테드 그레이스의 홈구장은 포브스필드와 그리피스스타디움이었다(그레이스는 빈 경기장을 찾아 번번이 피츠버그와 워싱턴 디시를 옮겨 다녔다). 피츠버그 포브스필드는 좌로부터 110, 132, 91미터, 워싱턴 디시의 그리피스스타디움은 124, 128, 98미터로 좌측 펜스가 우측 펜스보다 훨씬 깊어 우타자인 깁슨에게는 크게 불리한 구장들이었다. 반면 좌타자 베이브 루스가 뛴 양키스타디움의 우측 펜스는 90미터에 불과했다.

니그로리그의 슈퍼스타

조시 깁슨은 1911년 조지아주 부에나비스타에서 한 소작농의 맏아들로 태어났다. 인종차별을 견디다 못한 아버지는 더 나은 삶을 찾기 위해 가족을 남겨두고 먼저 북부로 떠났다. 아버지가 피츠버그의 제철소에서 일자리를 구하면서 깁슨도 열세 살 때 피츠버그로 옮겨 올 수 있었다. 이는 아버지가 준 최고의 선물이었다. 남부에 있었다면 깁슨은 방망이 대신 농기구를 들었을 것이다.

당시 흑인이 그나마 차별을 덜 받을 수 있었던 스포츠는 복싱과 육상이었다. 깁슨도 육상에서 재능을 발휘했다. 하지만 그가 진정으로 사랑한 것은 야구였다. 깁슨은 전기 기술자가 되라는 아버지의 소박한 바람을 뒤로하고 세미프로 팀에서 뛰기 시작했다. 열일곱 살 때 깁슨은 한 살 연상의 헬렌 메이슨과 결혼했다. 하지만 행복은 잠시였고, 아내는 쌍둥이를 낳고 세상을 떠났다. 아들의 이름을 조시 주니어, 딸의 이름을 헬렌 주니어로 지은 깁슨은 돈을 벌기 위해 부르는 곳이면 어디라도 달려갔다. 차비를 아끼기 위해 웬만한 거리는 롤러스케이트를 타고 다녔다.

1930년 피츠버그에 기반을 둔 동부 최강 홈스테드 그레이스와 서부 최강 캔자스시티 모나크스 간의 니그로리그 빅 매치가 성사됐다. 모나크스가 가져온 임시 조명 시설에도 어두컴컴하던 포브스필드에는 3만 관중이 가득 찼다.

하지만 곧 일이 터졌다. 그레이스의 포수 벅 유잉Buck Ewing이 어두운 조명 아래서 강속구 투수 조 윌리엄스Joe Williams의 공을 받다 손가락이 부러진 것이다(실제로는 부상을 당하지 않은 유잉이 생명에 위협을 느껴 거짓말을 했다는 설도 있다). 감독은 선수들을 불러놓고 자원자를 받았다. 하지만 아무도 나서지 않았다. 그때 선수들의 눈에 관중석에 앉아 있던 세미프로 리그의 스타 깁슨의 모습이 들어왔다. 선수들은 감독에게 깁슨을 추천했고, 깁슨은 경기가 끝나자마자 정식으로 입단했다(사실이 아니라는 설도 있다).

1932년 피츠버그 크로포드로 이적한 깁슨은 1933년 137경기에 나서 타율 0.467과 55홈런을 기록하고, 1934년에는 69홈런을 기록했다. 1937년에는 다시 홈스테드 그레이스로 돌아와 벽 레너드Buck Leonard와 함께 니그로리그 최강의 쌍포를 이뤘다.

1937년 깁슨은 새철 페이지와 쿨 파파 벨Cool Papa Bell 같은 니그로리그 스타들과 함께 도미니카리그에 진출했다. 이듬해 그레이스로 돌아왔지만, 1940년 다시 베네수엘라리그에 진출했다. 하지만 그해 시즌 중 리그가 해체되는 바람에 깁슨은 다시 멕시코리그의 베라크루스에 입단했다.

깁슨이 다른 니그로리그 스타들처럼 중남미 리그를 전전한 것은 니그로리그에서만 뛰어서는 생활이 불가능했기 때문이다. 당시 깁슨의 니그로리그 연봉은 4000달러였는데, 멕시코에서는 2000달러를 더 벌 수 있었다. 한편 베이브 루스의 연봉은 이미 1921년에 5만 2000달러를 넘어섰다.

1942년 그레이스는 깁슨을 데려오기 위해 최후의 수단을 사용했다. 그를 계약 불이행으로 고소한 것이다. 깁슨은 고소를 취하하는 조건으로 다시 그레이스 선수가 됐다. 1942년은 니그로리그의 열기가 최고조에 달한 해였다. 25년 만에 열린 니그로리그 월드시리즈에서 깁슨의 그레이스는 모나크스를 상대로 4연승을 거뒀다. 하지만 깁슨의 몸에는 문제가 생겨나고 있었다.

야구와 목숨을 맞바꾸다

1942년 말부터 머리가 아프기 시작한 조시 깁슨은 1943년 새해 벽두에 병원에 입원했다. 그리고 뇌종양이라는 청천벽력 같은 소식을 들었다. 그 순간 깁슨에게는 두 가지 갈림길이 있었다. 수술을 받고 야구를 관두느냐, 아니면 야구를 위해 남은 시간을 포기하느냐. 하지만 그에게는 포기할 수 없는 목표가 있었다. 메이저리그에 진출하는 최초의 흑인 선수가 되는 것이었다. 메이저리그에서 단 하루라도 뛰는 것이 꿈이었던 그는 야구를 택했다.

깁슨은 참을 수 없는 두통을 견디다가 종종 혼수상태에 빠지기도 했다. 갈수록 나빠지는 건강에도 그는 여전히 뛰어난 경기력을 보였다. 하지만 고통을 이겨내기 위해 약물과 술에 의지했고, 그 강도는 갈수록 높아졌다. 그러던 1946년 마침내 무릎까지 고장 났다. 더 이상 희망이 없다고 생각한 깁슨은 무너져내렸다.

1947년 1월 20일, 마지막이라는 직감이 든 깁슨은 밤이 되자 가족들을 모두 불러 모았다. 그리고 즐겁게 웃으며 대화를 나눴다. 깁슨은 평소에 가장 자랑스러워하던 푸에르토리코리그 MVP 트로피를 품에 안고 잠자리에 들었다. 다음 날 일어나지 못했다(실제로는 극장에서 영화를 보던 중 심장 발작을 일으켰다는 설도 있다). 서른다섯 살 생일이 한 달 지난 후였다.

그가 세상을 떠나고 석 달 후, 생전에 그토록 부수고 싶었던 인종의 벽은 무너졌다. 주인공은 재키 로빈슨이었다. 그러면서 3400여 명의 흑인과 히스패닉 선수들이 활약한 니그로리그도 이듬해 문을 닫았다.

1948년 메이저리그에는 첫 번째 흑인 포수가 등장했다. 니그로리그 시절 깁슨이 각별히 아끼던 로이 캄파넬라였다. 같은 해 '영감님' 새철 페이지도 마흔둘(실제로는 마흔넷) 나이에 메이저리그 마운드에 올랐다. 일이 년만 더 살았더라면 깁슨도 마지막 소원을 이룰 수 있었다.

니그로리그 동료들은 깁슨의 요절이 '메이저리그 울화병' 때문이라고 생각했다. 실제로 깁슨은 메이저리그의 문이 열리면 가장 먼저 들어갈 선수였다. 한때 피츠버그 파이리츠와 워싱턴 세너터스가 그를 영입하려 했으나 케네소 랜디스 커미셔너의 저지로 무산됐다. 브랜치 리키가 고른 최종 후보 명단에도 이름이 들어 있었다. 하지만 1년에 200경기가 넘는 엄청난 경기 수, 엄청난 이동 거리는 그의 몸을 갉아먹었다. 게다가 그는 포수였다.

1972년 깁슨은 새철 페이지에 이어 니그로리그 두 번째로 명예의 전당에 올랐다. 하지만 그의 무덤에는 1975년까지 아무런 비석도 세워지지 않았다.

다시 '엑스파일'의 마지막 장면. 쓰러진 외계인 선수(흑인)는 비밀을 알고 있는 인간 친구(백인)가 달려와 끌어안자 "우리의 피는 인간에게는 독"이라며 몸에 손을 대지 말라고 한다. 하지만 친구의 손에 묻어나온 것은 사람과 같은 붉은색 피였다. 야구를 사랑했던, 그래서 인간이 되고 싶었던 외계인은 비로소 미소와 함께 눈을 감았다.

깁슨이 그토록 원한 것도 인간의 붉은색 피였을 뿐이다.

"I wanna no famous man, just wanna be a man."

1930~1931년 무렵 홈스테드 그레이스에서 뛰던 시절의 조시 깁슨.

사진 Harrison Studio

루크 애플링, 투구 수 테러

**몸 상태를 물어본 것은 엄청난 실수였다.
나는 30분이나 그에게 잡혀 있어야 했다.** _모리 앨런 Maury Allen

루크 애플링 Lucius Benjamin "Luke" Appling, 1907~1991

유격수 및 3루수, 우투우타

활동 기간 1930~1943, 1945~1950(20시즌)

루크 애플링이 20년 동안 기록한 홈런은 45개로 웬만한 데드볼 시대 선수보다 적다. 그는 두 자릿수 홈런을 기록한 적이 없다. 통산 타율은 0.310이지만, 통산 장타율은 0.398에 불과하다. 그렇다고 도루를 많이 한 것도 아니다(통산 179개). 도루를 20개 이상 해본 것도 한 시즌뿐이다.

하지만 동시대 투수들은 그를 어떤 슬러거보다도 두려워했다. '장타력 제로'의 그는 최고의 출루 능력을 통해 투수들의 악몽으로 군림했다. 애플링의 통산 출루율은 장타율보다 높은 0.399다. 역대 리드오프 중에서는 리키 헨더슨(0.401)에 다음가는 기록이다.

애플링은 4할 출루율을 8회, 3할 9푼 이상을 10회 기록했다.

100볼넷을 고른 시즌 3회를 포함해 80볼넷 이상을 기록한 시즌이 8회였다. 반면 50개 이상 삼진을 당한 시즌은 한 번도 없었다. 라이브볼 시대에 '100볼넷 이상, 40삼진 이하' 시즌을 세 번 이상 기록한 선수는 7명뿐이며, 1번 타자는 애플링이 유일하다(나머지는 페리스 페인Ferris Fain, 스탠 뮤지얼, 오지 갤런Augie Galan, 테드 윌리엄스, 루 게릭, 멜 오트).

투수들의 악몽

역대 리드오프 가운데 루크 애플링과 비교될 만한 볼넷 능력을 가진 선수는 리키 헨더슨과 함께 'The Walking Man'으로 불린 에디 요스트Eddie Yost(0.254/0.394/0.371)뿐이다.

애플링과 리키 헨더슨은 얻어내는 볼넷의 성격이 완전히 달랐다. 헨더슨의 볼넷이 그가 극도로 좁힌 스트라이크존 덕분이었다면, 애플링의 볼넷은 어떤 공을 던지더라도 파울을 만들어내는 뛰어난 콘택트 능력에서 비롯됐다. 헨더슨이 '기다리는 볼넷'이었다면, 애플링은 '만들어내는 볼넷'이었다. 그러면서 삼진 수는 애플링이 훨씬 적었다(애플링 2.5볼넷당 1삼진, 헨더슨 1.3볼넷당 1삼진).

뛰어난 선구안 덕분에 '스트라이크존이 히틀러의 심장보다도 좁다'는 말을 들었던 리키 헨더슨은 투수들에게 엄청나게 많은 공을 던지도록 했다. 하지만 애플링이 했던 '투구 수 테러'는 헨더슨조차 따라갈 수 없었다. 헨더슨은 차라리 신사적이었다.

애플링의 타격 전략은 단순했다. 투수로 하여금 자신이 치고 싶은 공을 던질 수밖에 없게 만드는 것. 애플링은 투수가 '그래, 차라리 쳐라'라는 심정으로 그가 원하는 공을 던질 때까지 질리도록 파울을 만들어냈다.

애플링은 3구 삼진을 쉽게 잡아내는 투수였던 밥 펠러를 상대로 15구 연속 파울을 만들어낸 바 있다. '4연속 파울-볼-6연속 파울-볼-14연속 파울-볼-볼'로 공을 28개나 던지게 하고 볼넷을 얻어낸 적도 있었다.

레드 러핑Red Ruffing은 2사 1, 2루 상황에서 애플링을 상대했는데, 애플링은 풀카운트에서 10구 연속 파울을 날린 후 볼넷을 얻어냈다. 다음 타자에게 만루 홈런을 맞은 러핑은 더그아웃으로 들어가며 글러브를 집어 던졌다.

투수들은 17구 연속 파울 후 3루타를 때려낸 적도 있는 애플링에 대해 차라리 빠른 카운트에서 맞는 것을 감사히 생각했다(애플링의 투구 수 기록은 모두 비공식 기록이다. 투구 수가 공식 기록이 된 것은 1988년이다).

어느 날 애플링은 경기장에 찾아온 친구들에게 사인을 해주기 위해 구단 담당자에게 공 몇 개를 달라고 했다. 하지만 대공황 시대였던 당시는 개당 2.75달러인 공 하나조차도 부담이었다. 담당자가 거절하자 화가 머리끝까지 치솟은 애플링은 첫 타석에서 파울 10개를 연속해 쳐 공을 관중석으로 날렸다. 그리고 뒤를 돌아보며 말했다. "여기 27달러 50센트요." 그날 이후 애플링은 언제든 원하는 만큼의 공을 얻을 수 있었다.

건강염려증, 엄살쟁이

1907년 노스캐롤라이나주에서 태어난 루크 애플링이 자란 곳은 애틀랜타였다. 경찰 수사관이었던 아버지는 은퇴 후 가구 사업을 했다. 애플링은 원래 왼손잡이였다. 하지만 고등학교 때 유격수를 하려면 오른손잡이가 되어야 한다는 코치의 말을 듣고 타석마저도 우타석에 들어섰다.

애플링은 대학 2학년 때 학업을 접고 프로 무대에 뛰어들었다. 마이너리그인 서던 어소시에이션의 애틀랜타 크래커스에 입단한 후 그의 뛰어난 타격 실력에 대한 소문은 빠르게 퍼져나갔다. 가장 먼저 찾아온 팀은 시카고 컵스였다. 하지만 컵스는 애플링의 수비 실력에 실망한 나머지 그냥 돌아갔다. 그 뒤에 찾아온 화이트삭스가 크래커스에 2만 달러를 지불하고 애플링을 데려갔다.

수비 실력은 대체 어떤 수준이었을까. 애플링은 1931년 유격수로 나선 76경기에서 42개 실책을 저질렀다(2019년 메이저리그의 최다 실책 선수는 122경기에서 26개를 범한 시카고 화이트삭스의 유격수 팀 앤더슨Tim Anderson이다). 애플링은 리그 최다 실책을 5회나 기록했으며, 유격수로 나선 통산 2218경기에서 무려 643개 실책을 범했다. 여기에 통산 수비율 0.948는 1910년 이후 1900경기 이상 출장한 야수 중 가장 나쁜 기록이다. 애플링은 1941년 실책이나 다를 바 없는 안타를 허용해 조 디마지오의 연속 안타 기록을 이어주기도 했다.

특히 애플링은 엄청나게 강한 어깨를 갖고 있었는데도 송구가 불안했다. 시카고 코미스키파크의 1루석에 앉은 관중들은 늘 긴장해야 했다. 애플링의 대포알 송구가 언제 자신을 향해 날아올지 몰랐기 때문이다.

애플링이 실책을 많이 저지른 데는 다른 이유도 있었다. 어시스트 1위에 7회나 오를 만큼 넓은 수비 범위를 자랑했는데, 지나치게 적극적인 수비에서 비롯된 실책이 많았던 것이다. 게다가 당시 코미스키파크는 그라운드 상태가 최악이었다. 어느 날 애플링은 "이 구장은 고철상 위에 지어진 것이 틀림없다"며 불만을 토로했는데, 한 기자가 알아보니 사실이었다.

애플링은 걸어 다니는 부상 병동이었다. 1930년 데뷔하자마자 오전 훈련 도중 손가락이 부러져 그해 6경기 출장에 그쳤다. 이듬해에는 개막전 첫 타석에서 팔꿈치에 공을 맞고 쓰러졌다. 또 1934년 슬라이딩을 하다가 발목을 다쳤는데 이 부상은 1950년 은퇴할 때까지 그를 따라다녔다. 애플링이 부상 없이 보낸 시즌은 세 시즌에 불과했다.

애플링은 못 말리는 엄살쟁이이기도 했다. 경기를 시작하기 전에 그가 하는 일의 대부분은 '여기가 아프네, 저기가 아프네' 하고 떠들고 다니는 것이었다. 1948년의 어느 날, 애플링은 더블헤더 1차전을 시작하기에 앞서 팔이 아프다며 한참 징징거렸다. 하지만 막상 경기가 시작되자 안타를 3개나 치고 한 경기 어시스트 10개라는 리그 최고 기록까지 세웠다. 경기가 끝나자 애플링은 다시 다리 통증을 호소했다. 그리고 2차전에서도 펄펄 날았다. 이 장면을 지켜본 한 기자는 그에게 'Old Aches and Pains'(늘 온몸이 쑤시고 아픔)라는 별명을 지어줬다. 말하자면 애플링은 건강염려증 환자였다. 그가 당했다고 주장한 부상의 상당수는 '상상 부상'이었다.

유격수 타격왕

개막전 로스터에 든 1931년, 루크 애플링은 96경기에 나서 0.232/0.303/0.313 성적을 내는 데 그쳤다. 시즌이 끝나고 화이트삭스는 그를 트레이드 시장에 내놓았다. 하지만 수비 실력마저 형편없는 그를 데려가겠다고 나서는 팀은 없었다. 1932년 조금 좋아지기는 했지만 돌파구는 여전히 열리지 않았다(139경기 0.274/0.329/0.374).

1933년 시즌 초반, 애플링은 더블헤더 1차전에서 팀의 승리를 날린 실책을 범한 후 2차전에서는 벤치를 지키고 있었다. 루 폰세카 Lew Fonseca 감독은 더그아웃에서 크게 낙담하고 있던 애플링에게 다가가 앞으로 어떤 짓을 저지르더라도 끝까지 믿어줄 테니 마음 놓고 하라고 격려했다. 홈런 말고도 팀에 기여할 방법은 얼마든지 있다고도 조언했다. 홈런 칠 욕심을 완전히 버린 애플링은 그해 9년 연속 3할 타율의 스타트를 끊었다(9년 평균 0.325/0.415/0.419).

1934년 시즌 중반에 부임한 지미 다이크스Jimmy Dykes 감독 역시 신뢰를 갖고 지켜봤다. 애플링은 자신의 타격을 완성해나감에 따라 수비도 갈수록 좋아졌다.

1936년은 최고의 해였다. 그해 애플링은 타율 0.388를 기록해 아메리칸리그 유격수로는 최초로 타격왕이 됐다. 시카고 화이트삭스 선수가 타격왕이 된 것도 처음이었다. 타율 0.388는 지금도 유격수 단일 시즌 최고 타율로 남아 있다. 이후 더 높은 타율을 기록한 우타자는 없다(1939년 조 디마지오 0.381).

화이트삭스 타선이 약한 탓에 중심 타자로도 많이 뛰었던 애플링은 그해 5번 타자로 주로 나서 단 6개 홈런에 그쳤는데도 128타점을 올렸다. 애플링은 1번 타자로 써먹기 아까울 정도로 타점 능력과 클러치 능력이 뛰어났다.

1942년 10년 만에 3할 타율에 실패하지만, 이듬해 애플링은 서른여섯 살 나이에 두 번째 타격왕에 올랐다. 지금까지 타격왕을 따낸 시카고 화이트삭스 선수는 애플링과 프랭크 토머스(1997년), 팀 앤더슨(2019년) 셋뿐이다. 1901년부터 1996년까지 첫 96년간은 애플링 혼자였다.

그해 시즌이 끝나고 애플링은 제2차 세계대전에 참전했다. 참전 당시 그의 아내는 "전쟁이 곧 끝나겠군요. 우리 남편은 야구 말고 다른 직업은 2주 이상 가져본 적이 없거든요"라고 했지만, 애플링은 1944년과 1945년 시즌을 꼬박 날린 후에야 돌아올 수 있었다. 통산 2749안타에서 멈추고 은퇴한 그에게 아쉬운 대목이다.

복귀한 후에도 3할 행진을 이어나가던 애플링은 1948년 다른 선수에게 기회를 주고 싶다는 팀의 요청을 받아들여 3루로 옮겼다. 하지만 계획은 실패했고, 애플링은 1949년 마흔두 살 나이에 유격수로 복귀했다. 그해 애플링은 141경기에 나서 타율 0.301를 기록했다. 마흔두 살의 유격수가 100경기 이상 나선 것은 그와 호너스 와그너뿐이며, 마흔두 살 선수가 400타석 이상 들어서 OPS 0.800을 넘긴 것도 그와 캡 앤슨, 칼턴 피스크, 배리 본즈 넷뿐이다. 애플링은 이듬해 타율이 0.234로 떨어지자 주저하지 않고 유니폼을 벗었다.

미스터 화이트삭스

루크 애플링은 투수 테드 라이언스Ted Lyons, 레드 파버Red Faber와 함께 시카고 화이트삭스에서만 20시즌 이상을 뛰고 은퇴한 3명 중 하나다. 은퇴 당시 홈런을 제외한 화이트삭스의 모든 기록을 휩쓸었으며, 지금도 경기, 타수, 안타에서 1위를 지키고 있다. 득점, 루타, 2루타, 볼넷은 2위(1위 프랭크 토머스)이며, 타점에서도 3위(1위 토머스, 2위 폴 코너코Paul Konerko)를 지키고 있다.

애플링이 뛴 기간은 시카고 화이트삭스 최고의 암흑기였다. 화

시카고 화이트삭스 시절의 루크 애플링.
동영상 캡처 National Baseball Hall of Fame and Museum

이트삭스는 1919년 월드시리즈 승부 조작 사건 이후 1920~1958년
사이에 포스트시즌에 한 번도 나가지 못했다. 애플링이 뛴 시기
(1930~1950년)가 이에 해당된다. 애플링은 어니 뱅크스(2528경기)
다음으로 많은 정규 시즌 경기(2422경기)에 출전하고도 포스트시즌
경험 없이 은퇴한 선수가 됐다.

은퇴 후에도 그라운드를 떠나지 않은 애플링은 1952년 마이너리
그 팀을 맡아 올해의감독에 선정됐으며, 1960년대와 1970년대 많은
팀에서 타격코치를 하며 투수 괴롭히기 노하우를 전수했다.

1964년 애플링은 94퍼센트의 높은 득표율을 기록하며 명예의 전
당에 입성했고, 화이트삭스는 그의 등번호 4번을 영구 결번으로 지
정했다. 코치에서 물러난 뒤에도 건강이 악화되기 전인 1990년까지

애틀랜타의 타격 인스트럭터를 맡았던 그는 1991년 83세를 일기로 사망했다.

한편 1982년 워싱턴 디시 RFK스타디움에서 있었던 은퇴 선수들의 '올드 타이머 경기'에서 75세의 애플링은 61세인 워런 스판의 공을 받아쳐 76미터짜리 홈런을 때려냈다. 그가 메이저리그 투수를 상대로 때려낸 46번째 홈런이었다.

행크 그린버그, 99퍼센트의 노력

**그린버그를 처음 본 순간 놀랄 수밖에 없었다.
그는 진정 위대한 타자였다. _조 디마지오**

행크 그린버그 Henry Benjamin "Hank" Greenberg, 1911~1986

1루수 및 좌익수, 우투우타

활동 기간 1930, 1933~1941, 1945~1947(13시즌)

디트로이트 타이거스는 두 번의 전성기가 있었다. 타이 콥의 시대와 행크 그린버그의 시대. 콥의 풀타임 첫 시즌인 1907년, 디트로이트는 처음으로 리그 우승을 차지했다. 이듬해와 다다음 해에도 정상에 오르며 아메리칸리그 최초의 3연패 팀이 됐다. 그러나 디트로이트는 3차례 월드시리즈에서 모두 졌고, 콥이 떠날 때까지 더 이상 월드시리즈 무대를 밟지 못했다.

두 번째 전성기는 그린버그와 함께 시작했다. 그린버그의 첫 풀타임 시즌인 1934년 25년 만에 리그 우승을 차지하고, 이듬해에는 처음으로 월드시리즈 우승에 성공했다. 디트로이트는 그린버그가 입대하기 직전인 1940년 다시 리그 정상에 올랐으며, 그린버그가 군에서 돌아온 직후인 1945년 두 번째 월드시리즈 우승을 만들어냈다. 1947년 디트로이트는 그린버그를 피츠버그로 보냈는데, 다시 리그 우승을 차지하기까지 21년이 걸렸다.

디트로이트를 대표하는 두 타자는 정반대의 모습을 지녔다. 타이 콥이 악당이었다면 그린버그는 신사였다.

행크 그린버그의 통산 성적은 타율 0.313 331홈런 1276타점이다. 같은 1루수 레전드인 루 게릭(0.340 493홈런 1995타점)과 지미 폭스(0.325 534홈런 1922타점)에 비해 크게 떨어진다. 그 때문에 명예의 전당에도 10수 끝에 들어갔다. 그가 뛴 시즌은 풀타임 기준으로 9시즌 반에 불과하다. 4시즌 반을 군에서 보내는 바람에 그렇게 됐다.

266승 2581탈삼진을 기록하고 은퇴한 밥 펠러가 4년간 군 복무를 하는 바람에 100승과 1000탈삼진을 놓친 것처럼, 그린버그 역시 4년 반 동안 군 복무를 하느라 200홈런 600타점을 잃었다. 군 복무가 없었다고 가정하면 550홈런 1900타점도 가능했다. 1900타점은 루 게릭(1955)과 스탠 뮤지얼(1951), 지미 폭스(1922) 등 12명만이 이름을 올리고 있는 영역이다.

역대 홈런 및 타점 부문에서 1위인 행크 애런의 별명은 '해머링 행크'다. 하지만 '퍼지'(이반 로드리게스Ivan Rodriguez)의 원래 주인이 칼턴 피스크이고 '빅 캣'(안드레스 갈라라가Andres Galarraga)의 원조가 자니 마이즈Johnny Mize였던 것처럼, 해머링 행크도 원래 그린버그의 별명이었다.

193센티미터의 키와 98킬로그램의 거구에서 나오는 파워는 가공할 만했다. 그린버그의 통산 장타율은 0.605다. 6할대 장타율을 기록하고 은퇴한 선수는 그와 베이브 루스(0.690), 테드 윌리엄스 (0.634), 루 게릭(0.632), 지미 폭스(0.609), 배리 본즈(0.607) 6명뿐이다. 그린버그가 6할대 장타율에 실패한 것은 첫해와 마지막 해뿐이었다. 그린버그는 통산 4번이나 96개 넘는 장타를 기록했는데, 이는 베이브 루스와 타이기록이다. 루스와 그린버그를 제외하면 3번을 해 낸 선수도 없다.

한편으로 그린버그는 엄청난 노력파였다. 그는 타고난 재능이 부족했지만 피나는 노력을 통해 최고의 자리에 오른 자수성가형 슈퍼스타였다. 경기 전 아침 8시부터 나와 4시간 동안 방망이를 휘둘렀고, 경기가 끝나면 날이 저물어 공이 보이지 않을 때까지 다시 타격 연습을 했다. 배팅볼 투수들이 그를 피해 도망 다닐 정도였다.

양키스를 거부하다

1911년 1월 1일 뉴욕에서 루마니아 출신 유대인 이주민의 후손으로 태어난 행크 그린버그는 야구계 최초의 유대계 스타였다. 훗날 샌디 코팩스가 월드시리즈 1차전 등판을 포기하면서까지 지킨 유대교 성일 '욤 키푸르' 날에 처음으로 출장을 거부한 선수도 그였다. 1930년대 유럽에서 반유대인 정서가 확산되는 가운데 미국 내 유대인들은 그를 희망으로 여겼고, 그도 이를 자신의 막중한 임무로 생각했다.

그린버그의 아버지는 그가 의사나 변호사가 되기를 바랐다. 하지만 양키스타디움이 있는 브롱크스에서 자란 그의 꿈은 야구 선수였다. 그런 그가 원래 가고 싶어 한 팀은 뉴욕 자이언츠(현 샌프란시스코)였는데, 마침 자이언츠도 이미 뉴욕에서 확실한 자리를 잡은 유대계를 겨냥해 유대계 선수를 찾고 있었다. 고교를 졸업한 1929년 그린버그는 자이언츠의 트라이아웃에 참가했다.

하지만 존 맥그로 감독은 당시만 해도 야구 선수의 일반적 사이즈를 넘어서는 그린버그의 굼뜬 모습을 못마땅하게 여겼다(실제로 그린버그는 민첩함과는 거리가 멀었다). 그러면서 그린버그를 뽑지 않는 일생일대의 실수를 저질렀다. 별명이 '리틀 나폴레옹'이던 맥그로 감독의 키는 170센티미터였다.

그린버그는 루 게릭과 화이티 포드, 토니 라제리 등을 발굴하며 스카우트계 전설이 된 폴 크리첼의 눈에도 띄었다. 그린버그를 양키스타디움으로 초대한 크리첼은 배팅 연습을 하는 루 게릭을 가리키며 "이런 선수도 우리 팀에서 뛴다"고 자랑했다. 하지만 이것이 그린버그의 마음을 바꿔놓았다. 자신이 맡을 포지션은 1루수밖에 없다고 생각한 그린버그는 게릭이 있는 양키스로 가서는 안 된다고 생각했다. 그러면서 양키스의 입단 제안을 거절했다. 그렇게 양키스는 베이브 루스, 게릭, 그린버그로 이어지는 3, 4, 5번 타선을 탄생시킬 기회를 놓쳤다.

두 번의 MVP

1930년 디트로이트 타이거스에 입단한 행크 그린버그는 1933년부터 메이저리그 생활을 본격적으로 시작했다. 하지만 버키 해리스 Bucky Harris 감독은 그를 마땅치 않게 생각했다. 제한된 기회에도 그린버그는 타율 0.301 12홈런 87타점의 인상적인 성적을 남겼다.

1934년 마침내 그린버그에게 기회가 왔다. 어슬레틱스 출신의 명포수 미키 코크런이 감독 겸 선수로 온 것이다. 코크런은 주저 없이 그린버그에게 1루를 맡겼고, 그린버그는 그해 타율 0.339 26홈런 139타점을 기록하고 리그에서 가장 많은 2루타 63개를 날리며 보답했다.

당시 462타점을 합작한 미키 코크런과 그린버그, 찰리 게링거 Charlie Gehringer(2루수), 구스 고슬린Goose Goslin(좌익수)은 '죽음의 부대'(The Battalion of Death)로 불렸는데, 이들은 모두 훗날 명예의 전당에 올랐다. 그해 디트로이트는 25년 만에 리그 우승을 차지하고 월드시리즈에 나섰다. 하지만 당시 '개스하우스 갱Gashouse Gang'으로 불리던 세인트루이스 카디널스와 7차전까지 접전을 벌인 끝에 패했다.

이듬해인 1935년 그린버그는 타율 0.328 36홈런 170타점을 기록해 만장일치로 MVP로 선정됐다. 디트로이트도 다시 월드시리즈에 올랐다. 비록 그린버그는 2차전에서 손목에 금이 가는 부상을 당해 이탈했지만, 디트로이트는 시카고 컵스를 꺾고 창단 35년 만에 처음으로 월드시리즈 우승을 차지했다.

1936년 그린버그는 첫 12경기에서 16타점을 올리는 좋은 출발을 했다. 하지만 12번째 경기 도중 주자와 충돌하면서 전년 월드시리즈에서 부상한 부위에 또다시 금이 가는 통에 시즌을 마감했다. 상태는 대단히 심각해 은퇴 가능성까지 제기됐다.

하지만 그린버그는 포기하지 않았다. 1937년 그린버그는 타율 0.337 40홈런과 함께 루 게릭이 1931년에 세운 아메리칸리그 기록에 1타점이 모자란 183타점을 기록하며 화려하게 부활했다.

1938년 그린버그는 5경기를 남겨놓고 58개 홈런을 날려 지미 폭스가 1932년에 세운 우타자 최고 기록과 타이를 이뤘다. 물론 베이

1935년 뉴욕 양키스의 루 게릭과 함께 포즈를 취한
디트로이트 타이거스 시절의 행크 그린버그(오른쪽)

브 루스의 60홈런 기록에 2개 차로 접근한 것이다. 하지만 그린버그는 마지막 5경기에서 홈런 하나도 추가하지 못하고 시즌을 마감했다. 훗날 그는 당시 루스의 기록을 지키려는 사람들로부터 협박 편지를 받았다고 털어놓았다. 유대계 선수에게 루스의 기록을 내줄 수 없다고 생각한 일부 투수들이 고의적으로 승부를 피했다는 소문도 돌았다.

1940년 디트로이트는 그린버그에게 좌익수를 맡아달라고 요청했다. 수비력이 형편없는 루디 요크Rudy York를 1루수에 기용하기 위해서였다. 그린버그는 피나는 노력을 통해 데뷔 시절 심각했던 1루 수비를 평균 수준 이상으로 끌어올린 상황이었다. 최고의 스타인 그는 팀의 요청을 거절할 수도 있었다. 하지만 흔쾌히 받아들이고 좌익수 수비 맹훈에 돌입했다.

그해 디트로이트는 리그 1위에 오르며 양키스의 5년 연속 우승을 저지했다(양키스는 이듬해부터 다시 3년 연속 우승을 추가해, 8년간 7차례 리그 우승과 6차례 월드시리즈 우승을 쓸어 담았다). 그린버그는 타율 0.340을 기록하고 2루타(50), 홈런(41), 타점(150)에서 1위에 오르며 두 번째로 리그 MVP에 올랐다.

참전, 서른여섯 살 은퇴

제2차 세계대전이 심화된 1941년, 디트로이트는 행크 그린버그의 군 징집을 막기 위해 노력했다. 하지만 그린버그는 순순히 입대를 받아들여 스타급 야구 선수 중에서는 처음으로 군복을 입었다. 1941년 12월 4일 그린버그는 '만 28세 이상자 제대' 규정에 해당돼 군복을 벗었다. 그렇게 그의 군 생활은 1년으로 끝나는 듯했다.

하지만 제대하고 이틀 후 일본이 진주만을 폭격하는 일이 일어나면서 그린버그는 다시 군으로 돌아갔다. 미 공군의 전신인 USAAF에 자원입대한 그는 사관후보학교를 졸업한 뒤 중위로 임관했고, 3년 반 동안 중국, 버마, 인도 전선을 담당한 B-29 폭격기 부대에서 활약했다.

1945년 7월 디트로이트 브릭스스타디움에서는 축제가 벌어졌다. 그린버그가 4년 2개월 만에 돌아온 것이다. 그린버그는 복귀하고 나선 첫 경기에서 홈런을 날렸다. 또 시즌 마지막 경기에서 지금도 디트로이트 역대 최고의 홈런으로 남아 있는, 리그 우승을 확정 짓는 9회 초 역전 만루 홈런을 쏘아 올렸다. 디트로이트는 1935년에 이어 다시 시카고 컵스를 꺾고 두 번째 월드시리즈 우승을 차지했다.

이듬해에도 홈런(44)과 타점(127)에서 1위에 오르며 제몫을 다한 그린버그는 어느 날 운전 도중 라디오에서 흘러나온 소식에 자신의 귀를 의심할 수밖에 없었다. 연봉 협상에서 이견을 보인 구단이 자신을 3만 5000달러에 피츠버그 파이리츠로 보내기로 했다는 것이다. 구단이 자신의 요구를 들어주지 않을 경우 은퇴할 생각이었던 그린버그는 자신에게 먼저 알리지 않고 언론에 공개한 구단의 행동에 분개했다.

피츠버그 구단은 그린버그에게 정성을 다했다. 그린버그를 내셔널리그 최초의 10만 달러 선수로 만들었으며, 그가 홈런을 펑펑 넘길 홈구장 포브스필드의 좌측 펜스 뒤쪽 불펜을 '그린버그 가든즈'로 명명했다(극단적인 당겨 치기를 하는 그린버그의 홈런은 대부분 좌측 펜스를 넘어갔다).

하지만 1947년 그린버그는 시즌 내내 부상에 시달리며 타율

0.249 25홈런 74타점에 그쳤다. 자신의 시간이 얼마 남지 않았다는 것을 안 그린버그는 대신 풀타임 2년차이던 랠프 카이너에게 정성을 쏟았다. 그해 카이너는 51개 홈런을 날리며 폭발했다. '그린버그 가든즈'는 이듬해부터 '카이너즈 코너'로 불렸다. 결국 그린버그는 시즌이 끝나고 서른여섯의 이른 나이에 은퇴를 선언했다.

행크 그린버그는 또 한 가지 중요한 일을 해냈다. 처음으로 메이저리그에 모습을 드러낸 흑인 선수 재키 로빈슨에게 먼저 다가가 격려를 해준 것이었다. 상대 팀의 스타 선수들 중 그린버그와 같은 행동을 취한 선수는 없었다.

1946년 뉴욕 백화점 재벌의 딸과 결혼한 그린버그는 은퇴 직후인 1948년 빌 베크가 구단주로 있던 클리브랜드에서 팜 디렉터를 맡았다. 이후 1950년 단장에 부임해 1954엔 클리블랜드의 최고 시즌(111승)을 이끌었다(하지만 빌 제임스는 그린버그가 알 로페스Al Lopez 감독을 해임하는 등의 실책을 저질렀고, 이것이 클리블랜드의 몰락을 불러왔다고 주장했다).

1958년 그린버그는 빌 베크를 따라 다시 시카고 화이트삭스의 부회장이 됐고, 화이트삭스는 이듬해 월드시리즈에 올랐다. 이후 본거지를 캘리포니아로 옮기고 싶었던 그린버그는 LA 다저스의 지분 매입을 희망했다. 그러나 다저스의 구단주 월터 오말리Walter O'Malley가 이를 거절했고, 그린버그는 그 후 야구계를 떠났다.

1963년 고향 뉴욕으로 돌아와 은행업에 투신한 그린버그는 성공한 은행가가 됐다. 얼마 후 그는 자신의 회사를 캘리포니아로 옮겼다. 1986년 베벌리힐스에서 심장마비로 사망했다.

조 디마지오, '절제된 우아미'

조 디마지오는 수상 경력으로는 설명될 수 없다.
그는 지워지지 않는 충격을 남겼다. _테드 윌리엄스

조 디마지오 Joseph Paul "Joe" DiMaggio, 1914~1999

중견수, 우투우타

활동 기간 1936~1942, 1946~1951(13시즌)

　통산 성적을 비교했을 때, 조 디마지오는 동시대 라이벌인 테드 윌리엄스를 당해낼 수 없다. 윌리엄스가 두 번의 트리플 크라운과 함께 타율, 홈런, 타점에서 14개 타이틀을 따낸 반면, 디마지오가 따낸 타이틀의 합계는 6개에 불과하다. 출루율, 장타율, 볼넷, 득점까지 포함하면, 차이는 53대 8로 더 벌어진다. 하지만 윌리엄스의 말처럼 디마지오는 기록만으로는 설명이 되지 않는 선수다.

　대공황의 여파와 제2차 세계대전을 겪느라 삶이 고단했던 시절, 미국 국민들에게 위로가 되어준 최고의 스포츠 스타는 디마지오였다. 유럽에서 전쟁이 시작된 1941년 "오늘도 디마지오가 안타를 치겠죠?"가 미국인들의 인사법이었다. 야구가 국민적 여가였다면 디마지오는 국민적 기쁨(national pleasure)이었다. 디마지오는 통산 13시즌 동안 13회 모두 올스타전에 나갔다. 데뷔 첫해부터 마지막 해까지 올스타전을 거르지 않은 선수는 디마지오가 유일하다.

당대 최고의 선수는 테드 윌리엄스였다. 하지만 팬들은 찬바람이 쌩쌩 부는 윌리엄스보다 부드러운 조 디마지오를 더 좋아했다. 디마지오는 한 번도 얼굴을 붉히지 않는 최고의 신사였으며, 윌리엄스와 다르게 팬까지 사랑할 줄 알았다. 유니폼을 입든, 입지 않았든, 행동 하나하나에서 기품이 느껴졌던 디마지오는 우아함이나 고상함이라는 말이 잘 어울렸다. 어니스트 헤밍웨이는 이를 '절제된 우아미'라고 했다.

조 디마지오는 스탠스가 넓은 대신 스트라이드를 짧게 하는 독특한 타격 폼을 갖고 있었다. 하지만 스윙은 교과서적이고, 강한 손목 힘과 함께 대단한 인내심을 보유했다. 디마지오 당시의 양키스타디움은 현재보다 훨씬 더 오른손 타자에게 불리했다. 특히 좌중간 펜스는 지금보다 20미터가 더 깊은 137미터에 달했다. 미키 맨틀이 우타석에서 더 강한 모습을 보이고도 좌타석을 포기하지 못한 이유다. 디마지오는 통산 361개 중 213개 홈런(59퍼센트)을 원정 경기에서 기록했다.

디마지오는 '삼진 대비 홈런' 부문에서 아무도 범접할 수 없는 타자다. 1937년에는 삼진(37)보다 9개가 더 많은 홈런(46)을 때려냈으며, 1941년에는 충격적인 30홈런 13삼진을 기록했다. 13시즌 중 7시즌에서 삼진이 홈런보다 적었으며, 통산 361홈런 369삼진이라는 경이로운 기록을 남겼다. 마지막 시즌(12홈런 36삼진)만 아니었으면 삼진(333)보다 더 많은 홈런(349)을 기록하고 은퇴할 수도 있었다. 통산 369삼진은 이른바 '선풍기'로 불리는 최근 타자들의 2년 치밖에 되지 않는다.

유격수 출신인 디마지오는 중견수로서 눈부신 수비를 보여주었다. 디마지오는 허허벌판이던 양키스타디움의 센터필드를 가젤 영양처럼 뛰어다니며 '우아한' 수비를 펼쳤다. 송구 역시 강력하고 정확했다. 디마지오는 데뷔 첫해에 주자 22명을 저격하고 리그 1위에 올랐으며, 주자들이 나름 신경을 쓴다고 쓴 이듬해에도 21명을 잡아냈다. 빌 제임스는 당시에 골드글러브가 있었다면 디마지오는 통산 8개를 수상했을 것으로 분석했다. 여기에 골드글러브 수상에 명성이라는 요인이 작용함을 감안하면 11개를 가져왔을 수도 있다.

디마지오는 발도 빠르고 주루 센스도 뛰어났다. 하지만 조 매카시 감독은 "내가 본 최고의 주자"로 디마지오를 꼽으면서도 도루 금지령을 내렸다. 이에 디마지오는 13시즌 동안 도루를 30개밖에 하지 못했다.

어부의 아들, 양키스

조 디마지오는 1914년 샌프란시스코 부근 어촌에서 9남매 중 여덟째로 태어났다. 아버지는 이탈리아 시칠리아 출신으로, 처음에는 뉴욕에 자리를 잡았다가 곧 샌프란시스코로 이주했다. 그는 다섯 아들(디마지오는 넷째) 모두 어부가 되기를 바랐다. 하지만 디마지오 형제들의 마음을 훔친 것은 야구였다.

두 살 많은 형 빈스는 내셔널리그에서만 10시즌, 세 살 아래 동생 돔은 보스턴에서만 11시즌을 활약했다. 디마지오 3형제가 기록한

4853안타는 폴, 로이드 웨이너 형제(5611), 펠리페, 매티, 헤수스 알루 형제(5094)에 이은 역대 3위에 해당된다.

1932년 퍼시픽코스트리그 샌프란시스코 실즈에서 외야수로 뛰고 있던 빈스는 마지막 3경기를 남겨두고 동료 유격수가 자리를 비우게 되자 동생을 추천했다. 열일곱 살의 디마지오는 3경기를 다 뛰자마자 계약을 맺게 됐다. 그리고 이듬해 열여덟 살 나이에 61경기 연속 안타를 때려내(이는 역대 마이너리그 최고 기록으로 남아 있다) 모든 메이저리그 팀의 스카우트 표적으로 떠올랐다. 한편 디마지오는 유격수에서 외야수로 전향했는데, 형 빈스는 그로 인해 벤치 신세를 지게 됐다.

1934년 어느 날, 디마지오는 택시에서 내리던 중 무릎에 금이 가는 큰 부상을 당했다. 그러자 그의 영입에 가장 적극적이던 시카고 컵스는 물론 보스턴 레드삭스, 클리블랜드 인디언스 등 안달 났던 팀들이 순식간에 떠나갔다. 썰물처럼 빠져나가고 남은 팀은 한 팀, 뉴욕 양키스였다. 양키스는 한때 7만 5000달러까지 치솟았던 트레이드 머니를 2만 5000달러로 깎고도 디마지오를 손에 넣을 수 있었다. 1935년 디마지오는 실즈에서 타율 0.398 34홈런 154타점을 기록하고 부활에 성공했다.

1936년 뉴욕 양키스가 디마지오를 데려오기로 하자 언론들은 베이브 루스와 타이 콥, 슈리스 조 잭슨 등의 이름을 거론했다. 디마지오는 엄청난 부담을 느끼면서도 시범경기에서 새철 페이지를 상대로 안타를 뽑아냈으며, 데뷔전 6타수 3안타를 기록했다.

결국 데뷔 첫해 디마지오는 타율 0.323 29홈런 125타점를 기록하면서 득점(132)과 3루타(15)에서 아메리칸리그 신인 최고 기록을 세웠다. 그해 양키스는 4년 만에 월드시리즈 우승을 차지했으며, 1939년까지 4연패의 금자탑을 세웠다. 디마지오가 활약한 13년간 양키스는 월드시리즈에 10차례 올라 9차례 우승했다.

1937년 디마지오는 홈런(46), 득점(151), 장타율(0.673)에서 1위, 타점에서 2위(167)에 오르며 양키스의 새로운 간판타자가 됐다. 46홈런은 2005년 알렉스 로드리게스가 48홈런을 기록하기 전까지 양키스의 우타자 최고 기록이었다. 그해 디마지오는 418루타를 기록했는데 이후 400루타에 성공한 아메리칸리그 타자는 1978년의 짐 라이스 Jim Rice(406)뿐이다.

시즌 후 디마지오는 구단과 연봉 문제로 갈등을 겪다가 스프링캠프에 불참했다. 이를 전해 들은 적지 않은 양키스 팬들이 디마지오를 '돈만 밝히는 건방진 놈'으로 여기게 됐다.

56경기 연속 안타

1939년 조 디마지오는 30홈런 126타점의 활약으로 첫 MVP를 수상했다. 9월 초까지만 해도 디마지오는 4할 타율을 유지하고 있었다. 하지만 갑자기 시력에 이상이 생기면서 결국 0.381로 시즌을 끝냈다. 이후 우타자가 기록한 가장 높은 타율은 노마 가르시아파라 Nomar Garciaparra가 2000년에 기록한 0.372다.

1941년은 디마지오가 연봉 문제로 인한 부정적인 이미지를 벗고 최고의 스타로 떠오른 해였다. 1897년 윌리 킬러가 세운 44경기 연속 안타 기록을 56경기로 늘린 것이다. 56경기를 치르는 동안 디마지오는 엄청난 중압감과 싸웠다.

우여곡절도 많았다. 시카고 화이트삭스전이던 30경기째는 루크 애플링의 얼굴을 맞고 튕긴 공이 불규칙 바운드로 안타가 되면서 간신히 이어갔고, 38경기째는 동료 토미 헨리치Tommy Henrich가 만든 마지막 타석에서 극적으로 안타를 뽑아냈다. 양키스가 앞선 8회 말 1사 1루에서 타석에 등장한 헨리치는 자신이 병살타를 날릴 것을 우려해 감독에게 번트를 대겠다고 했다. 결국 디마지오는 2루타를 날렸다.

그 밖에도 상대 투수가 승부를 회피하는 바람에 스트라이크존을 크게 벗어난 공을 억지로 때려내 안타를 만들어낸 적도 있었다. 동생 돔Dom DiMaggio의 다이빙 캐치에 의해 안타 행진이 중단될 뻔하기도 했다. 이 플레이로 인해 "디마지오가 엄마를 고소해야겠군"이라는 명언이 나왔다. 기록원이 안타와 실책의 갈림길에서 안타를 택한 경기도 있었다.

최대 위기는 그해 6월 29일에 있었다. 디마지오는 더블헤더 1차전에서 41경기 연속 안타라는 아메리칸리그 타이기록을 세웠다. 하지만 2차전을 앞두고 방망이가 사라졌다. 손수 사포질을 해 21그램을 줄인, 당장 구할 수 없는 방망이었다. 디마지오는 할 수 없이 토미 헨리치에게 방망이를 빌렸고 그 방망이로 네 경기 연속 안타를 더해 마침내 45경기 신기록을 세웠다.

신기록을 작성한 후 디마지오는 방망이를 되찾았다. 디마지오의 친구가 술집에서 "내가 디마지오의 방망이를 갖고 있다"며 으스대던 사람을 잡아낸 것이다. 디마지오는 돌아온 방망이로 11경기를 더 추가했다.

테드 윌리엄스가 감독의 휴식 권유를 뿌리치고 정정당당히 4할을 만들어낸 것처럼, 디마지오도 56경기에서 한 번의 기습 번트도 시도

1941년 카멜 담배 광고에 나온 조 디마지오. 사진 Camel Cigarettes

하지 않았다. 기록이 중단된 것도 57번째 경기에서 만난 클리블랜드 내야진의 호수비 세 차례 때문이었다(3타수 무안타 1볼넷). 디마지오는 다음 날부터 다시 17경기 연속 안타를 때려냈다. 57번째 경기가 아니었다면 74경기 연속 안타도 가능했다는 뜻이다. 그해 최후의 4할을 기록한 윌리엄스를 제치고 두 번째 MVP를 따냈다.

최초의 연봉 10만 달러, 매릴린 먼로

1942년 시즌이 끝난 뒤 조 디마지오는 군에 입대했다. 그는 입영 대상자가 아니었지만, 메이저리그 유명 선수들의 자진 입대 분위기를 피할 수 없었다. 디마지오는 전선에 나서는 대신 방망이를 들고 위문을 다녔지만, 당대 최고의 스타가 군복을 입은 것만으로도 병사들에게는 큰 힘이 됐다.

1946년 3년 만에 다시 방망이를 잡은 디마지오는 데뷔 후 처음으로 3할 타율, 100타점 달성에 실패했다(0.290 25홈런 95타점). 이듬해에도 디마지오는 100타점을 올리지 못했다(0.315 20홈런 97타점). 하지만 트리플 크라운을 달성한 테드 윌리엄스(0.343 32홈런 114타점)를 제치고 세 번째 MVP가 됐다. 윌리엄스는 보스턴 지역 기자의 배신에 울었다.

1948년 디마지오는 시즌 내내 발꿈치 부상에 시달리고도 홈런(39)과 타점(155)에서 리그 1위에 올랐다. 시즌 후에는 야구 선수로는 최초로 연봉 10만 달러를 돌파해 계약했다.

1949년 디마지오는 발꿈치 부상이 악화돼 첫 65경기에 결장했다. 하지만 어느 날 아침, 서 있기조차 어려웠던 통증이 거짓말처럼 사라졌다. 디마지오는 보스턴과의 복귀전 3연전에서 4홈런 9타점을 기록했고, 이 활약은 시즌이 끝날 때까지 계속됐다. 한편 시즌 중반 양키스의 래리 맥페일Larry MacPhail 단장과 보스턴의 톰 야키 구단주는 디마지오와 테드 윌리엄스의 맞교환을 논의했다. 하지만 보스턴이 이미 올스타 포수가 된 요기 베라를 포함하자고 하면서 논의는 무산됐다.

1951년 성적이 타율 0.263 12홈런 71타점에 그쳐 급락하자 디마지오는 10만 달러에 재계약하자는 구단의 제안을 뿌리치고 깨끗이 은퇴했다. 그리고 사랑을 시작했다.

1954년 1월 서른아홉 살의 디마지오는 샌프란시스코에서 열두 살 연하인 매릴린 먼로와 세기의 결혼식을 올렸다. 디마지오는 은퇴하고 3년째였고 먼로는 막 스타덤에 오른 때였다. 하지만 그해 9월 디마지오는 먼로의 촬영장에 따라갔다 온 후 격렬히 싸웠다. 먼로가 영화 '7년 만의 외출'에서 지하철 통풍구의 바람에 치마가 날리는 장면을 찍고 온 날이었다. 결국 둘은 결혼 274일 만에 갈라섰다.

디마지오를 떠난 매릴린 먼로는 작가 아서 밀러와 결혼했으며 케네디 대통령 형제와 염문을 뿌리기도 했다. 반면 디마지오는 더 이상 여자를 만나지 않았다. 먼로의 사생활에 대해 일절 폭로도 하지 않았다. 1962년 먼로가 서른여섯 나이에 사망했을 때 디마지오는 장례를 직접 주관했고, 무덤에 매주 세 차례 싱싱한 꽃이 꽂힐 수 있도록 했다. 그리고 죽기 바로 직전까지 매년 먼로의 묘지를 찾았다. 한편 먼로를 케네디 일가가 죽였다고 굳게 믿은 디마지오는 나중에 섹스 스캔들을 일으킨 빌 클린턴 대통령을 대단히 싫어했다.

1955년 디마지오는 88.8퍼센트 득표율을 기록하며 명예의 전당에 올랐고, 1969년 메이저리그 사무국은 메이저리그 100주년을

인종의 벽이 무너지다

1954년 1월호 나우(Now) 잡지의 표지 인물로 실린 매릴린 먼로와 조 디마지오

맞아 '살아 있는 최고의 선수'로 디마지오를 선정했다. 디마지오는 2007년에 공개된 1991년 일기에 "이럴 줄 알았으면 40경기에서 중단할 걸 그랬다"고 썼던 것처럼 유명세에 시달리는 것을 힘들어했다. 이는 생전에 "빨리 4할 타자가 나와 더 이상 나를 괴롭히지 않았으면 좋겠다"고 말한 테드 윌리엄스도 마찬가지였다.

이후 비교적 조용한 여생을 보낸 디마지오는 1999년 85세를 일기로 사망했다. 그가 마지막으로 남긴 말은 "이제 그녀 곁으로 갈 수 있겠군"이었다. '양키 범선'(The Yankee Clipper)의 항해는 마지막까지 우아했다.

로이 캄파넬라, 꺼지지 않은 불꽃

야구 선수의 마음속에는 소년이 살고 있어야 한다. _로이 캄파넬라

로이 캄파넬라 Roy Campanella, 1921~1993

포수, 우투우타

활동 기간 1937~1942, 1944~1945, 1948~1957(18시즌)

　메이저리그 명예의 전당에는 기록만으로는 설명하기 어려운 선수들이 있다. 대표적인 투수가 165승을 올린 샌디 코팩스라면, 대표적인 타자는 로이 캄파넬라다. 캄파넬라의 통산 기록은 1401안타, 260홈런, 1017타점에 불과하다(니그로리그 8년간 성적 포함).

　'신의 왼팔'이라 불린 샌디 코팩스에게는 절정의 5년이 있었다. 5년 동안 코팩스는 그 누구보다도 완벽했다. 그리고 비운의 은퇴를 했다. 그렇다면 캄파넬라에게는 어떤 사연이 있었을까.

니그로리그, 비즈 매키

로이 캄파넬라는 1921년 필라델피아에서 태어났다. 샌프란시스코 태생의 조 디마지오와 세인트루이스 태생의 요기 베라처럼, 캄파넬라의 아버지도 이탈리아 출신 이민자였다(디마지오와 캄파넬라의 아버지는 시칠리아 출신이다). 하지만 캄파넬라에게는 이들에게 없는 문제가 있었다. 피부색이었다. 어머니가 흑인이던 캄파넬라는 인종차별은 물론 백인의 피가 섞여 있다는 이유로 흑인 친구들에게서마저 따돌림을 당했다.

다른 가난한 소년들처럼 어린 캄파넬라의 삶도 고단했다. 그는 새벽 3시에 일어나 우유 배달을 마치고 아버지를 도와 트럭에 야채를 실은 후에야 학교에 갈 수 있었다. 수업이 끝나면 신문 배달과 구두 닦이를 했다. 그의 꿈은 필라델피아 어슬레틱스(현 오클랜드)에 입단하는 것이었다. 그러나 어슬레틱스 선수들과 피부색이 다른 그는 다른 길을 갈 수밖에 없었다.

1937년 열다섯 살의 캄파넬라는 주말마다 세미프로 리그에서 뛰었다. 나이가 가장 어리면서도 돋보였던 캄파넬라는 곧 니그로리그 워싱턴 엘리트 자이언츠의 감독이자 주전 포수인 비즈 매키Biz Mackey의 눈에 띄었다. 이제 자이언츠에선 주중에는 매키가, 주말에는 캄파넬라가 마스크를 썼다. 캄파넬라는 시즌이 끝나고 열여섯 살 생일이 지나자 학교를 그만두고 본격적인 프로선수 생활에 나섰다.

니그로리그 역사상 최고의 포수 중 하나였던 비즈 매키는 캄파넬라의 가능성을 알아보고 남들보다 더 혹독한 훈련을 시켰다. 캄파넬라가 '눈이 10개 달린 포수'라고 칭한 조시 깁슨 역시 캄파넬라를 아꼈다. 깁슨은 상대 팀이었는데도 캄파넬라를 만날 때마다 조언을 아끼지 않았다. 캄파넬라는 매키에게서 포수의 기본기와 성실함을 배웠고, 깁슨을 통해 그 완성도를 높였다.

니그로리거가 받는 대우는 메이저리거에 비해 형편없었다. 특히 경기가 없는 겨울이 문제였는데, 캄파넬라도 시즌이 끝난 후에는 다른 니그로리그 선수들처럼 푸에르토리코, 쿠바, 베네수엘라 등을 돌며 닥치는 대로 경기에 나서야 했다. 그러다 보면 1년에 200경기 이상 마스크를 썼다.

니그로리그 선수들의 다른 돈벌이는 당시 심심치 않게 열리던 백인 선수들과의 시범경기에 나서는 것이었다. 캄파넬라는 1942년 시범경기에 나갔는데, 구단은 허가를 받지 않았다는 이유로 250달러의 벌금을 부과했다. 캄파넬라는 이에 반발해 짐을 싸서 멕시코로 떠났다. 2년 동안 멕시코에서 월 100달러 푼돈을 받고 뛰던 캄파넬라는 1944년 3000달러라는 파격적인 연봉을 받고 돌아왔다.

메이저리그 최초의 흑인 포수

1945년 어느 날 한 백인 신사가 그를 찾아왔다. 브루클린 다저스의 단장 브랜치 리키였다. 재키 로빈슨의 데뷔를 은밀히 진행하고 있던 리키는 로이 캄파넬라에게 자신이 다시 찾아올 때까지 어떤 메이저리그 팀과도 계약하지 말 것을 당부하고 떠났다. 캄파넬라는 리키가 접촉한 두 번째 흑인 선수였다.

시즌이 끝난 후 니그로리그 올스타에 뽑힌 캄파넬라는 메이저리그 선수들로 구성된 팀과 시범경기를 가졌다. 당시 메이저리거 팀의 감독은 척 드레센Chuck Dressen이었는데, 리키는 드레센에게 비밀 지시를 내렸다. 흑인 선수 5명의 이름을 적어줄 테니 은밀히 계약을 맺

인종의 벽이 무너지다

고 돌아오라는 내용이었다. 사실 시범경기는 리키가 이들을 손에 넣기 위해 일부러 개최한 것이었다. 캄파넬라는 훗날 제1회(1956년) 사이영상 수상자가 되는 돈 뉴컴Don Newcombe 등과 다저스에 입단했다.

1946년 뉴잉글랜드에 있는 내슈아 다저스로 보내진 캄파넬라는 타율 0.290과 함께 완벽한 수비를 선보이며 뉴잉글랜드리그의 MVP가 됐다. 한 경기에서 캄파넬라는 월터 올스턴Walter Alston 감독이 퇴장을 당한 후 대신 감독을 맡았는데, 이로 인해 백인 경기에서 감독을 맡은 최초의 흑인이 됐다. 한편 메이저리그 경기에서 최초의 흑인 감독은 1973년 코치로서 퇴장당한 감독을 대신한 어니 뱅크스이며, 최초의 정식 흑인 감독은 1973년 클리블랜드에 부임한 프랭크 로빈슨이다.

캄파넬라가 마이너리그에서 첫 시즌을 보내는 동안 변화의 바람이 불고 있었다. 트리플A 인터내셔널리그의 몬트리올 로열스에서 재키 로빈슨이 엄청난 활약을 펼치면서 팀을 우승으로 이끌고 리그 MVP가 된 것이다. 1947년 마침내 로빈슨에 의해 인종의 벽은 무너졌다.

재키 로빈슨이 메이저리그에 데뷔한 그해, 몬트리올에는 2년 연속으로 흑인 선수 열풍이 불었다. 이번에는 캄파넬라였다. 캄파넬라는 로빈슨의 뒤를 이어 인터내셔널리그 MVP에 올랐다. 버펄로의 감독 폴 리처즈Paul Richards는 "최고의 포수는 캄파넬라다. 메이저리그와 마이너리그를 모두 합쳐"라고 극찬했다.

1948년 스물여섯 살의 캄파넬라는 브루클린 다저스의 개막전 로스터에 포함됨으로써 메이저리그 최초의 흑인 포수가 됐다. 열여섯 살 때부터 프로 생활을 시작한 지 10년 만이자 니그로리그에서 9시즌을 보내고 난 뒤였다.

하지만 캄파넬라는 선발로 1경기밖에 뛰지 못하고 그해 4월 내내 벤치를 지키다 마이너리그로 보내졌다. 아무리 재키 로빈슨이 2루수로 뛰고 있다고는 하나 이를 탐탁지 않게 여기던 백인 투수들이 많은 상황에서 흑인에게 포수를 맡기는 것은 대단히 위험한 일이었다.

다시 한 달 후 다저스는 캄파넬라에게 마스크를 씌우는 모험을 강행했다. 그러면서 포수인 브루스 에드워즈Bruce Edwards와 길 하지스Gil Hodges를 각각 외야와 1루로 보냈다. 캄파넬라는 83경기에서 타율 0.258 0홈런 45타점의 인상적인 성적을 올렸다.

세 번의 MVP

풀타임 첫해인 1949년, 로이 캄파넬라는 타율 0.287 22홈런 82타점을 기록했다. 그리고 재키 로빈슨과 돈 뉴컴, 아메리칸리그 최초의 흑인 선수 래리 도비(클리블랜드)와 함께 흑인 선수 최초로 올스타전에 나섰다.

한편 캄파넬라는 시즌 후 참가한 니그로리그 경기에서 윌리 메이스를 발견하고 구단에 이를 알렸다. 하지만 다저스가 파견한 스카우트는 한 경기만 본 뒤 부정적인 내용의 보고서를 올렸다.

1950년에도 타율 0.281 31홈런 89타점의 좋은 활약을 한 캄파넬라는 1951년 타율 0.325 33홈런 108타점을 기록하면서 재키 로빈슨(1949년)에 이어 두 번째로 리그 MVP에 오른 흑인 선수가 됐다(2위 스탠 뮤지얼). 하지만 그해 다저스는 시즌 내내 선두를 지키다 뉴욕 자이언츠에 충격적인 역전을 허용했다. 마지막 날 바비 톰슨

Bobby Thomson에게 '세계에 울려 퍼진 한 방'(Shot Heard 'Round the World)*을 맞았다.

1952년 캄파넬라는 부상에 시달리는 통에 타율 0.269 22홈런 97타점에 그쳤다. 하지만 1953년 최고의 시즌으로 다시 일어섰다 (타율 0.312 41홈런 142타점). 41홈런은 포수 최초의 40홈런 기록이었다. 대타로 때려낸 1개를 제외하고 40개를 포수로서 날렸는데, 포수 순수 40홈런은 그로부터 43년이 지나고 나서야 다시 나왔다 (1996년 토드 헌들리Todd Hundley 41개). 142타점도 당시 포수 최고 기록으로, 140타점 이상을 올린 포수는 그와 1970년의 자니 벤치(148) 뿐이다. 그해 캄파넬라는 흑인 선수로는 최초로 두 번째 MVP를 따냈다.

1954년 캄파넬라는 스프링캠프에서 왼손 골절상을 당했다. 더 심각한 문제는 신경까지 다친 것이었다. 방망이를 잡은 손이 덜덜 떨리는 바람에 캄파넬라는 그해 타율 0.207 19홈런 51타점에 그쳤다. 모두가 캄파넬라는 끝났다고 생각했다.

그는 필사적으로 노력했다. 그리고 1955년 타율 0.318 32홈런 107타점을 기록하면서 세 번째 MVP가 됐다. 배리 본즈(7회)를 제외하면 지금까지 MVP를 3회 수상한 선수는 9명뿐이며, 그중 포수는 요기 베라와 로이 캄파넬라 둘뿐이다(미키 코크런, 자니 벤치 2회). 흥미롭게도 베라(1951, 1954, 1955년)와 캄파넬라(1951, 1953, 1955년)는 1951년부터 1955년까지 5년간 나란히 MVP를 3회 따냈다.

캄파넬라는 수비도 완벽했다. 특히 무시무시한 송구를 자랑했는데, 캄파넬라는 한 번의 6할대 시즌을 포함해 통산 51.0퍼센트의 도루저지율로 개비 하트넷Gabby Hartnett(53.8퍼센트)에 이은 역대 2위

1953년 브루클린 다저스 시절의
로이 캄파넬라. 사진 Bowman Gum

에 올라 있다(도루 시도 300회 이상).

요기 베라도 도루 저지 능력은 일품이었다(47.3퍼센트). 하지만 전체적인 수비력은 캄파넬라보다 아래였다. 키가 170센티미터(베라)와 175센티미터(캄파넬라)에 불과했던 두 단신 포수는 1950년대 메이저리그를 양분했다. 한편 월드시리즈에서 둘은 총 다섯 차례 만났는데, 캄파넬라가 이긴 것은 1955년 한 차례뿐이었다.

두 번째 인생

로이 캄파넬라는 이후 하향세가 시작됐다. 부상에 시달리던 캄파넬라는 1956년 타율 0.219 20홈런 73타점, 1957년에는 타율 0.242 13홈런 62타점에 그쳤다. 너무 늦게 데뷔한 데다 니그로리그 시절 너무 많은 경기에 나선 탓에 무릎이 일찍 망가졌다. 캄파넬라는 1952년 시즌부터 햄스트링 부상에 시달렸다.

메이저리그에 데뷔한 나이로 치면 캄파넬라는 스물여덟 살에 메이저리그에 데뷔한 재키 로빈슨보다는 2년 더 빨랐다. 하지만 대학을 졸업하고 군에서 장교 생활을 한 로빈슨이 니그로리그와 마이너리그에서 3시즌을 보내고 데뷔한 반면, 열여섯 살 때부터 프로 생활을 한 캄파넬라는 무려 10시즌을 보낸 후 메이저리그에 데뷔했다. 메이저리그에서 한 경기도 뛰지 못한 조시 깁슨보다는 운이 좋았지만, 너무 늦게 데뷔한 것은 캄파넬라의 불운이었다. 1955년 캄파넬라는 서른세 살이었지만 프로 17년차였다.

1957년 시즌이 끝나고 다저스는 연고지를 LA로 옮기기로 선언했다. 캄파넬라도 새로운 시작을 다짐했다. 하지만 1958년 1월 28일, 거대한 불운이 그의 앞을 막아섰다.

시즌이 끝나면 부업으로 뉴욕 할렘에서 주류 가게를 운영했던 캄파넬라는 그날도 가게 문을 닫고 귀가하기 위해 운전대를 잡았다. 하지만 롱아일랜드에 있는 집으로 가던 도중 차가 빙판길에 미끄러졌다. 공중전화 부스를 들이받고 차가 전복되는 대형 사고였다. 목뼈와 척추 두 군데가 부러진 캄파넬라는 목 아래가 모두 마비됐다. 얼마 후 아내는 그를 떠났다.

유니폼과 아내, 모든 것을 잃은 듯했지만 그는 절망하지 않았다. 팬들이 찾아오면 오히려 밝은 미소로 그들을 위로했다. 사고 당시 의사는 캄파넬라가 평생을 누워 있어야 하며 10년을 넘기지 못할 것이라고 진단했다. 하지만 캄파넬라는 선수 생활을 할 때보다 더 피나는 노력을 한 끝에 두 팔을 움직일 수 있게 됐다. 캄파넬라에게서 조금씩 들려오는 회복 소식에 팬들은 환호하고 또 감사했다. 어느 순간 캄파넬라는 모든 고통받는 이들의 상징이 됐다.

1959년 5월 7일, LA 다저스의 홈구장 메모리얼 콜리세움에는 시범경기인데도 야구 역사상 최다 관중인 9만 3103명이 운집했다(이 기록은 2008년 3월 29일 역시 메모리얼 콜리세움에서 열린 다저스와 보스턴 간의 '다저스 LA 이전 50주년 경기'에서 11만 5000명으로 경신됐다). 캄파넬라의 치료비를 돕기 위한 '로이 캄파넬라의 밤'이 개최됐다. 양키스는 상대가 되어달라는 다저스의 요청을 흔쾌히 받아들였다.

캄파넬라는 코치인 피 위 리즈Pee Wee Reese가 미는 휠체어를 타고 등장했다. 캄파넬라는 "내가 살아서 여기 있게 된 것에 대해 신에게 감사합니다. 그리고 여러분에게 진심 어린 감사를 전합니다"라고 했다. 바로 그 순간 경기장의 조명이 모두 꺼졌다. 그리고 관중들은 저마다 작은 불꽃을 만들어냈다. 캄파넬라의 마음속에서 꺼지지 않던 불꽃이, 9만 3000여 개 불꽃으로 다시 태어난 순간이었다.

이후 캄파넬라는 다저스의 단장 보좌역, 스카우트, 홍보대사 등을 맡으며 왕성하게 활동했다. 그리고 1964년 새로운 아내를 만나 죽을 때까지 해로했다. 캄파넬라는 전국에 강연을 다니며 쓰러진 사람들을 다시 일으켜 세우기 위해 노력했다.

1969년 캄파넬라는 1962년의 재키 로빈슨에 이어 흑인 선수로는 두 번째로 명예의 전당에 올랐다. 다저스는 그의 등번호인 39번을 영구 결번으로 정했으며, 뉴욕시는 최고의 뉴욕 시민에게 주는 브론즈 메달리언을 수여했다. 캄파넬라는 의사의 선고와 달리 35년을 더 살다가 1993년 71세를 일기로 세상을 떠났다. 1999년 스포팅뉴스는 그를 20세기 최고 선수 100명 중 50위로 선정했으며, 빌 제임스는 요기 베라와 자니 벤치에 이어 역대 최고 포수 3위에 올렸다.

캄파넬라가 메이저리그에 데뷔한 것은 재키 로빈슨 덕분이었다. 너무 늦게 데뷔한 캄파넬라는 설령 자동차 사고가 없었더라도 더 뛰어난 성적을 남기지는 못했을 것이다. 그는 인생의 절반을 필드에서 보냈고, 나머지 절반을 휠체어에 앉아 보냈다. 그리고 휠체어에서 보낸 35년을 거치며 더 위대한 선수가 됐다. "뛰어난 야구 선수임에도 불구하고, 나는 그가 휠체어에 있었던 35년이 더 기억에 남을 것이다"라는 빈 스컬리의 말처럼 말이다.

캄파넬라는 자신이 꼭 하고 싶었던 말 한마디를 자서전 제목으로 달았다. It's Good to Be Alive.

＊바비 톰슨의 '세계에 울려 퍼진 한 방':＊ 1951년 10월 3일 뉴욕 폴로그라운즈에서 뉴욕 자이언츠와 브루클린 다저스 간의 내셔널리그 3경기 플레이오프 3차전이 열렸다. 자이언츠가 4대 2로 뒤져 있던 9회 말 주자 2, 3루 상황에서 바비 톰슨이 타석에 들어섰고 다저스 투수 랠프 브랭카Ralph Branka를 상대로 스리런 홈런을 쏘아 올렸다. 이 홈런 한 방으로 경기를 5대 4로 뒤집으면서 그해 리그 우승은 뉴욕 자이언츠가 차지했다. 뉴욕 라이벌인 두 팀이 리그 챔피언 자리를 두고 맞붙는 당시 경기는 큰 관심 속에서 최초로 미국 전역에 TV 중계됐고, 보고 있던 수백만 시청자들이 환호했다. 그해 자이언츠는 시즌 후반에 마지막 44경기에서 37경기를 이기면서 질주했고, 마침내 1위를 달리던 다저스를 끌어 내리는 데 성공하면서 한 편의 드라마를 썼다.

로이 캄파넬라, 꺼지지 않은 불꽃

테드 윌리엄스, 타격의 신

'저기. 테드 윌리엄스가 지나간다. 역사상 가장 위대한 타자다.'
나는 이 말을 듣기 위해 일생을 바쳤다. _테드 윌리엄스

테드 윌리엄스 Theodore Samuel "Ted" Williams, 1918~2002

좌익수, 우투좌타

활동 기간 1939~1942, 1946~1960(19시즌)

테드 윌리엄스. 그는 메이저리그 역사상 최고의 타자였다. 윌리엄스는 1939년부터 1960년까지 22년간 보스턴 레드삭스에서 보내며 타율 8위, 볼넷 4위, 타점 15위에 올랐다. 아메리칸리그에서 트리플 크라운을 두 번 석권한 유일한 타자이며(내셔널리그 유일은 로저스 혼스비), 타격왕 6번과 함께 홈런과 타점 타이틀을 4번씩 차지했다.

출루율에서 11번, 장타율과 OPS에서 9번 1위에 올랐으며, 통산 출루율(0.482)에서 역대 1위(2위 베이브 루스 0.474), 장타율(0.634)에서 2위(1위 루스 0.690), OPS(1.116)에서 2위(1위 루스 1.164)를 지키고 있다. 타율은 역대 8위이지만 앞선 7명은 모두 1920년 이전에 데

뷔한 선수들이다. 군 복무로 생긴 거의 5시즌에 달하는 공백이 없었다면 3500안타, 2700볼넷(1위 배리 본즈 2558), 700홈런, 2500타점(1위 행크 애런 2297)을 기록할 수도 있었다.

윌리엄스는 타격과 사랑에 빠졌다. 그는 '모든 스포츠를 통틀어 가장 어려운 기술'이라고 칭한 타격을 완성하기 위해 모든 노력을 쏟았다. 호텔 방에서 파자마 차림으로 방망이를 휘둘러 룸메이트의 수면을 방해했으며, 방망이가 없으면 비슷한 것을 찾아내 어떻게든 스윙을 했다. 칼 야스트렘스키의 증언처럼 "증권 중개인이 공부하듯" 타격 이론에 대해 연구하고 또 연구했다. 결국 그의 노력은 통산 타율 0.344와 함께 역작 〈타격의 과학 *The Science of Hitting*〉으로 남았다.

테드 윌리엄스의 방망이에는 하얀 띠가 둘러져 있었다. 정확히 중심부(sweet spot)에만 공을 맞혔기 때문이다. 그는 방망이를 부러뜨리는 일이 거의 없었다. 그만큼 방망이의 달인이었다. 한번은 주문한 방망이 중 하나를 쥐어보자마자 돌려보냈는데, 두께를 다시 재보니 그의 기준에서 0.1밀리미터가 모자랐다. 6개 방망이 중에서 0.5온스(14그램) 더 무거운 1개를 골라내기도 했다. 부모의 무관심 속에 외롭게 자란 윌리엄스는 방망이를 안고 잤고, 교실에서도 식당에서도 방망이와 함께했다.

윌리엄스가 마이너리그 시절에 만난 로저스 혼스비는 레벨 스윙(배트를 수평으로 눕혀 치는 스윙)의 전도사였다. 하지만 윌리엄스는 공을 약간 올려 치는 게 옳다고 믿어서 미세한 어퍼컷 스윙을 완성했다. 1997년 토니 그윈은 어퍼컷 스윙으로 바꿔보라는 윌리엄스의 조언을 실행했다. 그해 서른일곱 살의 그윈은 데뷔 16년 만에 처음으로 100타점을 만들어내고 생애 최고의 장타율(0.547)을 기록했다. 한편 윌리엄스는 생전 자신의 스윙에 가장 가까운 선수로 라파엘 팔메이로를 꼽았다.

하늘이 내려준 선물도 있었다. 뛰어난 시력이다. 그의 시력을 검사한 해군 군의관은 윌리엄스의 시력이 10만 명 중에 6명 나오는 수준이라고 했다. 윌리엄스는 로저스 혼스비처럼 시력에 방해가 되는 것들을 최대한 피했으며(카메라 플래시도 무척 싫어했다) 건강을 위해 물과 우유만 마셨다.

윌리엄스는 '날아오는 공의 상표까지도 읽을 수 있다'는 소문이 돌았을 정도로 놀라운 선구안을 자랑했다. 데뷔 첫해 기록한 64개를 제외하면 한 번도 55개 이상 삼진을 당하지 않았으며, 3할 타율에 실패한 것도 단 한 시즌(40세 시즌)뿐이었다.

또 윌리엄스는 대단한 인내심의 소유자였다. 배리 본즈(2558), 리키 헨더슨(2190), 베이브 루스(2062)가 그(2021)보다 많은 볼넷을 얻어냈지만, 타석당 볼넷 수는 그가 1위다.

하지만 윌리엄스는 괴팍했다. 야유하는 관중에게 침을 뱉고 관중석에 방망이를 집어던지는 등 선수 생활을 하는 내내 팬들과 매스컴과 충돌했다. 끔찍이도 싫어하던 기자들에게는 '키보드의 기사들'(knights of keyboard)이라는 별명을 지어줬다. 그러나 한편으로는 어린이 암환자를 돕는 등 사회봉사에 적극 나섰으며, 마지막 순간 결국 모든 이들과 화해의 악수를 나눴다.

레드삭스, 타율 0.406
샌디에이고에서 태어나 자란 테드 윌리엄스는 열일곱 살 때 퍼시

픽코스트리그의 샌디에이고 파드리스에 입단했다. 윌리엄스를 발견한 사람은 당시 보스턴의 스카우트로 활동하던, 명예의 전당에 오른 2루수 에디 콜린스였다. 1939년 윌리엄스는 콜린스를 따라 서부 끝에서 동부 끝으로 긴 여행을 했다.

1939년 윌리엄스는 양키스타디움에서 훗날 명예의 전당에 오르는 투수 레드 러핑을 상대로 2루타를 날려 메이저리그 첫 안타를 신고했다. 그리고 타율 0.327 31홈런 145타점의 화려한 성적을 기록하며 신인 최초의 타점왕이 됐다. '더 키드The Kid'라 불리는 신인의 놀라운 활약은 그해 처음 시작된 TV 중계를 통해 전국으로 전해졌다.

어느 날 윌리엄스는 결정적인 홈런을 날린 후 환호하는 관중석을 향해 모자를 벗어 답례했다. 하지만 다음 날 보스턴 지역 신문들은 윌리엄스를 건방지다고 힐난했다. 이후 윌리엄스는 어떠한 환호에도 모자를 벗지 않았다. 언론과의 갈등은 특히 보스턴 신문이 1942년 부모의 이혼과 형의 투옥 등 윌리엄스의 가정사를 지상 중계하면서 돌이킬 수 없는 지경에 이르렀다.

윌리엄스의 첫 시즌이 끝난 후, 보스턴은 우측 펜스 앞에다 관중석을 만드는 것으로(지금의 불펜 위치) 사실상 펜스를 앞으로 당겼다. 1940년 타율 0.344 23홈런 113타점을 기록하며 2년차 부진(?)을 겪은 윌리엄스는 3년차인 1941년을 최고의 시즌으로 만들었다. 올스타전에서 날린 9회 말 역전 끝내기 3점 홈런은 그 예고탄이었다.

윌리엄스는 1941년 시즌 마지막 날 더블헤더를 앞두고 타율 0.39955를 기록 중이었다. 그대로 끝내면 4할로 인정받을 수 있었다. 하지만 윌리엄스는 조 크로닌 감독의 휴식 권유를 뿌리치고 두 경기에 모두 나서 0.406라는 당당한 4할을 만들었다. 6안타(8타수)

는 모두 처음 상대하는 좌투수들을 상대로 뽑아낸 것으로, 아메리칸리그에서는 1923년 해리 하일먼Harry Heilmann, 메이저리그에서는 1930년 빌 테리Bill Terry 이후 처음 나온 4할이었다. 그리고 더 이상 나오지 않고 있다. 한편 당시는 희생플라이가 범타로 기록됐다. 지금의 방식으로 바꾸면 윌리엄스의 타율은 0.412가 된다.

또 그해 출루율 0.553를 올리면서 1899년 존 맥그로의 0.548를 넘어서는 최고 기록을 세웠다. 이는 2002년 배리 본즈가 0.582를 기록할 때까지 61년간 유지됐다(본즈는 2004년 0.609를 기록해 최초의 6할 출루율을 만들어냈다).

그럼에도 MVP는 윌리엄스의 것이 아니었다. 마침 1941년은 조 디마지오가 56경기 연속 안타를 달성한 해였다. 팬들은 윌리엄스의 4할보다 디마지오의 연속 안타에 더 열광했다. 둘은 같은 날(5월 15일) 안타 행진을 시작했지만, 윌리엄스는 23경기에서 그쳤다. 이것이 생애 최고 기록일 정도로 연속 경기 안타와는 인연이 없었던 윌리엄스는 그 대신 16타석 연속 출루(배리 본즈와 타이기록)와 84경기 연속 출루 기록을 갖고 있다.

참전, 두 번의 트리플 크라운

1942년 테드 윌리엄스는 타율 0.356 36홈런 137타점을 기록해 생애 첫 트리플 크라운을 차지했다. 아메리칸리그에서는 1934년 루 게릭 이후 처음 나온 것이었다. 하지만 MVP 투표에서는 타율 0.322 18홈런 103타점을 기록한 뉴욕 양키스의 2루수 조 고든Joe Gordon에게 밀려 2년 연속 2위에 그쳤다. 둘의 OPS 차이는 0.247에 달했다.

1943년 윌리엄스는 제2차 세계대전에 참전했다. 이후 꼬박 3년간 해군에서 콜세어(F4U Corsair) 전투기 비행 교관으로 복무했다. 이로써 24~26세 시즌이 송두리째 사라지고 말았다. 윌리엄스는 징집 대상자가 아니었지만 "이 정도면 홀몸인 어머니를 부양할 돈을 모았다"며 참전을 선언했다. 전쟁 막바지에 윌리엄스는 전장 투입을 앞두고 있었지만, 진주만에서 대기하고 있는 사이 전쟁이 끝났다.

윌리엄스는 돌아오자마자 1946년 타율 0.342 38홈런 123타점을 기록해 첫 번째 MVP를 탔다. 3년의 공백은 그에게 전혀 영향을 미치지 못했다. 그해 열린 올스타전에서 두 번째 명장면을 연출했다. 지상에서 7미터까지 솟았다가 스트라이크존 위를 살짝 통과하는 립 슈얼Rip Sewell의 마구 '이퍼스eephus'를 통타해 펜웨이파크의 담장을 넘겨버렸다. 타석의 맨 앞에 섰던 윌리엄스는 훗날 앞발이 배터박스를 나간 부정 타격이었음을 고백했다.

1946년은 '윌리엄스 시프트'가 탄생한 해이기도 하다. 클리블랜드의 루 부드로Lou Boudreau 감독은 더블헤더 1차전에서 윌리엄스에게 호되게 당한 후(3홈런 8타점) 2차전에서 오로지 당겨 치는 그를 상대로 좌익수를 제외한 모든 야수를 필드의 오른쪽에 배치하는 파격적인 수비 포메이션을 선보였다. 투수가 승부를 피한 탓에 첫 실험에서는 아무런 일도 일어나지 않았다. 하지만 윌리엄스는 얼마 후 다시 만난 클리블랜드를 상대로 타구를 왼쪽 허허벌판으로 날려 자신의 처음이자 마지막 장내 홈런을 만들어냈다. 팀의 리그 우승을 확정 짓는 한 방이었다.

리그 우승을 차지한 보스턴 레드삭스는 그해 월드시리즈에서 세인트루이스 카디널스를 만났다. 보스턴은 세인트루이스가 브루클린 다저스와 1경기 플레이오프를 치르는 동안 경기 감각을 잃지 않기 위해 아메리칸리그 올스타와 연습경기를 가졌는데, 이것이 화근이 됐다. 윌리엄스는 그 경기에서 팔꿈치에 공을 맞았고, 팔꿈치가 통통부은 채 월드시리즈에 임했다. 세인트루이스는 윌리엄스를 상대로과감히 시프트를 사용했다. 윌리엄스는 타율 0.200에 그쳐 부진했고보스턴은 7차전 끝에 3승 4패로 패했다.

윌리엄스는 이후 유니폼을 벗을 때까지 더 이상 월드시리즈 무대를 밟지 못했다. 그 뒤 거의 모든 팀들이 윌리엄스를 상대로 시프트를 사용했다. 그럼에도 윌리엄스는 고집을 꺾지 않았다. 어설픈 밀어치기보다 당겨 치기가 낫다고 생각했다.

1947년 윌리엄스는 타율 0.343 32홈런 114타점을 기록하며 두 번째 트리플 크라운을 차지했다. 하지만 MVP 투표에서는 타율 0.315 20홈런 97타점을 기록한 조 디마지오에게 1점 차로 밀렸다. 양키스가 리그 우승을 차지하고 보스턴이 3위에 그쳤다는 이유 외에, 기자들은 찬바람이 쌩쌩 부는 윌리엄스 대신 온화한 디마지오를 택했다. 특히 한 보스턴 지역 기자가 윌리엄스에게 10위 표도 주지 않은 것이 결정적이었다. 스프링캠프 때 윌리엄스가 자신에게 욕한 것에 대한 복수였다.

1948년 타율 0.369를 기록해 타격왕 2연패에 성공했고, 1949년엔 타율 0.343 43홈런 159타점을 올려 홈런과 타점에서 개인 최고 기록을 세우고 두 번째 MVP를 따냈다. 하지만 타율에서는 1모(0.0001)가 모자라 조지 켈George Kell에게 1위 자리를 내주면서 생애 첫 타격왕 3연패와 사상 최초가 될 수 있었던 2년 연속 트리플 크라운이 무산됐다. 이때도 그는 시즌 마지막 경기에 출장을 강행했다. 하지만 무안타에 그쳐 타율에서 역전을 당했다(조지 켈 0.3429, 윌리엄스 0.3428).

1939년부터 1949년까지 군 복무 3년을 제외한 8시즌 동안 윌리엄스는 매 시즌 100타점을 넘기고 평균 33홈런과 137볼넷을 기록했다. 7년 연속 출루율 1위와 6년 연속 장타율 1위를 지켰으며, MVP 투표에서는 1위에 2번, 2위에 3번, 3위에 1번, 4위에 1번 올라 한 시즌(2년차)을 제외하고 모두 4위 내에 들었다.

두 번째 참전, 38회 출격

1950년 보스턴과 테드 윌리엄스는 쾌조의 스타트를 끊었다. 하지만 윌리엄스는 코미스키파크에서 열린 올스타전에서 랠프 카이너의 타구를 잡다 펜스에 부딪혀 팔꿈치를 다쳤다. 그 때문에 60경기에 결장했고, 타율도 당시까지 생애 최저인 0.317로 떨어졌다. 양키스와 우승 경쟁을 했던 보스턴 역시 4경기 뒤진 3위로 시즌을 마감했다. 이때의 부상은 이후 윌리엄스의 고질병으로 남았다.

1951년 윌리엄스가 다시 타율 0.318에 그쳐 시즌을 마치자 그의 시대가 끝난 것이 아니냐는 술렁임이 일었다. 하지만 그는 이를 뒤로하고 1952년 다시 한국전쟁에 뛰어들었다. 그해 4월 30일 보스턴은 다시 군복을 입는 윌리엄스를 위해 '테드 윌리엄스 데이'를 열었다. 이날 윌리엄스는 투수 디지 트라웃Dizzy Trout을 상대로 통산 324호 홈런을 뽑아냈다.

제2차 세계대전 때와 달리 전투기 조종사로 전장에 투입된 윌리엄스는 대공포에 맞아 동체 착륙을 하는 등 생명의 위기를 맞기도 했다. 귀에 이상이 생기기 전까지 38회 출격에 나선 윌리엄스는 전투기를 조종하는 소감에 대해 "이제는 내가 미키 맨틀보다 빠르다"

는 농담을 하기도 했다.

1953년 8월에 돌아온 서른네 살의 윌리엄스는 스프링캠프를 포함해 전혀 훈련을 하지 못하고도 복귀해 두 번째 타석에서 홈런을 때려냈다. 총 37경기에 나서 0.407/0.509/0.901, 13홈런 34타점을 기록함으로써 건재함을 알렸다.

1954년 윌리엄스는 타율 0.345를 기록하지만 규정 타수에서 14타수가 모자라 0.341를 기록한 바비 아빌라Bobby Avila에게 타격왕을 내줘야 했다. 이는 큰 논란을 몰고 와 결국 기준이 규정 타수에서 규정 타석으로 바뀌었다.

1955년에도 윌리엄스는 타율 0.356를 기록하는데 부상을 입는 바람에 56경기를 놓쳤다. 1956년에는 복귀 후 가장 많은 136경기에 출전해 타율 0.345를 기록하지만 미키 맨틀(0.353)에 뒤져 2위에 그쳤다.

38세 시즌인 1957년은 윌리엄스가 마지막 불꽃을 태운 해였다. 윌리엄스는 다시 한 번 4할 타율에 도전했지만 0.388에 그쳐 5번째 타격왕을 차지한 것에 만족해야 했다. 그에게는 내야 안타 5개를 만들어낼 수 있는 스피드가 더 이상 없었다. 윌리엄스는 MVP 투표에서도 미키 맨틀에게 1위를 내줬다. 그는 MVP 투표에서 네 번이나 2위에 그쳤는데 이는 모두 양키스 선수들에게 밀린 것이다(조 디마지오 2회, 조 고든 1회, 미키 맨틀 1회).

1958년 윌리엄스는 타율 0.328를 기록해 타격왕 2연패에 성공했다. 통산 6번째 타격왕이자 3번째 2연패였다.

1959년 마흔이 된 윌리엄스가 생애 처음으로 3할 타율에 실패하자(0.254) 톰 야키 구단주는 은퇴를 종용했다. 그는 이를 거부하고

베이스볼 다이제스트 1949년 5월호 표지 인물로 실린 테드 윌리엄스

이듬해 타율 0.316를 기록한 후에야 비로소 옷을 벗었다. 윌리엄스는 마지막 경기, 마지막 타석에서 통산 521번째 홈런을 날렸다. 마지막임을 알고 있었던 펜웨이파크 관중들은 모두 일어나 박수를 쳤다. 하지만 윌리엄스는 고개를 숙인 채 묵묵히 그라운드를 돌았다.

　은퇴 후 어부 생활을 하던 윌리엄스는 1966년 93.4퍼센트의 높은 득표율을 기록하며 명예의 전당에 입성했다. 헌액식에서 그는 명예의 전당이 니그로리그 선수들을 받아들여야 한다는 발언을 해 모두를 놀라게 했다.

　1969년 윌리엄스는 워싱턴 세너터스(현 텍사스 레인저스)의 감독을 맡아 팀을 리그 꼴찌에서 4위로 끌어올리고 올해의감독상을 받았다. 하지만 감독 생활은 오래가지 않았다. 1972년 시즌을 마치고 해임된 윌리엄스는 다시는 감독을 맡지 않았다.

화해의 악수를 청하다

1991년 펜웨이파크에서 열린 테드 윌리엄스 데이에 참석한 테드 윌리엄스는 "나는 팬을 진심으로 사랑했습니다. 그러나 표현하는 방법을 잘 몰랐습니다"며 고집을 꺾고 모자를 벗어 답례했다. 모자는 그가 무대에 오르기 전 한 보스턴 선수에게서 빌린 것이었다.

2002년 6월 5일, 윌리엄스는 83세를 일기로 눈을 감았다. 세상을 떠나기 몇 해 전 그는 마치 할아버지가 손자들에게 옛날이야기를 들려주듯, 자신을 둘러싼 기자들에게 꿈 이야기를 했다.

"난 랜디 존슨을 상대했어. 더그아웃에서 동료들이 외쳤어. '상대는 랜디 존슨이야, 밀어 쳐야 한다고!' 난 돌아보며 말했어. '하지만 밀어 치기는 자신이 없는걸.' 난 마음을 고쳐먹었어. 그래, 한번 해보는 거야. 초구가 날아왔고 밀어 쳤지. 결과가 어땠는지 알아? 깨끗한 좌전 안타였어. 허허허."

* **마지막 4할 타자:** 2020년 12월 이후 메이저리그 사무국은 니그로리그의 기록을 인정해 공식 메이저리그 기록으로 편입했다. 이에 따라 메이저리그의 마지막 4할 타자는 1941년 0.406를 기록한 테드 윌리엄스에서 1943년 뉴욕 큐반스에서 뛰며 0.471를 친 테텔로 바르가스Tetelo Vargas로 바뀌었다. 그뿐 아니라 이는 지금까지 알려진 1894년 휴 더피Hugh Duffy가 세운 0.440을 경신한 것으로, 메이저리그 역대 최고 타율도 바뀌게 됐다.

인종의 벽이 무너지다

스탠 뮤지얼, 빠른 발의 3루타

스탠 뮤지얼은 완벽한 투사였다. 그리고 완벽한 신사였다.

_포드 프릭Ford Frick

스탠 뮤지얼 Stanley Frank Musial, 1920~2013

외야수 및 1루수, 좌투좌타

활동 기간 1941~1944, 1946~1963(22시즌)

1952년 브루클린 다저스의 홈구장 에베츠필드. 경기에 앞서 몸을 풀고 있던 스탠 뮤지얼을 발견한 한 다저스 팬이 낭패한 듯 이렇게 말했다. "젠장, 그 사람(The Man)이 또 왔어." 메이저리그 역사상 가장 근사한 별명 중 하나인 '스탠 더 맨Stan The Man'은 그렇게 탄생했다.

뮤지얼은 세인트루이스 카디널스에서만 22시즌을 뛰며 475개 홈런을 기록하고, 역대 안타 4위(3630), 2루타 3위(725), 장타 3위(1377), 총루타 2위(6134), 타점 6위(1951)에 올라 있는 위대한 타자다. 동시대 투수인 프리처 로Preacher Roe는 뮤지얼을 상대하는 최고의 방법으로 "멀찌감치 볼 4개를 던져 1루로 내보내는 것"을 추천했다.

통산 타율 0.331는 1만 타석 이상을 기록한 역대 87명 타자 중 8위에 해당한다. 스즈키 이치로와 앨버트 푸홀스도 2010년 시즌까지는 통산 타율 0.331를 유지했다. 그러던 중 이치로는 타율 0.311 상태에서 은퇴했으며(1만 734타석), 푸홀스는 2021년 시즌 현재 0.297를 기록 중이다.

뮤지얼은 통산 3000안타 400홈런을 달성한 11명 중 한 명으로, 이들 중에서 오직 한 팀에서만 뛰고 은퇴한 선수는 뮤지얼과 칼 야스트렘스키(보스턴), 칼 립켄 주니어(볼티모어) 셋뿐이다.

완벽한 선구안, MVP 3회

키에 비해 체격이 왜소했던(182센티미터 77킬로그램) 스탠 뮤지얼은 몸을 잔뜩 웅크렸다 펴는 독특한 방법으로 타구에 힘을 실었는데, 이는 '코브라 타법'으로 불렸다. 그 덕분에 뮤지얼은 낮은 공과 변화구에 대단히 강했다. 완벽한 선구안을 갖고 있었던 뮤지얼은 46개를 기록한 41세 시즌이 가장 많은 삼진을 당한 시즌이었으며, 풀타임으로 뛴 21년 동안 연평균 76볼넷 18삼진, 즉 4볼넷당 1삼진을 기록하기도 했다.

상대 팀의 팬들에게는 정말로 보기 싫은 존재였지만 그런 그들조차 뮤지얼을 존경했다. 뮤지얼은 언제나 미소를 잃지 않았으며, 그라운드의 신사로 통했다. 그는 선수 생활 22년 동안 단 한 번도 구심의 스트라이크 판정과 벤치의 작전에 대해 이의를 제기하지 않았다. 1958년 세인트루이스 구단이 방한했을 때는 한국 투수가 던진 스트라이크 공이 볼 판정을 받자, 볼로 들어온 다음 공에 방망이를 휘둘러 삼진을 당하고 들어가기도 했다.

뮤지얼이 기록한 7회 타격왕(5위 이내 17회)은 호너스 와그너와 토니 그윈(이상 8회)에 이은 내셔널리그 3위 기록에 해당한다. 배리 본즈(7회)를 제외하면 최고 기록이라 할 수 있는 MVP 3회 수상자 8명 중 하나다. 홈런 1위는 차지하지 못했지만 2루타에서 8회, 3루타에서 5회, 장타에서 7회 1위에 올랐으며, 또 OPS에서 7회, 안타, 장타율, 출루율에서 각각 6회, 득점에서 5회, 타점에서 2회 1위에 올랐다. 뮤지얼은 은퇴할 당시만 해도 무려 29개 내셔널리그 기록과 17개 메이저리그 기록, 9개 올스타전 기록을 보유하고 있었다.

뮤지얼은 올스타전에서 가장 많은 홈런(6)을 때려낸 타자다. 그는 1943년부터 20년 연속(군 복무로 시즌을 뛰지 않은 1945년 제외)으로 올스타에 뽑히며 역대 최다인 24경기에 출장했다. 1955년에는 올스타전 역사상 최고의 명장면으로 꼽히는 12회 말 끝내기 홈런을 때려내기도 했다. 1957년 신시내티 팬들이 몰표를 던져 투수를 제외한 8개 포지션을 자기 팀 선수들의 이름으로 채웠는데, 포드 프릭 커미셔너는 직권으로 그중 3명을 다른 선수들로 바꿨다. 그 3명은 스탠 뮤지얼, 윌리 메이스, 행크 애런이었다.

조 디마지오(뉴욕 양키스), 테드 윌리엄스(보스턴)와 함께 1940년대와 1950년대를 대표하는 타자였던 뮤지얼의 상징은 꾸준하고 '균형' 잡힌 활약이었다. 뮤지얼의 3630안타는 홈에서 때려낸 1815개와 원정에서 때려낸 1815개로 이뤄진 것이다. 또 1951타점을 올리는 동안 1949득점을 기록했다. 통산 월간 타율은 모두 0.323 이상이며 풀타임으로 16시즌 연속 0.310 이상 타율을 기록했다.

뮤지얼은 2개 포지션에서 각각 통산 1000경기 이상 출장한 역대 최초의 선수이기도 하다. 외야수로 출발했던 뮤지얼은 팀의 사정에 맞춰 외야수(1890경기)와 1루수(1016경기)를 거의 매년 번갈아 맡았으며, 두 포지션을 절반씩 소화한 시즌도 있었다.

화려한 등장, 177개 3루타

스탠 뮤지얼은 1920년 폴란드계 아버지와 체코계 어머니 사이에서 태어났다. 피츠버그 근교의 탄광촌이었던 그의 고향 도노라는 켄 그리피 부자의 고향이기도 하다. 그래서 뮤지얼의 또 다른 별명은 '도노라 그레이하운드'였다. 사냥개의 대표종인 그레이하운드라는 별명은 그의 뛰어난 스피드를 대변한다. 뮤지얼은 통산 78도루를 기록했는데, 당시는 감독들이 도루를 극도로 기피하던 시대였다. 그 대신 뮤지얼은 많은 3루타를 때려 자신의 빠른 발을 뽐냈다. 통산 177개 3루타는 1940년대 이후 활약한 선수가 올린 최고 기록이다.

뮤지얼은 원래 좌완 투수였다. 열일곱 살 나이에 세인트루이스에 입단한 뮤지얼은 마이너리그 첫 2년 동안 15승 8패에 그치며 방출 위기에 몰리기도 했다. 3년차에 들어 18승 5패로 선전했고 간간히 외야수로도 나서며 타율 0.352를 기록했다. 그러던 중 시즌 막판에 외야수로 나서 다이빙 캐치를 하다가 왼쪽 어깨를 크게 다쳤고 그로 인해 투수로서의 생명이 끝났다.

좌익수로 전업한 뮤지얼은 1941년 인터내셔널리그에서 타율 0.326를 기록한 후 메이저리그에 올라와 12경기에서 0.426를 쓰고 시즌을 끝냈다. 진가는 오래지 않아 드러났다. 풀타임 2년차인 1943년 타율(0.357), 출루율(0.425), 장타율(0.562)을 석권하며 리그 MVP에 올랐다.

1945년 군 복무를 하느라 경기에 나서지 못한 뮤지얼은 1946년 다시 타격왕(0.365)을 포함해 6관왕을 휩쓸면서 두 번째 MVP를 따냈다. 그해 월드시리즈는 양 리그를 대표하는 최고의 타자들인 뮤지얼과 테드 윌리엄스 간의 맞대결로 관심을 모았지만, 정작 윌리엄스와 뮤지얼은 각각 타율 0.200과 0.222에 그치며 함께 부진했다. 세인트루이스 카디널스가 최종 7차전에서 '광란의 질주'(The Mad Dash)*를 연출한 에노스 슬로터의 결승점에 힘입어 승리하면서 월드시리즈 우승을 차지했다.

뮤지얼이 풀타임으로 뛴 첫 4년간 세인트루이스는 연속해 월드시리즈에 올랐고 3차례 우승했다. 하지만 뮤지얼은 이후 은퇴할 때까지 더 이상 월드시리즈 무대를 밟지 못했다. 테드 윌리엄스에게도 1946년 무대가 처음이자 마지막 월드시리즈였다.

1948년 뮤지얼은 홈런에서 딱 1개가 부족해 트리플 크라운을 놓쳤다. 2개 홈런이 비로 취소되지 않았다면, 내셔널리그의 마지막 트리플 크라운 달성자는 1937년 조 메드윅Joe Medwick이 아니라 뮤지얼이 됐을 것이다. 그럼에도 뮤지얼은 타율(0.376), 홈런(39), 타점(131)에서 개인 최고 기록을 세우며 내셔널리그 선수 최초로 통산 세 번째 MVP에 올랐으며, 타율, 출루율, 장타율, 타점, 득점, 안타, 2루타, 3루타, 장타, 총루타를 휩쓰는 10관왕이 됐다. 장타율 0.702는 1930년 핵 윌슨(0.723)이 기록한 이후 내셔널리그에서 처음 나온 7할대 장타율 기록이었다.

이때 뮤지얼은 103개 장타를 날렸는데, 이후 메이저리그에서 100장타가 다시 나온 것은 47년이 지나고 나서인 1995년 앨버트 벨Albert Belle에 의해서였다. 하지만 벨은 코르크 방망이를 사용하다가 적발됐으며, 벨 이후에 나온 다섯 번의 100장타 기록도 모두 스테로이드 시대의 정점인 2000년과 2001년 시즌에 만들어진 것들이다.

3630안타, 후반기

스탠 뮤지얼은 타고난 홈런 타자는 아니었다. 하지만 꾸준히 파워를 향상시켜 1948년부터 1957년까지 10년간 평균 31홈런을 기록했다. 31홈런은 배리 본즈가 1986년 데뷔 시즌부터 1998년까지 기록한 평균 홈런 수다.

1958년 역대 8번째로 통산 3000안타를 돌파한 뮤지얼은 1959년 처음으로 타율이 2할대로 떨어지며 하향세를 보이기 시작했다. 테드 윌리엄스 역시 그해 처음으로 3할 타율을 놓쳤다.

데뷔 초기 6년간 리그 MVP를 세 번이나(1943, 1946, 1948년) 따낸 뮤지얼은 1949~1951년 3년 연속으로 MVP 투표에서 2위를 차지했다. 1957년 뮤지얼은 또다시 2위에 그치면서 메이저리그 최초의 MVP 4회 수상을 끝내 이루지 못했는데, 그해 1위를 차지한 행크 애런과의 총점 차이는 불과 6점이었다.

41세 시즌이던 1962년, 19번째로 참가한 올스타전에서 존 F. 케네디 대통령은 뮤지얼을 찾아와 이렇게 말했다. "사람들이 자꾸 나는 너무 어리고 당신은 너무 늙었다고 하는데, 우리 함께 그 말이 틀렸다는 걸 증명합시다." 뮤지얼은 그해 리그 3위 타율(0.330)과 함께 19홈런 82타점을 기록하며 마지막 불꽃을 태움으로써 약속을 지켰다. 하지만 케네디는 이듬해 11월 저격을 당해 사망했다.

1963년 뮤지얼은 타율 0.255 12홈런 58타점에 그쳤다. 뮤지얼이 통산 474번째 홈런을 날린 날, 그는 마흔두 살 나이에 할아버지가 됐다. 시즌이 끝난 후 뮤지얼은 내셔널리그 최다 안타 기록(3630)과 함께 카디널스 유니폼을 벗었다. 뮤지얼의 기록은 훗날 피트 로즈 (4256)가 뛰어넘었다.

은퇴 후 잠시 레스토랑 체인 사업에 뛰어들기도 했던 뮤지얼은 1967년 세인트루이스 단장으로 복귀했다. 그해 세인트루이스는 보스턴 레드삭스를 꺾고 월드시리즈 우승을 차지했다. 월드시리즈에서 우승한 후 미련 없이 단장직에서 물러난 뮤지얼은 1980년까지 13년간 구단 부사장 겸 단장 특별보좌역으로 재직하며 세인트루이스 구단에서만 40여 년이라는 시간을 보냈다. 맹렬한 기세로 성적을 쌓아가던 앨버트 푸홀스가 2011년 시즌을 마지막으로 세인트루이스를 떠나게 되면서, 뮤지얼이 세운 세인트루이스의 안타, 홈런, 타점, 득점, 총루타, 2루타, 3루타, 장타 기록은 모두 지켜지게 됐다.

1968년 세인트루이스는 부시스타디움 앞에 뮤지얼을 기리는 3미터 높이의 동상을 세웠다. 1969년 뮤지얼은 93.2퍼센트의 높은 득표율을 기록하며 명예의 전당에 헌액됐으며, 1972년에는 폴란드 정부로부터 체육훈장인 '챔피언 메달'을 수여받았다. 또 2011년 미국 정부는 아흔한 살이 된 뮤지얼에게 최고의 영예인 '대통령 자유훈장'을 수여했다.

뮤지얼은 1999년 스포팅뉴스가 발표한 '20세기 최고 선수 100명'에서 11위에 올랐으며, 빌 제임스는 그를 테드 윌리엄스에 이은 좌익수 역대 2위로 꼽았다. 뮤지얼의 고향인 펜실베이니아주와 세인트루이스가 위치한 미주리주, 그리고 폴란드에는 그의 이름을 딴 야구장들이 있다.

* 에노스 슬로터의 '광란의 질주': 세인트루이스와 보스턴이 맞붙은 1946년 월드시리즈의 최종 7차전에서 3대 3으로 맞선 8회 말 세인트루이스의 에노스 슬로터가 선두 타자로 나서 내야 안타를 치고 나갔다. 이어진 2사 상황에서 해리 워커가 타석에 들어선 가운데 히트앤드런 사인이 나오자 워커가 좌익수 앞 단타를 치는 사이 1루 주자 슬로터는 3루코치의 만류에도 불구하고 홈으로 쇄도해 결승점을 뽑았다. 그해 월드시리즈의 우승이 세인트루이스 쪽으로 기우는 순간이었다.

인종의 벽이 무너지다

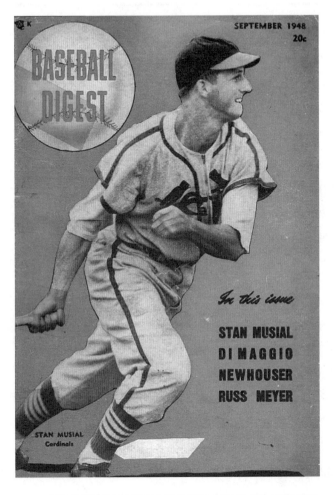

베이스볼 다이제스트 1948년 9월호의 표지 인물로 실린 스탠 뮤지얼

요기 베라, 10개의 우승 반지

가보지 못한 곳이라서 주저한다면, 결코 그곳에 갈 수 없다. _요기 베라

요기 베라 Lawrence Peter "Yogi" Berra, 1925~2015

포수 및 외야수, 우투좌타

활동 기간 1946~1963, 1965(19시즌)

배리 본즈(762), 켄 그리피 주니어(630), 새미 소사(609), 라파엘 팔메이로(569), 테드 윌리엄스(521), 어니 뱅크스(512). 도합 3603개 홈런을 날린 이들은 월드시리즈 우승 반지가 없다. 하지만 열 손가락에 반지를 끼울 수 있는 선수도 있다. 통산 358홈런을 친 요기 베라다.

베라가 풀타임으로 뛴 17년간(1947~1963년) 뉴욕 양키스는 14차례 월드시리즈에 올라 10차례 우승했다(베이브 루스 15년간 4차례, 루 게릭 14년간 6차례, 조 디마지오 13년간 9차례, 미키 맨틀 18년간 7차례). 양키스 역사상 최고의 전성기는 베라가 안방을 지킨 시기와 정확히 겹친다.

베라는 '요기즘Yogism'으로 불리는 화려한 언변을 자랑했다. "피자를 어떻게 잘라드릴까요?"라는 점원의 물음에 "8개는 배부르니 4개로 잘라주시오"라고 한 유머나 "끝날 때까지는 끝난 게 아니다"(It Ain't Over 'Till It's Over) 같은 명언은 오직 그만이 만들어낼 수 있는 말이었다.

짐작하겠지만 베라는 엄청난 수다쟁이었다. 포수 마스크를 쓰고는 상대 타자와, 1루 주자로 나가서는 상대 1루수와 떠드느라 정신이 없었다. 그가 1루에 있을 때 거는 히트앤드런은 이상할 정도로 실패율이 높았다. 사인을 받으면 베라의 입은 얼어붙었고, 조용한 베라는 작전이 걸렸다는 신호였다. 케이시 스텡걸Casey Stengel 감독은 이를 알게 된 뒤 베라가 1루에 있을 때는 절대로 작전을 걸지 않았다.

베라는 메이저리그 역사상 최고의 포수였다. 그가 포수로서 기록한 306홈런은 마이크 피아자(396), 칼턴 피스크(351), 자니 벤치(326) 다음이다(이반 로드리게스 304개). 하지만 피스크와 벤치는 통산 출루율과 장타율이 베라에 뒤진다. 1949년부터 1958년까지 10년간 베라는 한 번도 '20홈런 80타점 장타율 0.470' 밑으로 내려가지 않았다. 포수 중에서는 베라를 제외하면 오직 피아자만이 해낸 일이다.

'11년 연속 80타점' 역시 포수 역대 최고 기록이다(2위 마이크 피아자 10년). 베라는 1949년부터 1955년까지 7년 연속으로 팀 내 타점 1위를 지켰다. 이는 조 디마지오의 마지막 세 시즌, 미키 맨틀의 풀타임 첫 네 시즌과 겹친다.

베라는 MVP를 3회 수상한 9명 중 하나다. 7년 연속으로 4위 이내에 든 선수는 그(1950~1956년)와 마이크 트라웃(2012~2018년)뿐이다. 앨버트 푸홀스는 2007년 9위에 그침으로써 타이기록에 실패했다. MVP 투표에서 15년 연속 표를 받은 것도 배리 본즈와 함께 역대 공동 2위 기록이다(1위 행크 애런 19년 연속).

어떤 공도 때릴 수 있다

우투좌타이던 요기 베라는 선구안이 형편없었다. 하지만 상상을 초월하는 배트 컨트롤 능력을 갖고 있었다. 조 메드윅, 로베르토 클레멘테와 함께 메이저리그 역사상 최고의 배드볼 히터bad-ball hitter로 꼽히는 베라는 발목 높이의 공을 골프 스윙으로 넘겼으며, 바깥쪽으로 크게 빠지는 공은 툭 건드려 안타를 만들어냈다. 얼굴 높이로 들어오는 공을 때려 펜스를 직격하는 2루타로 만든 적도 있었다. 베라에 비하면 블라디미르 게레로는 양호한 편이었다고.

베라의 뛰어난 배트 컨트롤을 증명하는 것은 놀라운 삼진 수다. 그가 메이저리그에서 19년간 뛰며 기록한 통산 414개 삼진은 요즘 한 시즌 200개씩 당하는 선수들의 2년 치에 불과하다. 삼진보다 홈런이 많았던 시즌이 5번이었으며, 13년 연속으로 볼넷보다 적은 삼진을 기록했다. 베라 이후 '400타수 이상 25삼진 이하' 시즌을 7회 이상 만들어낸 선수는 토니 그윈이 유일하다. 1950년 베라는 믿을 수 없는 597타수 12삼진을 기록했다.

또 베라는 필요한 순간 어김없이 한 방을 날려주는 당대 최고의 클러치히터였다. "마지막 3회 동안 가장 무서운 타자는 베라"라고 한 볼티모어 오리올스의 폴 리처즈 감독의 주장은 기록이 증명한다. 레트로시트가 추적이 가능한 1950년부터 1956년까지 타석의 79퍼센트를 분석한 결과, 베라는 주자가 없을 때 0.258, 주자가 있을 때

0.318, 득점권에서 0.314, 그리고 Close & Late(7회 이후 클러치) 상황에서 0.327의 타율을 기록했다.

베라는 포수로서도 최고였다. 또 다른 전설적인 양키스 포수 빌 디키에게 개인 교습을 받은 덕분에 기본기가 탄탄했다. 무실책 시즌을 만들어낸 역대 4명 포수 중 하나이며, 당시 최고 기록인 148경기 연속 무실책을 기록하기도 했다(현 기록은 마이크 매시니Mike Matheny의 252경기).

리그에서 더블플레이를 가장 많이 만들어낸 것도 여섯 번이나 됐다. 체력도 뛰어나 리그 최다 출장을 8회 기록했으며, 1962년에는 서른일곱 살 나이에 22이닝 연장전을 완주하기도 했다.

하지만 '포수 베라'가 진정으로 빛난 부분은 숫자로 나타낼 수 없는 것들이었다. 베라는 특히 투수 리드와 투수를 다루는 능력에서 최고였다. 그는 투수들의 심리 상태를 늘 꿰뚫고 있었다. 투수들은 마운드에 올라온 그의 한마디에 곧바로 안정을 찾았다. 1956년 10월 브루클린 다저스와 맞붙은 월드시리즈 5차전에서 돈 라슨Don Larsen이 세운 퍼펙트게임도 베라의 노련한 리드가 있었기에 가능했다.

경력 후반기에 접어든 베라는 좌익수로 자주 기용됐는데, 좌익수 수비 역시 뛰어났다. 펜스 뒤에 앉아 있는 관중들과 수다를 떠는 것만 빼면.

브랜치 리키가 준 좌절

요기 베라의 본명은 로런스 피터 베라. '요기'는 어린 시절 친구들이 그가 영화에 나오는 한 인도 배우를 닮았다고 해서 붙인 별명이다('요기'는 힌두어로 '선생님'을 의미한다). 베라는 1925년 세인트루이스에서 이탈리아 이주민의 아들로 태어났다. 벽돌공장 노동자이던 아버지의 벌이가 시원치 않은 탓에 베라도 열네 살 때 학교를 관두고 공장에서 일했다.

1942년 베라는 동네 친구 조 가라지올라Joe Garagiola(전 애리조나 단장 조 가라지올라 주니어의 아버지)와 함께 세인트루이스 카디널스의 트라이아웃에 참가했다. 카디널스 입단은 그의 꿈이었다. 하지만 가라지올라에게 500달러 계약금을 제시한 브랜치 리키 단장은 가라지올라보다 실력이 훨씬 뛰어났던 베라에게는 250달러를 제시했다. 자존심에 상처를 입은 베라는 이를 거절했다. 리키의 최대 실수였다 (가라지올라 통산 0.257 42홈런 255타점).

브랜치 리키는 170센티미터의 작은 키 때문에 베라를 좋게 보지 않았다. 아이러니하게도 리키 역시 선수 시절에는 키 작은 포수였다. 리키의 포수 실력은 메이저리그에서 한 경기 13개 도루를 허용할 정도로 형편없었다. 베라의 모습이 자신의 선수 시절과 겹쳐 보인 것일지도 모른다.

다른 주장도 있다. 당시는 브랜치 리키가 이미 브루클린 다저스로 옮기기로 마음을 굳혔을 때로, 베라를 세인트루이스가 아닌 다저스에 입단시키기 위해 일부러 낮은 계약금을 제시했다는 것이다. 하지만 리키가 다저스에 들어가기 전에 뉴욕 양키스가 나타나 500달러를 제시함으로써 리키는 남 좋은 일만 했다. 베라는 수모를 갚기 위해 이를 악물었다.

루키리그 팀인 노포크로 보내진 베라는 프로 첫 타석에서 만루 홈런을 터뜨렸으며, 더블헤더에서 12안타 23타점을 기록하기도 했다. 하지만 1944년에는 해군에 입대하면서 제2차 세계대전에 참전해야 했다. 대공포 사수였던 그는 이탈리아 및 북아프리카 전선에서 활약했으며, 노르망디 상륙 작전에도 참가했다. '디데이'에 참여한 메이저리거는 베라가 유일하다.

베라를 처음 눈여겨본 사람은 뉴욕 자이언츠의 감독 멜 오트였다. 스프링캠프에서 베라의 범상치 않은 모습을 목격한 오트는 양키스의 래리 맥페일 단장에게 찾아가 "별로 중요해 보이지 않는 조그만 포수가 하나 있던데 우리에게 주면 어떻겠느냐"고 했다. 맥페일은 베라가 누구인지 몰랐지만 일단 거절했다. 이렇게 베라는 카디널스도, 다저스도, 자이언츠도 아닌 양키스의 선수가 됐다.

역시 베라의 가능성을 직감한 조 매카시 양키스 감독은 막 유니폼을 벗은 빌 디키에게 그를 맡겼다. 디키에게서 모든 노하우를 전수받은 베라는 1949년 마침내 양키스의 주전 포수가 됐다. 훗날 1972년 베라가 명예의 전당에 올랐을 때 양키스는 그의 등번호 8번을 영구 결번으로 지정했는데, 8번은 디키의 번호이기도 했다. 이에 양키스는 계획에 없던 디키의 8번까지 영구 결번으로 해줬다. 베라로선 디키에게 진 신세를 톡톡히 갚은 셈이다.

양키스의 위대한 전설

1963년 서른여덟 나이에 요기 베라는 유니폼을 벗었다. 그리고 이듬해 뉴욕 양키스의 감독이 됐다. 베라는 그해 팀을 월드시리즈에 진출시켰다. 하지만 밥 깁슨이 버틴 세인트루이스에 3승 4패로 패했다. 월드시리즈에서 패배한 다음 날, 양키스는 베라를 경질했다. 그 대신 세인트루이스에서 우승을 챙긴 감독 조니 킨Johnny Keane을 데려왔다. 베라에게는 엄청난 충격이었다. 1965년 킨이 이끄는 양키스는 리그 6위에 그쳤다. 그 이듬해에는 꼴찌였다. 양키스는 그 후 11년간 월드시리즈에 오르지 못했다.

1972년 뉴욕 메츠의 감독이 된 베라는 이듬해 메츠를 월드시리즈에 올렸다. '끝날 때까지는 끝난 게 아니다'라는 명언은 그가 '베라의 시즌은 끝났다'고 쓴 기자에게 해준 말이었다. 하지만 메츠는 1973년 월드시리즈에서 오클랜드 어슬레틱스에 3승 4패로 무릎을 꿇었다.

1976년 베라는 코치가 되어 양키스로 돌아왔다. 그해 양키스는 베라를 감독에서 해임한 1964년 이후 처음으로 월드시리즈에 올랐다. 그리고 1977년과 1978년 연달아 월드시리즈 우승을 차지했다.

1985년 베라는 다시 양키스의 감독이 됐다. 하지만 성적은 신통치 않았다. 이듬해 시즌을 6승 10패로 시작하자, 성질 급한 조지 스타인브레너 구단주는 16경기 만에 베라를 경질했다. 이는 첫 번째보다 더 큰 상처가 됐다. 그 후 14년간 베라는 양키스와 연을 끊고 살았다.

1944년부터 1995년까지 52년간 뉴욕 양키스는 12차례 월드시리즈 우승을 차지했다. 총 27차례 우승 경력의 거의 절반이다. 이 12차례 우승은 모두 베라가 선수(10차례) 또는 코치(2차례)로 활약한 때였다. 양키스는 무려 반세기 넘게 요기 베라 없이는 월드시리즈 우승을 따내지 못했다.

1999년 7월 19일, 조지 스타인브레너 구단주는 베라와 화해하기 위해 '요기 베라의 날'을 만들어 베라와 돈 라슨을 양키스타디움에 초청했다. 그날 70세의 라슨이 시구를 던지고 74세의 베라가 공을

1953년 더그아웃에서 동료들과 함께 있는 요기 베라
(왼쪽부터 베라, 행크 바우어Hank Bauer, 미키 맨틀). **사진 Bowman Gum**

받았다. 그날 경기에서 데이비드 콘David Cone은 베라의 양키스 복귀를 축하하기라도 하듯 퍼펙트게임을 달성했다.

1999년 조 디마지오가 사망하면서 '살아 있는 가장 위대한 양키' 자리를 물려받은 베라는 뉴욕 양키스의 막후 실력자로서 상당한 영향력을 발휘했다. 양키스 입단을 고민하는 선수들에게는 '베라의 전화 한 통'이 특효약이었다. 2015년 9월 22일 유명을 달리하면서, 베이브 루스부터 시작돼 미키 맨틀까지 이어진, 위대한 양키스를 상징하는 인물 중 마지막이었던 베라는 전설이 됐다.

2021년 7월 미 연방우체국이 양키스 유니폼을 입고 포수 장비를 착용한 베라의 모습이 새겨진 우표를 출시하면서 사람들은 편지에 그의 얼굴을 붙일 수 있게 됐다.

2013년 밥펠러상을 수상한 88세의 요기 베라. 사진 Jeffrey Malet

인종의 벽이 무너지다

재키 로빈슨, 인종의 벽을 넘어서

내게 5명의 재키 로빈슨과 투수 1명을 달라.
9명으로 된 팀을 이겨 보이겠다. _척 드레센

재키 로빈슨 Jack Roosevelt "Jackie" Robinson, 1919~1972

2루수 및 3루수, 1루수, 우투우타

활동 기간 1947~1956(10시즌)

재키 로빈슨이 메이저리그에서 올린 성적은 타율 0.311 1518안타 137홈런 734타점 197도루에 불과하다(1945년 니그로리그 성적을 포함하면 타율 0.313 1563안타 141홈런 761타점 200도루). 그러나 메이저리그 최초의 흑인 선수인 그는 생명의 위협을 느끼며 야구를 해야 했다.

엄밀히 말하면 로빈슨은 '20세기 최초'의 흑인 선수다. 원래 메이저리그는 흑인도 뛸 수 있었다. 하지만 1887년 시카고 화이트스타킹스(현 시카고 컵스)의 구단주 겸 선수이자 당대 최고의 스타였던 캡 앤슨이 선동해 흑인 선수를 모두 쫓아내면서 내셔널리그를 비롯한 프로 리그에는 '흑인 선수 불가'라는 불문율이 만들어졌다.

1920년 지독한 인종주의자였던 케네소 랜디스가 커미셔너로 취임하면서 '장벽'은 더 높고 두터워졌다. 1942년 랜디스는 또 다른 개척자였던 빌 베크가 필라델피아 필리스를 매입해 흑인 선수들을 주축으로 팀을 만들 것이라는 계획을 듣자마자 내셔널리그 사무국에 필라델피아 구단을 사라고 압박해, 베크의 계획을 무산시켰다.

흑인은 사람도 아니었던 시대

재키 로빈슨은 1919년 인종차별의 본거지나 다를 바 없는 조지아주에서 한 소작농의 5남매 중 막내로 태어났다. 미들 네임은 그가 태어나기 25일 전에 사망한 시어도어 루즈벨트 대통령의 이름을 딴 것이다. 한 살 때 아버지가 가족을 버리고 떠나자, 어머니는 자식들을 데리고 차별이 덜한 곳을 찾아 캘리포니아주로 이사했다. 하지만 어디에도 흑인을 위한 나라는 없었다. 현실에 크게 실망한 로빈슨은 한때 갱단에 가입하기도 했지만 친구의 간곡한 설득에 따라 벗어났다.

형 매튜 로빈슨Matthew Robinson은 1936년 베를린올림픽 육상 200미터에서 제시 오언스Jesse Owens 다음으로 들어온 은메달리스트였다. 하지만 그 후 제대로 된 직업을 찾지 못한 매튜는 거리의 청소부가 됐다. 어느 날 그는 올림픽 대표팀의 재킷을 입고 청소하다가 백인들의 신고를 당하기도 했다. 로빈슨은 자신을 스포츠 세계로 이끈 형이 몰락하는 모습을 보면서 형처럼 되지 않겠다고 결심했다.

UCLA 시절 로빈슨은 미국을 대표하는 만능 스포츠맨이었다. 유격수와 포수를 맡은 야구는 말할 것도 없고, 멀리뛰기가 주 종목이던 육상에서는 1912년 올림픽에서 5종 경기와 10종 경기를 석권한 짐 소프에 비유돼 '검은 소프'로 불렸다. 스포츠 위클리는 로빈슨을

'풋볼 역사상 최고의 하프백'이라고 평가했으며, 대학농구에서도 최고의 가드 중 한 명으로 인정받았다. 또 로빈슨은 UCLA의 수영 챔피언이었으며, 전미 테니스선수권대회에서 4강에 오른 적도 있었다.

1942년 로빈슨은 육군에 장교로 지원했다. 하지만 인종이라는 벽이 그를 가로막았다. 로빈슨은 우연히 만난 복싱 헤비급 챔피언 조 루이스Joe Louis에게 도와달라고 부탁했다. 루이스의 도움을 받아 로빈슨은 다른 흑인 지원자들과 함께 제복을 입을 수 있었다.

군대에서도 로빈슨의 투쟁은 계속됐다. 버스에서 흑인 좌석으로 가기를 거부해 군법회의에 회부되기도 했으며, 인종차별을 서슴없이 행하는 백인 동료 장교와 싸우다 불명예제대를 당할 뻔도 했다.

브랜치 리키와의 만남

1945년 군에서 제대한 후 니그로리그 캔자스시티 모나크스에서 유격수로 뛰던 재키 로빈슨에게 메이저리그 팀의 입단 테스트 제안이 왔다. 보스턴 레드삭스였다. 하지만 이는 보스턴 구단이 시의회의 요구를 마지못해 받아들인 것으로, 그들은 흑인 선수에게 유니폼을 입힐 의사가 전혀 없었다. 펜웨이파크에서 트라이아웃이 진행되는 중간에 갑자기 스피커를 찢는 듯한 소리가 터져 나왔다. "그 검둥이들을 당장 내보내지 못해." 로빈슨은 다른 흑인 선수들과 함께 쫓겨나다시피 경기장을 빠져나왔다(목소리의 주인공이 누구인지는 끝내 밝혀지지 않았다).

보스턴은 1949년에도 윌리 메이스와 계약할 수 있었던 기회를 놓쳤다. 이를 두고 보스턴은 밤비노의 저주가 아니라 '인종차별의 저주'에 시달린 것이라는 주장도 있다. 실제로 보스턴은 필라델피아 필리스와 함께 메이저리그에서 흑인 선수를 가장 늦게 받아들인 팀이다. 저주를 풀기 위해 안간힘을 다하던 보스턴은 50년이 지난 후 그 트라이아웃 사건에 대해 공식 사과를 했다.

그 무렵 한 '선지자'가 야심찬 계획을 세우고 있었다. 에이브러햄 링컨에게 심취했으며, 대학 감독 시절 팀의 유일한 흑인 선수가 당하는 고통을 옆에서 지켜보면서 인종의 벽을 허물겠다고 결심한 브랜치 리키였다. 브루클린 다저스의 단장을 맡고 있던 리키는 1944년 케네소 랜디스 커미셔너가 사망하자 드디어 때가 왔다고 생각했다. 그리고 움직였다.

브랜치 리키는 먼저 니그로리그에 브라운 다저스라는 팀을 만든 다음, 세인트루이스 브라운스에서 함께 뛰던 조지 시슬러에게 강력한 정신력과 인내심을 가진 흑인 선수를 찾아달라고 했다. 시슬러가 데려온 선수가 로빈슨이었다.

브랜치 리키는 로빈슨에게 "어떠한 모욕도 이겨낼 용기를 원한다"며 자신의 구상을 밝혔다. 로빈슨의 머리를 툭툭 치며 "어이, 검둥이"라고 부르는 등 그가 앞으로 경험할 일들에 대해 세세히 설명했다. 로빈슨은 절대로 문제를 일으키지 않겠다고 약속했다. 약속은 끝까지 지켜졌다.

사실 야구는 로빈슨이 가장 덜 좋아한 종목이자 제일 두각을 나타내지 못한 종목이었다. 하지만 그는 세상에 도전하기 위해 야구를 택했다. 로빈슨은 "인생은 구경만 하는 스포츠가 아니다"라는 말과 함께 가족과 주위의 만류를 뒤로하고 험난한 가시밭길에 스스로 발을 들여놓았다.

1946년 리키는 로빈슨을 산하 마이너리그 팀인 몬트리올 로열스로 보냈고, 로빈슨은 인터내셔널리그 최초의 흑인 선수가 됐다. 몬트리올은 미국 도시들에 비하면 인종차별이 덜한 곳이었다(훗날 몬트리올 엑스포스는 이런 인연을 들어 전 구단 영구 결번 전에 로빈슨의 42번을 영구 결번으로 정했다).

처음에 로빈슨을 떨떠름하게 생각하던 동료들은 곧 그의 경기력에 매혹됐다. 로빈슨은 타율과 타점에서 리그 1위에 오르며 팀을 리그 우승으로 이끌었다. 우승이 확정된 순간 수천 명의 백인 관중들이 "로빈슨"을 연호하며 거리로 쏟아져 나왔다. 당시로서는 믿기 힘든 장면이었다.

루스가 야구를 바꿨다면, 로빈슨은 미국을 바꿨다

1947년 4월 15일, 마침내 재키 로빈슨은 1887년 이후 아무도 넘지 못했던 인종의 벽을 깨고 60년 만에 나타난 흑인 선수가 됐다. 메이저리그에 데뷔하던 그날 2만 6000여 명이 들어찬 에베츠필드 관중석에는 역사적인 순간을 목격하러 온 흑인 관중이 1만 4000명에 달했다.

하지만 뉴욕타임스가 '세상에서 가장 외로운 사람'이라고 부른 로빈슨은 동료들에게조차 환영받지 못했다. 브루클린 다저스의 노장 외야수 딕시 워커Dixie Walker는 앞장서서 로빈슨을 쫓아내야 한다는 탄원서를 만들기도 했다. 로빈슨은 원정 경기를 가더라도 동료들과 떨어져 흑인 전용 숙소를 이용해야 했으며, 우편함은 매일 협박 편지로 가득 찼다. 상대 팀의 투수와 수비수, 주자들은 로빈슨에게 고의적으로 테러를 가했다. 일부 심판들은 세이프도 아웃으로 선언했다. 그때마다 로빈슨은 고개를 숙이고 이를 악물었을 뿐이다. 한번은

5¢
NOV. 23, 1945
VOL. 4, NO. 23
By and for men in the service

Sports: **Jackie Robinson**

By Sgt. BOB STONE
YANK Staff Writer

JACKIE ROBINSON, the sensational backfield star of the UCLA football teams of 1939 and 1940, is about to shoulder one of the toughest and most responsible postwar jobs. He is going to be the first Negro athlete to enter big-time organized baseball. The eyes not only of the sports world but of everybody concerned with the destruction of racial prejudices in America will be upon him.

Robinson will make the big experiment next spring when he joins the Montreal Royals, the Brooklyn Dodgers' farm club in the International League. When Branch Rickey, the Dodgers' president, broke the unwritten but "sacred" lily-white tradition of the modern baseball industry and signed Robinson to a contract, the event was celebrated in a rash of sports-section headlines from the San Francisco Chronicle to the New York World-Telegram. Now that his phone has stopped ringing and he is able to eat breakfast without brushing a half-dozen newspaper photographers off his Shredded Wheat, Robinson has had time to reflect about the future and what it holds for him. He has his fingers crossed but he doesn't think it will be the ordeal that some people expect.

"Maybe I should buy a lot of cotton to stuff in my ears," he smiles. "I don't think I'll have to take anything I didn't have to take before but maybe there'll be more people ready to give it to me."

The main reason for the reluctance of the major and minor leagues to open the doors to Negroes, of course, is the club owners' fear of reaction from the great numbers of white Southern ball players who dominate their payrolls. Robinson recalls, however, that he played against many white Southerners during his college and professional football career. "And everything worked out okay," he says. And football, being a rougher type of contact sport than baseball, would be more likely to provoke antagonisms.

"I played football against Southern Methodist, Texas Christian and Texas A&M," he says. "Those boys played hard football and they really gave me a smacking at times. But I can say with perfect honesty that I never saw anything in any of those games that would indicate they were giving me the business because I was a Negro. The white boys on my club were getting smacked just as hard as I was."

Robinson wouldn't be mixed up with the Dodgers and International League baseball today if it weren't for an ankle that he broke in 1932 while playing football for Pasadena Junior College just before he went to UCLA.

The ankle didn't keep him from being drafted into the Army in April 1942. In those days they were taking everybody except the guys whose Seeing Eye dogs had flat feet. And once he was in the Army, the ankle didn't keep him from going to OCS, either.

But in the summer of 1944, when Robinson was a lieutenant in the 761st Tank Battalion at Camp Hood, Tex., it kept him from going overseas with his outfit.

"My CO sent me to the hospital for a physical checkup and they changed my status to permanent limited service. After that I kicked around the tank destroyers doing a little bit of everything. Then I wound up as a lieutenant in an infantry battalion at Camp Breckinridge. In October 1944 I was given a 30-day leave and put on inactive duty. I'm still on inactive duty. What I'd like to know is, do I have to go back into active duty to get separated or will they just notify me that I'm out?"

The inactive Lt. Robinson tried playing some pro football on the Pacific Coast after he took off his pink pants and green blouse, but the ankle gave out on him again. He says it won't interfere with his baseball, though.

That next winter—the winter of 1944-1945—he coached basketball at Sam Houston College in Texas. The next spring he began to think about baseball.

Robinson had never played much baseball until he got out of the Army. During his school and college days he was too busy with other sports. Football had been his main dish. He had led the Pacific Coast Basketball Conference in scoring as a forward at UCLA during the 1939-1940 and 1940-1941 seasons, bagging 148 points in 12 games the first winter and 133 points for the same number of games the second year. In 1938 he established a broad jump record of 25 feet, 6½ inches at the Southern California Junior College track meet. But until 1944, when he was an inactive lieutenant, Robinson had played no baseball worth mentioning except a few games with a team called the Pasadena Sox in 1938 and 1939.

In his first summer out of uniform, he tried out as an infielder on the fast Kansas City Monarchs, one of the best Negro clubs, and made the grade with plenty to spare. He wound up as the regular shortstop, batting for a nice .300. Then last August Branch Rickey called him in for the talk which led to his signing with Montreal.

Right now he is taking it easy in New York, waiting to get married "the first Sunday in February" to Rachel Isum, a nurse from California. Jackie, incidentally, is a native of Cairo, Ga., but he has lived most of his life with his widowed mother in Pasadena, Calif. He's only 26 years old.

"I realize what I'm going into," he says. "I realize what it means to me and to my race and to baseball, too. I'm very happy for this chance and I can only say that I'll do my best to make the grade."

Jackie Robinson with his bride-to-be. She's Rachel Isum and was a nurse in California before they met.

몬트리올 로열스에 합류하기 직전인 1945년 11월
양크 매거진에 실린 재키 로빈슨의 인터뷰. **사진 Bob Stone**

에노스 슬로터가 앞장선 세인트루이스 카디널스 선수들이 로빈슨 퇴출을 위해 선수 파업을 모의하기도 했다.

그해 5월 14일 신시내티 크로슬리필드를 가득 메운 백인 관중들은 경기 시작 전부터 "검둥이"를 합창했다. 신시내티의 더그아웃도 마찬가지였다. 당장이라도 폭동이 일어날 것 같았다. 그때 다저스의 유격수 피 위 리즈가 갑자기 자리를 이탈해 1루를 맡고 있던 로빈슨에게 다가갔다. 리즈는 웃으며 로빈슨의 어깨에 팔을 둘렀고 대화를 나눈 후 자리로 돌아갔다. 남부 출신 스타인 리즈의 돌발적인 행동에 놀란 관중들은 야유를 멈췄다. 이는 로빈슨을 버티게 해준 결정적 장면이었다. 이후에도 리즈는 로빈슨 대신 나서 그를 지켰다.

"버락 오바마가 재키 로빈슨이라면 힐러리 클린턴은 피 위 리즈다."

2008년 대선에서 제시 잭슨 목사의 아들인 제시 잭슨 주니어 민주당 하원의원이 오바마에게는 힐러리가 필요하다며 한 말이다. 피 위 리즈는 "여러 이유로 사람을 미워할 수 있다. 하지만 그 이유가 피부색일 수는 없다"며 인종차별의 부당성을 역설했다. 그는 시즌이 끝나고 고향 루이빌을 방문했을 때 고향 사람들의 항의를 받기도 했다.

이후 필라델피아 필리스의 벤 채프먼 감독이 선수들에게 로빈슨에게 고의로 부상을 입히라는 지시를 한 것이 밝혀지면서, 다저스 선수단 내에서 변화가 일어나기 시작했다(채프먼은 이 사건으로 야구계에서 추방됐다). 그렇지 않아도 로빈슨의 실력에 속으로 감탄을 금치 못하던 다저스 선수들은 이 사건을 계기로 그를 동료로 받아들였다.

경기를 준비하는 로빈슨에게 배달되는 편지는 대부분 "그라운드에 나오면 총으로 쏴버리겠다"는 내용의 협박 편지였다. 이에 대해 동료 진 허맨스키Gene Hermanski는 농담 삼아 "우리 모두 (로빈슨의 등번호) 42번을 달고 나가면 어떨까"라는 의견을 냈다. 로빈슨은 "그렇게 해도 나를 알아볼 것"이라며 웃었다. 이는 훗날 '재키 로빈슨 데이'(4월 15일)에 모든 선수가 42번을 달고 나오는 퍼포먼스의 단초가 됐다. 로빈슨이 최선을 다하는 동안, 미국 사회에서는 그를 지지하는 사람들이 속속 등장했다. 이방인은 이제 개척자가 됐다.

로빈슨의 도전은 스포츠계뿐 아니라 미국 사회 전체에서 흑인과 유색인종의 권익을 향상시키는 데 결정적인 이정표가 됐다. 그의 메이저리그 데뷔는 미국 군대가 흑인의 입대 제한을 완전히 없앤 시기보다 1년 빨랐고, 공립학교에서 백인과 흑인 학생을 분리해 따로 교육해온 방식을 금지한 것보다 8년 빨랐다. 그리고 로빈슨이 데뷔한 지 18년이 지나서야 흑인들은 버스에서 백인의 자리 양보 요구를 받지 않게 됐다.

만약 로빈슨이 자신을 비난하는 관중석에 방망이를 던졌거나 거친 말로 싸움을 걸어오는 다른 팀 선수의 얼굴에 침을 뱉었다면 흑인들의 미국 사회 진출은 적어도 몇 년 더 늦춰졌을 것이다.

너무 늦게 시작한 메이저리그

1947년 스물여덟 살 생일이 지나 데뷔한 재키 로빈슨은 그해 151경기에 나서 타율 0.297 12홈런 48타점 29도루를 기록했다. 온갖 정신적, 육체적 고통을 이겨내고 올린 성적이었다. 로빈슨은 그해 처음 제정된 신인상의 수상자가 됐으며, 브루클린 다저스는 7년 만에 리그 우승을 차지했다.

1루수로 시작했던 로빈슨은 이듬해 베테랑 에디 스탠키Eddie

Stanky가 보스턴 브레이브스로 이적하면서 2루수로 자리를 옮겨, 피위 리즈와 함께 본격적으로 호흡을 맞춰나갔다. 로빈슨과 리즈는 역사적인 키스톤 듀오 중 하나로 남았다.

1949년은 최고의 해였다. 조지 시슬러에게 밀어 치기를 전수받은 로빈슨은 타율(0.342)과 도루(37)에서 리그 1위, 타점(124)과 안타(203)에서 2위, 득점(122)에서 3위에 오르며 내셔널리그 MVP를 수상했다. 37도루는 내셔널리그에서 19년 만에 나온 가장 좋은 기록이었다. 여기에 로빈슨은 5개 홈스틸도 기록했다.

로빈슨은 통산 19개 홈스틸을 성공시켰는데(모두 단독 홈스틸이었다) 이는 제2차 세계대전 이후 뛴 선수 중 최고 기록이다. 36세 시즌인 1955년 월드시리즈에서 뉴욕 양키스와 맞붙었을 때, 역대 12개뿐인 월드시리즈 홈스틸에 성공하기도 했다.

로빈슨이 뛴 10년간(1947~1956년) 브루클린 다저스는 6차례 리그 우승을 차지했으며, 1955년에는 양키스를 꺾고 창단하고 처음으로 월드시리즈 정상에 올랐다. 다저스에 처음으로 찾아온 황금시대였다. 또 다저스는 로빈슨 덕분에 엄청난 수의 흑인 팬을 확보할 수 있었다.

로빈슨은 강타자라기보다는 올라운드 플레이어에 가까웠다. 출중한 수비와 함께, 특히 베이스 러닝의 센스는 타이 콥에 버금갈 정도였다. 로빈슨은 협살 상황에서도 자주 목숨을 건졌으며, 1루수, 2루수, 3루수, 좌익수 등 언제나 팀이 원하는 곳에 가서 뛰었다.

1956년 시즌이 끝나자, 월터 오말리 구단주는 서른일곱 살의 로빈슨을 뉴욕 자이언츠로 트레이드했다. 로빈슨은 자이언츠의 유니폼을 입지 않고 은퇴를 선언했다.

1950년 영화 '재키 로빈슨 스토리'의 홍보 카드. 재키 로빈슨이 직접 출연해 로빈슨 역을 맡았으며 브랜치 리키 역은 마이너 왓슨이 열연했다. 사진 Pathe Industries

1958년이 되자 메이저리그 팀과 계약한 흑인 선수의 수는 200여 명으로 불어났다. 윌리 메이스, 로이 캄파넬라, 어니 뱅크스, 로베르토 클레멘테 같은 유색인종 대스타들도 속속 등장했다. 재키 로빈슨이 열어놓은 문을 통해 들어온 선수들이었다. 그리고 그들은 로빈슨의 뒤를 따라 명예의 전당에 입성했다.

하지만 유니폼을 벗은 로빈슨에게는 마이너리그를 비롯해 어디에서도 감독 제의가 들어오지 않았다. 그는 개인 사업을 하면서 흑인들을 위한 일자리 찾기에 매진했다. 또 마틴 루서 킹 주니어 목사의 열성적인 지지자로서 흑인 인권 운동에 적극적으로 참여했다.

1972년 월드시리즈에 초대되어 행한 연설에서 로빈슨은 감독 자

인종의 벽이 무너지다

리도 흑인에게 개방되어야 한다고 역설했다. 로빈슨의 다음 꿈이던 흑인 감독은 1975년 자신과 성이 같은 프랭크 로빈슨이 클리블랜드 인디언스 감독으로 취임하면서 실현됐다.

당뇨병으로 고생한 로빈슨은 말년에는 시력을 거의 잃었다. 1972년 그가 53세를 일기로 세상을 떠난 데는 선수 시절에 받았던 극심한 스트레스도 원인으로 제기된다. 1971년 로빈슨은 큰아들이 약물 중독에 시달리다 교통사고로 사망하는 큰 아픔도 경험했다. 다저스는 로빈슨의 등번호 42번을 영구 결번으로 선언했으며, 미국 우편국은 로빈슨의 얼굴이 담긴 우표를 공식 발행했다.

1997년 메이저리그 사무국은 로빈슨 데뷔 50주년을 맞아 42번을 메이저리그 최초의 전 구단 영구 결번으로 제정했다. 최초의 흑인 선수, 최초의 흑인 올스타, 최초의 흑인 MVP, 최초의 흑인 명예의 전당 헌액자. 위대한 선수이기 전에 진정한 영웅이었던 그에게 후손들이 주는 작은 선물이었다. 2013년엔 로빈슨의 역경과 성취를 재조명한 영화 '42'가 만들어졌다.

뉴욕 야구 삼국지

서부가 개척되기 전 미국 야구의 본고장은 뉴욕이었다. 브롱크스의 양키스와 맨해튼의 자이언츠, 여기에 브루클린의 다저스까지 무려 세 팀이 모여 있었다. 뉴욕의 하루는 야구 이야기로 시작해 야구 이야기로 끝났다.

월드시리즈도 뉴욕 팀들의 잔치였다. 1949~1953년 4년 연속으로 월드시리즈 우승을 달성한 양키스는 이듬해 월드시리즈 진출에 실패했다. 양키스가 없는 1954년 월드시리즈 우승은 자이언츠가 가져갔고, 1955년 월드시리즈 우승은 다저스가 차지했다. 양키스는 1956년에 월드시리즈 우승을 탈환했는데 상대는 다름 아닌 다저스였다.

뉴욕 야구의 삼분지계가 무너진 것은 1958년이었다. 일인자가 되고 싶었던 다저스가 뉴욕을 벗어나기로 결심했다. 다저스의 설득에 따라 자이언츠도 함께 뉴욕을 떠났다. LA와 샌프란시스코를 기반으로 한 서부 야구가 출발했다.

이 장에서는 뉴욕 야구를 이끌었던 선수들이 소개된다. 그리고 뉴욕 야구에 대항한 선수들도 살펴볼 수 있다.

듀크 스나이더, 다저스의 황금기

그가 다저스 선수라고 해도, 그는 좋은 사람이었고,
멋진 타자였으며, 훌륭한 친구였다. _윌리 메이스

듀크 스나이더 Edwin Donald "Duke" Snider, 1926~2011

중견수, 우투좌타

활동 기간 1947~1964(18시즌)

야구로 미국을 바꾼 재키 로빈슨은 브루클린 다저스의 자랑이다. 정규 시즌에서 MVP를 세 번이나 수상한 로이 캄파넬라는 다저스의 긍지다. 1207경기 연속 출장을 이어간 스티브 가비Steve Garvey는 다저스의 근성이다(내셔널리그 최고 기록).

하지만 다저스 역사상 최고의 타자는 듀크 스나이더다. 스나이더가 다저스에서 수확한 389홈런과 1271타점은 여전히 다저스 최고 기록으로 남아 있다. 2021년 시즌 후반 다저스의 홈런과 타점 1위에 올라 있는 코디 벨린저Cody Bellinger(132홈런 347타점)가 스나이더를 따라잡으려면 지금 페이스를 향후 8시즌 넘게 유지해야 한다.

스나이더를 발견한 브랜치 리키 단장은 스나이더의 모든 능력을 극찬했다. 타격뿐 아니라 수비와 주루도 치세우면서 "그의 다리엔 용수철이 달려 있다"고 했다. 리키의 말은 간혹 포장이 과했지만, 스나이더의 스윙이 완벽하다는 말엔 아무도 이견이 없었다. 좌타자였던 스나이더는 스트라이드와 엉덩이 회전, 손목 움직임 등에 주의하며 타격에 체계적으로 접근했다. 모든 지점에 공이 올 것을 대비해 항상 강하게 타격하는 타자였다.

5년 연속 40홈런

듀크 스나이더는 외동아들로 태어나 귀하게 자랐으며 걸음걸이부터 자신감이 넘쳤다. 아버지는 아들이 언제 어디서나 당당하게 살기를 바라는 마음에 듀크라는 별명을 붙여줬다. 고교 시절 키가 훌쩍 자란 스나이더는 다양한 종목을 넘나들며 최고의 운동선수가 될 자질을 갖췄다.

루 게릭과 조 디마지오를 동경한 스나이더는 야구 선수가 되기로 결심했다. 게릭과 디마지오가 뛴 뉴욕 양키스는 아니었지만, 뉴욕에 연고지를 둔 브루클린 다저스가 스나이더에게 입단을 제안했다. 스나이더는 계약금 750달러, 월급 250달러에 다저스 유니폼을 입었다 (피츠버그는 계약금 1만 5000달러를 약속했다).

결과적으로 다저스로 간 것은 올바른 선택이었다. 브랜치 리키는 더 발전할 수 있는 방향으로 스나이더를 인도했다. 커리어 초반에 스나이더는 타석에서 너무 공격적으로 달려들었다. 칠 수 있는 공과 칠 수 없는 공을 구분하지 못했다. 리키는 조지 시슬러 타격코치에게 스나이더를 특별 관리할 것을 요청했다.

과외 효과가 바로 나타나지는 않았다. 그러나 브랜치 리키와 조지 시슬러는 포기하지 않았고, 스나이더도 훈련을 게을리 하지 않았다. 그러자 서서히 스트라이크존을 이해하기 시작했다. 데뷔 첫 두 시즌에서 스나이더의 출루율은 0.290에 불과했다. 하지만 자신만의 스트라이크존을 설정한 뒤로 남은 16시즌에서 통산 출루율은 0.383로 몰라보게 올라갔다(스나이더는 리키에 대해 "그가 없었다면 지금의 나도 없었을 것"이라고 말했다).

1950년 첫 올스타에 뽑힌 스나이더는 그해 31홈런 107타점을 기록했다(0.321/0.379/0.553). 이후 1953년부터 1957년까지 5년간 연속으로 40홈런을 이어갔다. 다저스 역대 5년 연속 40홈런 타자는 스나이더가 유일한데, 그를 제외하면 40홈런 시즌을 3번 이상 만들어낸 타자도 없다(길 하지스와 숀 그린Shawn Green 2회).

스나이더가 전성기에 돌입한 1951년은 두 명의 천재가 메이저리그에 연착륙한 시즌이다. 1931년생 동갑내기인 윌리 메이스와 미키 맨틀이다. 포지션이 모두 중견수였던 세 선수는 각기 다른 뉴욕 팀에서 활약해 자주 비교됐다. 오죽하면 '윌리와 미키, 듀크'라는 노래까지 생겼을까. 뉴욕의 야구팬들 사이에선 서로 자신의 팀 중견수가 더 낫다고 다투는 것이 일상이었다.

흡사 삼국지가 떠오르는 세 선수의 구도에서 사실 스나이더가 제일 뒤떨어졌다. 메이스가 위, 맨틀이 촉이라면, 스나이더는 오나라였다. 스나이더도 "팀으로서 경쟁 관계에 있었을 뿐이다. 둘은 정말 훌륭한 선수들"이라고 한 걸음 물러섰다.

1950년대

듀크 스나이더는 분명 윌리 메이스와 미키 맨틀보다 한 수 아래였다. 하지만 1950년대만큼은 스나이더의 시대였다. 1950년대에만 326홈런과 1031타점을 쓸어 담았는데 이는 전체 1위 기록이며, 970득점은 2위(미키 맨틀 994득점), 1605안타는 3위다(스탠 뮤지얼 1771안타, 알 다크Al Dark 1675안타). MVP를 수상하지 못한 것이 아쉽지만 MVP나 다를 바 없는 시즌들을 보냈다.

1953년 스나이더는 데뷔 첫 40홈런을 넘기며 MVP 3위에 올랐다 (0.336/0.419/0.627, 42홈런). 1951년의 길 하지스(40홈런)와 1953년의 로이 캄파넬라(41홈런)를 넘어선 다저스 한 시즌 최다 홈런이었다. 스나이더는 1956년 43홈런을 때려 자신의 기록을 경신했다 (2001년 숀 그린이 49홈런을 기록해 스나이더를 넘어섰다).

1954년엔 40홈런 130타점을 기록하며 MVP 4위에 올랐다. 개인 최고 타율도 한 시즌 만에 갈아 치웠다. 타율 0.341는 리그 3위로, 마지막 14경기에서 부진하지만(0.255) 않았다면 리그 타격왕을 노려볼 수 있었다(1위 윌리 메이스 0.345). OPS 1.071은 1930년의 베이브 허먼Babe Herman(1.132), 2000년의 개리 셰필드Gary Sheffield(1.081)에 이은 다저스 역대 3위에 해당한다.

MVP 투표에서 2위에 그쳐 억울했던 시즌은 1955년이다. 스나이더는 타점(136)과 득점(126) 1위, OPS 2위(1.046), 홈런 4위(42)에 올랐다(0.309/0.418/0.628). 그해 MVP 1위를 차지한 로이 캄파넬라 (0.318/0.395/0.583)와의 총점 차이는 단 5점이었다(캄파넬라 226점, 스나이더 221점). 그런데 빌 제임스는 1955년 MVP 투표에 대해 "로이 캄파넬라의 수비 가치가 과장된 측면이 있다"고 평가했다. 실제로 둘의 베이스볼 레퍼런스 기준 승리기여도(bWAR)의 차이는 꽤 컸다(캄파넬라 5.2, 스나이더 8.6). 오히려 개인 성적만 보면 51홈런

1953년에 나온 야구카드 중 듀크 스나이더의 모습. **사진 Bowman Gum**

1955년 9월 28일 양키스타디움에서 열린 월드시리즈 1차전에서 경기에 앞서 그날 아침 심장마비로 쓰러진 아이젠하워 대통령의 쾌유를 빌며 묵념하는 모습. 사진 Don Wingfield

127타점을 기록한 윌리 메이스(0.319/0.400/0.659)가 경쟁자로 보였는데, 당시 MVP는 팀 성적이 상당한 영향을 미쳤다.

스나이더는 홈구장 에베츠필드를 사랑했다. 에베츠필드는 홈플레이트에서 우측 담장까지 거리가 297피트(91미터)밖에 되지 않았다. 당겨서 걷어 올리는 좌타자인 스나이더와 상성이 잘 맞았다. 전체 홈런의 43퍼센트가 에베츠필드에서 나왔으며(175홈런), 에베츠필드에서 뛴 701경기의 통산 성적은 0.313/0.396/0.603에 이르렀다.

1950년 길 하지스와 1954년 밀워키 브레이브스의 조 애드콕Joe Adcock은 에베츠필드에서 4홈런 경기를 선보였다. 스나이더는 4홈런 경기는 없었지만, 1950년과 1955년에 3홈런 경기를 두 번이나 해냈다. 또한 에베츠필드에서의 멀티 홈런 23경기는 2위 길 하지스(14경

뉴욕 야구 삼국지

기)와 3위 로이 캄파넬라(13경기)의 기록에 비해 압도적인 1위였다. 스나이더는 에베츠필드의 제왕이었다.

1957년 스나이더는 에베츠필드 마지막 경기에서 홈런 두 방을 날렸다. 이로써 5년 연속 40홈런을 완성했다(0.274/0.368/0.587). 5년 연속 40홈런은 1947~1951년 랠프 카이너, 2000~2004년 배리 본즈와 더불어 내셔널리그 타이기록이다.

1958년 브루클린 다저스는 서부 캘리포니아로 이동하면서 현재의 LA 다저스가 됐다. LA는 스나이더의 고향이지만, 야구로는 그리 좋은 날들을 보내지 못했다. 오자마자 교통사고를 당하면서 각종 후유증에 시달렸다. 홈구장이 넓어지면서 홈런을 치는 것도 더 이상 쉽지 않았다. 홈런을 치지 못하자 생산력도 급격히 떨어졌다. 1950~1957년에 기록한 연평균 36홈런 111타점은 LA로 넘어간 뒤 평균 15홈런 54타점에 머물렀다. 그렇게 차츰 지배력을 잃어갔다.

여름의 아이들

1972년 로저 칸Roger Kahn이 펴낸 책 〈여름의 아이들 The Boys of Summer〉는 명예의 전당 선수 4명이 탄생한 1950년대 다저스 타선을 다루고 있다. 넷 중 하나인 듀크 스나이더도 다저스 타선의 전성시대를 이끌었다(로이 캄파넬라, 재키 로빈슨, 피 위 리즈).

1947년은 다저스 황금기의 시작이었다. 스나이더와 재키 로빈슨이 등장한 다저스는 유망주들이 핵심 선수로 발돋움하면서 20년간 월드시리즈에 10차례 진출했다. 이 가운데 다저스는 4차례 월드시리즈 우승을 차지했는데, 스나이더는 2차례 우승을 함께 이뤄냈다.

1953년 다저스는 정규 시즌에서 105승을 올린 압도적인 팀이었다. 당시 리그 2위인 밀워키 브레이브스보다 13승을 더 거뒀다. 타선이 팀 홈런(208), 팀 득점(955), 팀 도루(90), 팀 타율(0.285), 팀 OPS(0.840) 모두 1위를 휩쓸었다. 당연히 개인 공격 순위도 다저스 타자들로 도배됐다. 다저스 타자들과 다저스가 아닌 타자들 간의 대결이었다.

문제는 월드시리즈였다. 다저스는 1952년에 이어 2년 연속 월드시리즈에 올랐지만, 양키스에 의해 또다시 우승이 가로막혔다. 1883년 창단하고 1953년까지 9차례 월드시리즈에 올랐지만 우승이 없었다. 특히 직전 5차례의 월드시리즈에서 모두 양키스에 패하는 수모를 겪었다. 사람들은 다저스가 아무리 정규 시즌에 날아다녀도 어차피 우승은 양키스의 것이라고 생각했다.

1954년 다저스는 트리플A 팀 감독인 월터 올스턴을 승격시켰다 (전임 척 드레센은 다년 계약을 요구하다 퇴짜를 맞았다). 하지만 라이벌 뉴욕 자이언츠에 밀려 리그 2위에 그치면서 자이언츠의 월드시리즈 우승까지 지켜봐야 했다.

다저스는 심기일전했다. 1955년 다시 한 번 힘을 모아 정규 시즌 우승을 탈환했다. 월드시리즈 상대는 이번에도 양키스였다. 1차전과 2차전에서 패한 다저스는 3차전, 4차전, 5차전에서 연달아 승리하면서 흐름을 가져왔다. 6차전은 패했지만, 7차전에서 자니 포드레스 Johnny Podres가 완봉승을 거두면서 우승을 확정 지었다. 팀 역대 첫 번째 월드시리즈 우승이었다.

스나이더 역시 우승에 공헌했다. 스나이더는 1949년 자신의 첫 월드시리즈에서 5경기 21타수 3안타(0.143)에 그쳐 고전했다. 그러나 두 번째였던 1952년 월드시리즈에서 다른 모습을 보였다. 7경기에서 타율 0.345에 4홈런을 때려냈다. 스나이더는 1955년 월드시리즈에서도 홈런 4방을 터뜨렸다(타율 0.320). 두 번의 단일 월드시리즈 4홈런은 스나이더가 유일하다. 월드시리즈 통산 11홈런은 역대 4위 기록이다(미키 맨틀 18홈런, 베이브 루스 15홈런, 요기 베라 12홈런).

결점, 은퇴

다저스 동료들은 사이가 좋았다. 재키 로빈슨이 갖은 협박과 차별에도 버틸 수 있었던 건 옆에서 지켜준 동료들 덕분이었다. 듀크 스나이더는 꿋꿋이 자신의 길을 가는 로빈슨을 보면서 "나는 저렇게 할 수 없었을 것"이라고 말한 바 있다.

그 말은 아마 진심이었을 것이다. 스나이더는 정신적으로 무너지는 경우가 더러 있었다. 일시적인 부진을 견디지 못했으며, 관중들의 야유에 밤잠을 이루지 못했다. 스나이더가 20대 중반에 머리색이 바랜 것도 극심한 스트레스 때문이었다. 오죽하면 월터 오말리 구단주를 찾아가 직접 트레이드를 요청했을까.

하루는 관중들의 야유를 받고 나서 잔뜩 화가 난 채로 클럽하우스에 들어왔다. 그러더니 기자들 앞에서 "브루클린 팬들은 리그 최악"이라고 소리쳤다. 옆에 있던 피 위 리즈가 서둘러 말렸지만, 스나이더의 말을 듣지 못한 사람은 없었다.

이후 스나이더는 관중들의 표적이 됐다. 그러자 더욱 투덜거렸다. 매사에 짜증을 내면서 팀 분위기를 흐렸다. 보다 못해 피 위 리즈가 "철 좀 들라"고 한마디를 했다. 팀의 캡틴인 리즈는 솔선수범하는 모습을 보여 모두에게 존경받았다. 이러한 리즈의 질책에 스나이더는 아무런 반박도 하지 않았다. 오히려 "리즈한테서 감정을 조절하는 법을 배웠다"고 감사한 마음을 전했다.

사실 스나이더의 불만은 낮은 연봉에서 기인했다. 그는 만족스러운 연봉을 받은 적이 한 번도 없었다. 윌리 메이스와 미키 맨틀이 리그 최고 수준의 연봉을 받는 동안 스나이더의 연봉은 5만 달러도 넘지 못했다. 스나이더는 훗날 선수들의 연봉이 크게 오르자 "내가 100만 달러를 받는다면 매일 아침 6시에 나와 경기를 준비할 뿐 아니라 구장 허드렛일까지 다 할 수 있다"고 말했다.

선수 시절 그렇게 돈에 쫓겼던 스나이더는 은퇴 후에도 탈세 혐의로 기소돼 처벌까지 받았다. 외부 활동으로 발생한 소득에 대해 제대로 신고하지 않았다. 스나이더는 자신의 잘못을 인정하고 사과했지만 대중들의 시선은 싸늘하게 변했다.

1963년 뉴욕 메츠로 옮긴 스나이더는 1964년 다시 샌프란시스코로 옮겨 그곳에서 한 시즌을 더 뛰고 야구 인생을 마감했다. 이후 11번 도전 끝에 1980년 득표율 86.5퍼센트를 기록하며 명예의 전당에 입회했다(명예의 전당 투표 기간이 10년으로 단축된 건 2015년이며, 그 이전에는 15번 자격이 주어졌다). 내셔널리그 역대 3번째 '400홈런 2000안타 1300타점' 달성자였던 것을 감안하면 꽤 늦은 입성이었다(멜 오트와 스탠 뮤지얼).

스나이더는 2011년 향년 84세를 일기로 눈을 감았다. 뉴욕타임스는 "다저스 황금기의 왕자가 세상을 떠났다"고 보도했다.

윌리 메이스, 가장 완벽한 선수

윌리 메이스를 보려고 올스타전이 생겼다. _테드 윌리엄스

윌리 메이스 Willie Howard Mays, 1931~

중견수, 우투우타

활동 기간 1951~1952, 1954~1973(22시즌)

리키 헨더슨, 배리 본즈, 켄 그리피 주니어, 매니 라미레스Manny Ramirez, 미겔 카브레라, 그래디 시즈모어Grady Sizemore.

등번호 24번과 관련 있는 선수들이다. 이들이 24번을 선택한 이유는 하나, 윌리 메이스의 번호이기 때문이다. 24번을 원했던 앤드루 존스Andruw Jones는 저메인 다이Jermaine Dye가 먼저 달고 있던 탓에 25번을 골랐다. 배리 본즈도 메이스의 등번호가 결번인 샌프란시스코로 가서는 25번으로 바꿔 달았다.

메이스는 배리 본즈가 잘못된 길로 빠지기 전까지 야구 인생의 목표로 삼은 선수였다. 레지 잭슨은 은퇴한 후 "메이스 같은 선수가 되고 싶었다. 하지만 그러지 못했다"고 했다. 563개 홈런을 날리고

명예의 전당에 오른 잭슨에게도 메이스는 도달할 수 없는 목표였다.

메이스는 공수주(공격, 수비, 주루)를 완벽히 갖춘 역대 최고의 올라운드 플레이어였다. 샌프란시스코 홈구장에는 다음과 같은 문구가 새겨져 있다. '이 세상에는 천재가 두 명 있다. 윌리 메이스와 윌리 세익스피어.'

샌디 코팩스는 야구 역사상 최고의 선수로 베이브 루스가 아닌 윌리 메이스를 꼽으면서 "루스는 메이스처럼 달리지 못했다. 메이스처럼 수비하지도 못했다"고 했다. "메이스가 요리만 할 줄 알았다면 그와 결혼했을 것"이라고 한 리오 더로서 감독도 있다. 그는 "윌리는 모든 것을 할 수 있었다"고 했다.

4번의 홈런왕과 4번의 도루왕

윌리 메이스는 행크 애런, 에디 머리, 라파엘 팔메이로, 앨버트 푸홀스와 함께 역대 5명뿐인 3000안타 500홈런 달성자다. 이들 중 통산 타율 3할로 은퇴한 선수는 메이스와 애런뿐이며, 메이스만이 300도루를 달성했다. 메이스는 660홈런 338도루를 기록함으로써 최초로 300홈런 300도루를 달성했다. 물론 본즈는 300-300을 넘어 400-400에도 성공했다(762홈런 514도루). 그러나 메이스의 시대는 역사상 도루 수가 가장 적었던 시대로, 감독들은 그린라이트를 좀처럼 켜주지 않았다.

메이스는 홈런왕과 도루왕을 4번씩 차지했다(배리 본즈는 홈런왕만 2번). 1900년 이후 홈런왕을 4번 이상 달성한 다른 21명 중 도루왕을 한 번이라도 해본 선수는 척 클라인(1932년 20도루)이 유일하다.

1955년 메이스는 도루 한 개 차이로 역대 유일이 될 수 있었던 홈런, 3루타, 도루 부문 동시 석권을 놓쳤다(그는 4홈런 경기와 3루타 3개 경기를 모두 달성한 유일한 선수이기도 하다). 메이스는 2루타, 타점, 삼진을 제외한 모든 분야에서 최소 한 번씩 1위를 차지했다.

동시에 메이스는 야구 역사상 가장 뛰어난 수비를 선보인 외야수다. 메이스는 골드글러브가 제정된 첫해인 1957년부터 1968년까지 12연패에 성공했다(로베르토 클레멘테와 외야수 공동 1위). 골드글러브가 3년만 일찍 생겼다면 15회 수상도 가능했을 것이다. 골드글러브 탄생 50주년을 맞아 2007년에 실시된 팬 투표에서 메이스는 3만 5000표를 얻어 3만 표의 로베르토 클레멘테를 제치고 외야수 1위를 차지했다. 같은 포지션(중견수)에서 2위를 차지한 켄 그리피 주니어(1만 3000표)와의 차이는 거의 세 배에 달한다. 메이스는 메이저리그 역사상 가장 많은 플라이를 잡아낸 외야수이기도 하다.

메이스의 수비가 더욱 놀라운 것은 그가 센터 펜스까지의 거리가 147미터에 달한 폴로그라운즈를 책임진 중견수였다는 것이다. 자이언츠가 연고지를 샌프란시스코로 이전한 후 개장한 캔들스틱파크 또한 강풍 때문에 뜬 공이 어디로 날아갈지 모르는 구장이었다(메이스는 1951년 플라이 타구를 맨손으로 잡아내는 명장면을 만들어냈는데, 훗날 로베르토 클레멘테가 재연했다).

1954년 메이스는 '더 캐치The Catch'라는 말로 오늘날까지 기억되고 있는 역대 최고의 수비 장면을 폴로그라운즈에서 연출했다. 클리블랜드 인디언스와 맞붙은 월드시리즈 1차전, 2대 2로 맞선 8회 초 1사 1, 2루에서 클리블랜드의 빅 워츠Vic Wertz가 폴로그라운즈의 센터로 까마득한 타구를 날렸다. 그러나 그곳에는 메이스가 있었다. 메이스는 펜스 쪽을 향한 상태로 뒤통수 쪽에서 날아오는 공을 잡았고, 잡자마자 강한 송구를 뿌려 2루 주자가 홈으로 들어오지 못하게 했다. 메이스가 공을 잡은 지점은 홈플레이트에서 139미터 떨어진 곳이었다. 메이스는 연장 10회에도 워츠의 장내 홈런성 타구를 2루타로 막아냈다. 1차전에서 승리한 자이언츠는 결국 4전 전승으로 그해 월드시리즈에서 우승했다.

롱런의 내구성

1951년부터 1973년까지 22시즌을 뛴 윌리 메이스는 스포팅뉴스에 의해 '1960년대의 선수'로 뽑혔다. 하지만 지금도 그는 역대 홈런 5위(660), 장타 5위(1323), 총루타 3위(6066), 안타 12위(3283), 타점 12위(1903)에 올라 있다. 더욱 대단한 것은 데뷔해서 은퇴할 때까지 꾸준한 활약을 했다는 것이다. 13년 연속 300루타는 그와 루 게릭만이 갖고 있는 기록으로, 앨버트 푸홀스는 12시즌에서 중단됐다.

메이스는 1954년(23세)과 1965년(34세) 두 번 리그 MVP에 올랐는데 그 간격은 11년에 달한다. 여기에 1957년부터 1966년까지 10년간 MVP 투표에서 한 번도 6위 밑으로 떨어져보지 않았다. MVP 투표에 이름을 올린 시즌이 15시즌이나 되는 메이스는 MVP 합산 지수에서도 배리 본즈, 스탠 뮤지얼, 앨버트 푸홀스, 테드 윌리엄스에 이어 5위에 올라 있다.

또 메이스는 1955년과 1965년 두 번 50홈런을 달성했는데 10년이라는 간격은 역사상 가장 긴 것이다.

메이스를 이야기하면서 빼놓을 수 없는 선수가 미키 맨틀이다. 다저스와 자이언츠가 연고지를 옮겨 서부로 떠나기 전, 메이스는 양키스의 맨틀, 브루클린 다저스의 듀크 스나이더와 함께 뉴욕 중견수

트리오를 이뤘다. 특히 양키스와 자이언츠의 팬들은 누가 더 뛰어난 선수인가를 두고 예리한 대립각을 세웠다.

공교롭게도 메이스와 미키 맨틀은 똑같이 1931년에 태어나 1951년에 데뷔했다. 게다가 1965년까지 정확히 같은 수의 경기를 소화했다. 두 사람 모두 위대한 선수였다. 하지만 메이스가 더 건강해 맨틀보다 선수 생활을 더 오래 했다. 선수 생활을 하는 내내 부상과 싸운 맨틀이 그로부터 3년을 더 뛰고 은퇴한 반면(통산 2401 경기) 메이스는 8시즌을 더 보냈다(통산 2992경기). 메이스가 기록한 13번 150경기 시즌은 메이저리그 최고 기록이다.

660홈런

1966년 8월 윌리 메이스는 통산 535호 홈런을 날려 지미 폭스를 제치고 역대 2위에 올랐다. 1969년 9월에는 베이브 루스에 이어 두 번째 600홈런 타자가 됐으며, 1972년 648개 지점에서 행크 애런의 추월이 일어나기 전까지 루스의 다음 자리를 지켰다. 2004년 배리 본즈가 661호를 때려내면서, 메이스는 32년 만에 4위로 밀려났다.

베이브 루스가 좌타자에게 유리한 양키스타디움을 홈으로 쓰고 행크 애런도 특별히 불리하지 않은 홈구장에서 뛴 반면, 메이스는 그렇지 않았다. 그는 폴로그라운즈에서 6시즌을 보냈으며(폴로그라운즈는 좌우측 펜스가 짧았지만, 리오 더로서 감독은 스프레이 히팅을 요구했다), 13시즌을 보낸 캔들스틱파크도 강풍 때문에 홈런이 나오기 어려운 구장이었다.

여기에 메이스는 1952년 군에 징집돼 거의 풀타임 2년을 놓쳤다. 그리고 복귀하자마자 1954년 41개 홈런, 1955년 51개 홈런을 기록했다. 그가 한국전쟁에 참전하지 않았다면 홈런에서 행크 애런보다 먼저 베이브 루스에 도전할 수 있었던 것이다.

메이스는 연장 이닝에서도 통산 22개 홈런을 때려냈다. 이는 베이브 루스가 친 것보다 6개 더 많은 1위 기록이다. 메이스는 1회부터 16회까지 매이닝 홈런을 날린 유일한 선수이기도 하다.

당시 미국 언론은 메이스의 홈런 비결을 찾아내기에 바빴다. 한 연구 결과에 따르면 메이스의 스윙은 다른 선수들의 스윙보다 0.05초 빨랐다. 그 덕분에 메이스는 타격시에 20퍼센트의 시간을 더 얻을 수 있었다.

자이언츠 입단

윌리 메이스는 1931년 앨라배마주 웨스트필드에서 제철공장에 다니는 노동자이자 세미프로 팀의 중견수였던 아버지, 처녀 시절 육상 스타였던 어머니 사이에서 태어났다. 하지만 열 살 때 부모님이 이혼하면서 아버지와 살게 됐다.

메이스가 다닌 학교에는 농구팀과 미식축구팀만 있었다. 메이스는 미식축구에서 두각을 나타냈다. 하지만 야구를 사랑한 아버지는 그를 야구 선수로 만들었다. 열네 살 때 아버지는 메이스를 자신의 세미프로 팀에 입단시켰다.

열다섯 살 때 메이스는 보스턴 브레이브스(현 애틀랜타 브레이브스)의 스카우트 앞에서 플레이를 선보일 기회가 있었다. 하지만 그 스카우트가 메이스를 외면하면서 브레이브스는 메이스와 행크 애런을 동시에 보유할 수 있는 기회를 놓쳤다.

재키 로빈슨이 메이저리그에 등장한 1947년, 열여섯 살의 메이스는 니그로리그의 버밍햄 블랙배런스에 입단했다. 메이스는 자신이 고등학교를 졸업하기를 바란 아버지의 뜻에 따라 홈경기에만 출전하기로 계약했다.

버밍햄에 마이너리그 팀이 있었던 보스턴 레드삭스는 메이스에 대한 소문을 가장 먼저 들었다. 하지만 인종주의자였던 조 크로닌 감독과 백인 중심의 지역 언론을 겁내 메이스와 계약하지 못했다. 1949년 뉴욕 양키스도 스카우트를 보냈다. 하지만 역시 남부 출신의 인종주의자였던 그 스카우트는 메이스가 형편없다는 거짓 보고를 올렸다. 양키스는 이런 식으로 어니 뱅크스도 놓쳤다.

1949년 브루클린 다저스의 흑인 포수 로이 캄파넬라는 시즌 후 니그로리그 경기에 참가했다가 메이스를 보고 구단에 연락을 넣었다. 하지만 다저스가 파견한 스카우트는 단 한 경기만 보고 메이스에게 퇴짜를 놓았다. 결국 메이스는 브레이브스, 레드삭스, 양키스, 다저스를 모두 피해 1950년 6월 뉴욕 자이언츠에 입단했다.

두 차례 리그 역전 우승

1951년 메이저리그 데뷔를 이룬 윌리 메이스는 첫 12타수에서 하나의 안타도 때려내지 못했다. 마침내 워런 스판을 상대로 홈런을 때려내 첫 안타를 신고했지만 다시 12타수 무안타가 이어졌다. 25타수 1안타에 고개를 들 수 없던 메이스는 리오 더로셔 감독을 찾아가 마이너리그로 보내줄 것을 부탁했다. 물론 스무 살의 메이스에게는 인종차별이 견디기 힘든 고통이었다(재키 로빈슨이 메이저리그에 데뷔한 것은 스물여덟 살 때다).

하지만 리오 더로셔는 "내 중견수는 너다. 시즌이 끝날 때까지 더 이상 안타를 치지 못하더라도 끝까지 기회를 주겠다"라는 말로 메이스를 격려했다. 메이스는 데뷔 첫해 타율 0.274 20홈런 68타점의 준수한 성적을 기록하며 신인왕이 됐다.

메이스가 데뷔한 1951년, 자이언츠는 8월 중순까지 다저스에 13경기 반이나 뒤지고 있다가 플레이오프에서 '세계에 울려 퍼진 한 방'으로 극적인 뒤집기 리그 우승을 차지했다(바비 톰슨이 홈런을 친 순간 대기 타석에는 메이스가 있었다). 그해 메이스 역시 중요한 역할을 했는데, 8월 15일 다저스전에서 칼 푸릴로Carl Furillo의 2루타 타구를 잡은 뒤 99미터짜리 홈 송구를 해 주자를 잡아냈다. 이는 두 팀의 운명이 갈린 결정적 장면 중 하나였다. 물론 그해 월드시리즈에서 양키스에 패했지만, 자이언츠는 메이스가 군 복무를 마치고 돌아온 1954년 다시 월드시리즈에 진출해 1935년 이후 첫 우승을 차지했다.

1962년 시즌 최종전을 앞두고 자이언츠는 다시 다저스에 한 경기가 뒤져 있었다. 패하면 우승이 좌절되는 순간, 휴스턴전에서 메이스는 1대 1로 맞선 8회 말에 극적인 결승 솔로 홈런을 날렸다. 자이언츠의 2대 1 승리가 확정되고 몇 분 후, 캔들스틱파크에는 환호성이 터져 나왔다. 다저스가 세인트루이스에 0대 1로 패했다는 소식이 전해졌다.

동률을 기록한 두 팀 사이에 성사된 3경기 플레이오프 1차전에서 메이스는 다저스의 샌디 코팩스를 상대로 1회 투런 홈런을 날렸다(코팩스 1이닝 3실점 강판). 1승 1패로 맞선 3차전에서 자이언츠는 2대 4로 뒤진 9회 초 넉 점을 뽑고 극적인 역전 우승에 성공했다. 메이스는 1사 만루에서 4득점의 시발점이 된 적시타를 때려냈다.

1951년의 재판이었다.

메이스는 자이언츠만의 영웅이 아니었다. 메이스는 1954년 처음 참가한 이후 올스타전을 20년 동안 개근했다. 명장면을 무수히 많이 남겼으며, 지금도 거의 모든 올스타전 기록을 갖고 있다. 테드 윌리엄스는 올스타전의 취지에 대해 "단지 윌리 메이스를 보기 위한 무대"라고 말하기도 했다.

여섯 번째 툴

"윌리 메이스는 슈퍼스타가 될 다섯 가지 재능을 모두 갖고 있다. 하지만 그에게는 슈퍼스타 중의 슈퍼스타가 될 재능이 하나 더 있다. 주변 사람들의 기분을 좋게 만드는 능력이다."

리오 더로셔 감독의 말처럼 그런 재능은 윌리 메이스가 테드 윌리엄스 및 배리 본즈와 가장 크게 구별되는 지점이다. 메이스에게는 그들 같은 까다로움이 전혀 없었다. 'The Say Hey Kid'라는 별명은 "이봐"(Say Hey)라고 부르며 전혀 모르는 사람에게도 스스럼없이 다가간 데서 유래했다. 메이스는 최고의 스타가 된 후에도 시간만 나면 할렘 거리에 나가 나무막대기를 들고 동네 아이들과 야구를 즐겼다. 본즈에게는 찾아볼 수 없었던 인간미라는 여섯 번째 툴을 메이스는 갖고 있었다.

1979년 메이스는 94.7퍼센트의 높은 득표율을 기록하며 명예의 전당에 올랐다. 헌액식에서 "당신이 뛰었던 기간에 가장 위대한 선수는 누구였느냐"는 질문에 대해 메이스는 "바로 나"라고 답했다. 메이스를 오만하다고 생각한 사람은 아무도 없었다.

*윌리 메이스의 10개 안타: 니그로리그의 기록이 공식 인정되어 메이저리그 기록으로 통합되면서 메이스가 1948년 버밍햄 블랙배런스 시절 13경기에 나서 때린 10개 안타가 통산 기록에 추가됐다. 현재 베이스볼 레퍼런스는 그의 통산 안타를 3293개로 집계하고 있다.

1961년 로이 캄파넬라의 어깨에 손을 두르고 있는 윌리 메이스의 모습.

사진 William C. Greene

미키 맨틀, 고통과 싸운 천재

미키 맨틀은 공을 빌딩 너머로 날릴 수 있었다.
그리고 타이 콥만큼 빨랐다. _케이시 스텡걸

미키 맨틀 Mickey Charles Mantle, 1931~1995

중견수 및 1루수, 우투양타

활동 기간 1951~1968(18시즌)

역대 최고의 스위치히터이자 모든 스위치히터의 출발점인 미키 맨틀은 아직도 스위치히터 가운데 홈런 1위와 타점 2위(1위 에디 머리)에 올라 있다. 타율, 출루율, 홈런, 볼넷에서 스위치히터 단일 시즌 기록도 모두 그의 차지다(타점은 2005년 마크 테세이라Mark Teixeira가 경신). 맨틀은 통산 10번 '한 경기 좌우 타석 홈런'을 만들어냈다. 아메리칸리그에서 처음 한 경기 좌우 타석 홈런을 기록한 타자도 그다.

맨틀은 18시즌 동안 16차례 올스타전에 나갔다. 그가 등장한 후 첫 14년간 뉴욕 양키스는 12차례 월드시리즈에 올라 7차례 우승했다. 월드시리즈에서 홈런, 타점, 득점, 볼넷, 장타, 총루타 기록이 모두 그가 세운 것이다.

통산 12개 끝내기 홈런은 짐 토미(13개)에 이은 역대 공동 2위에 해당한다. 통산 10번의 3할 타율과 10번의 100볼넷 기록을 세운 이는 그와 함께 베이브 루스, 루 게릭, 테드 윌리엄스, 배리 본즈뿐이다.

맨틀은 역대 공동 2위에 해당되는 MVP 3회 수상자이며, 타자로는 13명뿐인 트리플 크라운 달성자 중 하나다. 처음 본 순간 그가 천재임을 직감한 케이시 스텡걸 감독은 "맨틀은 매 시즌 트리플 크라운을 달성해야 정상"이라는 말을 했다.

맨틀은 메이저리그 역사상 가장 천재적인 재능을 타고난 선수로 꼽힌다. 그는 야구 선수에게 필요한 모든 것을 갖고 있었다. 세인트루이스 카디널스의 마티 매리언Marty Marion 감독은 맨틀의 약점을 묻는 질문에 "글쎄, 왼손으로 공을 던지는 건 잘 못하지 않을까"라고 답했다. 명예의 전당에 오른 외야수 알 칼라인은 어린 아들이 "아빠는 맨틀의 반도 못 하는 것 같아요"라고 하는 말에 "아들아, 세상 누구도 맨틀의 반만큼 할 수 없단다"고 했다.

565피트 홈런

지금도 남아 있는 미키 맨틀의 상징은 입이 딱 벌어지게 만드는 초대형 홈런이다. 맨틀의 키는 180센티미터(몸무게 90킬로그램)로 조디마지오(188센티미터, 88킬로그램)보다 작았지만, 근육으로 다져진 군살 없는 몸에서 나오는 파워는 상상을 초월했다. 1953년 4월 17일 그리피스스타디움에서 열린 워싱턴 세너터스와의 원정 경기에 나서 맨틀은 우타석에서 펜스를 넘어 565피트(172미터)나 날아가는 홈런을 날렸다. 기네스북에 올라 있는 이 기록은 훗날 공이 굴러간 거리까지 포함됐다며 논란이 됐다. 하지만 적어도 152미터를 날아간 것은 분명하다.

1960년 디트로이트의 타이거스타디움, 맨틀은 이번에는 좌타석에서 높디높은 우측 지붕을 훌쩍 넘어가는 홈런을 때려냈다. 공식 기록으로 인정받지는 못했지만 643피트(196미터)나 날아갔다고 한다. 맨틀은 1963년 양키스타디움에서도 지상으로부터 33미터 높이인 관중석 최상단에 맞고 떨어지는 홈런을 뽑아냈다. 수학자들은 이를 620피트(189미터)로 계산했다.

맨틀의 홈런 비거리에 과장이 섞인 것은 사실이다. 그래도 그는 이후 세실 필더Cecil Fielder와 마크 맥과이어, 라이언 하워드Ryan Howard만이 기록한 500피트(152미터) 이상 홈런을 대수롭지 않게 날린 선수였다(스탯캐스트가 도입되기 이전의 기록들이다). 맨틀은 자신이 뛴 모든 아메리칸리그 구장에서, 그리고 좌우 양쪽 타석에서 450피트(137미터) 이상짜리 홈런을 뽑아냈다.

하지만 이는 맨틀이 고통과 싸워가며 만들어낸 것이었다. 그의 선수 생활은 부상과의 처절한 싸움이었다. 무릎과 햄스트링, 손가락, 엉덩이, 발, 목, 어깨, 팔꿈치 등 다치지 않은 부위가 없었다. 특히 양 무릎에 입은 부상은 선수 생활 시작부터 마지막 때까지 함께했다. 1960년대 중반부터는 고질적인 어깨 부상이 추가됐는데, 특히 좌타석에 들어설 때 고통은 이루 말할 수 없었다.

'미키 맨틀이 건강했다면'은 메이저리그에서 부질없지만 가장 안타까운 가정 중 하나다. 테드 윌리엄스는 자신의 선택으로 5시즌을 잃었지만, 부상은 맨틀 자신이 택한 게 아니었다. 전문가들 상당수는 맨틀이 부상에 시달리지 않았다면 베이브 루스를 뛰어넘었을지도 모른다고 생각한다.

아버지가 만든 스위치히터

미키 맨틀은 1931년 오클라호마주의 작은 탄광 마을에서 태어났다. 광부이던 아버지 엘빈은 열렬한 야구팬이자 아마추어 선수였다. 필라델피아 어슬레틱스의 포수 미키 코크런을 가장 좋아해서 아들의 이름까지 미키로 지었다. 맨틀의 아버지는 코크런의 원래 이름이 '고든 스탠리 코크런'이라는 걸 몰랐다. 훗날 맨틀은 자신의 이름이 고든이 아닌 걸 천만다행으로 여겼다. 맨틀이 당대 최고의 슈퍼스타가 되면서, 1950년대~1960년대 미국에서 태어난 남자아이들 상당수가 미키라는 이름을 갖게 됐다.

맨틀에게 아버지는 훌륭한 야구 선생님이기도 했다. 아버지의 지도에 따라, 맨틀은 좌타석에서는 베이브 루스, 우타석에서는 지미 폭스의 타격 폼을 따라 했다. 맨틀은 좌우 타석에서 고른 파워를 자랑했지만 우타석에서 좀 더 좋은 타자였다. 물론 좌타석에 나설 수 있다는 점은 양키스타디움에서 큰 이득이 됐다. 하지만 넘어갔다 하면 대형 홈런인 그에게는 양키스타디움의 짧은 우측 펜스가 그다지 큰 도움이 되지 않았다. 맨틀은 홈에서 266개, 원정에서 270개 홈런을 기록했다.

고교 시절 세미프로 팀에서 뛰었던 맨틀은 1948년 다른 선수를 보러 왔던 뉴욕 양키스의 스카우트 톰 그린웨이드Tom Greenwade 앞에서 펜스를 넘어 강에 공이 빠지는 홈런을 때려냈다. 그린웨이드는 맨틀을 처음 본 순간 '폴 크리첼이 루 게릭을 처음 봤을 때 이런 느낌이었겠구나'라고 생각했다. 양키스는 맨틀이 졸업하기만을 기다렸다가 졸업식 당일 그와 계약했다. 그리고 커머스 고교 출신인 그에게 '커머스 커밋Commerce Comet'이라는 별명을 만들어줬다. 하

1957년의 미키 맨틀

지만 맨틀의 별명은 '더 믹The Mick'이 더 유명하다.

1951년 맨틀은 열아홉 살의 나이에 뉴욕 양키스의 주전이 됐다. 그를 알아보지 못할 케이시 스텡걸 감독이 아니었다. 맨틀은 원래 유격수였다. 하지만 마이너리그 팀 감독은 맨틀을 메이저리그로 올려 보내면서 "축하한다. 단 유격수로 쓰지만 말라"고 했다. 이 조언이 아니었더라도 맨틀은 양키스의 유격수가 될 수 없었다. 당시 양키스에는 훗날 명예의 전당에 오르는 필 리주토Phil Rizzuto가 있었다.

맨틀은 메이저리그 최고의 스타이자 중견수인 조 디마지오의 옆자리인 우익수에 배정됐다. 하지만 적응하지 못하고 산하 마이너리그 팀인 캔자스시티로 보내졌다. 심지어 맨틀은 캔자스시티에서도 부진했다. 이 소식을 들은 아버지가 달려왔다. 아버지를 만난 맨틀은 이후 맹타를 휘두르기 시작했고, 다시 메이저리그에 올라 무사히 시즌을 끝냈다.

데뷔할 당시 맨틀이 단 등번호는 6번이었다. 하지만 잠시 마이너리그로 내려간 사이 다른 선수가 6번을 챙겨 갔다. 다시 올라온 맨틀은 부담스런 6번 대신 7번을 택했고 결국 은퇴할 때까지 7번을 달았다. 만약 맨틀이 6번을 고수했다면, 양키스의 영구 결번은 3번 베이브 루스, 4번 루 게릭, 5번 조 디마지오, 6번 미키 맨틀이 됐을 것이다. 이는 양키스 최고 타자들이 등장한 순서대로 나열된 것이며, 또한 2번 데릭 지터까지 포함해 올타임 라인업의 타순으로도 손색이 없었을 것이다(양키스의 6번은 조 토레Joe Torre 감독이 달아 영구 결번이 됐다).

고통의 시작

1951년 월드시리즈에서 양키스는 뉴욕 자이언츠와 격돌했다. 월리 메이스가 날린 우중간 타구에 중견수 조 디마지오와 우익수 미키 맨틀이 따라붙었다. 맨틀은 디마지오의 콜을 듣고 갑자기 멈춰 서다 배수구 뚜껑을 밟고 미끄러져 무릎을 다쳤다. 재앙의 시작이었다.

맨틀은 고등학교 때 다리 골수염에 걸린 적이 있었다. 당시 골수염은 치료가 어려웠다. 맨틀은 다행히 절단의 고비를 넘겼지만 은퇴할 때까지 후유증에 시달렸다(이 때문에 맨틀은 한국전쟁의 징집 대상자가 되지 않았다). 데뷔할 당시 맨틀은 리그에서 가장 빠른 선수였다. 하지만 고질적인 다리 부상 때문에 도루를 많이 하지 못했다(월리 메이스 338도루, 미키 맨틀 153도루).

12년 동안 양키스의 중견수를 맡아오던 조 디마지오가 1951년 시즌을 끝으로 은퇴하자, 1952년 맨틀이 그 자리를 물려받았다. 그리고 1967년 어깨 통증을 더 이상 참지 못하고 1루수로 전환할 때까지, 15년 동안 양키스의 중견수로 활약했다. 맨틀은 빠른 발과 강력한 송구를 지닌 뛰어난 중견수였다.

하지만 아버지 앞에서 성공한 모습을 보여줄 수 있게 된 순간, 그의 일생에서 가장 충격적인 일이 일어났다. 정신적 지주이던 아버지가 불과 서른아홉 살의 나이에 요절한 것이다. 훗날 맨틀은 가장 후회스러운 일이 무엇이냐는 질문에 "아버지에게 한 번도 사랑한다고 말하지 못한 것"이라고 답했다.

맨틀의 집안에는 호킨스병이라는 유전병이 있었다. 아버지와 할아버지를 포함한 상당수 일가친척이 마흔 이전에 사망했다. 맨틀은 자신도 마흔을 넘기지 못할 거라고 믿었다. 경기에 나선 맨틀은 내일이 없는 사람처럼 몸을 불살랐고, 이것이 부상을 더욱 키웠다. 그리고 경기가 끝나면 내일이 없는 사람처럼 파티를 즐겼다. 경기 후참을 수 없는 고통이 밀려드는 맨틀에게는, 술이 다음 경기까지의 시간을 버티게 해준 소중한 친구였다.

루스를 넘지 못하다

1952년 미키 맨틀은 월드시리즈 최연소(20세 11개월) 홈런을 날렸다. 이는 1996년 앤드루 존스(19세 6개월)가 경신했다.

1956년 스물네 살의 맨틀은 0.353/0.464/0.705, 52홈런 130타점을 기록하며 스위치히터 역사상 최고의 시즌을 보냈다. 이때 첫 번째 MVP를 차지했으며 메이저리그에서 나온 마지막 통합 트리플 크라운을 달성했다. 그해 월드시리즈에서는 돈 라슨의 퍼펙트게임을 구하는 호수비를 선보였다. 맨틀은 같은 해 태어나 같은 해 데뷔한 뉴욕 자이언츠의 윌리 메이스, 그리고 브루클린 다저스의 듀크 스나이더와 함께 뉴욕 중견수 시대를 활짝 열었다.

역사적인 1961년, 베이브 루스의 홈런 기록을 넘보던 로저 매리스와 미키 맨틀(오른쪽),
이른바 'M&M Boys'의 모습. 1961년 10월호 베이스볼 다이제스트 표지

1961년 7만 5000달러에 계약해 현역 선수 연봉 랭킹 1위에 오른 맨틀은 그해 동료 로저 매리스와 불같은 홈런 대결을 펼쳤다. 훗날 1984년 돈 매팅리Don Mattingly와 데이브 윈필드 간에 벌어진 동료끼리의 타격왕 경쟁은 이때를 상기시킨다. 양키스 팬과 뉴욕 언론은 캔자스시티에서 온 매리스 대신 양키스의 적자인 맨틀을 응원했다. 하지만 맨틀은 부상에 제동이 걸려 54홈런에서 멈춰야 했다. 그리고 매리스가 61개를 날려 베이브 루스의 60홈런 기록을 경신했다. 일부 양키스 전통론자들은 맨틀이 루스에게 예의를 지켰다고 생각했다.

당시까지만 해도 뉴욕 언론들은 맨틀이 촌뜨기라면서 좋아하지 않았다(조 디마지오가 등장했을 때도 건방지다며 싫어했던 그들이다).

뉴욕 야구 삼국지

또 맨틀의 등장이 디마지오의 빠른 은퇴를 불렀다는 점에서 달갑지 않게 생각했다(같이 뛴 1년간 디마지오는 맨틀에게 차갑게 대했고, 둘은 마지막까지 서먹한 관계를 유지했다). 하지만 맨틀이 홈런 신기록에 실패하자, 도리어 양키스의 진짜 간판타자로 인정하기 시작했다.

맨틀은 부상에 시달리면서도 140경기 이상 시즌을 12번이나 만들어냈다. 마지막 두 시즌 역시 140경기 이상 출전했다. 1968년 타율 0.237 18홈런 54타점의 초라한 성적을 낸 맨틀은 배리 본즈가 73개 홈런을 날린 그 서른여섯 살 나이에 은퇴를 선언했다. 1974년 명예의 전당 입회를 위한 첫 투표에서는 88.2퍼센트 득표율을 기록하며 두 번째 도전이던 '술친구' 화이티 포드(77.8퍼센트)와 함께 나란히 올랐다.

하지만 유니폼을 벗은 후 맨틀은 행복하지 않았다. 레스토랑 사업 등 여러 번의 잘못된 투자와 과소비로 재산을 탕진했고, 술을 끼고 살았던 탓에 아내와 네 아들까지 알코올중독에 빠지게 했다. 자신이 마흔 이전에 죽을 것으로 믿었던, 지겹도록 고통과 싸운 불운한 천재는 1995년 63세를 일기로 생을 마감했다.

에디 매튜스, 터프가이 홈런왕

우리는 서로 질투하지 않았다. 모두 성공했기 때문이다. _행크 애런

에디 매튜스 Edwin Lee "Eddie" Mathews, 1931~2001

3루수 및 1루수, 우투좌타

활동 기간 1952~1968(17시즌)

전설의 타자 타이 콥은 실력만큼 자존심도 강했다. 여간해서는 누군가를 인정하지 않았다. 베이브 루스도 자신보다 아래로 여겼다. 웬만한 선수들은 성에 차지 않던 콥은 완벽한 스윙을 갖고 있는 타자는 기껏해야 서너 명 정도라고 말했다. 에디 매튜스가 그 서너 명 중 하나였다. 깐깐한 콥마저 그의 스윙을 보고 감탄을 금치 못했다. 매튜스는 부드러운 스윙을 가진 좌타자였다. 누군가는 심지어 삼진을 당할 때도 멋지다고 말했다.

매튜스는 브레이브스의 산증인이다. 연고지가 보스턴에서 밀워키로, 다시 애틀랜타로 바뀌었는데, 그 시절을 모두 겪은 유일한 선수다. 매튜스는 1952년 보스턴 브레이브스의 마지막을 지켜봤으며,

밀워키 브레이브스에서도 시작과 끝을 함께했다. 애틀랜타로 연고지를 옮긴 1966년에도 브레이브스의 일원이었고, 1972~1974년엔 애틀랜타 감독직을 수행했다.

매튜스는 통산 512홈런을 쏘아 올렸다. 그가 500홈런에 도달했을 당시 내셔널리그에 500홈런을 때려낸 타자는 멜 오트와 윌리 메이스뿐이었다. 3루수로 2181경기에 출장한 매튜스는 메이저리그 역대 3루수 중 마이크 슈미트(548홈런) 다음으로 많은 홈런을 때려냈다. 슈미트처럼 공격과 수비가 조화를 이뤘던 선수였다.

첫 11시즌 연속 25홈런

에디 매튜스는 힘이 장사였다. 특히 손목 근력이 대단했다. 온 힘을 다해 공을 잡아 당겨 담장을 넘기는 것이 장기였다. 1950년 더블A에서 146경기에 출장해 32홈런을 기록했을 때 그의 나이는 불과 열여덟 살이었다. 하지만 파워는 이미 팀 내 으뜸이었다.

1952년 매튜스는 20세 시즌을 메이저리그에서 보냈다. 그해 리그 평균 삼진율이 10.9퍼센트였는데, 매튜스는 두 배나 높은 19.4퍼센트를 기록했다. 타율도 0.242에 그칠 정도로 보완해야 할 점이 매우 많았다.

하지만 매력은 확실히 어필했다. 매튜스는 그해 145경기에 출장해 25홈런을 터뜨렸다. 그의 홈런이 팀 승리의 기폭제가 되는 경우도 많았다. 1952년 브레이브스는 64승 89패로 부진했지만, 매튜스가 홈런을 친 23경기에선 13승 10패로 승률이 높았다. 7월 5일 필라델피아와의 더블헤더 1차전에서 첫 끝내기 홈런을 친 매튜스는, 9월 15일 시카고 컵스와의 더블헤더 1차전에서도 끝내기 홈런을 쳐 팀의 1대 0 승리를 이끌었다. 이 승리는 브레이브스가 보스턴 브레이브스필드에서 거둔 마지막 승리였다.

매튜스는 그해 9월 28일 브루클린 다저스를 상대로 홈런 세 방을 몰아 치는 대형 사고를 쳤다. 3홈런 경기를 선보인 신인 가운데 최연소 기록이다. 20세 350일은 1930년 멜 오트가 3홈런 경기를 기록한 21세 182일보다 어린 나이다. 1955년 알 칼라인이 20세 119일로 나이를 더 낮췄지만, 내셔널리그 기록은 아직도 매튜스가 보유하고 있다.

이듬해 브레이브스는 연고지를 밀워키로 옮겼다. 1901년 밀워키 브루어스(현 볼티모어) 이후 오랜만에 야구 도시가 된 밀워키는 브레이브스를 두 팔 벌려 환영했다. 보스턴 시절 관중 수가 리그에서 가장 적었던 브레이브스는 밀워키로 옮긴 첫해 전년 대비 550퍼센트가 증가한 182만 6397명이 모였다. 밀워키 팬들은 첫 6시즌 연속 최다 관중 1위로 브레이브스를 향한 애정을 보여줬다.

매튜스는 밀워키 팬들이 가장 사랑한 선수였다. 밀워키로 온 1953년 157경기에서 47홈런을 때려냄으로써 홈런왕을 차지했다. 데뷔 시즌 최대 약점이던 삼진을 줄이는 데 성공한 것이 컸다(삼진율 12.2퍼센트). 더 이상 유인구에 속지 않으면서 볼넷을 크게 늘렸다. 이렇게 파워에 선구안을 장착한 뒤 일취월장한 타격을 보여줬다(0.302/0.406/0.627).

1954년에 타율 0.290 40홈런, 1955년 타율 0.289 41홈런을 기록하면서 매튜스는 리그 대표 홈런 타자로 자리매김했다. 그해 창간한 스포츠일러스트레이티드의 첫 표지 모델로도 발탁됐다.

1959년 두 번째 홈런왕(46홈런)에 올랐고, 이후 30세 시즌인 1962년까지 줄곧 25홈런 이상을 날렸다. 데뷔 첫 11시즌 연속 25홈런 이상은 최초의 기록으로, 이후 2001~2011년에 같은 기록을 세운 앨버트 푸홀스만이 매튜스와 어깨를 나란히 했다. 이때만 해도 베이브 루스의 홈런 기록에 다가간 선수는 매튜스였다.

듀오, 매튜스와 애런

에디 매튜스가 중심 타자로 거듭난 1954년, 밀워키 브레이브스는 바비 톰슨이 스프링캠프에서 발목 골절 부상을 입었다. 그러면서 스무 살의 선수를 주전 외야수로 낙점했다. 행크 애런이었다. 매튜스와 애런의 만남은 밀워키 역사의 큰 전환점이 됐다.

둘은 성격이 정반대였다. 매튜스가 불이라면, 행크 애런은 물이었다. 매튜스는 저돌적이고, 애런은 차분했다. 애런은 매튜스를 진정시키는 역할을 자주 했다. 하지만 둘은 한 번도 불협화음을 일으키지 않았다. 누구보다 서로를 존중했다.

시간이 갈수록 더 조명을 받은 쪽은 행크 애런이었다. 매튜스도 뛰어난 선수였지만, 애런은 그 이상이었다. 다행인 점은 매튜스가 자존감이 높은 선수였다는 것이다. 매튜스는 애런을 질투하거나 시기하지 않았다. 오히려 애런을 치켜세우고 부각시켰다. 매튜스는 애런이 윌리 메이스보다 더 완성된 선수라고 입버릇처럼 말했다.

상대 투수 입장에서 둘의 조합은 베이브 루스와 루 게릭 듀오의 재림이었다(게릭도 1루수 월리 핍이 두통을 호소하는 바람에 주전 자리를 꿰찼다). 실제로 매튜스와 행크 애런은 루스와 게릭의 기록을 뛰어넘었다. 브레이브스에서 함께 활약한 1954년부터 1966년까지 매튜스가 421개, 애런이 442개 때려내 863홈런을 합작했다. 이는 1923년부터 1934년까지 리그를 지배했던 루스와 게릭이 합작한 홈런 수(859개)보다 많았다(루스 511개, 게릭 348개). 매튜스와 애런은 안타 수에서도 루스와 게릭을 넘어섰다(매튜스와 애런 4332안타, 루스와 게릭 3980안타).

매튜스와 행크 애런은 1957년 밀워키의 월드시리즈 우승을 주도했다. 그해 애런은 타율 0.322 44홈런 132타점을 기록해 정규 시즌 MVP로 올라섰다. MVP 투표에서 8위에 오른 매튜스도 힘을 보탰다(타율 0.292 32홈런 94타점).

그해 행크 애런은 뉴욕 양키스와 격돌한 월드시리즈에서 펄펄 날았다(타율 0.393 3홈런). 매튜스는 애런에 버금가는 성적을 거두지는 못했는데(타율 0.227), 4차전 연장 10회 말에 끝내기 투런 홈런을 날렸다. 7차전에서도 기선을 제압하는 선제 2타점 2루타를 작렬해 월드시리즈 우승으로 향하는 길의 이정표가 되어줬다.

스포팅뉴스는 매튜스와 행크 애런을 막을 수 있는 방법은 제시했다. 둘 중 한 명이 트레이드되는 것이었다. 1966년 애틀랜타 브레이브스에서의 첫 시즌을 보낸 매튜스는 그해 마지막 날 휴스턴으로 전격 트레이드됐다. 늘 남자다움을 과시하던 매튜스였지만 갑작스러운 이별에 뜨거운 눈물을 흘렸다.

한편 애틀랜타에서도 변함없는 활약을 펼친 행크 애런은 시간이 흘러 1974년 베이브 루스의 통산 714홈런 기록에 대한 경신을 앞두게 됐다. 애틀랜타는 애런이 홈에서 새로운 역사를 장식하기를 바랐다. 하지만 보위 쿤 커미셔너의 지시에 따라 신시내티 원정에서 치른 개막 3연전 중 1차전과 3차전에 내보냈다(쿤은 최소 2경기에서 선발 출장을 해야 한다고 고집했다). 개막전에서 714호 홈런을 친 애런은 LA 다저스와의 홈 개막전에서 마침내 715호 홈런을 터뜨렸다. 덕분에 애런의 부모님도 뜻깊은 홈런을 직접 지켜볼 수 있었다. 애런이 더 축하받을 수 있는 무대가 되도록 배려한 애틀랜타의 감독은 다름 아닌 매튜스였다.

터프가이

에디 매튜스는 거칠었다. 외모는 학자처럼 보였지만 성격은 싸움꾼이었다. 어린 시절 난폭 운전을 하다 단속에 걸린 것이 부지기수였다. 식당에서 밥을 먹다가도 누군가 자신을 노려보면 그냥 넘어가지 않았다.

뒤로 물러서지 않던 매튜스는 동료들을 보호하는 일에 앞장섰다. 동료들을 건드리면 그 누구도 가만두지 않았다. 위협구를 자주 던진 다저스의 돈 드라이스데일은 1957년 브레이브스의 유격수 자니 로건Johnny Logan의 늑골을 맞혔다가 매튜스에게 혼쭐이 났다.

그해 매튜스의 심기를 건드린 일은 하나 더 있었다. 이번에도 희생자는 자니 로건이었다. 신시내티의 스타 프랭크 로빈슨의 거친 슬라이딩에 로건이 전치 6주 부상을 당했다(로빈슨은 난폭한 플레이로 인해 '흑인 타이 콥'으로 불렸다). 가뜩이나 평소 로건을 잘 따르던 매튜스는 로빈슨의 행동을 잊지 않았다.

예고된 충돌은 그로부터 3년 후인 1960년 8월 신시내티와의 더블헤더 1차전에서 일어났다. 병살타를 막으려던 프랭크 로빈슨이 3루수 매튜스에게 달려들면서 불꽃이 튀었다. 그렇지 않아도 거슬렸던 로빈슨이 먼저 시비를 걸자 매튜스는 그대로 주먹을 날렸다. 현장에 있었던 매튜스의 동료 워런 스판은 "무하마드 알리도 말리지 못할 펀치를 날렸다"고 훗날 증언했다.

에디 매튜스, 터프가이 홈런왕

결과는 어떻게 됐을까. 매튜스는 코뼈가 부러졌고, 프랭크 로빈슨은 별다른 상처를 입지 않았다. 둘은 더블헤더 2차전에도 나왔는데, 로빈슨은 홈런을 포함해 2루타와 볼넷을 기록했다(매튜스 4타수 1안타). 로빈슨은 싸움은 물론 경기에서도 자신이 이겼다고 소리쳤다(더블헤더 두 경기 모두에서 신시내티가 승리했다).

매튜스는 싸움을 피하지 않았을 뿐 싸움을 먼저 걸었던 적은 거의 없었다. 오히려 경기 중 감정 표현을 최대한 피했다. 방망이를 집어 던지거나 무언가를 발로 차는 분풀이는 하지 않았다. 매튜스가 경기 중 화를 내는 상황은 동료들을 위한 것이었다. 동료들을 지키는 든든한 대장이었다.

5번 도전 끝에 입성

전성기가 일찍 찾아온 에디 매튜스는 30대 중반이 되자 하락세를 겪었다. 33세 시즌인 1965년 32홈런을 쏘아 올리면서 개인 통산 10번째 30홈런 시즌을 보냈지만, 다시 삼진이 많아지는 등 전체적인 성적은 나빠졌다(0.251/0.341/0.469). 허리와 어깨가 약화된 것도 이 시기였다.

1966년 애틀랜타에서의 첫 시즌에서 매튜스는 타율 0.250 16홈런에 그쳐 아쉬운 성적을 남겼다. 약점 중 하나이던 좌투수 상대로는 속수무책으로 당했다(타율 0.174). 내심 새로운 각오로 새 출발을 하고 싶던 애틀랜타는 결국 매튜스를 휴스턴으로 보냈다.

1949년 입단한 후 브레이브스를 떠난 적이 없던 매튜스는 동력을 잃었다. 휴스턴과 디트로이트에서는 급격히 힘이 빠진 모습을 보였다(휴스턴 101경기 타율 0.238, 디트로이트 67경기 타율 0.225). 1968년

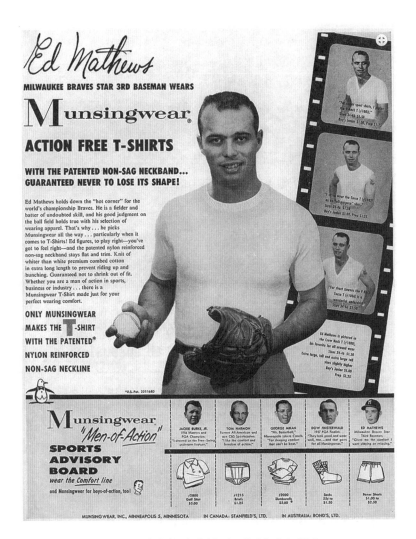

1958년 라이프지 티셔츠 광고에 나온 에디 매튜스. **사진 Munsingwear**

디트로이트에서 월드시리즈에 진출해 우승 반지를 따낸 것이 마지막 기쁨이었다.

에디 매튜스는 1974년 명예의 전당 입회를 위한 자격을 얻었다. 도전한 첫해의 득표율은 겨우 32.3퍼센트였다. 쟁쟁한 후보들이 많아서 어쩔 수 없었는데, 두 번째로 나온 1975년에도 득표율은 40.9퍼센트에 그쳤다. 다음 해에도 득표율 50퍼센트를 넘지 못했다(48.7퍼센트).

매튜스는 말을 아꼈다. 괜한 논란거리를 만들고 싶지 않았다. 커리어에 자신이 있는 이상 시간이 지나면 해결될 문제라고 생각했다. 1977년 네 번째 도전에서도 득표율이 62.4퍼센트에 머물렀다. 같은 해 어니 뱅크스는 83.8퍼센트 득표율을 기록하며 도전 첫해에 입성했다. 뱅크스는 매튜스와 똑같이 512홈런을 기록한 타자로, 통산 타격 성적도 별 차이가 없었다(매튜스 2391경기 타율 0.271, 뱅크스 2528경기 타율 0.274). 물론 뱅크스는 매튜스가 이루지 못한 MVP를 두 번이나 수상했다. 매튜스에게 없었던 임팩트가 있었다. 올스타에도 매튜스보다 더 많이 뽑혔고(뱅크스 14회, 매튜스 10회) '미스터 컵스'로 불리는 상징성이 매력적이었다. 하지만 그렇다고 해서 두 선수의 입지가 이렇게까지 다른 건 매우 의아했다.

만약 지금 명예의 전당 투표가 이뤄졌다면 매튜스는 더 높은 평가를 받을 수 있었다. 매튜스는 공격뿐 아니라 수비도 견고했다. 입단 당시엔 수비력이 떨어졌지만 매일 펑고 100개씩 소화하면서 이를 악 물었다. 노력은 배신하지 않았다. 매튜스는 수준급 3루 수비를 갖췄고, 공격과 수비를 반영하는 베이스볼 레퍼런스 기준 승리기여도에서 96.2를 기록했다. 이는 야수 역대 23위로, 당연히 명예의 전당에 들어가야 하는 성적이다. 한편 수비가 좋지 않았던 어니 뱅크스는 통산 승리기여도가 67.8에 그쳐 야수 86위다.

1978년 매튜스는 마침내 명예의 전당에 입성했다. 득표율은 79.4퍼센트로 그리 높지 않았지만 매튜스는 원망하지 않았다. 불평과 불만도 늘어놓지 않았다. 지금까지 해왔던 대로 남자답게 들어갔다.

1982년 매튜스는 오클랜드 어슬레틱스의 마이너리그 팀에서 타격 인스트럭터로 일하던 중 폐결핵 진단을 받았다. 그리고 2001년 2월 70세를 일기로 폐렴 합병증으로 세상을 떠났다.

어니 뱅크스, 쾌활함과 야구에 대한 사랑

어니 뱅크스가 없었다면 시카고 컵스는
트리플A에서 시즌을 끝냈을 것이다. _지미 다이크스

어니 뱅크스 Ernest "Ernie" Banks, 1931~2015

유격수 및 1루수, 우투우타

활동 기간 1953~1971(19시즌)

최고의 인기 구단, 최고 전통의 구장, 그리고 비운의 역사. 아메리칸리그에 보스턴 레드삭스가 있다면 내셔널리그에는 시카고 컵스가 있다. 20세기 초 리그의 지배자들이었던 이들은 이후 지독한 비운을 맛봤다.

저주를 깨는 데 더 오랜 시간이 걸린 팀은 컵스다. 보스턴이 1918년 이후 86년 만인 2004년에 우승을 만들어낸 반면, 컵스는 1908년 이후 108년 만인 2016년에야 우승을 했다. 한편 1918년 월드시리즈에서 보스턴이 꺾은 팀은 공교롭게도 컵스였다.

암흑기를 보내는 사이, 두 팀에는 팀 역사상 최고의 선수가 등장해 상처 입은 팬들의 영혼을 보듬었다. 보스턴 팬들이 테드 윌리엄스를 통해 위로를 얻었다면, 컵스에는 '미스터 커브Mr. Cub' 어니 뱅크스가 있었다.

뱅크스는 컵스 최초의 흑인 선수이자 컵스가 처음으로 영구 결번을 준 선수다. 또 MVP에 두 번 오른 유일한 컵스 선수이며, 최다 출장, 타수, 총루타에서 아직도 팀 역대 1위를 지키고 있다(안타와 홈런, 타점은 2위). 마이클 조던Michael Jordan이 등장하기 전까지 시카고가 배출한 최고의 스포츠 스타는 바로 뱅크스였다.

유격수 최초 40홈런, 통산 5할 장타율

1953년부터 1971년까지 19년간 오직 컵스에서만 뛰며 통산 2583개 안타를 기록한 어니 뱅크스(타율 0.274)는 현재 홈런 역대 23위(512)와 타점 역대 33위(1636)에 올라 있다. 지금은 500홈런이 주는 감흥이 많이 줄어들었지만, 당시까지만 해도 그보다 먼저 500홈런을 달성한 선수는 8명밖에 되지 않았다. 여기에 뱅크스의 기록이 더욱 빛나는 것은 그가 유격수였기 때문이다.

역대 27명의 500홈런 달성자 중 유격수는 단둘, 뱅크스(512)와 알렉스 로드리게스(696)뿐이다. 뱅크스(1636)보다 더 많은 타점을 올린 유격수도 칼 립켄 주니어(1695)와 호너스 와그너(1972), 알렉스 로드리게스(2086) 셋에 불과하다. 뱅크스는 로드리게스와 함께 5할대 장타율을 기록하고 은퇴한 두 명뿐인 유격수이기도 하다.

뱅크스는 순수 유격수는 아니었다. 만약 출장 경기 수를 갖고 포지션을 정한다면 유격수로서 1125경기에, 1루수로서 1259경기에 나선 뱅크스는 오히려 1루수로 분류돼야 할 것이다. 그러나 뱅크스는 1루수보다 유격수로서 더 많은 홈런을 때려냈다(유격수 258개,

1루수 207개). 한편 유격수로 출장한 경기 수(1272)가 3루수로 출장한 경기 수(1194)보다 많은 알렉스 로드리게스는 유격수로서 344개, 3루수로서 287개 홈런을 기록했다. 유격수 홈런 최고 기록은 로드리게스의 기록보다 딱 한 개가 더 많은 칼 립켄 주니어의 345개다.

뱅크스가 유격수로서 보여준 파워는 놀랍다 못해 실로 충격적이었다. 지금까지 나온 유격수가 40홈런을 기록한 적은 12회로, 그중 11회를 뱅크스(5회)와 알렉스 로드리게스(6회)가 만들어냈다. 나머지 한 번은 1969년 보스턴의 리코 페트로셀리Rico Petrocelli가 기록한 것으로(40개) 이것이 그의 유일한 40홈런 시즌이었음을 감안하면 메이저리그 역사에서 홈런을 40개 이상 칠 수 있었던 유격수는 뱅크스와 로드리게스 둘뿐이었다. 1955년 뱅크스는 유격수 최초로 40홈런을 날렸고, 1960년에는 40홈런을 기록한 내셔널리그의 마지막 유격수가 됐다(로드리게스와 페트로첼리는 모두 아메리칸리그 소속 선수였다).

알렉스 로드리게스는 1998년부터 2003년까지 유격수로서 6년 연속 40홈런을 기록함으로써 뱅크스의 4년 연속 기록을 경신했다. 2001년에는 뱅크스도 해내지 못한 유격수 50홈런을 달성했으며 2002년에는 57개까지 도달했다. 하지만 로드리게스가 홈런 폭발의 시대를 보낸 반면, 뱅크스는 1930년대 이후 방망이에 붙었던 불이 서서히 꺼지고 투고타저 시대로 접어든 1950년대 후반에 활약했다. 뱅크스가 준 충격은 그 이상이었다.

알렉스 로드리게스가 40홈런을 6번 만들어낸 6년간(1998~2003년) 메이저리그에서 나온 40홈런 기록이 72개였던 반면, 뱅크스가 5번 만들어낸 6년간(1955~1960년) 메이저리그에서 나온 40홈런 기록은 22개에 불과했다. 로드리게스의 시대에 40홈런 타자가 1년에 12명씩 나온 반면 뱅크스의 시대엔 4명밖에 없었던 것이다. 뱅크스가 평균 홈런 41개를 기록한 그 6년 동안 다른 유격수들의 최고 홈런 기록은 돈 짐머Don Zimmer와 대릴 스펜서Daryl Spencer가 1958년에 기록한 17개였다. 즉 뱅크스가 활동하던 시대 내셔널리그 유격수들의 평균 홈런 수는 10개가 되지 못했다. 뱅크스는 유격수라는 '홈런 소인국'에 나타난 걸리버였던 셈이다.

컵스 최초의 흑인 선수

어니 뱅크스는 1931년 텍사스주 댈러스에서 12남매 중 둘째로 태어났다. 아버지는 니그로리그에서 촉망받는 투수였지만 인종 장벽에 막혀 메이저리그 데뷔를 이루지 못했다. 한편 1931년은 미키 맨틀와 윌리 메이스, 에디 매튜스가 태어난 해로, 뱅크스와 이들은 모두 500홈런을 달성했다.

재키 로빈슨이 그랬던 것처럼 고교 시절 뱅크스도 야구와 농구, 육상 등 모든 스포츠에서 두각을 나타냈다. 특히 400미터를 52초에 주파할 정도로 주력이 뛰어났다.

1950년 고등학교를 졸업한 뱅크스는 니그로리그의 캔자스시티 모나크스에 입단했다. 모나크스는 니그로리그 최고의 명문 구단으로, 재키 로빈슨이 다저스에 입단하기 전에 뛰었던 팀이다. 뱅크스는 1951년 군에 징집됐고, 한국전쟁에 참전해 2년 반을 보낸 후 1953년 시즌 중반에 돌아왔다.

그해 9월 컵스는 모나크스에 2만 5000달러를 지불하고 뱅크스를 데려갔다. 뱅크스가 받은 계약금은 2000달러였다. 니그로리그에서 경기당 15달러를 받고 뛰었던 그는 훗날 컵스에서 연봉 6만 5000달러를 받게 된다.

이로써 뱅크스는 재키 로빈슨이 인종의 벽을 허문 지 6년 만에, 컵스에 입단한 최초의 흑인 선수가 됐다. 1887년 메이저리그에서 흑인 선수들을 쫓아내는 데 가장 앞장섰던 인물 중 하나는 당시 컵스의 구단주이자 최고 스타이던 캡 앤슨이었다. 앤슨은 지금도 뱅크스를 제치고 컵스의 안타와 타점 기록을 갖고 있다.

시카고 컵스는 며칠 후 니그로리그에서 흑인 2루수 진 베이커 Gene Baker도 영입했다. 원정 경기를 가면 백인 선수들과 다른 대접을 받았던 둘은 서로에게 큰 의지가 됐다. 뱅크스와 베이커는 메이저리그 최초의 흑인 더블플레이 듀오가 됐지만, 컵스는 3시즌 후 베이커를 피츠버그로 보냈다.

1954년 타율 0.275 19홈런 75타점을 기록하고 신인왕 투표 2위에 오른 뱅크스는 시즌을 마치고 중대한 결심을 했다. 당시로서는 파격적이던 880그램짜리 방망이를 쓰기로 한 것이다(한편 역사상 가장 무거웠던 방망이는 1910년대 선수인 에드 라우시Edd Roush가 사용한 1.7킬로그램짜리로, 베이브 루스도 1.55킬로그램 방망이를 썼다).

이는 대단히 강한 손목 힘을 가진 뱅크스여서 가능한 일이었다. 뱅크스는 공을 최대한 몸에 붙여놓고 타격을 했는데, 이 때문에 "뱅크스는 (포수) 미트에 들어간 공까지 끄집어내 친다"는 말이 생기기도 했다. 가벼운 방망이와 짧은 어퍼컷 스윙. 그렇다. 배리 본즈의 스윙은 뱅크스의 뒤를 이은 것이었다. 한편 그립을 겨드랑이 높이까지 치켜 올린 후 방망이를 흔들어대던 준비 동작은 개리 셰필드와 비슷했다. 물론 셰필드만큼 흔든 것은 아니지만.

최초(?) 유격수 홈런왕

효과는 바로 나타났다. 1955년 어니 뱅크스는 타율 0.295 44홈런 117타점을 기록하며 보스턴의 번 스티븐스Vern Stephens가 1949년에 세운 39홈런 기록을 갈아 치우고 40홈런을 달성한 최초의 유격수가 됐다. 또 5개 만루 홈런을 날려 베이브 루스와 루 게릭 등 10명이 갖고 있었던 한 시즌 4개 기록을 경신했다. 이는 아직도 내셔널리그 기록으로 남아 있다. 현재 메이저리그 기록은 돈 매팅리와 트래비스 해프너Travis Hafner가 기록한 6개다.

1956년 뱅크스는 손에 골절상을 입어 타율 0.297 28홈런 85타점에 그쳤다. 그러면서 데뷔 후부터 이어온 연속 출장 기록이 424경기에서 중단됐다. 이는 2006년 마쓰이 히데키松井秀喜가 518경기로 경신하기 전까지 신인 최고 기록이었다.

1957년 뱅크스는 타율 0.285 43홈런 102타점을 기록하며 부활에 성공했고, 1958년엔 타율 0.313 47홈런 129타점을 기록하면서 리그 MVP가 됐다. 이때 내셔널리그 유격수로는 처음으로 홈런왕에 올랐는데, 최초의 유격수 홈런왕인 번 스티븐스가 스타 선수들이 참전하면서 대거 빠진 1945년에 24개를 기록하고 1위가 됐음을 감안하면 첫 번째 유격수 홈런왕이나 다를 바 없었다. 한편 유격수의 47개 홈런 기록은 그로부터 43년이 지나고 나서야 2001년 알렉스 로드리게스(52개)에 의해 경신됐다. 2001년은 로드리게스가 금지 약물을 사용했다고 실토한 기간인 3년(2001~2003년)에 해당되는 해다.

1959년에도 뱅크스는 타율 0.304 45홈런 143타점을 기록하면서 유격수 최초로 MVP 2연패에 성공했다. 밀워키 브레이브스의 에디 매튜스(0.306 46홈런 114타점), 행크 애런(0.355 39홈런 123타점)과 경쟁하면서 표가 갈린 덕분이었다(매튜스 2위, 애런 3위). 그해 뱅크스는 팀 홈런의 28퍼센트와 타점의 23퍼센트를 혼자 책임졌다. 당시 뱅크스의 뒤를 이은 팀 내 2위의 기록은 각각 14홈런과 52타점이었다. 지금까지 유격수로서 2년 연속은 물론 두 번 MVP를 따낸 선수는 뱅크스와 칼 립켄 주니어뿐이다(알렉스 로드리게스는 세 번 중 하나).

1960년 뱅크스는 타율 0.271 41홈런 117타점을 기록하면서 두 번째 홈런왕에 올랐다. 그해 사상 최초의 MVP 3연패에 도전했지만 4위에 그쳤다. 내셔널리그 MVP는 타격왕 딕 그로트Dick Groat가 가져갔다(0.325 2홈런 50타점).

뱅크스의 가장 큰 약점은 수비였다. 특히 수비 범위가 넓지 않다. 뱅크스는 이를 보완하려고 피나는 수비 연습을 했고, 데뷔하고 7년 만인 1960년 수비율 1위에 오르며 처음으로 골드글러브를 차지했다. 하지만 완벽한 유격수가 되려던 노력은 오히려 독이 됐다. 수비 훈련을 지나치게 한 나머지 고질적인 다리 부상을 안게 된 것이다. 정상급 수비수가 된 순간 다리 상태가 심각해지면서 더 이상 유격수를 볼 수 없게 됐다. 뱅크스는 1961년을 마지막으로 유격수를 포기하고 1루수가 됐다(1루수 뱅크스는 대단히 넓은 수비 범위와 강한 어깨를 자랑했다).

흔히 하는 가정 중 하나는 만약 뱅크스가 처음부터 1루수로 뛰며 타격에 집중했더라면 어땠을까 하는 것이다. 행크 애런이 기록한 755홈런은 몰라도 윌리 메이스의 660홈런은 넘었을지도 모른다.

미스터 선샤인

어니 뱅크스는 1955년부터 1960년까지 6년간 홈런 248개를 날려 같은 기간 미키 맨틀(236), 에디 매튜스(226), 윌리 메이스(214), 행크 애런(206)을 모두 제쳤다. 그러나 31세 시즌인 1962년 37홈런 104타점을 기록한 것을 끝으로 리그 최정상급 타자의 자리에서 내려왔다. 그리고 1968년에 마지막 30홈런, 38세 시즌인 1969년에는 마지막 100타점을 기록했다.

1970년 5월 12일 시카고 리글리필드에서 열린 경기에서 뱅크스는 500홈런과 1600타점을 동시에 달성했다. 이는 1988년 8월 8일에 있었던 최초의 야간 경기와 함께 아직까지도 컵스 팬들이 뽑는 최고의 리글리필드 경기로 남아 있다. 1970년과 1971년 도합 15홈런 50타점에 그친 뱅크스는 마침내 19년 동안의 선수 생활을 끝냈다.

뱅크스가 떠난 허전함을 달랠 수 없었던 컵스는 1972년부터 리글리필드 좌측 폴에 뱅크스의 등번호 14번이 적힌 깃발을 달기 시작했다. 그리고 1982년 팀 최초의 영구 결번을 뱅크스에게 줬다(두 번째 영구 결번자는 빌리 윌리엄스Billy Williams였다. 우측 폴에는 윌리엄스의 26번이 걸렸다). 뱅크스는 1977년 명예의 전당 입회를 위한 첫해 투표에서 83.8퍼센트 득표율을 기록하며 그해 도전한 선수 중 유일하게 들어갔다.

뱅크스의 시대는 컵스의 암흑기 중에서도 최고의 암흑기였다. 뱅크스가 뛴 첫 14년간 컵스가 5할 승률에 성공한 시즌은 한 번뿐이었다(1963년 승률 0.506). 마지막 5년 동안에도 팀은 모두 5할 승률에 성공했지만 그렇다고 포스트시즌에 심각하게 도전할 정도는 아니었다. 뱅크스는 우승 반지를 위해 다른 팀으로 떠나는 대신 컵스를 우승 팀으로 만들기 위해 노력했지만, 혼자 힘으로는 역부족이었다.

결국 컵스는 뱅크스가 뛴 19년간 한 번도 포스트시즌에 나서지 못했고, 뱅크스는 메이저리그 역사상 가장 많은 정규 시즌 경기(2528)를 뛰고도 포스트시즌을 경험하지 못하고 은퇴한 선수가 됐다(2위 루크 애플링 2422경기). 1945년 '염소의 저주'가 발동된 이후 컵스가 포스트시즌에 다시 나선 것은 1984년으로, 그 40년 어려운 시절을 지켜낸 이들은 오직 컵스에서만 뛰고 은퇴한 뱅크스, 또 나중에 등장한 빌리 윌리엄스와 론 산토Ron Santo 같은 이들이었다.

뱅크스의 또 다른 별명은 '미스터 선샤인'이다. 그의 온화한 미소는 늘 주변으로 전파됐다. 그는 식당에서 식사를 하다가도 사인을 원하는 팬이 찾아오면 아무리 많더라도 사인을 다 마친 후에야 다시 포크를 들었다. 이후 시카고 팬들은 뱅크스의 식사만큼은 방해하지 않으려고 최대한 노력했다.

뱅크스도 초기 흑인 선수들과 마찬가지로 백인 선수들의 더러운 플레이에 시달렸다. 한 경기에서 한 투수로부터 세 번이나 공에 맞은 적도 있었다. 그때마다 뱅크스는 웃었다. 그리고 더 좋은 경기력을 보여주는 것으로 복수했다.

뱅크스에게 야구는 기쁨이자 즐거움이었다. 아침에 눈을 뜨면 야구장에 나갈 생각에 가슴이 설레었다고 한다. "야구하기 딱 좋은 날이네. 우리, 한 게임 더 하자고." 경기를 끝내고 더그아웃으로 들어가면서 뱅크스가 동료에게 했던 이 말은 진심이었을 것이다. "이 세상 모두가 2년씩은 야구를 해봤으면 좋겠다"고 말한 그에게 야구는 전쟁도 아니었고 돈벌이도 아니었다. 그 자체가 행복이었다.

2015년 1월 23일. 뱅크스는 끝내 컵스의 우승을 보지 못하고 세상을 떠났다. 컵스가 108년 만에 월드시리즈 우승을 확정한 날은 2016년 11월 2일이었다.

1969년 시카고 컵스에서 뛰던 39세의 어니 뱅크스

알 칼라인, 미스터 타이거

나는 여전히 그가 보여준 수비들을 믿지 못한다. _케이시 스탱걸

알 칼라인 Albert William Kaline, 1934~2020

우익수 및 1루수, 우투우타

활동 기간 1953~1974(22시즌)

한 팀에서 가장 많은 경기를 뛴 선수는 칼 야스트렘스키다. 야스트렘스키는 1961년부터 1983년까지 보스턴에서만 3308경기를 뛰었다. 스탠 뮤지얼과 칼 립켄 주니어도 팀을 옮기지 않고 3000경기 넘게 뛰었다. 뮤지얼은 세인트루이스에서 3026경기, 립켄은 볼티모어에서 3001경기에 나섰다.

같은 팀에서 3000경기 넘게 출장한 선수 중엔 행크 애런도 있다. 그런데 애런은 브레이브스에서 3076경기에 나온 후 선수 생활 말년에 밀워키로 이적했다.

아쉽게 3000경기 원클럽맨이 되지 못한 선수로는 브룩스 로빈슨이 있다. 로빈슨은 볼티모어와 2896경기를 함께 했다. 로빈슨

에 이어 밀워키의 로빈 욘트(2856경기), 휴스턴의 크레이그 비지오(2850경기), 디트로이트의 알 칼라인(2834경기)이 2800경기 이상에서 한 팀의 유니폼만 입고 뛰다가 은퇴했다(데릭 지터, 뉴욕 양키스 2747경기).

이 가운데 칼라인은 독특한 이력을 갖고 있다. 칼라인은 마이너리그 팀에서도 뛴 적이 없다. 프로에 오고 나서 모든 경기를 디트로이트에서 치렀다. 선수 생활이 끝난 뒤에도 디트로이트 전담 해설위원으로 활약했으며, 구단 자문 역할도 디트로이트에서만 수행했다. 그의 야구 인생에는 오직 디트로이트만 존재했다.

이에 칼라인은 '미스터 타이거'로 불렸다. 디트로이트 역사상 단 한 명에게만 허락된 수식어로, 최고의 선수 타이 콥도 얻지 못했다. 성적뿐 아니라 성품도 훌륭한 칼라인은 디트로이트 팬들에게 큰 사랑을 받았다.

열여덟 살 데뷔

야구는 재능을 무시할 수 없다. 노력도 필요하지만 노력 이전에 재능을 타고나는 것이 중요하다. 노력만으로 극복할 수 없는 부분들이 많기 때문이다.

알 칼라인은 재능이 충만했다. 디트로이트의 스카우트 에드 카탈리나스Ed Katalinas의 마음을 빼앗은 것이 열다섯 살 때였다. 카탈리나스는 그의 정교한 타격과 폭넓은 외야 수비에 매료됐다. 당시 다저스와 세인트루이스, 필라델피아도 칼라인에게 흥미를 보였다. 카탈리나스는 다른 팀들에 뺏기지 않으려고 재빨리 움직였다. 1953년 칼라인이 고등학교를 졸업하자, 졸업식 다음 날 곧바로 계약서를 들고 찾아갔다. 카탈리나스는 계약금 1만 5000달러와 3년간 연봉 2만 달러를 제안했다. 과거 메이저리그는 계약금 6000달러 이상 안겨주면 첫 두 시즌은 반드시 메이저리그 로스터에 포함시켜야 했다(하먼 킬러브루Harmon Killebrew, 샌디 코팩스, 캣피시 헌터Catfish Hunter도 이 규정에 해당했다).

1934년 볼티모어에서 태어난 칼라인은 집안 형편이 어려웠다. 부모님은 쉬지 않고 일을 했고, 누나 둘도 열다섯 살이 되자 학교를 관두고 일터로 나섰다. 하지만 칼라인은 일을 하지 않았다. 가족들은 운동에 소질이 있던 칼라인이 다른 걱정 없이 운동에만 전념하기를 바랐다.

칼라인은 가족들에게 보답할 기회가 왔다고 여겼다. 디트로이트의 제안을 받아들이면서 돈을 손에 넣었다. 그 돈으로 저당금을 모두 갚고 어머니의 눈 수술 비용을 댔다. 에드 카탈리나스는 칼라인의 성숙함과 깊은 생각이 더욱 마음에 들었다.

1953년 열여덟 살에 메이저리그에 데뷔한 칼라인은 30경기에 나서 30타석을 소화했다. 그해 프레드 허친슨Fred Hutchinson 감독은 한 베테랑 선수에게 칼라인을 소개하면서 조언을 부탁했다. 그는 칼라인에게 낮은 공을 치는 방법과 오프시즌을 어떻게 보내야 하는지에 대해 알려줬다. 하루에 30분씩 더 무거운 방망이로 스윙 연습을 하고 평소에도 야구를 놓지 말라고 주문했다. 칼라인에게 철칙을 안겨준 그는 테드 윌리엄스였다.

최연소 타격왕

알 칼라인은 1954년 부상을 입은 주전 외야수 대신 선발로 나서면서 출장 시간이 늘어났다(138경기 타율 0.276). 전반기 타율은 0.238에 그쳤지만, 후반기에 0.315로 끌어올렸다. 확신을 갖고 더 높은 곳을 향해 도움닫기를 한 시기였다.

칼라인은 이듬해 200안타를 때려내고 타율 0.340 27홈런 102타점을 기록하면서 리그 타격왕에 올랐다. MVP 순위에서도 요기 베라에 이어 2위에 올랐다. 그의 나이 스무 살이었다. 스무 살 때 타격왕을 차지한 선수는 칼라인이 두 번째로, 첫 번째는 팀 선배인 타이 콥이었다. 칼라인은 콥이 1907년에 세운 최연소 타격왕 기록을 12일 단축시켰다(20세 280일). 그 최연소 타격왕 기록은 아직도 바뀌지 않았다.

타이 콥의 기록을 깨뜨리자 대우가 달라졌다. 사람들의 기대치가 높아졌다. 누군가는 제2의 타이 콥, 누군가는 제2의 조 디마지오라고 주장했다. 스무 살의 선수를 존경하는 시선도, 시샘하는 시선도 생겼다. 칼라인은 훗날 이 시절을 회고하면서 부담감이 대단했다고 밝혔다.

1956년에도 타율 3할을 넘기고(0.314) 27홈런 128타점을 기록하면서 2년 연속 MVP에 버금가는 성적을 냈다. 그러나 칼라인이 다시 타격왕을 탈환하는 시즌은 오지 않았다. 1959년 타율 0.327를 기록하지만, 동료 하비 킨Harvey Kuenn(0.353)에 밀려 2위로 만족했다.

30세 시즌인 1965년 메이저리그는 점점 투고타저 현상이 짙어지고 있었다(1968년에 정점을 찍었다). 그런 현실은 갈수록 깊어져 칼라인이 마지막 11시즌에서 3할을 넘긴 건 1967년(0.308)과 1972년(0.313) 두 차례뿐이었다.

칼라인은 30홈런을 때려낸 적이 없다. 20홈런 시즌만 9번 기록했다. 파워가 떨어지는 타자는 아니었지만 그렇다고 홈런을 펑펑 터뜨리는 거포도 아니었다. 1962년 칼라인은 아쉽게 30홈런을 놓쳤다. 첫 34경기에서 13홈런을 때려내며 60홈런 페이스를 이어갔는데, 부상 변수가 발생하고 말았다. 5월 말 양키스전에서 다이빙 캐치를 시도하다 쇄골이 골절된 것이다. 이때 치료를 받느라 두 달간 결장하면서 결국 100경기 출장에 그쳐 타율 0.304 29홈런을 기록한 것으로 시즌을 마무리했다.

1963년 칼라인은 전해 시즌의 아쉬움을 털어냈다. 타율 2위 (0.312), 홈런 6위(28), 타점 2위(101), 최다 안타 4위(172)에 오르면서 발군의 기량을 뽐냈다. 하지만 양키스의 엘스턴 하워드Elston Howard에 밀려 또 한 번 MVP 2위에 머물렀다. 한편 전해 입은 골절상도 하워드가 친 타구를 처리하는 과정에서 당한 부상이었다.

칼라인의 소원은 월드시리즈 우승이었다. 1968년 칼라인은 또 한 번 불의의 부상을 당해 눈물을 흘렸다(102경기 타율 0.287 10홈런). 그러나 마지막에 웃었다. 그해 월드시리즈에 진출한 디트로이트는 7차전 끝에 세인트루이스를 누르고 우승을 이뤄냈다. 1967년 흑인 폭동으로 상처받은 도시 디트로이트를 위로하는 우승이었다.

그해 월드시리즈에서 디트로이트는 칼라인을 위해 중견수 미키 스탠리Mickey Stanley를 유격수로 돌리는 파격적인 선수 기용을 시도했다. 팀의 배려를 받은 칼라인은 7경기에서 29타수 11안타(0.379)의 맹타를 휘둘렀다. 5차전에서는 경기를 뒤집는 결승타를 때려냈으며, 6차전에선 홈런을 포함해 3안타 4타점을 올렸다. MVP는 미키 롤리치Mickey Lolich가 받았지만(3승 1.67) 칼라인 역시 빼놓을 수 없는 수훈 선수였다.

그림 같은 수비

알 칼라인은 원래 투수였다. 세미 프로리그에서 뛰었던 아버지는 아들에게 커브와 체인지업을 가르쳤다. 어깨가 강한 칼라인은 투수로서도 나쁘지 않았다. 그런데 고교 시절 팀 사정상 외야수로 전환했다. 칼라인의 재발견이었다.

칼라인은 뒤늦게 외야수가 됐지만 다른 외야수에게 뒤처지지 않았다. 타구를 파악하는 재주가 뛰어났고, 주자들을 겨냥하는 송구가 위협적이었다. 수비 범위가 넓은 칼라인은 몸을 사리지 않는 수비로 유명했다. 펜스에 부딪치거나 관중석으로 넘어가는 것을 두려워하지 않았다. 그만큼 부상도 잦았다.

칼라인의 보금자리는 우익수였다. 신인이던 1954년 7월 8일 시카고 화이트삭스전에서는 3이닝 연속 어시스트를 선보였다. 2회 프레드 마시Fred Marsh는 홈에서, 3회 짐 리베라Jim Rivera와 4회 미니 미노소Minnie Miñoso는 3루에서 아웃시켰다. 이전 경기에서도 론 잭슨 Ron Jackson이 칼라인에 의해 3루에서 잡힌 적이 있는 화이트삭스는 칼라인이 타구를 잡으면 무리하지 않았다. 칼라인은 1956년 18개, 1958년 23개를 기록해 어시스트 리그 1위에 등극했다.

1957년에 제정된 골드글러브는 첫해 수상자를 양 리그를 통합해 선정했다. 외야수는 미니 미노소와 윌리 메이스, 그리고 칼라인이 뽑혔다. 칼라인은 골드글러브 10개를 쓸어 담은 6명 외야수 중 하나다 (로베르토 클레멘테, 윌리 메이스, 켄 그리피 주니어, 앤드루 존스, 스즈키 이치로). 비록 로베르토 클레멘테와 윌리 메이스가 받은 12개에는 미치지 못하지만, 골드글러브가 일찍 제정됐다면 좀 더 획득할 수 있었다.

칼라인의 수비력은 그가 골수염을 앓았기에 더욱 놀랍다. 게다가 어린 시절 수술을 받아 뼈를 깎은 왼발은 정상적인 상태가 아니었다. 달릴 때 충격이 고스란히 온몸에 전해졌다. 30대가 되면서 고통이 극심해진 왼발은 특수 제작한 신발을 신어야만 했다.

장애를 딛고 외야를 누비던 칼라인은 그림 같은 수비를 수없이 연출했다. 우익수로서 보여줄 수 있는 모든 수비를 해냈다. 타격은 누군가와 비교되는 것이 부끄러웠지만, 수비는 그 누가 이름을 올려도 자신이 있었다.

3007안타, 399홈런

1974년 알 칼라인은 3000안타 고지를 정복했다(3007안타). 400홈런도 하나만을 남겨뒀다. 그러나 칼라인은 마지막 경기 첫 두 타석에서 범타를 친 후 교체를 요청했다. 그의 어깨는 더 이상 타격을 할 수 있는 상태가 아니었다.

399홈런은 디트로이트 역대 홈런 1위 기록이다. 만약 칼라인이 400홈런을 쏘아 올렸다면, 3000안타와 400홈런을 동시에 달성한 최초의 아메리칸리그 타자가 될 수 있었다. 칼라인은 통산 2834경기에서 타율 0.297의 성적을 내고 은퇴를 선언했다.

칼라인은 리그를 대표하는 선수가 돼서도 초심을 잃지 않았다. 자신을 응원하는 팬들을 항상 소중히 대했다. 그는 "팬들은 많은 것을 원하지 않는다. 그저 웃으면서 인사를 건네고 악수를 해주면 된다. 그럼, 그들은 행복해한다"고 말했다. 칼라인이 오랜 시간 팬들에게 사랑받은 비결에는 특별한 점이 없었다.

사실 칼라인이 팬들에게 미운털이 박힌 시절도 있었다. 1957년 시즌을 앞두고 새롭게 연봉 협상을 할 때였다. 1955년 MVP 2위, 1956년 MVP 3위에 오른 만큼 충분히 더 많은 금액을 요구할 수 있었다. 하지만 디트로이트는 겨우 3000달러가 더 오른 2만 3000달러를 제시했다. 최소한 하비 킨의 연봉 3만 2000달러와 비슷한 수준을 바라던 칼라인은 무척 실망했다. 사인을 하지 않고 그대로 계약서를 돌려보냈다.

디트로이트의 회장 스파이크 브리그스Spike Briggs는 칼라인의 행동에 자존심이 상했다. 이제 막 스무 살이 넘은 선수에게 모멸감을 느꼈다. 브리그스는 공개적으로 칼라인을 비난했다. 칼라인이 언급하지 않은 미키 맨틀에 빗대면서 "칼라인은 자신이 맨틀만큼 좋다고 생각하는 것 같다. 그래서 맨틀이 받는 수준의 연봉을 원하고 있다"고 말했다. 맨틀의 연봉은 6만 달러였다.

온 매체가 칼라인을 곱지 않게 본 것은 당연했다. 칼라인은 억울했지만 여론은 이미 한쪽으로 기울어졌다. 3만 달러에서 협상을 마친 그는 돈만 밝히는 선수로 낙인찍힌 상황이었다. 다음 시즌 개막전이 열렸을 때 관중석에서 거센 야유가 쏟아졌다.

이러한 사건이 터지면 선수는 마음이 떠나기 마련이다. 그러나 칼라인은 팬들의 마음을 돌리기 위해 노력했다. 그가 어떤 사람이었는지 알 수 있는 대목이다. 경기 중 순간적으로 판정에 불만을 드러내도 먼저 용서를 빌었다. 자신을 낮추는 것을 주저하지 않은 덕분에 그를 둘러싼 평판은 언제나 높았다.

칼라인은 1980년 명예의 전당 투표에서 88.3퍼센트 득표율을 기록하며 첫해에 입성했다. 입회식에서도 "아직 여기 있는 선수들과 어깨를 나란히 하는 게 어색하다"며 겸허히 받아들였다.

한평생 디트로이트와 함께 한 칼라인은 2020년 4월 세상을 떠났다. 디트로이트는 영원한 동지였던 칼라인의 사망을 애도했다.

어느 날 칼라인은 자신의 선수 시절에 대헤 "내 목표는 3000안타도, 400홈런도 아니었다. 그냥 열심히 경기에 임했다"고 말했다. 그리고 "정말 최선을 다했다"고 덧붙였다. 그 누구도 칼라인의 말을 부정할 수 없었다.

1957년 알 칼라인의 모습. 사진 JGHowes wikipedia

행크 애런, 진정한 홈런왕

그에게 패스트볼을 던져놓고 무사하기를 바라느니
아침에 수탉이 울지 않기를 바라라. _커트 시먼스Curt Simmons

행크 애런 Henry Louis "Hank" Aaron, 1934~2021

우익수 및 1루수, 우투우타

활동 기간 1954~1976(23시즌)

2007년 배리 본즈는 행크 애런을 넘어섰다. 하지만 그가 날린 756호에는 어떠한 감동도 느껴지지 않았다. 애런을 넘어설 것으로 보였던 또 한 명, 알렉스 로드리게스도 추문 끝에 은퇴했다(696홈런). 본즈(762)는 애런(755)보다 더 많은 홈런을 쳤다. 하지만 진정한 홈런왕을 고르라면 팬들은 애런을 택할 것이다.

600홈런을 달성한 6명 중 애런과 앨버트 푸홀스(2006년 49홈런)만이 50홈런 시즌을 만들어내지 못했다. 시즌 홈런 최고 기록이 47개인 애런은 홈런왕도 4회에 그쳤다(베이브 루스 12회). 하지만 애런은 연평균 33홈런을 23년 동안 유지했으며, 20년 연속 20홈런과 23년 연속 두 자릿수 홈런을 달성했다. 15번의 30홈런은 역대 최다

(배리 본즈 14회, 베이브 루스와 마이크 슈미트 13회)다. 8번의 40홈런은 베이브 루스(11회) 다음이다. 누구도 범접할 수 없는 꾸준함이 애런의 진정한 가치다.

애런은 홈런 1위 자리는 내놓았지만 타점(2297)은 베이브 루스(2214), 루타(6856)는 스탠 뮤지얼(5134), 장타(1477)는 배리 본즈(1440)에 앞선 역대 1위를 지키고 있다. 안타(3위)와 득점(4위)도 5위 내에 들어 있다. 은퇴 당시 3771안타를 기록한 그보다 더 많은 안타를 때려낸 선수는 4189개를 기록한 타이 콥뿐이었다.

애런은 홈런을 위해 다른 것들을 희생한 타자가 아니었다. 그는 자신을 홈런 타자라고 생각하지 않았다. 통산 타율은 당대 최고 스타들이던 윌리 메이스(0.302)와 미키 맨틀(0.298)을 넘어서는 0.305다. 여기에 애런은 500홈런을 달성한 27명 가운데 시즌 중 100삼진을 한 번도 당하지 않은 3명 중 하나다(다른 2명은 테드 윌리엄스와 멜 오트).

연평균 33홈런

행크 애런은 투수의 시대를 보낸 타자다. 1920년 이후 평균자책점이 가장 낮았던 17시즌 중 7시즌(1963~1969년)이 애런의 시대(1954~1976년)에 들어 있다. 심지어 1968년 메이저리그의 평균자책점은 2.98이었다. 그에 비해 베이브 루스는 타격 폭발의 시대를 보냈고, 배리 본즈와 알렉스 로드리게스는 홈런의 시대를 만끽했다.

애런이 데뷔했을 때는 테드 윌리엄스와 스탠 뮤지얼의 시대였다. 게다가 그는 뉴욕 선수들인 윌리 메이스, 미키 맨틀과 달리 변방인 밀워키가 연고지인 선수였다. 애런이 메이스와 맨틀 같은 인기를 누리지 못한 것은 그의 야구 스타일 때문이기도 했다. 애런은 화려함 대신 기본에 충실한 플레이를 추구했고, 흥분하는 모습 없이 언제나 조용하고 차분했다. 이것은 그가 오랜 시간 동안 육체적, 정신적 건강을 유지한 결정적 비결이었다.

애런은 타석에서도 게으르다는 오해를 받을 정도로 행동이 굼뗬다. 상대 투수들이 '저러다 자겠는데'라고 생각할 정도였다. 하지만 먹잇감을 발견한 순간 이뤄지는 그의 '해머링'은 전광석화와 같았다(별칭이 '해머', '해머링 행크'였다). 그가 키 183센티미터 몸무게 82킬로그램의 비교적 날씬한 체격에도 엄청난 파워를 자랑할 수 있었던 비결은 믿기 어려울 정도로 빠른 손목 회전과 손목 힘에 있었다. 애런은 "나를 통과할 수 있는 패스트볼은 없다"는 말과 함께 패스트볼과의 싸움은 손목에 맡기고 변화구에 대처했다.

모빌, 브레이브스

행크 애런은 1934년 미국 남부 앨라배마주 모빌에서 태어났다. 자이언츠의 영구 결번 선수인 윌리 매코비Willie McCovey도 모빌 출생인데 그는 애런을 따라 등번호 44번을 달았다. 1963년 둘은 함께 44홈런을 기록해 공동 홈런왕에 올랐다.

애런은 가난한 집안 사정 때문에 어린 시절부터 목화 농장에서 일했다. 야구 장비를 살 수 없어 나무 막대기와 병뚜껑으로 연습했다. 야구팀이 있는 학교도 다녀보지 못했다.

애런의 나이 열다섯 살 때 일생일대의 만남이 찾아왔다. 그가 동네에서 친구들과 야구하는 모습을 지역 세미프로 팀인 모빌 블랙 베어스의 구단주 에드 스콧Ed Scott이 보게 된 것이었다. 애런은 베어스에 입단했고, 야구팀이 있는 학교로 전학했다. 미식축구팀에서도 뛰어났던 그에게 여러 대학에서 장학금 제안이 들어왔다. 하지만 애런은 야구를 택했다.

한 번도 정식 지도를 제대로 받지 못한 애런은 메이저리그 스카우트를 만나기 전까지 왼손을 오른손보다 위에 놓는 잘못된 오른손 타자의 그립을 갖고 있었다. 빌 제임스는 이러한 비정상적인 그립 때문에 그의 손목이 단련된 게 아닌가 하고 추측하기도 했다.

1952년 니그로리그 인디애나폴리스 클라운스에 입단한 애런은 첫 시즌이 끝나기도 전에 보스턴 브레이브스와 계약했다(흥행 대결에서 레드삭스에 완패한 브레이브스는 1954년부터 밀워키로 연고지를 옮겼다). 반면 뉴욕 자이언츠는 브레이브스보다 한 발 빨리 애런과 접촉하고도 계약을 포기함으로써, 윌리 메이스, 행크 애런, 윌리 매코비로 이어지는 꿈의 중심 타선을 가질 기회를 날렸다. 이후 니그로리그가 붕괴하면서 애런은 니그로리그 출신 마지막 메이저리거가 됐다.

데뷔 초 다저스와의 경기에서 애런은 타석에 나와 두 차례 번트 자세를 취했다. 하지만 다저스의 3루수 재키 로빈슨은 자리에서 전혀 움직이지 않았다. 경기가 끝난 후 애런이 로빈슨에게 왜 앞으로 나오지 않았느냐고 물었다. 이에 로빈슨은 "네가 1루에 나가는 것에 만족한다면 앞으로 그렇게 해주지"라고 했다. 니그로리그 출신 1호 메이저리거인 로빈슨의 이 말은 그에게 엄청난 영향을 미쳤다.

1954년 스무 살의 애런에게 기회가 찾아왔다. 스프링캠프에서 바비 톰슨이 2루로 슬라이딩을 하다 발목이 골절된 것이다. 애런은 톰슨 대신 주전 우익수로 출전하게 됐다. '세계에 울려 퍼진 한 방'으로 유명세를 탄 톰슨은 자이언츠에서 메이스에게 밀린 후 브레이브스에 건너와 막 새 출발을 하려던 참이었다.

이듬해인 1955년 애런은 타율 0.314 27홈런 106타점을 기록하며 마침내 진가를 드러냈다. 이 시즌을 시작으로 20년 연속 20홈런을 이어나갔으며, 22년 연속으로 올스타전에 출전했다. 1956년에는 타율 0.328를 기록해 첫 번째 타격왕에 올랐다.

트리플 크라운을 두 번 놓치다

1957년 행크 애런은 홈런(44)과 타점(132)에서 모두 리그 1위에 올랐다. 하지만 타율(0.322)은 스탠 뮤지얼(0.351)과 윌리 메이스(0.333)에 뒤져 3위에 그쳤다. 특히 수비 도중 누군가 그라운드에 던져놓은 유리병을 밟아 발목을 다친 후 타율이 크게 떨어진 것이 아쉬웠다. 그해 애런은 처음이자 마지막으로 리그 MVP를 차지했다. 시즌 막판에는 팀의 리그 우승을 확정 짓는 11회 말 끝내기 홈런을 날렸다. 그는 이 홈런을 자신이 날린 761개(포스트시즌 포함) 중 최고로 꼽았다.

그해 밀워키 브레이브스는 월드시리즈에서 뉴욕 양키스를 4승 3패로 꺾고 1914년 이후 첫 우승을 차지했다. MVP는 3경기에서 3승 0.67(27이닝 2자책)을 기록한 루 버데트Lew Burdette에게 돌아갔지만, 애런도 타율 0.393 3홈런 7타점을 기록해 타율, 홈런, 타점, 안타, 득점 모두에서 양 팀 타자 중 가장 좋은 성적을 냈다.

이듬해에도 월드시리즈에 진출한 브레이브스는 다시 양키스와 만났다. 애런은 타율 0.333를 기록하면서 2타점에 그쳤고, 팀은 7차전 끝에 패했다.

1959년 애런은 0.355라는 개인 최고 타율을 기록하며 두 번째 타격왕에 올랐다. 이때 1948년 스탠 뮤지얼이 기록한 이후 처음으로 400총루타를 달성했다. 이후 400총루타는 19년 뒤에나 다시 나왔다 (1978년 짐 라이스). 하지만 브레이브스는 리그 우승을 놓고 치른 다저스와의 3경기 플레이오프에서 패해 3년 연속 월드시리즈 진출이 좌절됐다. 애런은 은퇴할 때까지 더 이상 월드시리즈 무대를 밟지 못했다.

1963년 애런은 44홈런과 함께 31도루를 기록해 켄 윌리엄스Ken Williams와 윌리 메이스에 이어 30홈런 30도루를 달성한 역대 세 번째 선수가 됐다. 애런은 대단히 빠른 발을 갖고 있었는데도 통산 240도루에 그쳤는데 당시는 도루의 암흑기였다. 더스티 베이커Dusty Baker의 증언에 따르면 애런은 정말로 필요할 때만 도루를 했다. 애런은 꼭 필요할 때가 아니고는 공격적인 베이스 러닝을 하지 않았는데, 부상을 당하지 않는 것이 팀을 위하는 일이라고 생각해서였다.

그해 애런은 다시 홈런과 타점(130)에서 1위에 올랐다. 하지만 타율(0.319)에서 토미 데이비스Tommy Davis(0.326)와 로베르토 클레멘테(0.320)에 뒤져 이번에도 3위에 그쳤다. 1957년보다 더 아쉬운 트리플 크라운 실패였다.

브레이브스가 애틀랜타로 연고지를 옮긴 1966년, 애런은 44개 홈런을 기록해 리그 1위를 차지했다. 하지만 홈런 수는 이듬해 39개 (1위), 그 이듬해 29개(5위)로 떨어졌다.

1966년을 끝으로 애런은 단짝 에디 매튜스와 이별했다. 애런과 매튜스는 1954년부터 1966년까지 13년간 베이브 루스와 루 게릭 조합이 세운 772개를 넘는 863개 홈런을 기록함으로써 가장 많은 홈런을 합작한 듀오가 됐다. 애런이 442개, 매튜스가 421개로 두 선수 모두 400개 이상 홈런을 날린 것도 처음이었다. 애런과 매튜스 듀오는 루스와 게릭 듀오보다 2경기 더 많은 75경기에서 동시 홈런을 기록했다.

애런은 1969년 스프링캠프에서 만난 야구 역사가 리 앨런Lee Allen과의 대화를 통해 자신이 여러 대기록에 도전할 수 있음을 깨닫게 됐다. 서른다섯 살이 된 애런은 베이브 루스의 홈런에 204개, 타이 콥의 안타에 1397개를 남겨두고 있었다. 때마침 브레이브스 구단은 풀턴카운티 스타디움의 펜스를 앞으로 당기기도 했다. 루스의 홈런 기록을 택한 애런은 스프레이 히팅을 버리고 공을 당겨 치는 풀 히터가 됐다. 그해 뉴욕 메츠와의 챔피언십시리즈 세 경기에서 애런은 타율 0.357 3홈런 7타점을 기록하며 활약했는데, 팀은 3연패로 물러났다. 애런의 포스트시즌 통산 17경기 성적은 0.362/0.405/0.710, 6홈런 16타점에 달한다.

신성 불가침한 기록을 넘어

1970년 행크 애런은 역대 9번째이자 흑인 선수 최초로 3000안타를 달성했다. 그해 달성한 500홈런 3000안타는 메이저리그 최초 기록이었다.

1971년에는 서른일곱 살 나이에 개인 최다인 47개 홈런을 날린 후 최초로 연봉 20만 달러를 받는 선수가 됐다. 이제 베이브 루스가 보이기 시작했다.

1973년 애런은 루스의 홈런 기록에 한 개를 남겨놓고 시즌을 끝냈다. 그해 애런은 하루 평균 3000통에 가까운 93만여 통의 편지를 받았다. 대통령 리처드 닉슨을 제외하면 가장 많은 편지를 받는 인사였다. 편지의 내용은 대부분 다음과 같았다.

Dear Nigger.

You black animal. I hope you never long enough to hit more home run than the great Babe Ruth.

많은 백인이 베이브 루스의 기록이 깨져야 한다면 미키 맨틀이 깨기를 바랐다. 하지만 도전자가 애런이 되자 대놓고 적개심을 드러냈다. 애런은 24시간 내내 경찰의 보호를 받아야 했으며, 가족들은 공포와 불안에 떨었다. 애틀랜타 지역 신문은 애런이 갑자기 사망했을 때를 대비해 약력 기사를 준비하기도 했다. 애런은 "난 루스를 깨려는 게 아니다. 단지 내 길을 가려는 것뿐이다"라며 한숨을 쉬었다.

1974년이 시작됐다. 애틀랜타는 개막 시리즈인 신시내티 원정 3연전에 애런을 내보내지 않기로 했다. 이를 안 보위 쿤 커미셔너는 최소 2경기에 선발 출장시킬 것을 명령했다. 신시내티 역사상 개막전 최다 관중이 운집한 리버프런트 스타디움. 1회 첫 타석에 나선 애런은 공 4개를 그대로 보낸 후 볼카운트 3볼 1스트라이크에서 잭 빌링엄Jack Billingham의 5구째를 받아쳐 스리런 홈런을 쏘아 올렸다. 시즌 첫 스윙에 714호 타이기록이 나온 것이다. 애런은 2차전에 출장하지 않았고, 3차전은 무안타에 그쳤다.

풀턴카운티 스타디움에서 열린 LA 다저스와의 홈 개막전, 애런은 부모님이 지켜보는 가운데 신기록 작성에 나섰다. 첫 타석 볼넷에 이은 4회 두 번째 타석에서, 초구 체인지업을 골라낸 애런은 좌완 알

다우닝Al Downing의 2구째 슬라이더를 잡아 당겼다. 공은 좌중간 펜스 뒤 불펜으로 날아갔다. 역사가 새로 쓰인 순간이었다.

애런이 홈플레이트를 밟아 홈런으로 인정받은 시각은 저녁 9시 7분. 다음 날 신문에는 다음과 같은 한 줄 기사가 실렸다. '4월 8일 저녁 9시 7분, 야구에서 가장 신성 불가침한 기록이 무너졌다.'

관중석에서 뛰어든 팬 두 명과 함께 베이스를 돈 애런은 홈플레이트 앞에서 어머니와 포옹했다. 애런은 그렁그렁한 눈으로 이렇게 말했다. "신이여, 감사합니다. 이제 끝났습니다."

하지만 시즌이 끝난 후 애틀랜타 브레이브스는 애런을 밀워키 브루어스로 트레이드해버렸다. 처음 데뷔했던 도시로 돌아가게 된 애런은 애틀랜타에서보다 더 큰 사랑을 받으며 두 시즌 동안 22개 홈런을 더 기록하고 은퇴했다.

은퇴한 행크 애런에게 어떠한 자리도 만들어주지 않던 애틀랜타는 테드 터너Ted Turner가 구단주가 되고 나서야 그를 부사장으로 영입했다. 애런은 야구계에서 흑인이 더 많은 기회를 잡을 수 있도록 노력했으며, 인권 운동과 사회봉사에도 적극적으로 나섰다.

1982년 애런은 97.8퍼센트 득표율을 기록하며 명예의 전당에 올랐다. 당시에는 타이 콥(98.2)에 이은 역대 2위 기록으로, 95퍼센트를 넘긴 선수가 나온 것은 1936년 타이 콥, 호너스 와그너, 베이브 루스 이후 처음이었다.

애런은 자신의 기록에 도전장을 내민 배리 본즈를 누구보다도 열심히 응원했다. 하지만 약물 논란이 터지자 지지를 거둬들였다. 이후 샌프란시스코와 본즈의 초대를 번번이 거절하던 애런은 본즈가

756호 홈런을 쏘아 올렸을 때 어쩔 수 없이 영상 메시지를 보냈다.

1974년 애런은 고라쿠엔 구장에서 오 사다하루王貞治와 홈런 대결을 벌인 적이 있다. 애런은 마흔, 오는 서른네 살이었다. 오는 20번의 스윙 기회에서 9개 홈런을 만들어냈다. 애런은 18번째 스윙에서 10번째 홈런을 기록했다. 그리고 방망이를 가만히 내려놓았다.

애런은 87세 생일을 2주 앞둔 2021년 1월 애틀랜타 자택에서 자는 도중 조용히 숨을 거두었다.

1975년 밀워키 브루어스에서 선수 생활 마지막을 보내던
행크 애런. **사진** United Press International

로베르토 클레멘테, 영웅이 돼 사라진 별

나는 줄 수 있는 모든 것을 주고 떠난 선수로
기억되고 싶다. _로베르토 클레멘테

로베르토 클레멘테 Roberto Clemente, 1934~1972

우익수, 우투우타

활동 기간 1955~1972(18시즌)

"사이영상 수상. 월드시리즈 우승. 하지만 내 생애 최고의 순간은
바로 지금입니다."

2005년 존 스몰츠의 로베르토클레멘테상 수상 소감이다. 스몰츠
는 "이 상은 선수가 이룰 수 있는 최고의 영예다. 더 많은 사람에게
영향을 미칠 수 있다는 점에서 이보다 위에 있는 상은 없다"고 했다.

로베르토 클레멘테. 3000안타 달성자이며 피츠버그 역대 최고의
선수. 하지만 그는 또 다른 이유에서 수많은 별들로 수놓인 메이저
리그 역사에서도 가장 아름다운 별로 남아 있다.

로베르토 클레멘테는 1934년 푸에르토리코에서 50대 중반의 사

탕수수 농장 노동자의 7남매 중 막내로 태어났다. 클레멘테는 육상 단거리와 창던지기에서 두각을 나타냈지만 진짜 꿈은 야구에 있었다. 그에게는 고물 라디오에서 흘러나오는 브루클린 다저스의 경기 중계가 '천상의 소리'였다. 다저스의 강견 우익수 칼 푸릴로를 가장 좋아하던 클레멘테는 매일 몇 시간씩 벽에 고무공을 던지며 어깨를 단련했고, 훗날 역대 최고의 송구 능력을 가진 우익수가 됐다.

푸에르토리코 프로팀에서 뛰던 열여덟 살의 클레멘테를 가장 먼저 발견한 사람은 다저스 스카우트 알 캠퍼니스Al Campanis였다. 다저스는 라틴아메리카 시장 개척에 나선 팀 중 맨 앞에 있었다. 한 발 늦은 밀워키 브레이브스가 3만 달러의 입단 보너스를 제시했지만, 클레멘테는 다저스의 1만 달러를 택했다.

하지만 다저스에는 문제가 하나 있었다. 인종 장벽을 가장 먼저 허문 덕분에 뛰어난 흑인 선수들이 넘쳐나고 있었던 것. 그 때문에 '4000달러 이상을 받고 입단한 신인 선수는 메이저리그 로스터에 들지 못하면 룰 파이브 드래프트의 대상이 된다'는 규정을 도저히 지킬 수 없었다(샌디 코팩스가 입단하자마자 데뷔한 것도 이 때문이었다).

다저스가 택한 방법은 자리가 생길 때까지 클레멘테의 존재를 숨기는 것이었다. 다저스는 클레멘테를 마이너리그 경기에도 제대로 내보내지 않았다.

하지만 세상에 비밀은 없었다. 전 다저스 단장으로 그의 존재를 알고 있던 브랜치 리키가 피츠버그 파이리츠의 단장으로 자리를 옮기면서 그를 룰 파이브 드래프트에서 지명해버렸다. 이렇게 다저스는 팀 역사상 최고가 될 수 있었던 우익수와 더 완벽할 수 있었던 1960년대를 놓쳤다. 반면 리키 단장의 리빌딩에 힘입어 암흑기를 끝내고 막 비상하려던 피츠버그에는 하늘이 내려준 선물이 됐다.

배드볼 히터의 무거운 방망이

1955년 피츠버그는 스무 살의 로베르토 클레멘테를 곧바로 데뷔시켰다. 클레멘테는 공포의 송구로 주자들을 벌벌 떨게 했지만 투수들을 그렇게 하지는 못했다. 그는 고질적인 등 부상 때문에 가벼운 방망이를 사용할 수밖에 없었다(몸 곳곳이 좋지 않던 그는 틈날 때마다 스트레칭을 하느라 타석에서 늘 부산했다). 또 영어가 서툴러 미국 생활에도 제대로 적응하지 못했다.

클레멘테는 끔찍한 배드볼 히터였다. 후안 마리찰Juan Marichal이 "발목 위부터 귀 아래까지가 히팅 존"이라고 했을 정도로, 마구잡이로 방망이를 휘둘렀다. 타격 메커니즘 역시 엉망이었다.

하지만 클레멘테는 엄청난 노력을 통해 배드볼 히팅을 조금씩 완성해갔다. 3년차에 0.253를 기록한 타율은 4년차 0.289, 5년차 0.296를 거쳐 6년차에는 0.314까지 올라갔다. 그리고 6년차인 1960년 처음으로 두 자릿수 홈런(16)을 때려냈다.

1960년 피츠버그는 월드시리즈에서 뉴욕 양키스를 만나 4승 3패로 꺾고 극적인 우승을 차지했다. 최고의 영웅은 7차전에서 9회 말 끝내기 홈런을 날린 빌 매저로스키Bill Mazeroski였다. 하지만 클레멘테도 8회 말 5대 7로 따라붙는 천금 같은 2사 후 적시타를 때려냈다(그의 적시타 후 할 스미스Hal Smith의 투런 홈런이 이어지면서 경기는 7대 7이 됐다). 클레멘테는 1971년 두 번째로 출전한 월드시리즈에서도 타율 0.414의 맹타를 휘둘러 MVP에 올랐고, 피츠버그는 볼티모어를 4승 3패로 꺾고 또다시 우승했다.

1961년 피츠버그의 타격코치로 부임한 조지 시슬러는 클레멘테가 나쁜 공에 방망이를 내는 빈도를 줄일 방법은 배트 스피드를 줄이는 것뿐이라고 생각해 그에게 무거운 방망이를 쥐어 줬다. 시슬러의 처방은 적중했다. 그해 클레멘테는 타율 0.351를 기록해 타격왕에 올랐고 23개 홈런을 때려냈다. 1960년부터 그가 비운의 사고를 당해 유니폼을 벗는 1972년까지 13년간 클레멘테는 한 번(1968년 0.291)을 제외하고는 타율이 0.312 아래로 내려가지 않았다.

1961년부터 1967년까지 7년간, 클레멘테는 4번 타격왕에 오르고 2위를 한 번 차지했다. 당시는 마운드가 지배하던 시대였다. 클레멘테가 0.357이라는 생애 최고 타율로 타격왕에 오른 1967년 내셔널 리그의 평균 타율은 0.249에 불과했다.

1966년 클레멘테는 타율 0.317 29홈런 119타점을 기록해 처음이자 마지막으로 리그 MVP를 차지했다. 2위는 샌디 코팩스였는데, 이로써 코팩스는 두 번째 '사이영상과 MVP 동시 석권'을 이루지 못하고 은퇴했다.

클레멘테의 가장 큰 약점은 출루 능력이었다. 통산 타율이 0.317인 그의 통산 출루율은 0.359에 불과하다. 1961년에는 타율 0.351를 기록하고도 출루율은 0.390에 그치기도 했다. 통산 621개 볼넷은 1900년 이후 데뷔한 역대 3000안타 달성자 24명 중 가장 적은 것이며(2위 토니 그윈 790개), 그마저도 고의사구가 많았다(고의사구 비중 26.892퍼센트, 배리 본즈 26.896퍼센트).

140미터 노 바운드 송구

로베르토 클레멘테의 외야 송구는 역대 최고였다. 빈 스컬리는

"뉴욕에서 공을 던져 펜실베이니아에 있는 주자를 잡아낼 수 있는 능력"이라고 했고, 해설계의 거장 팀 매카버Tim McCarver는 "몇몇 선수들의 어깨가 라이플총이라면 로베르토 클레멘테는 곡사포"라고 했다. 클레멘테는 140미터 거리에서 노 바운드 송구를 선보여 충격을 안겼으며, 자신 앞에 떨어진 안타 타구를 잡아 3루에서 출발해 홈으로 들어오던 주자를 아웃시키기도 했다.

주자들이 뛰는 것을 아예 포기했는데도 클레멘테가 5번이나 어시스트 1위에 오를 수 있었던 것은 당연한 진루까지 잡아냈기 때문이다. 클레멘테는 단지 어깨만 좋은 외야수가 아니었다. 그는 타구 판단에 천재적이었으며 소문난 홈런 훔치기 전문가였다. 1961년부터 사망하기 직전까지 12년 연속으로 따낸 골드글러브는 윌리 메이스와 함께 외야수 최다 기록에 해당한다. 동시대를 보낸 모리 윌스Maury Wills는 클레멘테의 수비가 메이스보다 더 뛰어나다고 평했다.

몸을 사리지 않는 수비와 대단히 공격적인 주루 플레이를 고수했던 탓에, 클레멘테는 부상을 달고 살았다. 하지만 언론은 그를 대수롭지 않은 부상에도 출전을 거부하는 엄살꾼으로 묘사했다. 반면 비슷한 모습을 가진 미키 맨틀에 대해서는 관대했다. 영어가 완벽하지 못했던 클레멘데가 이에 대한 해명을 포기하면서 언론이 만든 그의 이미지는 굳어졌다.

'블랙 히스패닉'

로베르토 클레멘테가 데뷔하자 미국 언론은 그를 '로버트'의 애칭인 '바비'로 불렀다. 하지만 클레멘테는 정정을 요구했고 언론과의 갈등이 시작됐다. 클레멘테는 자신이 만만하게 보이면 다른 히스패닉 선수들은 더 무시받을 것으로 생각해 일부러 자존심을 세웠다. 또 히스패닉 시민들의 인권 보호를 위해 앞장서야 한다는 사명감에 기회가 있을 때마다 정치적 발언을 했다. 여기에 마틴 루서 킹 목사의 열렬한 지지자 중 한 명이기도 했다.

히스패닉 선수의 첫 세대이자 최초의 슈퍼스타였던 그는 재키 로빈슨 못지않게 빈볼과 협박에 시달렸다. 그에게는 다른 피부색에다 비미국인이라는 꼬리표까지 붙여졌다. 로빈슨이 '블랙'이었다면 클레멘테는 '블랙 히스패닉'이었다. 클레멘테에게는 로빈슨에게는 없었던 영어라는 또 다른 벽이 있었다. 클레멘테는 흑인이지만 미국 선수인 윌리 메이스와 행크 애런 등과는 또 다른 차별을 받았다.

그는 푸에르토리코의 영웅이었다. 1970년 '로베르토 클레멘테의 밤' 행사에서 그에게 전달된 두루마리에는 푸에르토리코 전체 인구의 10퍼센트에 달하는 30만 명의 서명이 들어 있었다. 이처럼 그는 라틴아메리칸의 자존심이었다. 이들에게 받은 사랑은 그에게 엄청난 힘인 동시에 부담이었다. 클레멘테는 어느 곳에 가더라도 고개를 빳빳이 들었고, 자신의, 아니 히스패닉 선수의 가치를 증명하기 위해 최선을 다했다. 그는 라틴아메리카 소년들의 꿈이자 희망이었다.

별이 지다

1972년 로베르토 클레멘테는 3000번째 안타를 때려내고 시즌을 끝냈다. 서른여덟 살이었지만 12번째 올스타전에 출전하고 12년 연속 골드글러브를 수상하는 등 노쇠화의 징후는 전혀 없었다. 그가 그해 시즌을 끝으로 더 이상 안타를 추가하지 못하게 될 줄은 아무도 몰랐다.

1972년 3000번째 안타를 때려낸 후 기념 공을 들어 보이는 로베르토 클레멘테

크리스마스를 앞둔 12월 23일 니카라과의 수도 마나과에 큰 지진이 일어났다. 사회봉사에 헌신적이었던 클레멘테는 가만있지 않았다. 하지만 그가 보낸 구호품은 중간에서 빼돌려져 이재민에게 제대로 전달되지 않았다. 클레멘테는 자신이 직접 전달해야겠다고 결심하고 12월 31일 구호품과 함께 직접 비행기에 올랐다. 낡은 DC-7기에는 구호품이 2톤 넘게 실려 있었다.

이륙하고 얼마 되지 않아 엔진에서 화염이 일었다. 그리고 비행기는 바다로 추락했다. 그렇게 클레멘테를 비롯한 5명이 목숨을 잃었다. 사고 원인은 과도한 화물 적재, 엔진 결함, 그리고 악천후였다.

그렇게 클레멘테는 하늘로 올라가 별이 됐고 사람들의 가슴속에 아로새겨졌다.

영웅의 비극적인 죽음에 모두가 눈물을 흘렸다. 푸에르토리코 정부는 사흘간 국민 애도 기간을 선포했다. 보위 쿤 메이저리그 커미셔너는 1971년에 제정된 사회봉사 공로상에 그의 이름을 붙여 로베르토클레멘테상으로 명명했다. 명예의 전당 위원회는 은퇴 후 유예 기간 5년이 지나야 주어지는 자격 조건을 면제하고, 이듬해 곧바로 92.7퍼센트 득표율을 기록한 그를 명예의 전당에 헌액했다. 1984년 8월 그의 50번째 생일을 맞아 미국 우편국은 기념우표를 발행했다. 메이저리그 선수로는 재키 로빈슨 이후 처음이자 마지막이었다.

2006년 미국에 거주 중인 3만 명의 히스패닉 시민들은 클레멘테의 등번호 21번을 재키 로빈슨의 42번과 마찬가지로 전 구단 영구 결번으로 만들어달라는 요청서를 냈다. 하지만 메이저리그 사무국은 이를 받아들이지 않았다(로빈슨의 딸도 반대했다).

2004년 12월 31일, 아들 로베르토 클레멘테 주니어는 아버지의 사망 32주기를 맞아 32년 전과 똑같은 시간에, 똑같은 구호품을 싣고, 니카라과로 날아가 어려운 이들에게 전달할 계획을 세웠다. 하지만 그 직전에 동남아시아에서 대지진과 쓰나미가 일어나 대규모 희생자와 난민이 발생하자, 동남아 현지로 구호품과 기부금을 보냈다. 아버지를 기린 기념 비행보다는, 당장 고통받는 이들에게 구호물자를 전달하는 것이 아버지의 뜻을 잇는 것이라 생각해서였다. 클레멘테의 아름다운 비행은 그렇게 완성됐다.

브룩스 로빈슨, 인간 진공청소기

브룩스 로빈슨은 레벨이 더 높은 리그에서 내려온 3루수 같았다. _에드 헐리Ed Hurley

브룩스 로빈슨 Brooks Calbert Robinson, 1937~

3루수, 우투우타

활동 기간 1955~1977(23시즌)

A: 0.271/0.376/0.509(17시즌 승리기여도 96.2)

B: 0.267/0.322/0.401(23시즌 승리기여도 78.4)

A: 2391경기 2315안타 512홈런(2루타 354개) 1453타점

B: 2896경기 2848안타 268홈런(2루타 482개) 1357타점

A와 B는 명예의 전당에 올라 있는 두 3루수의 통산 성적이다. B선수는 A선수보다 6시즌을 더 뛰고 500안타를 더 기록했지만, 홈런 수가 A선수의 절반 수준에 불과하고, 장타율은 1할 이상 떨어진다.

그렇다면 이 둘의 명예의 전당 득표율은 어땠을까. 홈런왕도 두 번이나 차지한 A 선수는 다섯 번째 투표에서 득표율 79.4퍼센트를

기록해 들어갈 수 있었다. 반면 B 선수는 첫 번째 투표에서 92퍼센트를 얻어 단번에 들어갔다. B 선수는 야구가 생긴 이래 최고의 수비력을 보여준 3루수, 브룩스 로빈슨이고, A 선수는 에디 매튜스다.

지금까지 기자 투표를 통해 명예의 전당에 들어간 3루수는 총 8명이다. 파이 트레이너, 에디 매튜스, 브룩스 로빈슨, 마이크 슈미트, 조지 브렛, 폴 몰리터, 웨이드 보그스, 치퍼 존스가 그 주인공들이다. 이들 가운데 로빈슨은 500홈런(매튜스, 슈미트)이나 3000안타(브렛, 몰리터, 보그스), 통산 3할 타율(트레이너, 브렛, 몰리터, 보그스, 존스) 같은 기록 중 아무것도 달성하지 못한 유일한 선수다. 그래도 로빈슨에게는 이들에게 없는 결정적 무기가 있으니 바로 16개 골드글러브다.

16개 골드글러브는 투수 그레그 매덕스(18개)에 이은 역대 2위 기록에 해당한다. 16년 연속 골드글러브 수상 역시 투수 짐 캇Jim Kaat의 기록과 타이를 이룬다(매덕스 13년 연속). 야수 중에서 이 기록에 가장 근접한 것은 아지 스미스와 이반 로드리게스가 따낸 13개이며, 3루수 중에서는 마이크 슈미트가 기록한 10개가 그래도 가깝다(3위 스콧 롤렌Scott Rolen 8개).

그렇다면 로빈슨의 수비력은 대체 어떤 수준이었을까. 로빈슨은 수비율(1500경기 이상), 풋아웃, 어시스트, 수비 기회, 더블플레이에서 상당히 큰 차이로 3루수 역대 1위를 지키고 있으며, 수비율은 11번, 어시스트는 8번 리그 1위에 올랐다. 통산 네 번 트리플플레이를 만들어낸 것 역시 역대 최고 기록이다. 그가 보여준 동작 하나하나는 3루수 수비의 표본으로 남았다.

로빈슨의 통산 수비율은 0.971로, 그와 함께 3대 3루수 수비에 꼽히는 마이크 슈미트(0.955)와 스콧 롤렌(0.968)을 모두 앞선다. 그가 활약한 시대(1955~1977년)는 글러브의 질이 지금보다 좋지 않았으며 그라운드 상태도 나빴다. 그럼에도 로빈슨은 23년간 뛰는 동안 통산 263개 실책밖에 기록하지 않았다.

로빈슨이 뛰어난 것은 수비율만이 아니었다. 상상을 초월할 만큼의 민첩성과 강한 어깨로 자신 앞으로 오는 안타성 타구를 닥치는 대로 빨아들인 그는 '인간 진공청소기'(The Human Vacuum Cleaner)로 불렸다. 한 타자는 로빈슨이 두 타석 연속으로 자신의 안타를 도둑질하자 "젠장 저쪽으로 타구를 날리는 건 벽에다 햄버거를 던지는 꼴이구먼"이라는 말을 남기기도 했다. 로빈슨은 동시대 아메리칸리그에서 뛰는 우타자들이 가진 공통적인 스트레스였다.

그와 함께 볼티모어 최고의 전성기를 이끌었던 프랭크 로빈슨도 "그는 내가 본 선수 중 수비를 가장 잘하는 선수다. 외야에서 그의 수비에 감탄하고 있다 보면, 마치 관중석의 꼬마 아이가 된 것처럼 느껴졌다"고 했다.

그렇다고 볼티모어 선수들이 감상만 했던 것은 아니다. 로빈슨을 보며 수비의 중요성을 깨달은 동료들은 스스로 수비력 강화에 힘썼고, 이는 볼티모어가 최강의 마운드를 구축하는 데 결정적인 영향을 미쳤다. 1966년부터 1974년까지 9년간 6차례 포스트시즌에 나서 4차례 리그 우승과 2차례 월드시리즈 우승에 오른 그때가 볼티모어의 최고 전성기였다. 그리고 그 중심에는 로빈슨이 있었다.

두 차례 월드시리즈 우승

브룩스 로빈슨은 1937년 아칸소주 리틀록에서 태어났다. 소방관인 아버지는 세미프로팀 선수였다. 아버지를 따라 야구를 시작한 로빈슨에게 어느 날 큰 문제가 생겼다. 그가 진학한 고등학교에 야구팀이 없었던 것이다. 어쩔 수 없이 미식축구팀에 들어가게 된 로빈슨은 쿼터백으로 뛰며 팀을 주 챔피언에 올려놓았다. 야구가 너무 하고 싶던 로빈슨은 그 대신 교회 야구팀에서 2루수로 뛰었다. 주머니 속의 송곳이라 했던가. 로빈슨은 오래 지나지 않아 메이저리그 스카우트들 사이에 알려졌고, 결국 볼티모어 오리올스에 입단했다.

계약 첫해인 1955년 열여덟 살 나이에 데뷔한 로빈슨은 첫 3년간은 메이저리그와 마이너리그를 오갔다. 그러던 중 1958년 훗날 명예의 전당에 오르는 3루수(베테랑위원회 헌액) 조지 켈이 은퇴하면서 3루수 자리를 물려받았다.

1960년 로빈슨은 타율 0.294 14홈런 88타점을 기록하며 MVP 3위(1위 로저 매리스, 2위 미키 맨틀)에 올랐다. 이를 시작으로 질주가 이어졌다. 로빈슨은 그해부터 16년 연속으로 골드글러브를 따냈으며, 15년 연속으로 올스타전에 나섰다. 1969년까지 10년간은 수비율 1위에만 9번 올랐다. 꾸준함의 대명사였던 그는 1960년부터 1974년까지 15년간 한 해(1965년 144경기)를 제외하고 매년 153경기 이상 나섰으며, 1976년까지 17년간은 팀이 치른 97퍼센트의 경기에서 핫코너(3루수)를 지켰다.

1964년 타율(0.317), 홈런(28), 타점(118)에서 개인 최고 기록을 세운 로빈슨은 그해 미키 맨틀(타율 0.303 35홈런 111타점)을 1위 표 18대 2로 꺾고 볼티모어 최초의 리그 MVP가 됐다. 1965년 타율 0.297 18홈런 80타점을 기록하면서 MVP 투표에서 3위, 1966년엔 타율 0.269 23홈런 100타점을 기록하면서 MVP 2위에 올랐다.

1966년 MVP 투표에서 1위부터 3위까지는 모두 볼티모어 선수들이었다(프랭크 로빈슨, 브룩스 로빈슨, 부그 파월Boog Powell). 그해 로빈슨은 올스타전에서 홈런을 포함해 4타수 3안타를 기록하고 올스타전 MVP가 되기도 했다.

1966년 볼티모어는 22년 만에 월드시리즈에서 나서게 됐는데, LA 다저스에 4연승을 거두고 감격적인 첫 우승을 차지했다. 특히 볼티모어는 1차전 1회 초에 3번 프랭크 로빈슨(투런)과 4번 브룩스 로빈슨이 돈 드라이스데일을 상대로 백투백 홈런을 날리면서 기선을 제압할 수 있었다. 로빈슨의 활약은 특히 수비에서 빛났다. 다저스의 월터 올스턴 감독은 시리즈가 끝난 후 "로빈슨 때문에 번트를 댈 수 없었고 그 때문에 졌다"고 밝혔다. 다저스는 3차전과 4차전에서 모두 0대 1로 패했다.

1969년 볼티모어는 또 한 번 월드시리즈에 올랐다. 로빈슨은 리그 챔피언십시리즈에서 14타수 7안타의 맹타를 휘둘렀지만 월드시리즈에선 19타수 1안타에 그쳤다. 결국 볼티모어는 월드시리즈에서 '어메이징 메츠'에 1승 4패로 무릎을 꿇었다.

이듬해 로빈슨은 리그 챔피언십시리즈에서 다시 타율 0.583의 맹타를 휘둘렀다. 그리고 '로빈슨의 원맨쇼'로 기억될 1970년 월드시리즈가 시작됐다. 상대는 '빅 레드 머신'으로 불리던 신시내티 레즈였다. 1차전에서 로빈슨은 신시내티 리버프런트 스타디움의 3루 카펫을 먼지 하나 없이 청소함은 물론, 3대 3으로 맞선 7회 말에는 결승 홈런을 날렸다. 3차전에서 로빈슨은 다시 두 차례 환상적인 수비를 선보였다. 특히 3루 선상을 꿰뚫는 리 메이Lee May의 타구를 잡아 파울 지역으로 쓰러지면서 송구한 장면은 윌리 메이스의 '더 캐치'

와 함께 월드시리즈 최고의 호수비로 꼽히고 있다.

그해 월드시리즈 우승은 4승 1패로 이긴 볼티모어의 차지였다. 5경기에서 로빈슨이 잡아먹은 안타는 9개에 달했다. 방망이 역시 불을 뿜은 로빈슨(타율 0.429 2홈런 6타점)에게 MVP가 주어진 것은 당연한 일이었다. 지금까지 리그, 올스타전, 월드시리즈에서 모두 MVP를 석권한 선수는 그와 프랭크 로빈슨, 샌디 코팩스 셋뿐이다.

시리즈가 진행되는 도중 신시내티의 스파키 앤더슨Sparky Anderson 감독은 기자들에게 다음과 같은 이야기를 들려줬다. "이제는 그 녀석이 꿈에서도 보이기 시작했어. 글쎄, 내가 종이접시를 떨어뜨리니까 잽싸게 낚아채더니 1루로 던져 아웃시키더라고." 로빈슨에게 안타를 가장 많이 도둑맞은 자니 벤치는 로빈슨이 MVP에 올라 부상으로 도요타 신차를 받는 모습을 보면서 다음과 같이 말했다. "맙소사, 로빈슨이 차를 갖고 싶었던 거라면 우리가 선물해주는 건데."

미스터 오리올스

1971년 볼티모어 오리올스는 3년 연속 월드시리즈에 올랐다. 브룩스 로빈슨은 리그 챔피언십시리즈와 월드시리즈에서 모두 좋은 활약을 펼쳤지만, 팀은 월드시리즈 최종전에서 로베르토 클레멘테가 솔로 홈런을 날린 피츠버그에 1대 2로 패해 분루를 삼켜야만 했다. 로빈슨의 마지막 월드시리즈였다. 그해 마지막으로 20홈런을 치면서 하향세에 접어들었고, 프랭크 로빈슨도 팀을 떠났다.

39세 시즌인 1976년 로빈슨은 부상을 입어 71경기 출장에 그쳤다. 로빈슨이 144경기 이상 나서지 못한 것은 1959년 이후 이때가 처음이었다. 그해 아메리칸리그 3루수 부문 골드글러브에는 1959년

1957년 신인 시절의 브룩스 로빈슨.
사진 National Hall of Fame and Museum 동영상 캡처

이후 17년 만에 처음으로 로빈슨이 아닌 다른 선수의 이름이 올라갔다(디트로이트의 아우렐리오 로드리게스Aurelio Rodriguez).

1977년 마흔 살의 로빈슨은 선수 겸 코치로 계약했다. 그리고 선수보다는 코치 일에 더 힘을 썼다(24경기 출장). 그해 8월 22일 로빈슨은 은퇴를 선언했다. 9월 18일 볼티모어의 메모리얼스타디움은 그의 마지막 모습을 보려는 5만 1798명 팬들로 가득 찼다. 그다음 날 경기장을 찾아온 관중 수는 3325명이었다.

한 팀에서만 23년을 뛰고 은퇴한 것은 칼 야스트렘스키와 함께 역대 최장 기록이다. 한 팀에서 로빈슨보다 더 많은 경기를 뛴 선수는 칼 야스트렘스키, 행크 애런, 스탠 뮤지얼, 칼 립켄 주니어 넷뿐이다. 그리고 야스트렘스키와 타이 콥, 립켄만이 브룩스보다 더 많은 아메리칸리그 경기에 출장했다. 로빈슨은 1957년부터 1976년까지 20년 연속 개막전에 나서기도 했다.

로빈슨이 볼티모어 팬들의 사랑을 한 몸에 받은 것은 뛰어난 실력 때문만이 아니었다. 그는 메이저리그 역사상 가장 신사적이고 온화했던 선수 중 한 명이었으며, 모든 동료가 좋아한 클럽하우스 리더였다. 로빈슨이 활동하던 시기 볼티모어시에서 태어난 남자아이의 상당수는 '브룩스'라는 이름을 갖게 됐다.

1983년 로빈슨은 첫해 투표를 통해 명예의 전당에 오른 첫 번째 3루수가 됐다(이후 마이크 슈미트, 조지 브렛, 폴 몰리터, 웨이드 보그스, 치퍼 존스도 첫해 도전에 입성했다). 볼티모어는 로빈슨에게 팀 최초의 영구 결번을 줬다(이후 브렛이 로빈슨을 따라 5번을 달면서 5번은 3루수의 대표 등번호가 됐다). 2006년 볼티모어 팬들이 구단주 퇴진 시위를 벌이면서 오후 5시 8분에 퇴장한 것은(5번은 로빈슨, 8번은 칼 립켄 주니어의 등번호) 볼티모어 팬들에게 있어 로빈슨이 어떤 존재인지를 보여주는 대목이다.

로빈슨은 은퇴 후 개인 사업을 하다 파산을 맞아 인생의 큰 위기를 겪기도 했다. 하지만 특유의 근면성과 긍정적인 마인드로 다시 일어섰다. 1982년부터는 볼티모어 전담 해설가로 활약하면서 이번에는 글러브가 아닌 마이크로 볼티모어 팬들의 사랑을 받았다.

프랭크 로빈슨, 전쟁과 투사

**로빈슨은 팀을 단결시켰다.
그가 온 뒤로 우리는 최고의 팀이 됐다.** _브룩스 로빈슨

프랭크 로빈슨 Frank Robinson, 1935~2019

외야수 및 1루수, 우투우타

활동 기간 1956~1976(21시즌)

　많은 한국 팬들에게 프랭크 로빈슨은 반갑지 않은 이름이다. 김선우에게 당시 워싱턴 내셔널스 감독을 맡고 있던 로빈슨은 공정하지 않았다. 하지만 선수로서, 감독으로서 메이저리그 역사에 그만큼 큰 획을 남긴 사람도 많지 않다.

　리그 MVP를 두 번 이상 차지한 선수는 29명인데, 양 리그에서 모두 받은 사람은 로빈슨뿐이다. 로빈슨은 MVP 투표에서 10번이나 10위 내에 들었다. 신인상, 리그 MVP, 올스타전 MVP, 월드시리즈 MVP. 이른바 트로피 그랜드슬램을 달성한 선수도 그가 유일하다.

　또 로빈슨은 라이브볼 시대가 시작된 이후 아메리칸리그에서 트리플 크라운을 달성한 7명 중 한 명이다(루 게릭, 지미 폭스, 테드 윌리

엄스, 미키 맨틀, 칼 야스트렘스키, 미겔 카브레라).

토털 베이스볼 랭킹에서 로빈슨은 17위 스탠 뮤지얼, 18위 루 게 릭에 이어 19위에 올라 있다. 스포팅뉴스는 그를 역대 22위에 올렸다(두 랭킹 모두 타자와 투수를 통합한 순위다). 빌 제임스는 로빈슨을 베이브 루스와 행크 애런에 이어 우익수 역대 3위로 꼽았다.

로빈슨은 '3000안타 600홈런' 기록에 57안타와 14홈런을 남겨 놓고 은퇴했다. 마음만 먹었다면 충분히 달성할 수 있는 기록이었다(본인이 감독이었으니까). 역사상 3000안타 600홈런 달성자는 행크 애런, 윌리 메이스, 알렉스 로드리게스, 앨버트 푸홀스 넷뿐이다.

로빈슨의 586홈런(역대 10위)은 2004년 배리 본즈가 추월하기 전까지 행크 애런, 베이브 루스, 윌리 메이스에 이어 4위 기록이었다. 로빈슨은 역사상 개막전에서 가장 많은 홈런(8개)을 날린 선수이며, 짐 토미(13개) 다음으로 많은 12개 끝내기 홈런을 때려냈다.

로빈슨은 투수의 시대를 보낸 타자다. 통산 OPS 0.926은 대단해 보이지 않지만 조정OPS는 154에 달한다. 2500경기 이상 출장하고 로빈슨보다 더 좋은 조정OPS를 가진 선수는 베이브 루스(206), 배리 본즈(182), 타이 콥(168), 스탠 뮤지얼(159), 트리스 스피커(157), 윌리 메이스(156), 행크 애런(155), 멜 오트(155) 8명뿐이다.

무엇보다도 로빈슨은 메이저리그 최초의 흑인 감독이다. 1947년 재키 로빈슨이 인종의 벽을 허물었던 것과 마찬가지로, 1975년 로빈슨도 '흑인은 똑똑하지 못해 감독을 할 수 없다'는 또 하나의 편견을 무너뜨렸다.

투사였던 사나이

프랭크 로빈슨은 투사였다. 홈플레이트 쪽으로 바짝 붙어 잔뜩 웅크린 채 투수를 노려보는 눈빛에서는 '어디, 칠 테면 쳐봐. 내가 더 큰 펀치를 날려주지'라고 말하는 듯한 복서의 파이팅이 느껴졌다. 당시는 바짝 붙는 타자를 빈볼로 응징하던 시대였다.

그는 무수한 빈볼을 맞으면서도 결코 물러서지 않았다. 필라델피아의 진 모크Gene Mauch 감독은 로빈슨이 타석에 들어섰을 때 몸 쪽 위협구를 던지지 않는 투수에게 벌금을 물리기도 했다. 그러면서 몸 맞는 공에서 7번이나 리그 1위에 올랐으며, 데뷔 첫해 신인 최고 기록(20개)을 세우기도 했다.

또 로빈슨은 타이 콥에 비견될 정도로 거친 주자였다. 누구보다도 공격적인 베이스 러닝을 했다. 필사적인 외야 수비 역시 그의 상징이었다(골드글러브 1회). 이렇게 수많은 몸 맞는 공과 저돌적인 베이스 러닝, 그리고 과감한 수비 때문에 부상이 끊이지 않았다. 그럼에도 웬만한 부상은 무시하면서 몸을 사리지 않는 플레이를 펼쳤다.

매 경기를 '오늘이 마지막'이라는 태도로 임하고도 스물 살에 데뷔해 마흔 살에 은퇴할 수 있었던 것은 철저한 자기 관리 덕분이었다. 로빈슨은 술을 입에 대지 않았으며, 야구에 방해되는 것은 어떠한 것도 하지 않았다.

로빈슨이 전성기를 보낸 1960년대는 흑인 스타들이 본격적으로 등장한 시기였다. 재키 로빈슨이 그랬던 것처럼, 대부분의 흑인 스타들은 순종적인 이미지를 유지하기 위해 노력했다. 하지만 로빈슨은 흑인들이 진정한 권리를 가지려면 맞서 싸워야 한다고 생각했다. 윌리 메이스나 행크 애런과 달리 빡빡하게 굴었고, 그럴수록 팬과 언론은 그에게서 멀어져갔다(최초의 히스패닉 선수라 할 수 있는 로베르토 클레멘테도 로빈슨과 생각이 같았다).

1960년 로빈슨은 에디 매튜스와 경기 도중 주먹다짐을 했다. 백인 슈퍼스타와 흑인 슈퍼스타 간에 일어난 최초의 충돌이었다. 로빈슨은 이 사건으로 백인 사회의 공적이 됐다. 행크 애런이 베이브 루스의 기록에 도전하는 일이 일어나기 전까지, 재키 로빈슨 이후 백인들의 살해 협박을 가장 많이 받은 선수는 프랭크 로빈슨이었다. 경찰에 보호 요청을 했던 행크 애런과 달리 로빈슨은 권총을 직접 갖고 다녔다. 로빈슨은 이 때문에 경기장에서 체포될 뻔하기도 했다.

1972년 월드시리즈에 초청된 재키 로빈슨은 "이제는 흑인 감독이 보고 싶다"는 말을 했다. 그리고 한 달이 지나기도 전에 세상을 떠났다. 1975년 마침내 재키 로빈슨의 꿈은 이루어졌다. 흑인 최초의 슈퍼스타인 윌리 메이스가 아니라 프랭크 로빈슨에 의해서였다. 로빈슨이 최초의 흑인 감독이 된 것은 우연이 아니었다. 그는 최초의 흑인 감독을 다음 목표로 정한 후 1969년부터 겨울이 되면 푸에르토리코 윈터리그에 참가해 감독 수업을 받아왔다.

신시내티 리더, '심판자'

1935년 텍사스주 보몬트에서 태어난 프랭크 로빈슨은 어린 시절을 오클랜드에서 보냈다. 역시 인종차별이 심했던 조지아주에서 태어나 캘리포니아로 이주한 재키 로빈슨처럼, 로빈슨도 만능 스포츠맨이었다. 로빈슨은 고교 시절 농구팀에서 훗날 NBA 명예의 전당에 오르는 빌 러셀Bill Russell과 한 팀에서 뛰었는데, 러셀 역시 훗날 NBA에서 최초의 흑인 감독이 됐다.

1953년 신시내티에 입단한 로빈슨은 1956년 스물 살 나이에 스프링캠프에서 주전 좌익수 자리를 따냈다. 그리고 그해 타율 0.290 38홈런 83타점 122득점(리그 1위)의 놀라운 성적을 기록해 만장일치로 신인왕에 올랐다. 38홈런은 1930년 월리 버거Wally Berger가 세운 신인 최다 홈런 기록과 타이였다(이 기록은 1987년 마크 맥과이어가 49개로 경신했다).

이듬해인 1957년 로빈슨은 타율 0.322를 기록해 스탠 뮤지얼(0.351)과 윌리 메이스(0.333)에 이어 리그 3위에 올랐다. 그해 올스타전에서는 내셔널리그의 아홉 자리 중 여덟에 신시내티 선수들이 뽑히는 몰표 사건이 일어났다. 포드 프릭 커미셔너는 직권으로 신시내티 선수 3명을 제외하고 다른 선수로 교체했는데, 로빈슨의 자리는 지켜졌다.

20대 중반에 접어들면서 로빈슨은 신시내티 선수단의 리더로 올라섰다. 동료들은 그를 '심판자'(The Judge)라고 불렀다. 1961년 로빈슨은 타율 0.323 37홈런 124타점의 대활약을 펼쳐 팀을 21년 만에 월드시리즈 무대에 올려놓고, 자신은 만장일치에서 한 표가 모자란 리그 MVP가 됐다. 하지만 그해 스포트라이트는 로저 매리스와 미키 맨틀 간의 홈런 대결에 맞춰졌다.

1962년 로빈슨은 타율 0.342 39홈런 136타점의 더 화려한 성적을 올렸다. 출루율, 장타율, 득점, 2루타에서 1위를 차지한 로빈슨은 타율과 총루타 1위를 아깝게 놓쳤다. 시즌 막판에 다저스와 자이언츠 간의 3경기 플레이오프가 성사되면서 다저스의 토미 데이비스가 타격왕을, 자이언츠의 윌리 메이스가 총루타 1위를 가져갔다. 그해 내셔널리그에서 가장 큰 화제를 모은 선수는 104도루를 기록해 MVP가 된 다저스의 모리 윌스였다.

그의 뛰어난 활약은 계속됐다. 하지만 1965년 시즌이 끝난 후 신시내티 레즈의 빌 디윗Bill DeWitt(현 세인트루이스 구단주와는 다른 인물) 단장이 로빈슨을 볼티모어 오리올스로 보냈다. 디윗은 "서른 살이면 적은 나이가 아니다"라는 이유를 댔지만 구단에 고분고분하지 않은 로빈슨을 껄끄럽게 여긴 탓이 컸다.

로빈슨을 내보낸 후 신시내티는 성적과 흥행에서 모두 추락했다. 클럽하우스의 좋았던 분위기 역시 와해됐는데, 1970년 자니 벤치가 새로운 리더로 등장하고 나서야 추스를 수 있었다. 로빈슨 트레이드는 이전의 크리스티 매튜슨 트레이드와 함께 신시내티 최고의 흑역사로 남았다. 디윗 단장은 해임됐다.

유일한 양 리그 MVP

볼티모어 오리올스에서의 첫해였던 1966년, 프랭크 로빈슨은 타율, 출루율, 장타율, 홈런, 타점, 득점에서 모두 1위에 오르며 트리플 크라운을 달성했다. 그리고 모든 1위 표를 가져와 메이저리그 최초의 (그리고 지금도 유일한) 양 리그 MVP가 됐다.

1966년은 메이저리그가 다저스의 샌디 코팩스, 돈 드라이스데일 원투 펀치에 열광한 해였다. 하지만 볼티모어는 월드시리즈에서 다저스를 4연승으로 제압하고 창단 첫 우승을 차지했다. 로빈슨은 빈볼을 밥 먹듯 던지는 드라이스데일을 상대로 1차전 1회 투런 홈런을 포함해 2개 홈런을 때려냈다.

1967년 로빈슨은 시즌 내내 2년 연속 트리플 크라운을 달성할 페이스였다. 하지만 시즌 막판에 부상을 당해 역대 최초가 될 수 있었던 이 기록은 무산됐다. 33경기에 결장하고도 타율 2위, 홈런 4위,

타점 3위에 올랐다. 부상만 아니었다면 1967년의 트리플 크라운 달성자는 칼 야스트렘스키가 아니라 로빈슨이 됐을 것이다.

1969년 다시 월드시리즈에 진출한 볼티모어는 시즌 후반 연승 행진을 올리며 등장한 '어메이징 메츠Amazing Mets'와 맞붙었다. 1차전은 볼티모어가 승리했지만 이후 4경기를 메츠가 모두 잡아내며 월드시리즈에서 우승했다.

1970년 볼티모어는 월드시리즈에서 로빈슨을 내친 신시내티 레즈와 만나 4승 1패로 꺾음으로써 두 번째 우승을 차지했다.

1971년에도 월드시리즈에 오른 볼티모어는 피츠버그 파이리츠와 맞붙었는데, 6차전에서 로빈슨은 연장 10회 말 얕은 중견수 플라이 때 홈으로 전력 질주를 해 끝내기 득점을 만들어냈다. 하지만 볼티모어는 최종 7차전에서 로베르토 클레멘테가 홈런을 때리고 스티브 블래스Steve Blass가 완투승을 거둔 피츠버그에 1대 2로 패했다.

1971년 시즌 후 볼티모어 오리올스는 서른여섯 살이 된 로빈슨을 LA 다저스로 트레이드했다. 그리고 은퇴하기도 전인 그에게 팀 최초의 영구 결번을 줬다. 볼티모어에서 6년간 로빈슨이 거둔 성적은 0.300/0.401/0.543에 연평균 30홈런 91타점이었다. 볼티모어는 구단 역사상 월드시리즈에 7차례 올라 3차례 우승했는데, 그중 4차례 진출과 2차례 우승이 로빈슨이 뛴 6년 사이에 나왔다.

최초의 흑인 감독이 되다

1972년 프랭크 로빈슨은 다저스에서 타율 0.251 19홈런 59타점에 그치며 데뷔 후 가장 나쁜 시즌을 보냈다. 이듬해 캘리포니아 에인절스로 옮겼고, 타율 0.266 30홈런 97타점을 기록하며 마지막 불꽃을 태웠다. 그리고 1974년 129경기에서 타율 0.251 20홈런 63타점을 기록하던 후반에 클리블랜드 인디언스로 다시 트레이드됐다.

39세 시즌인 1975년 로빈슨은 클리블랜드의 신수 겸 감독이 됨으로써 메이저리그 역사에 새 장을 열었다. 재키 로빈슨의 미망인인 레이첼 로빈슨이 시구를 던진 개막전에서, 로빈슨은 첫 타석 홈런을 날리면서 감독으로서 첫 승을 따냈다.

하지만 감독 생활은 순탄치 않았다. 특히 팀 내 원투 펀치였던 게일로드 페리, 짐 페리Jim Perry 형제가 반기를 들었다. 클리블랜드는 이 둘을 트레이드해야만 했다.

1976년 로빈슨이 이끈 클리블랜드는 81승 78패를 기록해, 1959년 이후 세 번째 위닝 시즌을 만들어냈다. 1977년 로빈슨은 감독 일에 집중하기 위해 3000안타 600홈런을 눈앞에 두고 현역에서 은퇴했다. 하지만 클리블랜드는 초반 출발이 매끄럽지 않자 로빈슨을 해임했다.

1988년 로빈슨은 개막 후 6연패에 빠진 팀을 맡아 볼티모어에 복귀했다(해임된 감독은 칼 립켄 시니어였다). 비록 이후 15연패를 더 당해 개막 후 21연패라는 역대 최고 기록을 세우기는 했지만, 이듬해 54승 팀을 87승 팀으로 변모시킨 공으로 올해의감독상을 받았다. 그리고 1989년에는 토론토의 시토 개스턴Cito Gaston 감독과 함께 첫 흑인 감독 간 대결을 만들어냈다.

선수로서 승승장구했던 것과 달리 감독 로빈슨은 그러지 못했다. 로빈슨이 맡은 팀은 한 차례도 포스트시즌에 진출하지 못했다. 이는 대부분 약팀을 맡아서이기도 했지만, 선수로서 출중했던 것과 달리 감독으로서의 그는 포용력과 지도력이 현저히 떨어졌다. 2004년에는 몬트리올 선수들이 집단 항명에 나서기도 했으며, 특정 선수에

1975년 클리블랜드 인디언스에서 선수 겸 감독으로 뛴
39세의 프랭크 로빈슨. **사진 Paul Tepley**

대한 편견, 이해할 수 없는 투수 교체와 혹사가 '감독 로빈슨'의 이미지로 남았다.

월리 메이스는 언제나 웃었다. 하지만 자신이 무시당하면 흑인이 무시당하는 거라 생각했던 로빈슨은 언제나 화난 얼굴을 하고 있었다. 어니 뱅크스는 야구를 즐겼다. 하지만 로빈슨에게 야구는 전쟁이었다. 음지의 고독한 싸움꾼이었던 로빈슨은 2019년 2월 8일 83세를 일기로 세상을 떠났다.

투고타저와 빅 레드 머신

야구는 기본적으로 투수와 타자 간의 대결이다. 이 승부는 시대마다 결과가 달랐다. 1920년 라이브볼 시대가 열리면서 공의 반발력이 좋아졌다. 그러자 타자들은 홈런을 펑펑 날리면서 투수들에게 우위를 점했다. 1930년대는 최고의 타고투저 시대였다.

투수들도 그냥 당하고만 있지는 않았다. 신무기인 슬라이더를 갖고 반격에 나섰다. 투수들의 역습은 1960년대가 되면서 더욱 거세졌다. 큰 스윙으로 홈런을 노리는 타자들에게 슬라이더는 참기 힘든 유혹이었다. 특히 1968년은 투고타저가 절정에 달한 시즌이었다. 그해 리그 투수들의 평균자책점이 2.98이었고, 경기당 평균 득점도 3.42점에 머물렀다. 한쪽으로 크게 치우친 쏠림 현상은 환영받지 못했다. 1969년 메이저리그는 투고타저 현상을 완화하기 위해 마운드 높이를 15인치에서 10인치로 낮췄다. 스트라이크존도 좁아지면서 다시 타자들이 기세를 높였다. 이는 메이저리그 역사상 가장 폭발적인 타선이 탄생하는 배경이 됐다. 1970년대 신시내티 레즈의 빅 레드 머신이었다.

이 장에서는 불운한 시대를 보낸 타자들과 불리한 상황을 이겨낸 타자들, 그리고 빅 레드 머신의 일원들을 만나볼 수 있다.

칼 야스트렘스키, 영원한 캡틴

**나는 깨어 있는 내내 그리고 꿈속에서도
오로지 야구만 생각했다. _칼 야스트렘스키**

칼 야스트렘스키 Carl Michael Yastrzemski, 1939~

좌익수 및 1루수, 우투좌타

활동 기간 1961~1983(23시즌)

'Yastrzemski'를 어떻게 읽어야 할까? 메이저리그 수능시험
이 있다면 1번으로 나올 수 있는 문제다. 정답은 '야스트렘스키'다.
1967년 트리플 크라운을 달성하고 그가 받은 트로피에는 이름에 'z'
가 빠져 있었다. 동료들은 그때부터 그를 '야즈Yaz'라고 불렀다.

보스턴 레드삭스에서 가장 뛰어난 기량을 선보인 선수는 테드 윌
리엄스다. 하지만 가장 큰 사랑을 받은 선수는 칼 야스트렘스키다.
윌리엄스와 함께 뛰었던 자니 페스키Johnny Pesky는 "나는 '윌리엄스
가이'다. 하지만 보스턴 최고의 선수는 야즈라고 생각한다"고 했다.

칼 야스트렘스키는 1961년부터 1983년까지 보스턴 레드삭스에

서만 23시즌을 뛰고 은퇴했다. 이는 볼티모어 오리올스에서만 23시즌을 뛴 브룩스 로빈슨과 함께 역대 최고 기록이다.

그는 메이저리그 역사상 2번째로 많은 3308경기(1위 피트 로즈 3562경기)에 나서 3번째로 많은 1만 1988타수(1위 피트 로즈, 2위 행크 애런)를 소화하며 9번째로 많은 안타(3419)와 6번째로 많은 볼넷(1845)을 얻어냈다. 여기에 8번째로 많은 2루타(646)와 10번째로 많은 총루타(5539)를 기록했으며, 14번째로 많은 타점(1844)을 올렸다.

또 통산 452개 홈런을 날림으로써 역대 11명뿐인 3000안타 400홈런을 달성한 선수로 아메리칸리그에서는 그와 칼 립켄 주니어, 알렉스 로드리게스뿐이다. 여기에다 8명뿐인 '400홈런 600개 2루타' 달성자 중 한 명으로, 아메리칸리그에서는 그와 립켄뿐이다.

야스트렘스키는 올스타전에 18회 나갔으며, 1955년 고의사구 집계가 시작된 이후 아메리칸리그에서 가장 많은 190개를 기록했다. 빌 제임스는 2001년에 출간한 책에서 야스트렘스키를 테드 윌리엄스, 스탠 뮤지얼, 배리 본즈, 리키 헨더슨에 이은 역대 좌익수 5위에 올려놓았다.

테드 윌리엄스의 후계자

칼 야스트렘스키는 테드 윌리엄스가 데뷔한 1939년, 뉴욕 동쪽 롱아일랜드의 끝자락인 사우샘프턴에서 감자 농장을 하는 폴란드계 이주민의 아들로 태어났다. 화이티 포드와 스탠 뮤지얼도 폴란드계로, 뮤지얼은 폴란드 정부가 주는 체육훈장을 받기도 했다.

야스트렘스키의 꿈은 뉴욕 양키스에 입단하는 것이었다. 고교 졸업반이 되자 양키스가 찾아왔다. 하지만 10만 달러를 요구하는 아버지 앞에서 양키스는 발길을 돌렸다. 노틀담대에 진학한 후 이번에는 보스턴 레드삭스가 찾아왔다. 보스턴의 제시액은 10만 8000달러였다. 그렇게 야스트렘스키는 양키스가 아닌 보스턴의 유니폼을 입었다.

1960년 스프링캠프에서 테드 윌리엄스와 마주친 것은 운명이었다. 야스트렘스키의 재능을 한눈에 알아본 윌리엄스는 마치 그를 자신의 후계자로 삼으려는 듯 충고와 조언을 아끼지 않았다. 이후에도 윌리엄스는 언제나 야스트렘스키의 조언자이자 팬을 자처했다.

이듬해 야스트렘스키는 2년간의 마이너리그 생활을 끝내고 메이저리그에 올라왔다. 하지만 테드 윌리엄스는 은퇴한 후였다. 보스턴은 원래 유격수를 보던 그에게 윌리엄스가 19년간 맡았던 좌익수 자리를 내줬다. 이렇게 보스턴의 좌익수 자리는 명예의 전당 선수에서 명예의 전당 선수한테로 넘어갔다. 마찬가지로 '윌리엄스의 시대'(1939~1960년)는 1년의 끊김도 없이 '야스트렘스키의 시대'(1961~1983년)로 이어졌다.

테드 윌리엄스의 자리를 물려받는다는 것은 엄청난 영광인 동시에 부담이었다. 하지만 야스트렘스키는 첫해 0.266에 그친 타율을 다음 해인 1962년 0.296로, 1963년 0.321로 끌어올렸다. 이로써 데뷔하고 3년 만에 리그 타격왕을 차지했다. 윌리엄스를 떠나보낸 허탈함에 처음에는 그를 탐탁지 않게 생각하던 보스턴 팬들도 이 '헷갈리는 이름을 가진 선수'에게 마음을 열기 시작했다.

야스트렘스키는 테드 윌리엄스의 후계자답게 엄청난 훈련광이었다. 동료들은 훈련을 위해 경기가 시작하기 6시간 전에 경기장에 도착하는 그를 피해 다니기에 바빴다. 조 라후드Joe Lahoud는 "그는 야구를 위해 살고, 숨쉬며, 먹고, 잔다"는 말을 남겼다.

완벽주의자이던 야스트렘스키는 4타수 무안타를 견디지 못했다. 몇 경기 정도 안타를 치지 못하면 곧바로 타격 스탠스를 바꿨다(이는 나중에 칼 립켄 주니어가 따라 했다. 립켄의 등번호도 야스트렘스키와 같은 8번이다).

여기에 그는 테드 윌리엄스보다 훨씬 뛰어난 수비력을 가진 좌익수였다. 7개 골드글러브를 차지했으며, 강한 어깨를 활용해 외야수 어시스트에서 7번 리그 1위에 올랐다. 특히 그린몬스터(펜웨이파크의 왼쪽 외야에 있는 11미터 높이의 녹색 펜스)를 완벽히 이해한 '그린몬스터 지킴이'였다.

트리플 크라운

칼 야스트렘스키는 1963년, 1967년, 1968년 세 번 타격왕에 올랐다. 홈런왕과 타점왕은 한 번씩. 그런데 그 한 번씩의 홈런왕과 타점왕이 모두 1967년에 나왔다. 그렇게 야스트렘스키는 통산 타격왕 세 번, 홈런왕 한 번, 타점왕 한 번의 타이틀 5개로 트리플 크라운을 만들어냈다. 1967년 야스트렘스키를 끝으로 메이저리그에서 종적을 감춘 트리플 크라운은 2012년 미겔 카브레라가 기록하면서 다시 등장했다.

1967년 야스트렘스키는 타율(0.326)과 홈런(44), 타점(121)뿐 아니라 출루율(0.418), 장타율(0.622), 안타(189), 장타(79), 득점(112), 총루타(360)에서도 1위를 차지한 9관왕이었으며, 2루타(31)는 3위, 볼넷(91)은 4위에 올랐다. 그해 MVP는 당연히 그의 몫이었다. 훗날

투고타저와 빅 레드 머신

테드 윌리엄스는 "1967년의 야스트렘스키는 베이브 루스이자 호너스 와그너이자 타이 콥이었다"고 평했다.

1968년 야스트렘스키는 다시 리그 타격왕에 올랐는데, 그가 기록한 타율은 불과 0.301였다(2위는 0.290을 기록한 대니 캐터Danny Cater). 이는 역대 타격왕 중 최저 타율로, 그는 마지막 경기에서 5타수 무안타를 기록해 하마터면 2할대 타격왕이 될 뻔했다. 그해 아메리칸리그에서 3할 타율을 기록한 유일한 타자였다.

그렇게 1968년은 역대 최고의 투고타저 시즌이었다. 그해 밥 깁슨은 라이브볼 시대의 최저 평균자책점인 1.12를 기록했으며, 아메리칸리그에서는 1점대 평균자책점을 기록한 투수가 5명이나 나왔다. 돈 드라이스데일은 58.2이닝 연속 무실점이라는 신기록을 세웠으며, 5개 노히터가 쏟아졌다. 그해 데니 매클레인Denny McLain이 기록한 31승은 아직도 마지막 30승으로 남아 있다.

그해 아메리칸리그의의 평균 타율은 0.230에 불과했다. 이에 통계 전문가들은 1968년 야스트렘스키의 타율 0.301가 1930년 빌 테리가 기록한 0.401와 동등한 가치를 지닌 것으로 평가하기도 했다. 야스트렘스키의 통산 타율이 0.285에 그친 것도 그가 투수들의 시대 한가운데를 통과한 타자였기 때문이다.

1970년 야스트렘스키는 네 번째 타격왕을 아깝게 놓쳤는데, 1위에 오른 알렉스 존슨Alex Johnson의 타율은 0.3289, 야스트렘스키의 타율은 0.3286였다.

1967년, Impossible Dream

1967년은 보스턴 레드삭스가 극적인 드라마를 연출한 해이기도 하다. 전년도 리그 9위(꼴찌는 양키스)였던 보스턴은 치열한 경쟁을 이겨내고 정규 시즌 우승을 차지했다. 칼 야스트렘스키는 마지막 12경기에서 타율 0.523(23안타), 5홈런, 14타점, 마지막 6경기에서 0.619(13안타)의 맹타를 휘두르며 결정적인 활약을 했다.

마지막 두 경기를 남겨놓고 보스턴 레드삭스는 디트로이트 타이거스와 함께 선두 미네소타 트윈스에 1경기 뒤진 공동 2위에 올라 있었다. 두 경기는 마침 미네소타와의 2연전이었는데 홈경기로 열렸다. 1차전에서 보스턴은 3점 홈런을 포함해 4타수 3안타 4타점으로 폭발한 야스트렘스키의 활약에 힘입어 6대 4로 승리했다. 이로써 미네소타와 동률을 이뤘다. 더블헤더를 남겨둔 디트로이트는 보스턴과 미네소타에 반 경기 뒤져 3위로 내려갔다.

마지막 162번째 경기는 시작 전부터 미네소타 쪽으로 크게 기울어 있었다. 보스턴의 에이스 짐 론보그Jim Lonborg가 미네소타전에서 시즌 3패, 통산 6패를 기록한 반면, 미네소타의 에이스 딘 챈스Dean Chance는 그해에만 보스턴을 상대로 4승을 거뒀기 때문이다. 하지만 보스턴에는 야스트렘스키가 있었다. 그는 0대 2로 뒤진 6회 말 무사 만루에서 천금 같은 동점 2타점 적시타를 날리는 등 4타수 4안타를 몰아 쳤다. 결국 보스턴이 5대 3으로 승리했다. 더블헤더를 모두 따내면 보스턴과 동률을 이룰 수 있었던 디트로이트가 2차전에서 패하면서 보스턴은 21년 만에 월드시리즈에 진출했다.

그해 보스턴이 월드시리즈에서 만난 상대는 세인트루이스 카디널스였다. 야스트렘스키는 타율 0.400(10안타), 3홈런(2루타 2개), 5타점, 4볼넷의 눈부신 활약을 펼쳤다. 하지만 보스턴은 밥 깁슨에게만 3승을 내주면서 7차전까지 가는 접전을 벌인 끝에 패했다.

1967년 보스턴의 이야기는 'Impossible Dream'이라는 음반으로 만들어졌다. 수록곡 'The Man They Call Yaz'는 2005년 개봉한 영화 '날 미치게 하는 남자'(Fever Pitch)에 삽입되기도 했다(주인공 드루 베리모어는 완벽한 남자를 만났다고 생각했지만, 남자는 광적인 보스턴 팬이었다).

캡틴 칼

1975년 보스턴 레드삭스는 다시 포스트시즌에 나섰다. 칼 야스트렘스키는 챔피언십시리즈에서 타율 0.455, 월드시리즈에서 타율 0.310의 좋은 활약을 펼쳤다(포스트시즌 통산 성적은 0.369/0.447/0.600에 달한다). 하지만 보스턴은 또다시 월드시리즈 7차전에서 주저앉아 신시내티 레즈에 우승을 내준다.

1978년 보스턴은 마지막 8경기에서 모두 승리하면서 양키스와 극적인 동률을 이뤘다. 리그 우승을 가리는 펜웨이파크에서 열린 단판 승부. 야스트렘스키는 2회 말 론 기드리Ron Guidry를 상대로 선제 솔로 홈런을 뽑아냈다. 그해 25승 3패 1.74를 기록한 무적의 기드리가 좌타자에게 내준 유일한 홈런이었다. 하지만 7회 초 양키스의 유격수 버키 덴트Bucky Dent가 친 타구가 그린몬스터 위로 넘어가면서 보스턴의 포스트시즌 진출은 좌절됐다. 결국 야스트렘스키는 우승반지 없이 1983년을 끝으로 유니폼을 벗었다.

지금도 보스턴 레드삭스의 경기에서 안타와 단타, 2루타, 총루타, 타점, 득점 기록은 모두 야스트렘스키의 것이다(홈런은 테드 윌리엄스의 521개). 하지만 그가 진정한 보스턴의 영웅으로 꼽히는 이유는 기록 때문만이 아니다.

그는 더그아웃에서는 유쾌한 농담꾼이었으며, 경기에서는 투지의 사나이였다. 또 개인이 아니라 팀을 생각하는 진정한 리더였다. 이는 자니 페스키가 그를 테드 윌리엄스의 위에 올려놓은 이유로, 스탠 뮤지얼의 경우와 마찬가지로 모든 동료가 그를 사랑하고 또 존경했다.

한편 야스트렘스키는 1977년 시즌 후 지명타자를 맡았는데, 좌익수를 물려받은 선수는 짐 라이스였다. 야스트렘스키에 이어 2대 공식 주장이 되기도 한 라이스(3대는 제이슨 배리테크Jason Varitek)는 훗날 2009년 15번째 마지막 투표에서 76.4퍼센트 득표율을 기록해 아슬아슬하게 명예의 전당에 오른다. 이로써 보스턴은 테드 윌리엄스, 야스트렘스키, 라이스로 이어지는 명예의 전당 좌익수 계보를 갖게 됐다.

1989년 야스트렘스키는 첫 번째 투표에서 94.6퍼센트의 높은 득표율을 기록하며 명예의 전당에 입성했다. 보스턴은 그의 등번호를 영구 결번으로 지정했다. 펜웨이파크에서 테드 윌리엄스의 9번 옆에 있는 8번이 바로 야스트렘스키의 번호다.

1970년대 보스턴 펜웨이파크의 더그아웃에서 몸을 푸는 칼 야스트렘스키.

사진 Steven Carter

1963

조 모건, 볼넷과 인내심

나는 느리지 않았다. 조 모건과 비교하지만 않는다면. _피트 로즈

조 모건 Joe Leonard Morgan, 1943~2020

2루수, 우투좌타

활동 기간 1963~1984(22시즌)

메이저리그 역사상 가장 강력한 포스를 뿜어낸 타선은 1920년대 후반과 1930년대 초반을 지배한 뉴욕 양키스의 '살인 타선'(Murderers' Row)일 것이다. 하지만 실제 득점력에서 동시대를 더 압도한 타선이 있었으니, 1970년대 신시내티 레즈가 자랑한 '빅 레드 머신Big Red Machine', 이른바 '붉은 기관총 군단'이었다.

살인 타선의 핵이 베이브 루스였다는 것은 누구나 알고 있다. 그렇다면 빅 레드 머신의 핵심은 누구였을까. 2루수로서 키가 170센티미터에 불과했지만(신발을 벗으면 168센티미터) 당당히 3번 타자를 맡은 조 모건이다.

모건은 1910년대 선수 래빗 머랜빌Rabbit Maranville(165센티미터

2605안타)을 제외하면 1900년 이후 데뷔한 선수 중 2500안타를 기록한 가장 작은 선수다(호세 알투베Jose Altuve, 168센티미터 1700안타). 또 머랜빌을 제외하면 요기 베라(170센티미터 2150안타)와 함께, 명예의 전당에 오른 최단신 선수다. 그에게 키는 숫자에 불과했다.

통산 성적 2517안타 268홈런 1133타점 689도루는 다소 초라해 보일 수도 있다. 하지만 모건은 투수가 가장 강력했던 시대를 보낸 타자였으며, 설상가상으로 첫 7년을 사상 최악의, 투수 우호 구장인 '초기 애스트로돔'에서 뛰었다. 하지만 그의 성적이 인상적이지 않은 가장 결정적인 이유는 그가 완벽한 팀플레이를 추구했기 때문이다.

팀에 기여할 모든 방법

역대 최고의 공격형 2루수 중 한 명으로 평가받는 제프 켄트의 조정OPS는 123이다(로베르토 알로마Roberto Alomar 116, 크레이그 비지오 112). 하지만 조 모건의 조정OPS는 켄트를 능가하는 132다. 체이스 어틀리Chase Utley는 117로 은퇴했고, 은퇴까지 최소 2년이 더 남아 있는 로빈슨 카노가 126이다.

로저스 혼스비는 역대 2루수 중 가장 강력한 공격력을 선보였다(조정OPS 175). 하지만 혼스비의 통산 2루수 출장률이 71퍼센트인 반면, 모건은 99퍼센트에 달하는 순수 2루수다. 빌 제임스 역시 순수 2루수이면서 2000안타를 날린 에디 콜린스(조정OPS 142)를 뉘두고 모건을 역대 최고의 2루수로 꼽았다.

통산 타율 0.271와 장타율 0.427에 그쳤지만 그의 진정한 가치를 알 수 있는 지표는 통산 0.392에 달하는 출루율이다. 모건은 메이저리그에서 5번째로 많은 볼넷(1865)을 골라낸 선수이자 베이브 루스, 배리 본즈, 테드 윌리엄스, 칼 야스트렘스키, 리키 헨더슨과 함께 2500안타 1800볼넷을 달성한 6명 중 하나다. 그리고 모건은 이들 중 가장 적은 홈런을 기록했다.

빅 레드 머신이 살인 타선보다 득점력에서 동시대 타선을 더 압도할 수 있었던 비결은 메이저리그 역사상 최고의 인내심을 자랑한 타선이었기 때문이다. 그 끈질김을 대표하는 선수가 바로 모건이었다. 적어도 볼넷과 인내심에 관한 한, 모건은 내셔널리그의 테드 윌리엄스였다.

여기에 모건은 최강의 주루 능력을 자랑했다. 모건은 최고의 전성기였던 1972년부터 1977년까지 6년간 연평균 118볼넷과 60도루를 기록했다. 그에게 내주는 볼넷은 2루타나 다를 바 없었다.

모건은 동시대 최고의 스틸러이자 도루 역대 2위인 루 브록Lou Brock(938도루)에 밀려 한 번도 도루 타이틀을 차지하지 못했다. 하지만 성공률에서는 항상 브록을 앞섰다(모건 통산 80.9퍼센트, 브록 75.3퍼센트). 여기에 브록은 좌완 투수를 상대로 뛰면 성공률이 떨어졌던 반면(우완 77퍼센트, 좌완 72퍼센트), 모건은 우완(81퍼센트)과 좌완(82퍼센트)의 차이가 거의 없었으며, 오히려 좌완을 상대로 더 잘 뛰었다(리키 헨더슨 우완 83퍼센트, 좌완 75퍼센트).

모건은 170센티미터 70킬로그램의 작은 체구에도 놀라운 파워를 자랑했다. 라인 샌드버그(277홈런)가 넘어서기 전까지 2루수 순수 홈런 통산 최고 기록(266개)을 갖고 있었으며(제프 켄트 351홈런, 체이스 어틀리 252홈런), 애스트로돔을 탈출한 후로는 4번의 20홈런 시즌을 만들어냈다. 1976년 모건은 27개 홈런을 때려냈는데, 그해 모건을 제외한 나머지 내셔널리그 2루수들이 기록한 홈런이 총 36개였다.

모건은 통산 5개 골드글러브를 따냈다. 이는 로베르토 알로마(10), 라인 샌드버그(9), 빌 매저로스키와 프랭크 화이트Frank White(8)에 이은 2루수 역대 5위에 해당된다. 그의 수비는 화려하지는 않았지만 대단히 안정적이었다. 1970년대 신시내티가 강팀으로 군림한 또 다른 비결은 바로 수비였다. 신시내티는 포수 자니 벤치, 2루수 모건, 유격수 데이브 콘셉시온Dave Concepcion, 중견수 세사르 제로니모Cesar Geronimo의 센터 라인이 5년 연속으로 동반 골드글러브를 따내기도 했다.

무엇보다도 모건을 빛나게 한 것은 그의 천재적인 야구 지능이었다. 그의 명석함에 깜짝 놀란 스파키 앤더슨 감독은 그가 주자로 나갔을 때는 물론 타석에 있을 때도 아무런 사인을 내지 않았다. 만약 모건의 타석에서 번트나 히트앤드런이 나왔다면 그건 그가 먼저 제안한 것이었다. 투수 교체 시점이나 상대의 도루 시도 등도 모건이 먼저 알아채는 경우가 많았다. 팀에 기여할 모든 방법을 갖고 있었던 선수, 그가 바로 모건이었다.

두 가지 벽을 넘어서다

조 모건은 재키 로빈슨이 인종의 벽을 깨기 4년 전인 1943년, 텍사스주 휴스턴 근교에서 6남매 중 첫째로 태어났다. 이후 다섯 살 때 오클랜드로 이사해 그곳에서 성장했다. 학창 시절 또래 중에서 가장 키가 작았던 그의 별명은 '리틀 조'였다.

모건은 고교 시절부터 실력이 출중했다. 하지만 그를 데려가겠다는 팀은 없었다. 키 때문이었다. 모건은 어쩔 수 없이 주니어칼리지에 진학해 공부(경영학)와 야구를 병행했다. 그러던 중 코치의 도움을 받아 보너스 3000달러, 월봉 500달러를 받는 조건으로 1962년 휴스턴에 겨우 입단할 수 있었다(당시는 드래프트 제도가 시행되기 이전이다).

세미프로 리그 선수 출신으로 아들이 야구 선수가 되기를 바랐던 아버지와 달리, 어머니는 아들이 계속 공부하기를 원했다. 모건은 나중에라도 반드시 대학을 졸업하겠다는 약속을 하고 어머니의 동의를 얻어냈다.

흑인 밀집 지역에서만 자란 모건은 인종차별을 피부로 느끼지 못했다. 그런 그에게 재키 로빈슨 이후로도 달라진 게 별로 없었던 마이너리그는 충격 그 자체였다. 노골적인 차별을 당할수록 모건은 더욱 야구에 집중했다. 그리고 1964년 타율 0.323 12홈런 90타점 46도루의 성적을 거두며 더블A 텍사스리그에서 MVP가 됐다.

메이저리그 풀타임 첫 시즌인 1965년, 모건은 리그에서 가장 많은 97볼넷, 팀에서 두 번째로 많은 14홈런, 20도루를 기록했다. 하지만 훨씬 좋은 성적을 냈는데도 신인왕 투표에서는 인기 팀 다저스의 신인 2루수 짐 르페브르Jim Lefebvre에게 밀렸다.

1965년은 홈구장 애스트로돔이 '세계 8대 불가사의'라는 찬사를 받으며 문을 연 해였다. 유리천장과 천연 잔디로 시작한 애스트로돔은 타자들이 반사광에 방해를 받는다고 호소하자 유리에 색을 입혔다. 그러자 이번에는 잔디가 죽어 야수들이 곤욕을 치렀다.

많은 시행착오 끝에 애스트로돔은 결국 최초로 인조잔디를 깔았지만, 드넓은 외야와 파울 지역은 타자들에게 악몽으로 작용했다. 이때도 모건은 자신을 애스트로돔에 맞게 조정했다(애스트로돔 시절 통산 0.276/0.404/0.411).

이듬해 잘나가던 모건은 배팅 연습을 하는 중에 날아온 타구에 무릎을 맞아 40경기에 결장했다. 그때까지 5할 승률을 유지해온 휴스턴은 모건이 이탈한 후 첫 31경기에서 28패를 당하고 시즌을 망쳤다.

1971년 시즌이 끝난 후, 휴스턴 애스트로스는 팀의 확실한 1번 타자인 모건을 신시내티 레즈로 넘겼다. 거포 리 메이의 영입이 그 이유로 제시됐지만, 그보다는 시즌 내내 충돌한 해리 워커Harry Walker 감독과 유색인종 선수들 간의 갈등 때문이었다. 휴스턴은 흑인 선수 모건과 히스패닉 선수 세사르 제로니모(도미니카공화국)를 내보내는 것으로 워커 감독의 손을 들어줬다. 하지만 그때까지 30개 대를 유지하던 메이의 홈런 수는 애스트로돔에서 20개대로 줄었다. 메이는 휴스턴에 3년밖에 있지 못했다. 휴스턴 역사상 최악의 트레이드 실패였다.

빅 레드 머신을 이끌다

휴스턴에서 마지막 해였던 1971년, 조 모건은 신시내티전에서 내야 플라이를 친 후 1루까지 천천히 걸어갔다. 그날 경기 후 우연히 마주친 신시내티의 스파키 앤더슨 감독으로부터 "아까 자네는 야구에서 할 수 있는 가장 나쁜 플레이를 한 것일세"라는 말을 들었다. 정신이 번쩍 든 모건은 앤더슨 감독에게 감사를 표했고, 다시는 그와 같은 행동을 하지 않았다.

그런 스파키 앤더슨 감독이 이끄는 팀으로 간 것은 모건에게 축복이었다. 해리 워커 감독으로부터 트러블 메이커라는 비난을 받던 모건은 앤더슨 감독의 전폭적인 지지를 받으며 신시내티 타선과 클럽하우스의 리더로 거듭났다.

애스트로돔을 벗어난 모건은 테드 클루스체프스키Ted Kluszewski 코치와의 집중적인 훈련 끝에 스프레이 히팅을 버리고 당겨 치기를 완성했다. 휴스턴에서 풀타임 6년간 뛰는 동안 평균 10개에 불과했던 홈런 수는 신시내티에서 첫 6년간 평균 22개로 불어났다. 훗날 모건은 자신의 저서에서 스프레이 히팅과 레벨 스윙보다 당겨 치기와 미세한 어퍼 스윙을 타격의 더 높은 완성 단계로 꼽았다. 이는 '타격의 신' 테드 윌리엄스가 선택한 것이기도 했다.

신시내티에서의 첫 6년인 1972~1977년은 모건의 최고 전성기였다. 그 기간 동안 연평균 0.301/0.429/0.495, 22홈런 84타점 113득점 60도루 118볼넷을 기록했으며, 4번이나 출루율 1위에 올랐다. 1975년과 1976년에는 MVP 2연패에 성공했으며, 1972년과 1973년엔 MVP 4위에 올랐다(그 두 번은 모두 다른 신시내티 선수가 MVP를 차지했다).

1975년 보스턴과의 월드시리즈에서 모건은 3차전 10회 말 1사 만루에서 끝내기 안타를 친 데 이어 최종 7차전에서는 2대 2로 맞선 9회 초 2사 1, 3루에서 동점 균형을 허무는 결승타를 날려, 전날 칼턴 피스크의 홈런으로 기세를 올렸던 보스턴에 절망을 안겼다.

또 1976년 월드시리즈에서는 0.333/0.412/0.733의 대활약을 펼쳐 팀이 양키스에 4연패의 수모를 선물하는 데 결정적인 역할을 했다.

1941년부터 30년간 월드시리즈에 두 차례 나간 것이 전부였던 신시내티는 모건이 뛴 8년 동안 5차례 지구 우승, 3차례 리그 우승,

1977년경 신시내티 레즈에서 뛰던 시절의 조 모건

2차례 월드시리즈 우승을 차지했다. 그리고 모건의 마지막 해를 끝으로 다시 10년간 포스트시즌에 나서지 못했다.

감독 유망주, 해설가

1980년 FA 자격을 얻어 휴스턴으로 돌아온 조 모건은 클럽하우스의 리더로서 지구 우승을 일궈냈다. 개인적으로는 6번째, 휴스턴으로서는 1962년 창단 후 최초의 우승이었다.

1981년엔 다시 샌프란시스코로 옮겼고, 1982년 모건은 정규 시즌 마지막 경기에서 결승 스리런 홈런을 날려 다저스의 지구 우승을 저지했다.

1983년 마흔두 살의 피트 로즈가 있는 필라델피아 필리스에 서른아홉 살 모건과 마흔한 살 토니 페레스가 합류하자, 사람들은 필라델피아를 '빅 그레이 머신'이라고 불렀다. 주력 선수들 중 서른여덟 살을 넘긴 이가 6명에 달했던 필라델피아는 그해 월드시리즈에 올랐지만 볼티모어에 패했다.

1984년 마흔 살의 모건은 실질적인 고향 팀인 오클랜드 어슬레틱스에서 마지막 시즌을 보낸 후 은퇴를 선언했다.

현역 시절 리더십 덕분에 최고의 '감독 유망주'로 주목받던 모건이 유니폼을 벗자, 많은 팀이 감독 자리를 당장 주겠다며 달려들었다. 하지만 그는 모든 제안을 거부했다. 어머니와 한 약속을 지키기 위해서였다. 모건은 대학에 진학해 졸업장을 따냈다. 그리고 분석가로 현장에 복귀했다.

1990년 모건은 81.8퍼센트 득표율을 기록하며 2루수로는 역대 7번째이자 1962년 재키 로빈슨 이후 처음으로 명예의 전당에 올랐다. 또 짐 파머와 함께 입회 자격을 얻은 첫해에 입성한 역대 20번째, 21번째 선수가 됐다.

모건은 언제나 자신보다 팀을 먼저 생각하는 선수였다. 빅 레드 머신은 그가 역시 같은 생각을 가진 동료들과 함께 만들어낸 최고의 작품이었다. 2015년 백혈병 진단을 받은 모건은 이후 신경성 질환으로 투병하던 중 2020년 10월 77세를 일기로 세상을 떠났다.

레지 잭슨, 클러치히터는 있다

팬들은 아무에게나 야유를 보내지 않는다. _레지 잭슨

레지 잭슨 Reginald Martinez "Reggie" Jackson, 1946~

우익수, 좌투좌타

활동 기간 1967~1987(21시즌)

선글라스와 콧수염, 그리고 짧은 곱슬머리.

선뜻 와 닿지 않는 이 셋의 조합은 레지 잭슨의 트레이드마크다. 외모와 성격에서 개성이 뚜렷했던 잭슨은 좋고 싫음도 확실했다. 싫어하는 건 대놓고 싫어했다. 그에게 중간은 없었다. 이는 그를 대하는 주변 사람들에게도 마찬가지였다.

잭슨은 성격이 불같았다. 그의 야구도 불처럼 뜨거웠다. 한번 불이 붙으면 꺼질 줄 몰랐다. 넘치는 열정이 때로는 독이 됐지만, 덕분에 잭슨은 승리와 함께했다. 메이저리그에서 뛴 21시즌 동안 소속 팀이 5할 승률 미만이던 시즌은 그가 데뷔한 1967년(62승 99패)과 16년 뒤인 1983년(70승 92패) 두 번뿐이다. 잭슨은 "얻어맞는 건 상

관없지만, 지는 건 싫다"고 말할 정도로 승부욕이 대단했다.

잭슨은 감정을 숨기지 않았다. 듣기 불편해도 하고 싶은 말은 일단 내뱉고 봤다. 그러다 보니 논란과 구설수에 휘말린 적이 많았다. 그래도 앞뒤가 다른 비겁한 행동은 하지 않았는데, 만약 뒤통수를 맞으면 반드시 두 배로 갚아줬다.

잭슨은 시대를 풍미한 스타였다. TV에도 모습을 자주 드러냈다. 위풍당당한 그는 어떠한 상황에서도 위축되거나 기죽지 않았다. 큰 경기에서 기대를 한 몸에 받았고, 실제로 그 기대에 부응했다. 팬들은 그의 이유 있는 자신감에 열광했다.

미스터 옥토버

레지 잭슨은 호불호가 갈리는 선수다. 하지만 10월의 잭슨은 호불호가 갈릴 수 없다. 10월은 그를 미워하는 사람들도 경의를 표하는 시간이다.

'미스터 11월' 데릭 지터 이전에 '미스터 10월' 잭슨이 있었다. 잭슨은 포스트시즌만 되면 피가 끓어올랐다. 과열된 분위기가 자신과 잘 맞았다. 잭슨은 기회가 남들에게 돌아가는 것보다 자신에게 오기를 바랐다. 매 경기 주인공이 되고 싶은 욕심이 있었다.

포스트시즌에 출장도 많이 했다. 1995년 생겨난 디비전시리즈가 치러지기 전까지 포스트시즌 최다 출장 기록은 잭슨이 갖고 있었다 (잭슨 77경기, 요기 베라 75경기). 같은 조건에서 포스트시즌 최다 홈런(18)과 최다 타점(48)도 보유하고 있었다.

포스트시즌 통산 성적이 0.278/0.358/0.527인 잭슨은 월드시리즈에서 더욱 공포의 타자로 거듭났다. 월드시리즈 27경기에서 타율

0.357 10홈런 24타점(0.357/0.457/0.755)을 기록했다. OPS 1.212는 20경기 이상 출장한 선수들 중 세 번째로 높았다(베이브 루스와 루 게릭 1.214). 월드시리즈에서 잭슨은 베이브 루스와 비교됐다.

잭슨은 한 손에 모두 월드시리즈 우승 반지를 끼고 있다. 오클랜드의 3년 연속 우승(1972~1974년)과 양키스의 2년 연속 우승(1977~1978년)을 동행했다. 햄스트링 부상으로 1972년 월드시리즈엔 결장했지만, 1973년 월드시리즈에선 MVP로 선정됐다(7경기 0.310/0.355/0.586, 1홈런). 잭슨이 월드시리즈에서 패한 때는 1981년 한 차례뿐인데, 이 시리즈에서도 3경기에 출장해 0.333/0.429/0.667을 기록했다.

잭슨에게 최고의 월드시리즈는 1977년이다. 뉴욕 양키스로 이적하고 첫 시즌에 LA 다저스와 맞붙었다. 그해 잭슨은 챔피언십시리즈 5경기를 포함한 포스트시즌 첫 7경기에서 22타수 3안타(0.136)의 저조한 성적을 내고 있었다. 그러나 월드시리즈 3차전에서 타격감을 끌어올리더니 6차전에서 홈런 세 방을 쏘아 올렸다. 잭슨 이전에 월드시리즈에서 한 경기 3홈런은 1926년 4차전과 1928년 4차전에서 베이브 루스가 기록한 것이 유일했다.

당시 잭슨은 홈런 3개를 모두 다른 투수에게 뽑아냈다(버트 후튼 Burt Hooton, 일리아스 소사Elias Sosa, 찰리 허프Charlie Hough). 허프를 상대로 친 세 번째 홈런은 너클볼을 통타한 타구였다. 다저스의 1루수 스티브 가비는 맞자마자 홈런임을 직감하고 타구를 쳐다보지도 않았다.

그해 월드시리즈에서 잭슨은 3홈런을 친 6차전에 앞서 월드시리즈 4차전, 5차전에서도 홈런을 날렸다. 월드시리즈 MVP는 두말할 것 없이 잭슨의 차지였다. 월드시리즈 MVP를 두 번이나 수상한 타자는 잭슨밖에 없다(투수는 샌디 코팩스와 밥 깁슨).

1978년에도 월드시리즈 1차전에서 홈런을 때려 루 게릭과 타이기록인 4경기(1928~1932년) 연속 홈런을 이어갔다(조지 스프링어George Springer가 2017~2019년 월드시리즈에서 5경기 연속 홈런을 기록했다).

잭슨에게 포스트시즌은 스포트라이트를 받을 수 있는 무대였다. 큰 무대를 반기는 강심장이었다. 그런데 훗날 잭슨은 사실 월드시리즈에서 뛰기 싫었다는 충격 고백을 했다. 그 이유는 정작 자신은 스스로의 플레이를 지켜볼 수 없었기 때문이었다.

드래프트, 어슬레틱스

1946년 펜실베이니아주에서 태어난 레지 잭슨은 주로 필라델피아에서 자랐다. 세탁소를 운영한 아버지는 옷을 직접 손질하는 재단사였다. 잭슨의 유년기는 가난하지 않았지만 행복하지도 않았다. 아버지와 사이가 나빴던 어머니는 잭슨이 여섯 살 때 여자 아이 셋을 데리고 집을 나갔다. 어린 잭슨에게 잊을 수 없는 상처가 됐다.

어머니에게 버림받은 잭슨은 아버지 밑에서 자랐다. 아버지는 자유로운 영혼이었다. 자식보다는 자신에게 충실했다. 아버지는 도박에 빠져 살면서 주변에 여자들도 많았다. 심지어 불법 주류 밀매를 하다가 적발돼 6개월 감옥살이도 했다.

잭슨은 아버지를 원망했다. 하지만 아버지에게 감사한 점도 있었다. 잭슨은 니그로리그에서 야구 선수로 활약한 아버지의 운동신경을 물려받아 야구와 농구, 미식축구 등 못하는 종목이 없는 만능 스포츠맨이 됐다.

잭슨은 미식축구 선수로 뛰면서 하프백으로 주가를 높였다. 여러 대학에서 미식축구 장학금을 약속했다. 그런데 잭슨은 애리조나주립대라는 다소 의외의 학교를 선택했다. 인종차별의 흔적이 남아 있는 지역은 제외했고, 무엇보다 집에서 멀리 떨어진 곳으로 가고 싶었다. 잭슨은 애리조나주립대에서 야구와 미식축구를 병행해도 좋다는 답을 받았지만, 얼마 지나지 않아 야구에 전념하기로 결심했다.

애리조나주립대 야구팀을 이끄는 바비 윈클스Bobby Winkles 감독은 잭슨의 은인 중 한 명이다. 윈클스는 잭슨의 진면목을 가장 먼저 알아차린 인물이다. 볼티모어의 스카우트 월터 유스Walter Youse를 초청해 잭슨을 평가해달라고 부탁했다. 타격과 수비, 주루를 모두 지켜본 유스는 입을 다물지 못했다. 잭슨이 홈에서 1루까지 3.8초 만에 도달했을 때는 시계가 고장 난 줄 알았다고 한다(우타자 평균 4.3초). 유스는 비슷한 느낌을 안겨준 선수가 떠올랐다. 미키 맨틀이었다.

팜 디렉터까지 넘어온 볼티모어는 잭슨이 보면 볼수록 아까웠다. 이때만 해도 볼티모어는 흑인 선수를 받아들인 적이 없었다. 볼티모어에는 그림의 떡이었다.

1966년 신인 드래프트에서 잭슨은 전체 1순위 지명이 유력했다. 그런데 1순위 지명권을 가진 뉴욕 메츠가 포수 스티븐 칠코트Steven Chilcott를 지명했다. 캔자스시티 어슬레틱스는 2순위에서 하늘이 준 선물을 놓치지 않았다. 곧바로 잭슨을 데려와 칠코트보다 많은 계약금 8만 달러를 안겨줬다. 어슬레틱스는 1년 전 드래프트에서도 애리조나주립대 선수를 전체 1순위로 뽑았다. 잭슨에 대해 "수줍어하던 모습이 생각난다"고 말한 릭 먼데이Rick Monday였다.

그렇다면 메츠는 왜 잭슨을 외면했을까. 고문 역할을 맡고 있던 케이시 스텡걸이 팀 사정상 포수를 뽑아야 한다고 강력히 밀어붙였다. 스텡걸은 칠코트가 "요기 베라보다 더 나을 것"이라고 주장했다 (메츠가 잭슨이 백인 여자친구를 사귀는 것을 못마땅하게 여겼다는 설도 있다).

그 후 스티븐 칠코트와 잭슨은 정반대 길을 갔다. 잭슨이 메이저리그에서 위대한 업적을 남긴 반면, 칠코트는 메이저리그에 올라오지도 못했다. 전체 1순위 선수가 메이저리그에 올라오지 못한 것은 칠코트가 처음이었다(1991년 브라이언 테일러Brien Taylor, 2013년 마크 어펠Mark Appel).

대립, 독불장군

1967년 6월 레지 잭슨은 메이저리그로 승격됐다. 하지만 부진을 면치 못하고 곧바로 마이너리그로 내려갔다. 9월 중순에 다시 돌아왔지만 성적을 회복하지는 못했다(0.178/0.269/0.305).

이듬해 어슬레틱스는 연고지를 캔자스시티에서 오클랜드로 옮겼다. 잭슨은 첫 풀타임 시즌에서 타율 0.250 29홈런 74타점을 기록했다.

잭슨은 1969년에 역사를 새로 쓸 기세였다. 전반기 37홈런을 몰아치면서 1961년 로저 매리스의 단일 시즌 최다 홈런 기록에 도전장을 내밀었다(1961년 매리스는 전반기에 33홈런을 때렸다). 잭슨은 자신을 둘러싼 떠들썩한 반응이 좋으면서도 익숙하지 않았다. 압박에 시달리다 후반기 61경기에서 10홈런에 그쳤다. 마지막 30경기에선 2홈런에 그치면서 개인 최고 성적을 올린 데 만족해야 했다(타율 0.275 47홈런 118타점).

리그에서 위상이 높아진 잭슨은 즉시 연봉을 높여달라고 요구했다. 그러나 어슬레틱스의 구단주 찰리 핀리Charlie Finley는 호락호락하지 않았다. 야구계에서 알아주는 괴짜이던 그는 선수 위에 군림하기 좋아하는 강성 구단주였다. 잭슨이 연봉 6만 달러를 부르자, 일부러 훨씬 낮은 3만 5000달러를 제안했다.

무시를 당했다고 생각한 잭슨은 야구를 관두겠다고 으름장을 놓았다. 스프링캠프 훈련도 하는 둥 마는 둥 했다. 그러자 찰리 핀리가 타협안을 제시했다. 연봉 4만 5000달러에다가 오클랜드 시내에 아파트 한 채를 마련해주겠다고 약속했다. 잭슨은 원하는 조건은 아니었지만 일단 받아들였다. 그리고 핀리가 거주하는 초호화 아파트에 입주했다.

시즌 준비를 소홀히 했던 터라 성적이 좋을 리 만무했다. 1970년 잭슨은 홈런 수가 반 토막이 나고 타격 성적도 곤두박질쳤다(0.237/0.359/0.458, 23홈런).

내심 잭슨의 추락을 바랐던 찰리 핀리는 잭슨 길들이기에 돌입했다. 잭슨을 경기에 내보내지 말 것을 지시했다. 잭슨은 출장이 오락가락했다. 성적이 떨어진 이상 변명의 여지가 없었다. 벤치에 앉아 화를 삭이던 잭슨은 9월 6일 경기에서 분노를 표출했다. 8회 말 대타로 나서 만루 홈런을 날린 뒤 핀리가 있는 곳을 향해 가운뎃손가락을 들어 올렸다. 동시에 모두가 짐작하는 욕설까지 내뱉었다.

눈 깜짝할 사이 일어난 사건에 모두가 어안이 벙벙했다. 찰리 핀리는 잭슨의 행동이 어떤 의미인지 알고 있었다. 속으로는 괘씸했지만 겉으로는 내색하지 않았다. 그러나 결코 그냥 넘어가지는 않았다. 당시 메이저리그는 선수들이 구단에 귀속되어 있는 보류 조항이 존재했다. 결국 잭슨은 야구를 계속하기 위해 자존심을 굽혀야 했다. 한편 잭슨은 정규 시즌 MVP(타율 0.293 32홈런 117타점)와 월드시리즈 MVP를 동시에 거머쥔 1973년 이후에도 바라던 연봉을 받지 못했다.

찰리 핀리와의 마찰은 빙산의 일각이었다. 잭슨이 일으킨 충돌 가운데 시작에 불과했다. 잭슨은 수틀리면 인정사정 볼 것 없이 들이받았다. 오클랜드에서 하루가 멀다 하고 동료들과 다퉜으며, 양키스로 옮긴 뒤에는 빌리 마틴Billy Martin 감독과 멱살잡이를 했다. 잭슨은 자신을 제외한 모두를 적으로 대했다. 고집불통에 독불장군이었다.

통산 563홈런

레지 잭슨은 홈런을 신봉했다. 엄지손가락을 치켜세울 수 있는 퍼포먼스라고 믿었다. 잭슨에게 홈런은 돈을 안겨주는 보증수표였다. 홈런만 칠 수 있다면 삼진은 기꺼이 포기할 수 있었다. 그러면서 리그 최다 삼진이라는 오명을 5번이나 썼고, 메이저리그 역대 가장 많은 2597삼진을 헌납했다.

잭슨에게 삼진은 홈런을 위한 투자였다. 방망이를 짧게 잡으라는 조 디마지오의 조언을 듣지 않고, 꿋꿋이 자신만의 스윙을 고수했다(잭슨은 디마지오의 타격 이론을 존경했다). 대다수 타자들이 패스트볼과 변화구에 따라 스윙을 다르게 가져가는데, 잭슨은 패스트볼과 변화구 모두에 홈런을 칠 기세로 덤벼들었다.

잭슨은 1973년 32홈런, 1975년 36홈런, 1980년 41홈런, 1982년 39홈런을 기록하며 리그 홈런왕에 4번 올랐다. 잭슨이 활동한 시대에 그보다 많은 홈런을 친 선수는 아무도 없다. 통산 563홈런은 전

1973년 오클랜드 어슬레틱스에서 뛰던 시절 월드시리즈에 나선 레지 잭슨.

사진 United Press International

체 14위, 좌타자 중에서는 6위의 성적이다(배리 본즈, 베이브 루스, 켄 그리피 주니어, 짐 토미, 라파엘 팔메이로).

올스타에 14회 뽑힌 잭슨은 1971년 올스타전에서 대형 홈런을 터뜨렸다. 디트로이트의 타이거스타디움 우측 지붕을 직격하는 타구를 만들어냈다. 정확한 측정은 이뤄지지 않았지만 비거리가 무려 539피트(164미터)로 추정됐다. 타격하는 순간 가하는 힘이 엄청났던 그는 이러한 장거리 홈런을 틈틈이 선보였다.

잭슨은 오클랜드(1967~1975, 1987년)와 볼티모어(1976년), 양키스(1977~1981년), 캘리포니아 에인절스(1982~1986년)에서 뛰었다(통산 0.262/0.356/0.490). 그의 시대는 투고타저 성향이 짙었고 홈구장도 비교적 투수에게 유리했다. 만약 잭슨이 홈런이 유행하는 시대에 등장했다면 훨씬 많은 홈런을 때려냈을 것이다.

1993년 잭슨은 명예의 전당으로 향했다(득표율 93.6퍼센트). 자기 감정에 솔직했던 그는 자서전에서 "오만하게 들릴 수 있지만, 야구에서 내가 최고다"라고 썼다. 최고의 순간에 가장 빛나는 방법을 누구보다 잘 알고 있었던 건 분명하다.

자니 벤치, 가장 완성도 높은 포수

**슬럼프란 푹신한 침대와 같다.
들어가기는 쉽지만 빠져나오기는 어렵다.** _자니 벤치

자니 벤치 Johnny Lee Bench, 1947~

포수 및 3루수, 1루수, 우투우타

활동 기간 1967~1983(17시즌)

투수의 손끝에서 공이 떠나는 순간 야구는 시작된다. 좀 더 거슬러 올라가면 포수가 사인을 내고 투수가 이를 받아들이는 순간이 야구의 시작이다.

수비시 나머지 8명을 모두 바라보는 위치에 있는 포수는 그라운드의 야전 사령관이다. 포수는 수비 부담이 가장 큰 포지션이며, 포수의 수비력은 투수에게 가장 직접적인 영향을 미친다. 투수진 전체를 관리해야 하다 보니 팀의 리더인 경우도 많다. 그렇다고 방망이가 약해서도 안 되는 게 요즘 포수의 위상이다.

유일하게 열 손가락 모두에 우승 반지를 채울 수 있었던 요기 베라는 최고의 리더였다. 역대 최고의 도루저지율을 자랑하는 이반 로

드리게스는 골드글러브를 가장 많이 따냈다(13개). 마이크 피아자는 장타력에서 독보적이었다(통산 장타율 0.545).

하지만 요기 베라의 리더십과 이반 로드리게스의 수비력, 마이크 피아자의 장타력을 모두 지닌 포수가 있었으니, 바로 역사상 가장 완벽한 포수로 불리는 자니 벤치다. 어떤 이는 벤치를 '마이크 피아자와 찰스 존슨Charles Johnson의 결합'으로 평가하기도 한다.

유일한 포수 홈런왕

자니 벤치가 마스크를 쓴 13년(1968~1980년)은 신시내티 레즈 역사에서 최고의 전성기였다. 신시내티는 1970년대에만 6차례 지구 우승(당시는 2개 지구)과 4차례 리그 우승, 그리고 2차례 월드시리즈 우승을 차지했다. 1975년과 1976년 신시내티의 연속 우승 이후 월드시리즈 2연패에 성공한 내셔널리그 팀은 없다.

벤치는 '빅 레드 머신' 최고의 타자 중 한 명이었으며(벤치는 주로 4번과 5번을 쳤다) 팀의 리더이자 정신적 지주였다(별명이 '리틀 제너럴'이었다). 메이저리그 역사상 벤치(2회)보다 더 많이 리그 MVP를 따낸 포수는 요기 베라(3회)와 로이 캄파넬라(3회) 둘뿐이다.

빌 제임스는 요기 베라를 역대 1위 포수로 꼽으면서도(벤치 2위) 가장 완성도 높은 포수(best pure catcher)로는 벤치를 선택했다. 벤치는 베라보다 훨씬 뛰어난 수비력을 자랑했다. 2000년에 있었던 팬 투표에서 벤치는 베라를 제치고 '20세기 최고의 팀' 포수가 됐으며, 1999년에 발간된 스포팅뉴스의 20세기 최고 선수 랭킹에서도 포수로서는 가장 높은 16위에 올랐다.

이반 로드리게스는 13개 골드글러브를 따내 10개를 기록한 벤치를 제쳤지만, 골드글러브 50주년을 맞이해 2007년에 진행한 '올타임 골드글러브 팀' 투표에서 벤치는 총 2만 9000여 표를 얻어 1만 4000여 표에 그친 로드리게스를 더블스코어 차이로 눌렀다. 로드리게스의 시대는 공격형 포수의 시대였지만 벤치의 시대는 수비형 포수가 넘쳐나던 때라 경쟁이 훨씬 치열했다.

1970년대 포수들은 지금보다 훨씬 투박하고 무거운 장비들과 싸웠다. 특히 잘 다물어지지 않는 미트에 두 손으로 포구를 해야 했는데, 그러다 보니 미트를 끼지 않는 오른손에 부상이 빈번했다. 하지만 벤치는 제조업체에 경첩을 달아 잘 접어지는 미트를 주문한 다음 한 손 포구에 나섰다. 포수들이 오른손을 등 뒤로 감출 수 있게 된 시작점이었다. 훗날 벤치는 한 손 포구의 창시자는 자신이 아니라 랜디 헌들리Randy Hundley라고 밝혔지만, 이를 정착화시킨 것은 그였다.

벤치는 그 외에도 현재 포수 수비의 기본이 된 여러 동작을 만들어냈다. 마스크 아래 모자 대신 처음으로 헬멧을 쓴 것도 벤치였다.

벤치의 등장은 포수의 역사에서 중요한 터닝 포인트이기도 하다. 요기 베라, 로이 캄파넬라, 미키 코크런이 사라진 이후, 메이저리그에는 수비형 포수가 득세했다(1960년대가 최고의 투고타저 시대였던 것에는 이들도 영향을 미쳤다). 하지만 1968년 벤치가 나타난 뒤 흐름은 다시 바뀌었다.

벤치(통산 타율 0.267)는 포수로서는 마이크 피아자(427개) 다음으로 많은 389개 홈런을 때려냈다(순수 포수 홈런만 따지면 1위 마이크 피아자 396개, 2위 칼턴 피스크 351개, 3위 벤치 326개). 또 1376타점은 요기 베라(1430타점)에 이은 포수 2위 기록이다. 벤치의 기록을 주목해야 하는 것은 그가 요기 베라나 마이크 피아자와 달리, 메이저리그 역사상 가장 극심했던 투고타저 시대를 보내서다.

40홈런 100타점 시즌을 달성한 포수는 벤치를 포함해 5명(나머지는 로이 캄파넬라, 마이크 피아자, 토드 헌들리, 하비 로페스Javy Lopez)이다. 벤치는 마이크 피아자와 함께 이를 두 번이나 달성했으며, 유일하게 포수로서 홈런왕(2회)에 올랐다. 벤치는 3홈런 경기를 3번 만들어낸 유일한 포수이기도 하다(개리 카터 2회, 마이크 피아자 1회). 지금까지 타점왕에 오른 포수는 벤치를 포함해 4명(나머지는 로이 캄파넬라, 개리 카터, 대런 돌턴Darren Daulton)이다. 3번 타점왕에 오른 벤치를 제외하면 2번 오른 포수도 없다.

천재의 등장

자니 벤치는 1947년 12월 7일 오클라호마주 오클라호마시티에서 태어났다. 3형제 중 막내였던 벤치는 오클라호마주 최고의 스타였던 미키 맨틀을 우상으로 삼고 자랐다. 한편 벤치에게는 아메리카 원주민의 피가 섞여 있는데, 증조부 중 한 명이 인디언 촉토족 출신이었다.

아버지는 그가 타고난 포수임을 눈치 챘다(특히 벤치는 어마어마하게 큰 손을 갖고 있었는데 한 손에 야구공 7개를 쥘 수 있었다). 벤치는 아버지의 뜻을 따라 아주 어렸을 때부터 마스크를 썼으며, 열아홉 살 나이에 프로에 데뷔했을 때는 누구보다도 많은 포수 경험을 갖고 있었다. 한편 벤치가 고등학교를 다닐 때 야구팀 버스가 전복되는 큰 사고가 있었다. 이 사고로 선수 두 명이 사망했지만 벤치는 털끝만큼도 다치지 않았다.

고교 졸업반 때 벤치는 팀 사정에 따라 주로 투수로 등장했다. 그러면서 많은 구단이 투수로서 덜 다듬어진 벤치만 보고 갔다. 하지만 벤치를 가장 오랫동안 지켜본 신시내티는 그가 포수로서 어떤 재능을 갖고 있는지를 알고 있었다. 신시내티는 1965년 제1회 드래프트에서 벤치를 2라운드 전체 36순위로 지명했다. 특히 신시내티 다음으로 벤치에게 관심이 많았으며 바로 앞 지명권을 갖고 있던 볼티모어가 두 번 모두 다른 선수를 지명한 것이 다행이었다.

　1967년 열아홉살 나이에 데뷔한 벤치는 이듬해인 1968년 스프링캠프에서 테드 윌리엄스를 만났다. 벤치는 윌리엄스에게 사인볼을 요청했는데, 벤치의 재능을 한눈에 알아본 윌리엄스는 공에다 다음과 같은 문구를 적어줬다. '명예의 전당이 확실한 자니 벤치에게.'

　그해 벤치는 타율 0.275 15홈런 82타점을 기록하며 신인왕에 올랐다. 포수가 신인왕이 된 것은 1947년 상이 제정된 이래 처음이었다. 154경기 출장은 신인 포수 최고 기록이었으며, 내셔널리그 포수로는 최초로 40개 2루타를 날렸다. 또 벤치는 골드글러브를 따낸 최초의 신인이 됐다. 투표권을 가진 감독들이 주로 '뽑던 선수를 뽑는' 골드글러브는 신인에게 하늘의 별 따기나 다를 바 없다.

　당시 스무 살짜리 포수 벤치가 얼마나 노련했는지는 다음의 일화가 말해준다. 그해 스프링캠프에서 벤치는 8년차 베테랑 짐 멀로니 Jim Maloney의 공을 받아주고 있었다. 멀로니는 과거의 영광을 잊지 못해 위력이 크게 떨어진 패스트볼만 고집하고 있었다. 벤치가 변화구 사인을 내도 이를 무시하고 패스트볼만 던졌다.

　마운드에 올라갔다가 욕만 진탕 먹고 돌아온 벤치는 이번에도 짐 멀로니가 사인을 무시하고 패스트볼을 던지자 잽싸게 미트가 아닌

1980년경 신시내티 레즈 시절
32세의 자니 벤치.
사진 Roy Erickson

맨손으로 공을 잡았다. 그리고 이 정도는 아무것도 아니라는 듯 태연히 공을 돌려줬다. 그제야 자신의 패스트볼이 과거 같지 않다는 사실을 깨달은 멀로니는 이후 철저히 벤치의 사인을 따랐다. 그리고 이듬해 벤치와 함께 노히트노런을 만들어냈다. 하지만 오랫동안 회자돼온 이 이야기에 대해 훗날 벤치는 일화에 등장하는 투수가 멀로니가 아니라 다른 투수였다고 밝혔다.

빅 레드 머신의 핵심

1969년 자니 벤치는 타율 0.293 26홈런 90타점을 기록하며 더 강력한 공격력을 선보였다. 하지만 더 놀라운 것은 무려 0.571에 달하는 도루저지율이었다. 벤치의 통산 도루저지율은 0.436으로 최정상급에 속한다. 벤치는 "누구라도 잡아낼 수 있다"는 자신감을 갖고 있었다. 명단장 해리 돌턴Harry Dalton은 "벤치가 공을 던지면 모두가 침을 흘렸다"는 말을 남기기도 했다.

1976년 신시내티는 월드시리즈에 진출해 양키스와 맞붙게 됐는데, 벤치는 1차전에서 '믹 더 퀵Mick the Quick'으로 불리던 미키 리버스Mickey Rivers(1975년 70도루)의 도루 시도를 무시무시한 송구로 잡아냈다. 이후 월드시리즈가 끝날 때까지 양키스가 기록한 도루는 단 한 개뿐이었다(신시내티 7도루).

1970년 벤치의 무시무시한 공격력이 마침내 본색을 드러내기 시작했다. 스물두 살의 벤치는 타율0.293 45홈런 148타점을 기록하며 홈런왕과 타점왕에 오르고 내셔널리그 역대 최연소 MVP가 됐다. 45홈런과 148타점은 1953년 로이 캄파넬라가 올린 성적 41홈런 142타점을 경신한 포수 신기록이었다. 한편 벤치는 45홈런 중 7개를 다른 포지션(1루수, 외야수)에서 기록했는데, 포수 홈런만 따지면 2003년 하비 로페스가 때린 42개가 최고 기록이다(2위 토드 헌들리 41개, 3위 마이크 피아자와 로이 캄파넬라 40개).

1971년 잠시 주춤했던 벤치는 1972년 타율 0.270 40홈런 125타점의 성적을 내며 홈런왕과 타점왕 동시 석권을 또 한 번 이뤄냈다. 그리고 그해 또다시 리그 MVP에 올랐다. 특히 6월에는 5경기에서 7개 홈런을 날리기도 했다.

1970년부터 1978년까지 9년간, 벤치는 매년 골드글러브를 따내고 연평균 30홈런 104타점을 기록했다. 같은 기간 메이저리그에서 벤치(268홈런 933타점)보다 더 많은 홈런이나 타점을 기록한 타자는 없었다.

자니 벤치, 가장 완성도 높은 포수

벤치의 활약은 포스트시즌에서도 빛났다. 벤치는 1972년 피츠버그와의 리그 챔피언십시리즈 최종전에서 9회 말 선두 타자로 나서 동점 솔로 홈런을 날렸다. 결국 신시내티는 2사 1, 3루 상황에서 폭투로 결승점을 얻어 월드시리즈에 진출했다. 1973년 챔피언십시리즈 1차전에서도 벤치는 메츠의 에이스이자 그해 사이영상 수상자였던 톰 시버를 상대로 끝내기 홈런을 날렸다.

1976년 월드시리즈는 그 정점이었다. 벤치는 앞서 언급한 것처럼 양키스의 기동력을 완벽히 봉쇄했을 뿐 아니라 4경기에서 타율 0.533 2홈런 6타점의 맹타를 휘두르고 시리즈 MVP가 됐다. 특히 4차전에서는 4회 1대 1로 맞선 상황에서 균형을 허무는 투런 홈런을 날린 데 이어, 3대 2로 앞선 9회 초 승리에 쐐기를 박는 스리런 홈런을 날려 양키스에 4연패라는 수모를 안겼다. 양키스가 40차례 진출한 월드시리즈에서 4연패를 당한 것은 이때가 세 번째(1922년 자이언츠, 1963년 다저스)이자 마지막이었다.

조금 이른 퇴조

요기 베라에게 로이 캄파넬라가 있었다면, 자니 벤치에게는 칼턴 피스크가 있었다. 하지만 베라와 캄파넬라의 활약 시기가 겹쳤던 것과 달리(이들은 1951년부터 1955년 사이 각자의 리그에서 리그 MVP를 3번씩 따냈다) 벤치와 피스크는 그렇지 않았다.

칼턴 피스크는 벤치와 생일이 거의 같았다(벤치 1947년 12월 7일생, 피스크 1947년 12월 26일생). 하지만 피스크는 벤치(1968년)보다 4년 늦게 신인왕을 따냈으며(1972년) 벤치가 리그를 지배한 첫 8년 동안 특별한 활약을 하지 못했다.

하지만 30대가 되면서 둘의 상황은 역전됐다. 벤치는 30세 시즌인 1978년 타율 0.260 23홈런 73타점을 기록하며 하향세로 접어들었다. 반면 칼턴 피스크는 29세 시즌부터 터지기 시작하더니 결국 벤치보다 10년을 더 뛰고 은퇴했다.

29세 시즌까지(첫 풀타임: 벤치 20세, 피스크 24세)
벤치:　　0.268/0.343/0.484, 1513경기 287홈런 1038타점
피스크:　0.285/0.360/0.489, 699경기 114홈런 376타점

30세 시즌 이후(은퇴: 벤치 35세, 피스크 45세)
벤치:　　0.265/0.337/0.454, 645경기 102홈런 338타점
피스크:　0.263/0.333/0.444, 1800경기 262홈런 954타점

1981년 벤치는 무릎 상태가 더 이상 포수를 볼 수 없을 정도로 나빠지자 1루로 이동했다. 하지만 발목이 골절되는 부상을 입으면서 52경기 출장에 그쳤다. 1982년 타율 0.258 13홈런 38타점, 1983년 타율 0.255 12홈런 54타점에 그친 벤치는 결국 1983년 35세 시즌을 마지막으로 유니폼을 벗었다. 벤치의 이른 퇴장은 투수의 어깨처럼 포수의 무릎 역시 소모품이라는 것을 말해준다. 벤치의 무릎은 아버지의 조기 교육과 빠른 데뷔 탓에 너무 빨리 닳았다.

그렇다고 벤치가 포수로서 롱런하지 못한 것은 결코 아니다. 데뷔 후 13년 연속으로 100경기 이상 마스크를 쓴 것은 벤치가 사상 최초였으며, 이는 지금도 내셔널리그 기록으로 남아 있다(야디에르 몰리나Yadier Molina는 두 번째 시즌부터 15년 연속 출장했다). 벤치는 데뷔와

함께 10년 연속으로 골드글러브를 따냈으며, 데뷔 첫해부터 13년 연속으로 올스타에 선정됐다.

　1989년 벤치는 칼 야스트렘스키와 함께 명예의 전당에 올랐다. 득표율 96.4퍼센트는 당시 역대 3위였으며, 지금도 포수 최고의 득표율로 남아 있다(칼 야스트렘스키 94.6퍼센트). 당시 벤치가 100퍼센트 득표율에 실패하자 '벤치에게 100퍼센트를 주지 않으면 누구에게 줄 수 있겠느냐'는 취지의 칼럼을 실은 신문도 있었다.

로드 커루, 타격의 정확성

그는 방망이를 마치 요술 지팡이처럼 다룬다.

_켄 홀츠먼 Ken Holtzman

로드 커루 Rodney Cline Carew, 1945~

1루수 및 2루수, 우투좌타

활동 기간 1967~1985(19시즌)

샌디에이고 펫코파크에서 열린 2016년 올스타전. 메이저리그 사무국의 롭 맨프레드Rob Manfred 커미셔너는 새로운 소식을 발표했다. 타격의 두 대가를 기리기 위해 타격왕 타이틀에 이름을 붙인 것이다. 내셔널리그는 토니 그윈, 아메리칸리그는 로드 커루였다.

커루는 타격 기계였다. 마치 공을 때리기 위해 태어난 사람 같았다. 공부가 가장 쉬웠다는 수능 시험 만점자의 말처럼, 안타를 치는 일이 가장 쉬웠다는 그의 말은 허풍이 아니었다. 1974년 아메리칸리그 사이영상 수상자로 훗날 명예의 전당에 오르는 캣피시 헌터는 "커루가 치지 못하는 공은 없다. 그는 약점이 없는 타자"라고 말했다 (커루는 헌터를 상대로 타율 0.347 OPS 1.015를 기록했다).

하루가 멀다 하고 안타를 생산한 커루는 통산 2469경기 가운데 1788경기에서 안타를 때려냈다. 전체 경기의 72.4퍼센트다. 한편 테드 윌리엄스는 71.2퍼센트, 피트 로즈는 71.9퍼센트, 현역 타율 1위인 미겔 카브레라 역시 71.9퍼센트다(토니 그윈 75.3퍼센트).

커루는 1969년에 데뷔해 타율 0.332를 기록하며 첫 타격왕에 올랐다. 1972년부터 1975년까지 4년 연속 타격왕을 휩쓸었다(1972년 0.318, 1973년 0.350, 1974년 0.364, 1975년 0.359).

1976년에도 200안타를 때려내면서 타율 0.331를 기록했다. 하지만 그해 아메리칸리그 타격 1위를 차지한 조지 브렛(0.333)에게 살짝 미치지 못했다. 마지막 8경기에서 32타수 13안타(0.406)를 몰아 쳤던 커루가 막판 역전에 성공했다면 1977년(0.388)과 1978년(0.333)을 포함해 7년 연속 타격왕을 제패할 수 있었다.

메이저리그 역사상 타격왕 타이틀을 가장 많이 따낸 타자는 타이 콥이다. 12회 타격왕을 차지한 콥은 범접할 수 없는 영역에 있다. 콥에 이어 호너스 와그너와 토니 그윈이 8회, 그다음이 로저스 혼스비와 스탠 뮤지얼, 커루가 동률로 7회. 규정 타석을 충족한 13번의 3할 타율 시즌도 라이브볼 시대 공동 4위다(스탠 뮤지얼 17회, 피트 로즈 15회, 토니 그윈 14회).

통산 타율 0.328는 라이브볼 시대 20위, 1960년 이후 데뷔한 선수 중에서는 3위에 해당하는 기록이다. 어떠한 환경에서도 기복이 없었던 커루는 좌투수에게 흔들리지 않는 좌타자였다. 좌투수 상대 통산 타율이 0.310이다. 이는 좌투수 상대로 2000타석 이상 들어선 좌타자 가운데 6위에 해당한다(1위 스즈키 이치로 0.329).

타율만 보면 커루는 늘 높은 곳에 있었다. 하지만 그가 항상 높은 곳에 있었던 건 아니다.

파나마에서 뉴욕으로

로드 커루는 1945년 파나마 가툰에서 태어났다. 출산이 임박했던 어머니는 지역 내 병원 시설이 너무 낙후된 사정 때문에 다른 지역으로 이동해야 했다. 그런데 병원으로 가는 기차 안에서 통증이 시작됐다. 마침 의사와 간호사가 같은 기차에 타고 있었던 것이 천만다행이었다. 덕분에 커루가 무사히 태어날 수 있었다.

순산을 도와준 의사의 이름은 로드니 클라인이었다. 커루의 부모님은 감사한 마음을 잊지 않기 위해 아들의 이름을 로드니 클라인 커루로 지었다. 의사를 보조한 간호사는 더 깊은 인연을 이어갔다. 마거릿 앨런은 커루의 대모가 됐다.

어린 시절 커루는 아버지한테 학대를 받으며 자랐다. 술에 취한 아버지는 자식들에게 폭력을 휘둘렀다. 커루는 아버지의 인기척이 느껴지면 집을 뛰쳐나갔다. 그렇게 피해 나오면 공터에서 빗자루를 방망이 삼아 휘둘렀다. 커루에게 야구는 도피처였다.

어머니는 아버지와 커루 사이를 떼어내고 싶어 했다. 그러던 어느 날 커루의 대모 앨런 여사가 미국으로 가게 되자 그녀에게 커루를 부탁했다. 집안 사정을 잘 알고 있던 앨런 여사는 흔쾌히 받아들였다.

미국 뉴욕으로 온 커루는 바쁜 날들을 보냈다. 학교를 다니면서 식품점 일을 병행했다. 야구팀에 들어갈 시간도 , 마음의 여유도 없었다. 특히 영어를 습득하는 데 어려움을 겪으면서 의사소통이 원활히 이뤄지지 않았다. 아버지와 멀어졌지만 몸과 마음은 여전히 힘들었다.

커루는 변화에 적응해갔다. 생활이 익숙해지자 다시 야구를 할 수 있는 곳을 찾아 나섰다. 동네 야구팀 뉴욕 캐벌리어스에 들어간 커루는 그동안 억제했던 타격 본능을 유감없이 발휘했다. 그리고 미네소타의 스카우트 허브 스타인Herb Stein의 눈에 띄었다. 커루는 스타인의 추천을 받아 트라이아웃에 참가했고, 1964년 미네소타에 입단했다.

4할을 향한 집념

로드 커루는 1967년에 메이저리그로 승격됐다. 샘 밀리Sam Mele 감독은 시기상조라고 생각했지만, 구단주 캘빈 그리피스Calvin Griffith의 의지가 워낙 확고했다. 결과적으로 그리피스가 옳았다. 커루는 신인왕을 수상하면서 구단주의 기대에 부응했다(137경기 0.292/0.341/0.409).

1968년 메이저리그는 투고타저가 극에 달했다. 아메리칸리그 타자들의 평균 타율은 0.230이었고, 3할 타자는 칼 야스트렘스키뿐이었다(0.301). 규정 타석을 채우지 못한 커루도 슬럼프 아닌 슬럼프에 빠졌다(127경기 0.273/0.312/0.347).

하지만 이듬해 첫 타격왕을 차지하면서 본격적인 활약을 예고했다. 1970년 5월에는 미네소타 최초의 사이클링 히트를 달성했다. 한 달 뒤 왼쪽 무릎에 부상을 입어 수술대에 올랐지만 시즌 막판에 복귀하면서 모두를 안심시켰다(51경기 0.366/0.407/0.524).

돌아온 커루는 힘차게 질주했다. 말 그대로 신들린 타격을 선보였다. 정상 궤도에 오른 그에게 3할 타율은 문제가 아니었다. 목표는 4할이었다. 메이저리그에서 4할 타자는 1941년 테드 윌리엄스(0.406) 이후 명맥이 끊겼다.

1977년은 커루에게 잊지 못할 시즌이었다. 타격왕을 탈환했을 뿐 아니라 최다 안타(239)와 최다 득점(128), 출루율(0.449), OPS(1.019) 모두 리그 1위를 차지했다. 개인 타이기록인 14홈런을 쏘아 올렸고 유일한 100타점 시즌도 만들어냈다. 리그 MVP를 수상한 것도 바로 이때였다.

그해 커루는 7월 11일까지 타율 4할을 유지했다(0.401). 그러자 스포츠일러스트레이티드는 7월호 표지 모델로 테드 윌리엄스와 커루를 함께 내보냈다. 표지에 소개된 문구는 '마지막 4할 타자와 아마 그다음 주자'였다.

커루는 8월 말에 타율이 0.374로 떨어졌지만 9월 들어 다시 무섭게 몰아 쳤다. 시즌 마지막 18경기에서 타율은 무려 0.472(72타수 34안타)에 달했다. 막판 스퍼트를 낸 커루는 타율 0.388로 시즌을 마쳤다. 마지막 4할 타자의 이름을 바꾸지는 못했지만 1957년의 테드 윌리엄스(0.388) 이후 최고 타율이었다. 1980년 조지 브렛(0.390)과 1994년 토니 그윈(0.394)이 4할에는 더 가까웠지만, 당시 두 선수가 출장한 경기 수는 각각 117경기와 110경기로 커루가 출장한 경기 수 155경기보다 훨씬 적었다. 150경기 이상 출장한 선수가 타율 0.380을 기록한 것은 47년 만이었다(1930년 빌 테리 0.401, 베이브 허먼 0.393, 척 클라인 0.386).

4할을 향한 커루의 집념은 다른 시즌 때도 드러났다. 1974년 6월 24일까지 4할을 사수했고(0.400), 1975년은 6월 17일에 타율이 0.400이었으며, MVP 시즌을 뒤로한 1978년은 5월 23일에 타율이 0.403였다. 커루에게는 4할이 다른 타자들의 3할이었다.

15년 연속 3할 타율

로드 커루는 출중한 타격을 선보이며 테드 윌리엄스와 자주 비교됐다. 그러나 커루와 윌리엄스는 타격을 대하는 태도가 극명히 달랐다. 윌리엄스가 학구파라면 커루는 기분파였다. 윌리엄스는 가장 확률이 높은 구간을 설정해 그곳을 집중 공략했다. 하지만 커루는 이런 복잡한 과정을 거치지 않았다. 아니, 복잡할 필요가 없었다. 눈에 보이는 공을 치면 그만이었다.

눕힌 방망이를 번개처럼 휘두르는 커루는 눈과 손의 협응력이 남달랐다. 그래서 보이면 곧바로 반응할 수 있었다. 공을 맞히기도 급급한 타자들이 있는 반면, 커루는 공의 구종을 파악한 뒤 타구를 어디로 보낼지도 정해놓았다.

커루만이 가진 특징이 하나 더 있다. 커루는 투수에 맞춰 다양한 스탠스를 가져갔다. 캣피시 헌터처럼 커브가 좋은 투수를 만나면 스퀘어 스탠스, 놀란 라이언처럼 강속구를 던지는 투수는 오픈 스탠스를 취했다. 두 발 사이의 넓이에 따라 크게 네 가지로 구분했는데, 효과가 증명되자 볼카운트와 상황별로 바꾸기도 했다.

안타 제조기 커루는 루상에서 까다로운 주자였다. 틈만 나면 다음 베이스를 노렸다. 공격적인 베이스 런닝을 주문하던 빌리 마틴이 감독을 맡은 1969년에는 7개 홈스틸을 성공시켰다. 1912년 타이콥의 단일 시즌 최다 홈스틸에 하나 부족한 기록이다. 1973년 41도루, 1976년 49도루를 해낸 커루는 4년 연속 30도루(1973~1976년)와 13번의 두 자릿수 도루 시즌을 확보했다.

커루는 심지어 번트 기술까지 탁월했다. 캘리포니아 에인절스에서 한솥밥을 먹던 프레드 린Fred Lynn은 "투 스트라이크에서도 누구보다 절묘한 번트를 댈 수 있다"고 장담했다. 예측할 수 없는 모습으로 상대의 허를 찌르는 커루는 통통 튀는 럭비공 같았다. 상대 입장에서는 커루만큼 골치 아픈 선수가 없었다.

뉴욕 양키스의 포수 서먼 먼슨Thurman Munson은 커루를 가장 괴롭힌 적이었다. 먼슨은 커루에게 안타를 몇 개나 칠지, 타구를 어디로 보낼지, 어떻게 해야 아웃시킬 수 있는지 등 쉴 새 없이 말을 걸었다. 타석에서 집요하게 말을 걸어 오는 먼슨 때문에 커루는 정신이 사나웠다. 오죽하면 먼슨에게 자신이 무슨 잘못을 했는지 물어본 적도 있었다.

1969년부터 1983년까지 15년 연속 3할 타율을 넘긴 커루는 한 시즌 최저 타율이 1968년에 기록한 0.273다(지나친 투고타저만 아니었다면 3할을 쳤을 것이다). 방망이를 놓기 직전인 1985년도 타율은 0.280이었다. 타격은 마지막까지 그의 자존심이었다.

에인절스, 명예의 전당

로드 커루는 홈런을 많이 치지 못했다. 두 자릿수 홈런을 때려낸 건 1975년과 1977년 시즌 두 번뿐이었다. 두 번째 타격왕에 오른 1972년에는 142경기 동안 홈런이 하나도 없었다. 커루의 한 시즌 평균 홈런 수는 3루타(6개)보다 적은 5개였다.

커루는 역대 16번째로 3000안타에 도달했다. 통산 3053안타 중 홈런은 겨우 92개였다. 3000안타를 친 32명 중 커루보다 홈런이 적은 타자는 에디 콜린스(47홈런)와 냅 래저웨이(82홈런) 둘이 전부다. 콜린스와 래저웨이는 공의 반발력이 떨어졌던 데드볼 시대를 지낸 타자들이다.

홈런이 적은 것은 흠이 아니다. 단순히 스타일의 차이다. 더군다나 커루는 리그 최정상급의 정확성과 스피드를 갖췄다.

하지만 포지션을 감안하면 눈높이가 달라진다. 처음 2루수로 시작한 커루는 1976년부터 주로 1루수로 나왔다. 1루수가 파워가 떨어지면 환영받기 힘들다. 아니나 다를까, 미네소타의 구단주 캘빈 그리피스 역시 홈런이 적다는 이유로 커루에게 거액을 주지 않으려 했다. 연봉 협상에서 진통을 겪은 커루는 좋은 계약을 따낸 동료들을 보면서 FA 시장에 나갈 것을 암시했다. 그리피스는 1979년 2월 커루를 에인절스로 트레이드했다.

커루는 에인절스에 와서도 타격이 녹슬지 않았다(통산 834경기 0.314/0.393/0.392). 그러나 세월이 지날수록 지친 기색이 역력했다. 여기에 1986년부터 메이저리그는 로스터가 24명으로 줄어들었다. 40세 시즌을 바라보던 커루에게 허락된 자리는 없었다.

1991년 커루는 90.5퍼센트 득표율을 기록하며 단번에 명예의 전당에 헌액됐다. 파나마 출신 선수가 명예의 전당에 입성한 것은 그가 처음이었다. 파나마 국민들의 자긍심을 높여준 커루는 1975년 파나마 최고 권위를 자랑하는 상(The Order of Vasco Núñez de Balboa)을 받았다. 1977년에는 로베르토클레멘테상의 수상자로도 선정됐다. 한편 파나마는 2019년 커루에 이어 두 번째 명예의 전당 선수를 배출했다. 만장일치 득표의 신화를 쓴 마리아노 리베라였다.

커루는 은퇴 후 유유자적한 삶을 보냈다. 시간이 나면 동네 야구가 열리는 곳으로 가서 조용히 그 장면을 지켜봤다. 도피처였던 야구는 평온한 안식처가 됐다.

1975년 8월 미네소타 트윈스 시절의 로드 커루. 사진 Rick Dikeman

칼턴 피스크, 지치지 않는 포수

성취한 것이 아니고 극복한 것이다.
당신의 커리어는 그렇게 정의한다. _칼턴 피스크

칼턴 피스크 Carlton Ernest Fisk, 1947~

포수, 우투우타

활동 기간 1969, 1971~1993(24시즌)

포수는 엄청난 체력을 요구한다. 경기가 끝나도 내일 준비 때문에 제대로 쉴 수 없다. 야구에서 가장 수명이 짧은 포지션이다. 오죽하면 선수 보호를 위해 기계한테 공을 받도록 하자는 우스갯소리도 나왔을까.

하지만 기계가 포수 역할을 수행할 수는 없다. 포수는 종합적 사고력이 필요하다. 공을 받음으로써 투수의 상태를 헤아리고, 상대 타자들의 강점과 약점도 파악해야 한다. 경기 중 갑작스런 변수가 생기면 즉각 대처해야 하는 포지션이다. 경기에 관심과 애정이 없으면 하기 힘들다.

메이저리그 역사상 최고의 포수는 자니 벤치다. 벤치는 공격과 수비가 완벽히 조화를 이룬 만능 포수였다. 하지만 그는 30대 중반에 포수 마스크를 벗었다. 무릎이 더 이상 포수를 맡을 수 있는 상태가 아니었다.

자니 벤치와 같은 시대에 활약한 동갑내기 포수가 칼턴 피스크다. 1947년생인 둘은 생일도 같은 12월이다. 그런데 메이저리그에서 쌓은 커리어는 매우 달랐다. MVP를 두 번 수상한 벤치는 화려한 주목을 받았다. 반면 피스크는 MVP뿐 아니라 홈런이나 타점 같은 개인 타이틀조차 따낸 적이 없다.

열아홉 살에 데뷔한 자니 벤치는 마지막 시즌이 서른다섯 살 때였다. 스물한 살에 데뷔한 피스크는 무려 마흔다섯 살까지 포수 마스크를 썼다. 1974년 무릎 부상을 입어 포수 생명에 위협을 받았지만, 보란 듯이 20년 더 활약했다. 벤치는 32세 시즌 이후 33홈런 117타점을 추가했는데, 피스크는 32세 시즌 이후 214홈런 762타점을 올렸다. 벤치가 꽃이었다면, 피스크는 고목나무였다. 꽃처럼 눈에 띄진 않아도 오랜 시간 한자리를 지켰다.

피스크는 포수가 잘 어울렸다. 학창 시절 농구에 일가견이 있었던 피스크는 보스턴 셀틱스의 전설 빌 러셀을 좋아했다. 러셀은 뛰어난 선수이자 훌륭한 팀원이었다. 피스크도 러셀 같은 팀의 살림꾼이 되기를 자처했다. 강인한 체력과 더불어 팀을 위한 희생이 피스크를 명예의 전당 포수로 만들었다.

최초의 만장일치 신인왕

뉴잉글랜드 버몬트주에서 태어난 칼턴 피스크는 원래 농구 선수가 꿈이었다. NBA 보스턴 셀틱스의 파워포워드가 목표였다. 고교 시절 주 종목도 당연히 농구였다. 지역 토너먼트 준결승에서 40득점 30리바운드를 기록해 모두를 놀라게 했다. 대학에도 농구 장학생으로 들어갔다.

피스크가 농구와 함께 한 운동이 야구였다. 야구도 농구 못지않게 최선을 다했다. 원래 투수였던 피스크는 훈련을 하다가 자신과 충돌한 포수가 부상을 당하면서 대신 포수로 나섰다. 이후 포수의 매력에 빠져 포수 마스크를 벗지 않았다.

여전히 농구를 마음속에 품고 있던 피스크는 1967년 드래프트에서 보스턴 레드삭스의 전체 4순위 지명을 받았다. 보스턴은 모든 경기에 열정적으로 임하는 피스크의 프로 의식을 높이 평가했다. 피스크는 보스턴이 첫 번째 지명권을 자신에게 썼다는 사실이 믿기지 않았다. 뉴잉글랜드에서 뛰기를 원하던 터라 외면하기도 힘들었다. 결국 피스크는 보스턴 셀틱스 선수가 되는 꿈을 접고 야구를 통해 보스턴 유니폼을 입었다.

피스크는 1968년 싱글A에서 62경기에 출장해 빼어난 성적을 올렸다(0.338/0.405/0.600, 12홈런). 1969년 9월 19일 더블헤더 1차전에 나섬으로써 메이저리그 데뷔전을 치렀지만, 1972년까지 신인 자격을 유지했다. 그사이 피스크는 마이너리그에서 실력을 다듬었다. 1971년 트리플A에서는 포수 출신인 대럴 존슨Darrell Johnson 감독에게 갖은 노하우를 모두 전수받았다. 그리고 그해 9월 메이저리그에 올라와 무력시위를 벌였다(14경기 0.313/0.327/0.521).

보스턴은 1972년 피스크를 개막전 로스터에 남겨뒀다. 선발 포수는 두에인 조셉슨Duane Josephson이었지만, 그가 초반에 부상을 당하면서 피스크가 주전으로 올라섰다. 피스크는 5년 만에 찾아온 기회를 헛되이 하지 않고 그동안 착실히 준비한 모습을 보여줬다. 전반기 71경기에 출장해 타율 0.310이라는 엄청난 성적을 올렸다. 언론에서는 '아메리칸리그의 자니 벤치'라고 부르면서 대결 구도를 만들었다. 전반기에 비해 후반기는 다소 주춤했지만, 131경기에서 타율 0.293 22홈런 61타점을 기록해 아메리칸리그 최초의 만장일치 신인왕이 됐다. 공격뿐 아니라 수비에서도 기대를 뛰어넘은 피스크는 그해 골드글러브도 수상했다.

힘찬 출발을 한 피스크의 앞날에는 밝은 미래만 있을 것 같았다. 그러나 이듬해 성적이 하락했고(0.246/0.309/0.441, 26홈런), 1974년에는 홈으로 뛰어드는 주자와 충돌하면서 부상을 입어 무릎 수술을 받았다(52경기 0.299/0.383/0.551).

1975년에도 시범경기에서 투수가 던진 공에 팔뚝을 맞아 6월 24일이 돼서야 돌아왔다. 보스턴 팬들은 힘든 재활을 이겨내고 복귀한 피스크에게 기립 박수를 보냈다. 피스크도 남은 시즌 연일 맹타를 휘두르며 보스턴의 포스트시즌 진출에 기여했다(79경기 0.331/0.395/0.529, 10홈런).

1975년 월드시리즈, Waving Fair

1975년 보스턴은 칼턴 피스크의 복귀로 탄력을 받았다. 6월 30일 지구 선두를 탈환한 뒤 줄곧 자리를 지켰다. 리그가 두 지구로 나눠진 이후 보스턴이 1위를 차지한 건 처음이었다.

그해 보스턴은 서부 지구 1위 오클랜드와 챔피언십시리즈에서 맞붙었다. 오클랜드는 1972년부터 1974년까지 3년 연속으로 월드시리즈 우승을 달성한 팀이었다. 정규 시즌 성적도 보스턴보다 좋았다.

하지만 보스턴은 3연승을 거두며 가볍게 챔피언십시리즈를 통과했다. 처음 포스트시즌에 나선 피스크도 정규 시즌의 타격감을 이어갔다. 피스크는 2차전에서 결승타를 때려내는 등 12타수 5안타(0.417) 2타점을 올렸다.

보스턴이 월드시리즈에서 만난 상대는 신시내티였다. 강력한 타선을 앞세워 '빅 레드 머신'이라 불리던 신시내티엔 피스크의 라이벌 자니 벤치가 있었다. 양 리그를 대표하는 포수가 맞붙으면서 두 팀의 월드시리즈는 치열한 분위기 속에 진행됐다. 시리즈 내내 서로 한 경기씩 주고받았다. 2020년 ESPN은 역대 월드시리즈를 순위로 매겼는데, 1975년 월드시리즈를 최고의 월드시리즈로 선정했다.

1차전은 보스턴의 승리였다. 루이스 티안트Luis Tiant가 9이닝 완봉승을 거뒀다. 7회 말 6득점을 올리며 승기를 잡은 과정에 피스크의 밀어내기 볼넷도 있었다. 2차전과 3차전은 신시내티가 가져갔다. 모두 한 점 차 승부였다. 3차전에선 연장 10회 말 조 모건의 끝내기 안타가 나왔다. 비록 2차전과 3차전에서 팀은 패했지만 피스크는 두 경기 모두에서 선취점을 만드는 안타를 때려냈다. 특히 3차전에서 선취점을 만든 안타는 피스크의 월드시리즈 첫 홈런이었다.

시리즈의 리드를 뺏긴 보스턴은 4차전에서 승리하면서 동률을 이뤘다. 그러나 5차전에선 신시내티의 선발 돈 걸릿Don Gullett에게 가로막혀 2승 3패로 끌려갔다. 그리고 운명의 6차전이 다가왔다.

6차전은 비 때문에 애초 일정보다 사흘이나 늦게 열렸다. 일정을 미루게 만든 폭우였지만, 선수들에겐 휴식을 안겨준 단비였다. 체력을 충전한 양 팀은 더욱 격렬히 부딪쳤다. 보스턴이 1회 말 먼저 석 점을 뽑았지만, 신시내티도 5회 초 석 점을 따라잡았다. 한 치의 물러섬이 없는 점수 공방전은 후반에도 이어졌다. 신시내티가 석 점 차로 앞서가던 경기는 8회 말 보스턴의 대타 버니 카보Bernie Carbo가 스리런 홈런을 때리면서 원점으로 돌아갔다. 1965년 드래프트에서 신시내티의 지명을 받았던 카보는 친정 팀에 비수를 꽂은 셈이었다.

극적으로 6대 6 동점이 된 경기는 연장전에 돌입했다. 자정을 넘긴 긴 승부였다. 보스턴은 11회 초 조 모건의 홈런 타구를 우익수 드와이트 에번스Dwight Evans가 잡아내면서 병살타로 연결시켰다. 흐름을 가져온 상황에서 연장 12회 말 선두 타자로 피스크가 나왔다. 피스크는 자신이 해결하겠다는 마음보다 다음 타자 프레드 린에게 기회를 만들어줘야겠다고 마음먹었다. 초구 볼을 그냥 지켜보던 피스크는 낮게 들어온 다음 공을 가차 없이 걷어 올렸다. 타구는 좌측 그린몬스터를 향해 뻗어나갔다.

피스크는 타구가 강하게 맞았다는 것을 알고 있었다. 문제는 방향이었다. 타구가 휘어져 나가면서 페어인지 파울인지 확신하기 힘들었다. 그 순간 피스크는 "Stay Fair"를 크게 외치면서 타구가 안쪽으로 들어오길 바라는 제스처를 취했다.

피스크의 간절한 바람이 통했을까. 타구는 절묘하게 파울 폴에 맞았다. 이전에 있었던 모든 일들을 잊게 만드는 끝내기 홈런이었다. 피스크의 모습이 카메라에 고스란히 잡힌 이 홈런은 메이저리그의 명장면 중 하나가 됐다.

하지만 월드시리즈 우승은 신시내티가 가져갔다. 보스턴은 6차전에서 올린 승리의 기세를 7차전으로 이어가지 못했다. 조 모건이 결승타를 때려내면서 신시내티가 한 점 차 승리를 거뒀다. 피스크도 안타 없이 침묵했다. 피스크는 평생 기억에 남을 끝내기 홈런을 때

1975년 월드시리즈 6차전에서
끝내기 홈런을 때린 직후
보스턴 레드삭스의 클럽하우스에서
칼턴 피스크의 모습

려냈지만, 최후의 순간에 주인공이 되지 못했다. 야구의 어려움을 다
시 깨달았다.

45세, 포수 최다 출장

칼턴 피스크는 1980년까지 보스턴에서 활약했다. 1977년에는 커
리어 하이 시즌을 찍었다(152경기 타율 0.315 26홈런 102타점). 보스턴
에서 통산 1078경기에 출장하며 올린 성적은 0.284/0.356/0.481였
다. 피스크는 눈에 보이는 성적보다 훨씬 중요한 존재였는데, 1980년
보스턴은 피스크가 없는 48경기에서 15승 33패에 그쳐 저조했다(피
스크 출장시 68승 44패).

피스크는 보스턴 레드삭스에 남고 싶었다. 보스턴은 그가 농구 대

투고타저와 빅 레드 머신

신 야구를 선택한 이유였다. 하지만 보스턴이 피스크를 너무 무심히 대했다. 뒤늦게 제안한 계약도 시장가보다 낮았다. 마음에 상처를 받은 피스크는 시장에 나왔고, 가장 좋은 대우를 해준 시카고 화이트삭스로 이적했다(5년 350만 달러).

화이트삭스로 온 피스크는 등번호를 바꿨다. 27번이 아닌 72번을 달았다. 신인왕을 수상한 1972년에서 따온 숫자로, 그때 마음가짐으로 돌아가겠다는 의지였다.

1981년 화이트삭스의 첫 상대는 보스턴이었다. 공교롭게도 장소는 보스턴의 홈구장 펜웨이파크였다. 화이트삭스 유니폼을 입고 펜웨이파크를 방문한 피스크는 복잡한 심경이었다. 자신을 소홀히 대했던 구단에게는 서운했지만, 언제나 따뜻이 대해준 팬들에게는 감사하고 미안한 마음뿐이었다. 보스턴 팬들은 기립 박수로 피스크를 맞이했다. 피스크는 마지막 타석에서 스리런 홈런을 날림으로써 작별을 고했다.

피스크는 화이트삭스에서도 경쟁력을 보였다. 1983년 138경기에서 타율 0.289 26홈런 86타점을 기록해 MVP 3위에 올랐다(1위 칼립켄 주니어). 1985년에는 정확성은 떨어졌지만 타율 0.238 37홈런 107타점의 성적을 올려 개인 기록을 새롭게 작성했다.

1987년 통산 300홈런을 넘긴 피스크는 1990년 8월 포수 최다 홈런 1위였던 벤치를 뛰어넘었다. 그의 나이 마흔두 살이었다. 피스크에게 벤치를 넘어선 것은 숫자 그 이상의 의미가 있었다. 화이트삭스의 제프 토보그Jeff Torborg 감독은 홈런을 치고 아들과 포옹을 나누는 피스크를 보면서 "너무 감격적이라 소름이 돋았다"고 말했다.

피스크는 1993년 또 다른 기록을 세웠다. 포수로 2226경기를 출장하면서 밥 분Bob Boone을 내리고 이 부문 1위로 올라섰다. 그의 나이 마흔다섯이었다. 45세 이상 시즌에 포수로 25경기 이상 출장한 선수는 피스크가 유일하다. 피스크는 포수 최다 출장 기록을 깨뜨린 후에야 미련 없이 유니폼을 벗었다(25경기 0.189/0.228/0.245). 한편 포수 최다 홈런과 최다 출장은 각각 마이크 피아자와 이반 로드리게스에 의해 경신됐다.

화이트삭스에서 피스크는 정신적인 지주였다. 나이가 들면서 성적 하락은 피할 수 없었지만 피스크가 있는 것만으로도 안심이 됐다. 화이트삭스도 그만큼 피스크에게 많은 출장 기회를 배려했다. 실제로 피스크는 보스턴보다 화이트삭스에서 뛴 경기가 더 많았다(화이트삭스 통산 1421경기 0.257/0.329/0.438).

화이트삭스는 피스크의 등번호 72번을 영구 결번으로 지정했다. 화이트삭스 역사상 포수는 처음이었다. 영구 결번에 관해 까다로운 보스턴도 피스크의 27번을 아무도 달지 못하게 했다. 화이트삭스에서도 보스턴에 대한 애정이 변치 않았기에 가능했다(피스크는 포수 최다 출장 기록을 세운 다음 날 보스턴 팬들에게 감사한 마음을 전했다). 보스턴 역사에서도 영구 결번으로 지정된 포수는 피스크밖에 없다.

퍼지, 자기 관리의 정석

칼턴 피스크의 별명은 '퍼지Pudge'였다. 우리에게는 이반 로드리게스의 별명으로 더 익숙하지만, 로드리게스 이전에 원조 퍼지가 피스크였다. 어릴 때 체격이 작고 다부지다고 해서 고모가 붙여준 별명인데, 키가 190센티미터가 된 성인이 돼서도 그렇게 불렸다.

부모님은 아들을 전적으로 믿었다. 테니스를 했던 아버지와 소프트볼을 했던 어머니는 운동이 얼마나 힘든지 잘 알고 있었다. 아버지는 피스크가 성적보다는 경기 자체를 즐기기를 바랐다. 지나치게 방관하지도, 또 지나치게 집착하지도 않았다. 피스크를 지도한 감독들은 하나같이 부모님의 교육관에 감탄했다. 누군가는 "부모님 덕분에 어떤 명예의 전당 선수들보다 더 좋은 출발을 했다"고 전했다.

그러다 보니 운동을 대하는 자세가 남들과 달랐다. 피스크는 연습도 실전처럼 임했다. 연습을 대충 하는 동료들과 부딪친 적도 있었다. 일상이 훈련이었던 피스크는 경기가 끝나면 웨이트룸으로 가서 마무리 운동을 했다.

피스크는 야구를 존중했다. 야구를 얕보거나 무시하는 행동은 절대 용납하지 않았다. 1990년 피스크는 뉴욕 양키스의 신인이던 디온 샌더스Deion Sanders가 내야 뜬공을 친 후 1루로 달리지 않자 다음 타석 때 어김없이 한마디를 했다. 기분이 상한 샌더스는 패기 있게 덤볐는데, 이 과정에서 피스크가 인종차별적 발언을 했다. 피스크는 그런 의도가 아니었다고 설명했지만 이미 논란이 일어난 상황이었다.

피스크는 전형적인 FM이었다. 정해진 틀에서 벗어나는 행동을 하지 않았다. 칼 야스트렘스키는 피스크를 가리켜 "항상 올바른 길을 걷는 사람"이라고 말했다.

피스크는 지는 것을 매우 싫어했다. 마이너리그 시절에도 힘들었던 건 패배에 젖은 팀 분위기였다. 한동안 무력감에 빠져 의욕을 찾지 못했었다. 매일 경기가 열리는 야구는 패배도 다스릴 줄 알아야 하는데, 피스크는 이 현실을 받아들이는 데 꽤 시간이 걸렸다. 참고로, 피스크는 월드시리즈 우승 반지가 없다.

피스크는 역대 13번째로 명예의 전당에 오른 포수다(현재 19명).

2000년 두 번째 도전 만에 79.6퍼센트 득표율을 기록하며 입성했다. 피스크는 "경기에서 모든 힘을 다 쏟아 부은 것이 자랑스럽다"고 말했다. 프로 선수의 본보기를 보여준 자기 관리의 정석이었다.

마이크 슈미트, 꿈의 3루수

게임을 정복했다고 생각하지 마라.
게임은 다시 돌아와 당신의 코에 펀치를 날릴 것이다. _마이크 슈미트

마이크 슈미트 Michael Jack "Mike" Schmidt, 1949~

3루수 및 1루수, 우투우타

활동 기간 1972~1989(18시즌)

　메이저리그에서 가장 성공한 팀은 40차례 아메리칸리그 우승과 27차례 월드시리즈 우승을 차지한 뉴욕 양키스다. 그런 양키스의 반대편에는 필라델피아 필리스가 있다.

　필라델피아는 137년 역사의 24퍼센트에 해당되는 33년 동안 지구 최하위 또는 리그 최하위에 머물렀다. 양키스가 거의 4년에 한 번씩 월드시리즈 우승을 했다면 필라델피아는 4년에 한 번 꼴로 꼴찌를 했던 것이다.

　양키스의 통산 승률은 0.570인 반면 필라델피아의 통산 승률은 0.472로, 전체 30개 팀 중 26위다(27위 콜로라도, 28위 시애틀, 29위 마이애미, 30위 샌디에이고). 월드시리즈가 시작된 1903년부터 시즌을

함께한 '오리지널 16' 중에서는 가장 낮다. 필라델피아는 2007년부터 2011년까지 5년 연속 지구 우승을 거두고 2008년엔 통산 두 번째 월드시리즈 우승에 성공했지만, 2012년부터는 다시 포스트시즌에 진출하지 못하고 있다.

그런 필라델피아에도 꿈같은 전성기가 있었다. 8년간 6차례 지구 우승을 차지한 1976~1983년이다. 메이저리그 팀 중 창단 후 가장 오랜 시간이 걸려 따낸 첫 월드시리즈 우승도 이때 나왔다(이 시기를 제외하고 필라델피아가 포스트시즌에 나선 것은 119년 중 8차례에 불과하다). 바로 스티브 칼턴이 마운드를, 마이크 슈미트가 타선을 이끈 시기다.

최고의 올라운드 플레이어

1983년 필라델피아 구단은 창단 100주년을 맞아 팀 역대 최고의 선수를 뽑는 팬 투표를 실시했다. 그 결과 마이크 슈미트가 압도적 1위로 뽑혔다. 슈미트는 스포팅뉴스가 선정한 1980년대 최고의 메이저리그 선수이며 메이저리그 역사상 최고의 3루수다. 통산 548개 홈런을 날리고 골드글러브 10개를 챙긴 슈미트는 에디 매튜스의 파워(512홈런)와 브룩스 로빈슨의 수비(골드글러브 16회)를 모두 갖춘 가장 이상적인 3루수였다.

슈미트는 1972년부터 1989년까지 18년간 오로지 필라델피아에서만 뛰었다. 1970년대와 1980년대 내셔널리그 최고의 파워 히터였던 그가 풀타임으로 뛰고도 30홈런에 실패한 시즌은 16시즌 중 단 3시즌에 불과하다. 30홈런 이상을 친 시즌 13회는 행크 애런(15회), 알렉스 로드리게스(15회), 앨버트 푸홀스(14회), 배리 본즈(14회)에 이은 5위 기록이다(베이브 루스 13회). 35홈런 이상을 친 시즌 11회는 베이브 루스와 알렉스 로드리게스(12회)에 이은 3위 기록이다. 또 홈런왕 8회는 내셔널리그 최고 기록이자 베이브 루스(12회)에 이은 역대 2위 기록이다.

548홈런은 그가 은퇴할 때까지만 해도 행크 애런(755), 베이브 루스(714), 윌리 메이스(660), 프랭크 로빈슨(586), 하먼 킬러브루(573), 레지 잭슨(563)에 이은 역대 7위 기록이었다. 2021년 현재 16위까지 내려온 슈미트는 앞으로 더 밀려날 것으로 보인다. 하지만 그가 홈런이 급증한 1990년대를 보낸 선수였다면 훨씬 더 많은 홈런을 기록했을 것이 틀림없다.

슈미트는 30홈런 시즌(13회)과 100타점 시즌(9회)을 합치면 총 22회가 된다. 이는 알렉스 로드리게스(28회), 앨버트 푸홀스(28회), 행크 애런(26회), 베이브 루스(26회), 배리 본즈(26회), 지미 폭스(25회), 매니 라미레스(24회), 루 게릭(23회)에 이은 역대 9위에 해당한다.

3루수로 때려낸 509홈런 역시 3루수 역대 최고 기록이다. 슈미트는 통산 타율이 0.267에 불과하지만 많은 볼넷을 얻어낸 덕분에 통산 출루율은 0.380에 달한다. 그는 높은 장타율과 출루율을 가진 전형적인 OPS형 선수였다.

슈미트는 최고의 수비력을 가진 3루수였다. 강력한 어깨를 자랑한 그는 특히 기습 번트 타구에 달려들어 맨손으로 처리하는 기술이 발군이었다. 10개 골드글러브는 '인간 진공청소기' 브룩스 로빈슨(16회)에 이은 3루수 역대 2위 기록으로, 2루수와 유격수, 3루수 가운데 10개 이상 골드글러브를 갖고 있는 선수는 3루수 브룩스 로빈슨과 마이크 슈미트, 2루수 로베르토 알로마(10회), 유격수 아지 스미스(13회)와 오마 비스켈(11회) 5명뿐이다.

필라델피아, 홈런왕

1949년 오하이오주 데이턴에서 태어난 마이크 슈미트는(로저 클레먼스Roger Clemens의 출생지 역시 데이턴이다) 어릴 적에 고압선에 감전돼 죽을 뻔한 고비를 넘겼다. 오하이오대에서 유격수로 뛰면서 건축학을 전공한 슈미트는 한때 건축가의 길을 심각하게 고민하기도 했다.

1971년 신인 드래프트에서 필라델피아 필리스는 슈미트를 2라운드 전체 30순위에서 뽑는 운명적인 선택을 했다. 공교롭게도 캔자스시티 로열스가 전체 29위에서 뽑은 선수는 역시 훗날 명예의 전당에 함께 들어가는 3루수 조지 브렛이었다.

1973년 슈미트는 스물세 살 나이에 필라델피아의 개막전 3루수가 됐다. 하지만 첫 시즌은 악몽과도 같았다. 132경기에 나서 18개 홈런을 날리기는 했지만 타율은 0.196에 불과했으며 367타수에서 무려 136개 삼진을 당했다. 심지어 마지막 7경기에서 25타수 무안타 17삼진을 기록하기도 했다. 하지만 필라델피아는 시즌이 끝날 때까지 슈미트에게서 기회를 거둬들이지 않았다.

시즌이 끝난 후 슈미트는 푸에르토리코에서 열리는 윈터리그에 참가했다. 그리고 피나는 노력을 기울였다. 이듬해인 1974년 슈미트는 타율을 1할 가까이 끌어올리고(0.282) 홈런 수를 두 배(36개)로 불렸다. 여기에 116타점 106볼넷 138삼진을 기록했다. 슈미트는 이후에도 많은 삼진을 당했지만(삼진 역대 12위) 많은 홈런과 타점, 볼넷으로 이를 만회했다.

풀타임으로 뛴 첫해와 마지막 두 해를 제외한 1974년부터 1987년까지의 14년간 슈미트는 511홈런 1450타점 1370볼넷을 기록했다(연평균 37홈런 104타점 98볼넷). 같은 기간 홈런, 타점, 볼넷에서 메이저리그 전체 1위를 기록했고, 특히 홈런 2위인 데이브 킹먼Dave Kingman(383개)과의 차이는 128개에 이르렀다. 그야말로 압도적인 홈런왕이었던 것이다(그 기간 동안 슈미트의 타율은 0.274, 킹먼은 0.238였다).

1974년 슈미트는 메이저리그 역사상 가장 긴 단타를 기록했다. 휴스턴 애스트로돔 경기에서 클로드 오스틴Claude Osteen의 공을 받아쳐 홈플레이트에서 100미터 떨어진 33미터 높이의 천장을 맞힌 것이다. 슈미트는 당연히 홈런일 줄 알고 스타트를 늦게 끊었다. 하지만 애스트로돔의 규정에 따라 단타로 기록됐다. 천장이 없었다면 152미터까지 날아갈 수 있었던 타구였다.

피트 로즈와의 만남

마이크 슈미트는 1974년부터 1977년까지 36홈런, 38홈런, 38홈런, 38홈런을 기록하며 1974~1976년 3년 연속 리그 홈런왕에 올랐다. 또 이때 4년 연속 100볼넷과 평균 105타점을 기록하며 팀 타선을 이끌었다.

1978년 필라델피아는 스물여덟 살의 슈미트를 주장에 임명했다. 하지만 조용한 성격을 가진 그는 이를 부담스러워했다. 그해 슈미트의 성적은 타율 0.251 21홈런 78타점으로 곤두박질쳤다. 슈미트는 그해만 아니었다면 배리 본즈와 알렉스 로드리게스(13년 연속)를 제

치고 14년 연속 30홈런이라는 메이저리그 역대 최고 기록을 만들어
낼 수 있었다.

이듬해인 1979년 '열혈남아' 피트 로즈가 신시내티 레즈에서 건
너오면서 슈미트의 고민이 풀렸다. 서른여덟 살의 로즈는 선수단을
휘어잡으며 슈미트의 짐을 덜어줬다. 둘은 대단히 친했다. 로즈는
"내가 슈미트와 같은 몸을 가질 수 있다면 와이프와 내가 가진 돈을
모두 주겠다"는 농담을 하기도 했다. 슈미트는 지금도 틈날 때마다
로즈의 영구 제명을 사면하고 복권해줄 것을 주장하고 있다.

그해 슈미트는 또 하나의 중요한 결심을 했다. 그동안 해온 철저
한 당겨 치기를 버리기로 한 것. 그러자 놀랍게도 타율과 홈런 수가
동시에 증가했다.

1979년 개인 최다인 45개 홈런을 기록한 슈미트는 1980년 다시
48개를 날렸다. 이는 2006년 라이언 하워드가 58개를 기록하기 전
까지 필라델피아 최고 기록이었으며, 지금도 3루수 역대 최고 기록
으로 남아 있다. 2004년 애드리안 벨트레Adrian Beltre는 48개를 날
려 슈미트와 타이를 이뤘다. 알렉스 로드리게스가 2005년에 기록한
48개에는 지명타자로서 기록한 1개가 들어 있다.

슈미트에게 1980년과 1981년은 최고의 2년이었다. 1980년 슈미
트는 타율 0.286 48홈런 121타점을 기록하며 첫 리그 MVP에 올랐
다. 또 그해 첫 6할대 장타율(0.624)을 기록하고 17개 결승타를 날렸
다.

1980년 필라델피아는 월드시리즈에 진출했는데, 슈미트는 타율
0.381 2홈런 7타점의 대활약을 펼쳐 팀에 창단 98년 만의 월드시리
즈 우승을 안기고 본인은 MVP가 됐다. 상대로 맞붙은 캔자스시티

로열스의 조지 브렛 역시 타율 0.375의 맹타를 휘둘렀지만 패배는 막지 못했다.

1981년 슈미트는 0.316/0.435/0.644를 기록하면서 자신의 처음이자 마지막 3할 타율과 함께 세 부문에서 개인 최고 기록을 마크했다. 그해 총루타(228), 볼넷(73), 고의사구(18), 홈런(31), 득점(78), 타점(91), 장타율에서 리그 1위를 차지하며 리그 MVP를 2연패했다. 선수노조의 파업으로 단축 시즌이 이뤄지면서 팀이 107경기밖에 치르지 못한 것이 아쉬울 따름이었다.

세 번의 MVP

1983년 마이크 슈미트는 세 번째 40홈런 100타점 시즌을 만들어냈다. 이후 LA 다저스와의 챔피언십시리즈에서 15타수 7안타(0.467)의 맹타를 휘둘렀다. 이로써 1977년 챔피언십시리즈에서 마찬가지로 다저스와 대결할 때 16타수 1안타(0.062)에 그침으로써 홈 팬들한테 야유를 받았던 수모를 갚았다. 하지만 볼티모어 오리올스와 맞붙은 월드시리즈에서는 20타수 1안타에 그치며 팀의 패배를 지켜봐야 했다. 그의 마지막 월드시리즈였다. 한편 그해 겨울 슈미트는 연평균 210만 달러 계약을 맺어 메이저리그의 최고 연봉자가 됐다.

1985년 슈미트는 3루 자리를 신인 릭 슈Rick Schu에게 내주고 1루수로 전환했다. 하지만 슈가 자리를 잡지 못하면서 1년 만에 돌아왔다.

1986년 슈미트는 타율 0.290 37홈런 119타점을 기록하며 마지막 홈런왕과 타점왕에 올랐고, 3루수로서는 최초로 세 번째 MVP를 차지했다. 시즌 1위 팀에 21경기 반이나 뒤진 2위 팀에서 나온 MVP였다.

37세 시즌인 1987년에도 슈미트는 타율 0.293 35홈런 113타점을 기록했다. 노쇠화의 징후는 전혀 없었다. 하지만 1988년 데뷔 이래 처음으로 심각한 부상을 당했다. 어깨과 무릎, 허리를 동시에 다치는 바람에 시즌의 3분의 1을 놓쳤다.

1989년 슈미트는 5월까지 타율이 0.203에 그치자 5월 30일 전혀 예상치 못한 은퇴를 선언했다. 그리고 기자회견을 하면서 많은 눈물을 쏟았다. 팬들은 유니폼을 벗은 슈미트를 올스타 투표에서 3루수 부문 1위로 만들었고, 기립 박수로 떠나는 영웅의 마지막을 축복했다.

1995년 슈미트는 톰 시버(98.8), 타이 콥(98.2), 행크 애런(97.8)에 이은 당시 역대 4위의 득표율(96.5퍼센트)을 기록하며 명예의 전당에 입성했다. 이는 1년 먼저 들어간 스티브 칼턴(95.8)의 뒤를 따른 것이다. 필라델피아는 슈미트의 등번호 20번을 리치 애시번Richie Ashburn에 이은 팀의 두 번째 타자 영구 결번으로 만들었다.

1997년 필라델피아에 스콧 롤렌이 등장하자 그에게 '제2의 마이크 슈미트'라는 칭호가 붙었다. 하지만 롤렌은 슈미트만큼 꾸준하지 못했고 자신의 의지로 필라델피아를 나왔다. 슈미트처럼 완벽한 모습으로 20년 가까이 롱런하는 3루수가 언제 또 나올 수 있을지는 알 수 없다.

1983년 필라델피아 필리스에서 뛰던 33세의 마이크 슈미트

데이브 윈필드, 양키스의 이방인

톰 크루즈는 1년에 한두 번밖에 볼 수 없다. 그런데 야구 선수는 영웅이나 최고가 될 수 있는 기회가 162번이나 있다. _데이브 윈필드

데이브 윈필드 David Mark "Dave" Winfield, 1951~

우익수, 우투우타

활동 기간 1973~1995(22시즌)

스포츠는 타고난 체격이 유리하다. 불리한 조건을 극복하는 경우도 있지만, 체격이 잘 갖춰지면 출발점부터 다르다. 후천적으로 기술을 습득할 수 있어도 체격을 바꾸지는 못한다. 그래서 스카우트들은 가장 먼저 신체 조건을 따진다.

데이브 윈필드는 스카우트들 마음에 쏙 드는 체격을 갖고 있었다(198센티미터 99킬로그램). 유연성과 탄력성도 겸비해 여러 종목에서 사람들이 눈여겨봤다.

1973년 윈필드는 각기 다른 세 종목에서 드래프트 지명을 받았다. 윈필드처럼 세 종목에서 탐을 냈던 선수들은 미키 매카티Mickey McCarty와 노엘 젠케Noel Jenke, 데이브 로건Dave Logan도 있었다. 그러

나 프로 네 팀이 지명권을 행사한 선수는 드래프트 역사상 윈필드가 유일하다.

윈필드는 야구와 농구, 미식축구로부터 러브콜을 받았다. 농구는 NBA 애틀랜타 호크스와 ABA 유타 스타스 두 팀이 각각 5라운드와 4라운드에서 지명했다. 미네소타대 시절 빌 머슬먼Bill Musselman 감독의 지도를 받았던 윈필드는 뛰어난 리바운더로 정평이 나 있었다. 한편 머슬먼은 이후 NBA 팀을 지휘하게 된다. 머슬먼 밑에서 엄청난 훈련량을 소화했던 윈필드는 농구를 관두게 돼 다행이라며 안도감을 내비쳤다.

미식축구는 미네소타 바이킹스가 17라운드에서 뽑았다. 그런데 윈필드는 유소년 리그 이후 미식축구를 하지 않았다. 최대한 부상을 피하고 싶던 그에게 미식축구는 기피 종목이었다.

폭발적인 관심을 받았던 윈필드의 보금자리는 야구였다. 메이저리그는 열두 살 때부터 가슴속에 품어왔던 무대였다. 윈필드는 오래 뛸 수 있다는 측면에서도 야구를 선호했다. 실제로 22시즌 동안 메이저리그에 머물면서 43세 시즌까지 활약했다.

샌디에이고, 첫 20-20클럽

데이브 윈필드는 타자뿐 아니라 투수로도 각광을 받았다. 드래프트 직전에 참가한 대학 토너먼트 대회에서 2경기에 출장해 17.1이닝 29K 1실점을 기록했다. USC(서던캘리포니아대)를 상대한 준결승전에서는 8이닝 15K 무실점(1피안타)을 선보였는데, 당시 USC에는 예비 메이저리그 선수가 4명이나 있었다(프레드 린, 로이 스몰리Roy Smalley, 스티브 켐프Steve Kemp, 리치 다우어Rich Dauer). 1976~1985년 볼티모어에서 뛴 다우어는 당시 윈필드의 투구에 대해 "바로 코앞에서 던지는 것 같았다. 체감 구속이 110마일 정도 됐다"고 말했다.

이 경기에서 소속 팀 고퍼스는 8회까지 7대 0으로 앞서다가 윈필드가 올라오지 않은 9회 오심과 실책이 이어지면서 대역전패를 당했다(7대 8). 비록 우승은 놓쳤지만 타자로서도 타율 0.467를 기록한 윈필드는 대회 MVP를 수상했다.

윈필드에게 적극적으로 구애한 팀은 샌디에이고였다. 창단한 지 5년밖에 되지 않은 샌디에이고는 1973년 드래프트에서 전체 4순위 지명권을 갖고 있었다. 윈필드는 샌디에이고에서 자신이 어떻게 활용될지 궁금했다. 프랜차이즈 스타가 필요했던 샌디에이고는 주기적으로 등판하는 투수보다 매일 경기에 나오는 야수가 되기를 바랐다. 윈필드가 원한 대답이었다.

샌디에이고는 윈필드의 마음을 굳히기 위해 계약금 6만 5000달러를 쥐어 줬다. 전체 1순위로 뽑힌 텍사스의 좌완 데이비드 클라이드David Clyde와 같은 액수였다. 한편 1973년 드래프트 1라운드에서는 윈필드보다 빠른 3순위에 호명됐지만, 그보다 적은 금액인 6만 달러에 계약한 고교 출신 내야수가 있었다. 훗날 밀워키의 전설이 되는 로빈 욘트였다.

샌디에이고의 파격적인 대우는 하나 더 있었다. 샌디에이고는 윈필드를 곧바로 메이저리그 로스터에 포함시켰다. 덕분에 윈필드는 선수 시절 마이너리그에서 고생한 적이 없다. 메이저리그로 직행한 선수는 윈필드가 8번째였다.

윈필드는 대학 토너먼트 대회의 아쉬움이 다 가시기도 전에 메이저리그 데뷔전을 치렀다. 1973년 6월 20일 휴스턴전에서 7번 좌익수로 선발 출장해 마지막 타석에서 안타를 치고 나간 이후 밀어내기 볼넷으로 득점에 성공했다. 두 번째 경기에서 데뷔 첫 타점을 챙긴 데 이어 세 번째 경기에서는 홈런을 쏘아 올렸다. 그해 시즌 후반에 들어 살짝 주춤했지만 충분히 가능성을 보여줬다(56경기 0.277/0.331/0.383, 3홈런).

사실 그해 샌디에이고 파드리스는 샌디에이고시를 떠날 수도 있었다. 1973년 샌디에이고는 성적과 흥행 면에서 참패하면서 연고지 이전을 계획했다. 구단주 C. 아널트 스미스C. Arnholt Smith는 팀을 매각하는 데 주력했고, 1974년 1월 맥도날드 창업주인 레이 크록Ray Kroc에게 팀을 넘겼다. 시카고 컵스의 팬으로서 메이저리그 구단주가 되고 싶었던 크록은 스미스가 제안한 1200만 달러에 흥정 없이 동의했다(1973년 조지 스타인브레너는 1000만 달러에 뉴욕 양키스를 매입했는데, 실제 금액은 880만 달러로 더 적었다).

레이 크록은 샌디에이고를 옮기지 않았다. 1974년 샌디에이고는 여전히 102패를 당했지만, 창단 후 처음으로 한 시즌 100만 관중을 돌파했다(107만 5399명).

1974년 0.265/0.318/0.438에 20홈런을 기록한 윈필드는 두 자릿수 홈런과 도루가 가능한 선수로 평가받았다. 1977년엔 25홈런 16도루를 기록하고 처음으로 올스타전에 출장했다.

1978년 올스타전은 샌디에이고 홈구장에서 열렸는데, 샌디에이고 야수 중엔 윈필드만이 자리를 빛냈다. 그해 윈필드는 158경기에 출장해 24홈런 21도루(0.308/0.366/0.499)를 기록해 잠재력을 폭발시켰다. 역사상 첫 20-20클럽 가입자가 나온 샌디에이고는 창단 10년 만에 5할 승률을 넘어선 위닝 시즌(84승 78패)을 만들어냈다.

미스터 메이

데이브 윈필드는 샌디에이고의 자랑이었다. 샌디에이고가 더 쓰러지지 않도록 지킨 버팀목이었다. 1979년엔 정점을 찍었다. 159경기에 나서 타율 0.308 34홈런 118타점을 기록해 리그 타점왕에 올랐다. 샌디에이고 역사상 첫 타점왕이었다. 30홈런과 100타점을 함께 기록한 타자도 1972년 네이트 콜버트Nate Colbert(38홈런 111타점)에 이은 두 번째였다.

1980년 윈필드는 0.276/0.365/0.450을 기록하며 20홈런 20도루 시즌을 또 한 번 추가했다. 여기에 2년 연속 골드글러브도 사수했다. 이렇게 꾸준한 성적을 올리자 양키스가 윈필드 영입에 착수했다. 때마침 윈필드도 우승에 대한 열망이 커진 상태였다.

양키스는 윈필드에게 10년 계약을 안겨줬다. 39세 시즌까지 보장하는 불안 요소가 있었지만, 윈필드의 운동 능력을 믿어보기로 했다.

문제는 금액이었다. 계약을 허락한 조지 스타인브레너는 윈필드가 매년 160만 달러를 받게 될 것이라고 전해 들었다. 그러나 윈필드 측이 계약서에 집어넣은 엘리베이터 조항을 미처 발견하지 못했다. 윈필드는 매년 물가 상승에 따라 기본급도 올라가도록 설정했는데, 스타인브레너와 보좌진들은 생소했던 이 부분을 자세히 따지지 않았다. 그러면서 윈필드의 계약 총액은 1600만 달러에서 2330만 달러로 늘어났다. 윈필드한테 속았다고 생각한 스타인브레너는 크게 분노했다.

자존심 강한 조지 스타인브레너가 윈필드를 좋아할 리 없었다. 윈필드도 스타인브레너에게 굽히지 않았다. 스타인브레너가 기름이라면 윈필드는 물이었다.

양키스에서 첫 시즌인 1981년은 선수 파업 때문에 전기, 후기 단축 시즌으로 진행됐다. 양키스가 전반기를 1위로 마감하면서 윈필드도 마침내 포스트시즌 무대를 밟게 됐다. 윈필드는 디비전시리즈에서 20타수 7안타(0.350)의 맹타를 휘둘렀다. 하지만 챔피언십시리즈 3경기에서 13타수 2안타(0.154)에 그쳐 흔들리더니, 월드시리즈 6경기에선 22타수 1안타(0.045)의 최악의 부진을 겪었다. 우승도 다저스에 빼앗겼다.

조지 스타인브레너는 잊지 않았다. 윈필드가 온 이후 양키스가 계속 포스트시즌 진출에 실패하자 1985년 인터뷰에서 윈필드를 맹비난했다. 스타인브레너는 "미스터 10월(레지 잭슨)은 가고, 미스터 5월만 남았다"고 쏘아붙였다. '미스터 5월'은 우승에 아무런 도움을 주지 못하는 윈필드를 겨냥한 말이었다.

윈필드를 향한 조지 스타인브레너의 공격은 여기서 멈추지 않았다. 스타인브레너는 눈엣가시 같은 윈필드를 트레이드하기 위해 모든 방법을 동원했다. 그런데 윈필드가 트레이드 거부권을 앞세워 아무 곳도 가지 않겠다고 버텼다.

조지 스타인브레너는 화가 치밀어 올랐다. 그리고 잘못된 길로 빠졌다. 마피아와 연계된 도박꾼을 고용했다. 윈필드 재단에 기부하기로 한 30만 달러도 주기 싫었던 스타인브레너는 윈필드의 약점을 잡아 팀에서 내쫓으려고 했다. 그러나 모든 음모가 발각되면서 오히려 스타인브레너가 영구 추방을 당했다.

1990년에 밝혀진 이 사건으로 둘은 돌아올 수 없는 강을 건넜다. 윈필드는 1990년 5월 캘리포니아 에인절스로 이적했고, 조지 스타인브레너는 1993년 30개월 만에 복권됐다. 윈필드는 양키스를 떠나면서 "그는 나를 진흙탕에 빠뜨리려고 했지만, 나는 진흙을 묻히지 않았다"고 말했다.

3000안타 400홈런 200도루

데이브 윈필드는 외부의 방해 공작에도 불구하고 양키스에서 성적은 준수했다. 허리 수술을 받는 통에 1989년 시즌을 모두 놓쳤지만, 9시즌(1172경기) 통산 0.290/0.356/0.495, 205홈런을 기록했다. 1982년부터 1986년까지 5년 연속 100타점을 유지했다. 5년 연속 100타점을 유지한 양키스 선수는 1936~1942년의 조 디마지오 이후 처음이었다.

하지만 윈필드는 환영받지 못했다. 월드시리즈에서 저지른 침묵을 만회할 기회가 오지 않았다. 양키스에서 첫 8시즌 동안 올스타전에 나섰지만, 양키스 팬들은 윈필드가 탐탁지 않았다. 1984년 윈필드는 팀 후배 돈 매팅리와 치열한 타격왕 경쟁을 펼쳤는데, 양키스 팬들이 열렬하게 응원한 선수는 매팅리였다(매팅리 0.343, 윈필드 0.340).

윈필드는 1990~1991년 에인절스를 거쳐 1992년 토론토와 1년 계약을 맺었다. 불혹의 나이였지만, 기량은 녹슬지 않았다(타율 0.290 26홈런 108타점). 100타점을 기록한 시즌은 개인 통산 8번째로, 40대 타자가 100타점을 기록한 것은 1900년 이후 최초였다(1999년 해럴드 베인스Harold Baines, 2016년 데이비드 오티즈가 합류한다).

가을에 남겨둔 한도 풀었다. 챔피언십시리즈에서 오클랜드를 꺾은 토론토는 애틀랜타와 월드시리즈 우승을 다퉜다. 11년 전 월드시리즈에서 쩔쩔맸던 것과 달리, 윈필드는 1992년 월드시리즈에서 마지막 결승타를 터뜨렸다. 6차전 연장 11회 초에서 2대 2 균형을 허무는 2타점 2루타를 날렸다. '미스터 5월'이라는 오명을 씻는 순간이었다.

40세 시즌에 우승을 일궈낸 윈필드는 1993년 고향 팀인 미네소타로 돌아왔다. 미네소타에서도 143경기에 출장해 자기 역할은 해냈다(0.271/0.325/0.442, 21홈런). 9월 17일 오클랜드전에서는 데니스 에커슬리를 상대로 통산 3000번째 안타를 때려냈다. 선수 인생의 굴곡이 심했기 때문일까. 3000안타를 달성하면서도 내색 없이 무덤덤하게 받아들였다.

윈필드는 1995년 클리블랜드에서 선수 생활을 마무리했다. 통산 2973경기에 나서 성적 0.283/0.353/0.475를 올리고, 3110안타, 465홈런, 1833타점, 1669득점, 223도루를 완성했다. 3000안타와 400홈런을 함께 이룬 역대 11명 중 하나다. 여기에 200도루 이상을 이뤄낸 선수는 윌리 메이스, 행크 애런, 알렉스 로드리게스와 더불어 윈필드뿐이다.

명예의 전당 최장신 야수

1951년 미네소타 세인트폴에서 태어난 데이브 윈필드는 부모님이 세 살 때 이혼했다. 홀어머니 밑에서 자랐지만, 다른 가족들의 보살핌 덕분에 구김살이 없었다. 특히 야구를 가르쳐준 빌 피터슨Bill Peterson 감독은 윈필드에게 어떤 사람이 돼야 하는지도 알려줬다. 윈필드는 자신이 받은 사랑을 모두에게 베풀고 싶어 했다.

메이저리그 3년차이던 1975년, 윈필드는 전 세계를 다니면서 봉사 활동을 시작했다. 가난한 아이들을 돌보는 데 앞장섰고, 매년 모

1984년 뉴욕 양키스에서 뛰던 시절의 데이브 윈필드

교에 장학금도 지급했다. 윈필드는 가장 먼저 자신의 재단을 설립해 운영한 선수였다(사업 수완도 뛰어났다).

선한 영향력을 뿌리 내린 윈필드는 훗날 사회 발전에 기여한 공로를 인정받았다. 1992년 브랜치리키상의 초대 수상자로 선정됐고, 1994년에는 로베르토클레멘테상도 받았다. 그의 목소리는 야구장 밖으로 울려 퍼졌다.

윈필드는 2001년 첫 투표에서 84.5퍼센트 득표율을 기록하며 명예의 전당에 입성했다. 명예의 전당에 오른 선수 중 최장신 야수였다. 양키스에서 가장 오래 뛰었지만, 메이저리그 선수로서 발판을 마련해준 샌디에이고의 모자를 쓰고 들어갔다. 샌디에이고 출신으로 명예의 전당에 입성한 첫 선수였다.

윈필드에게 중요한 건 삶의 행복이었다. 그는 야구를 통해 그 행복을 찾았다. 과정이 순탄치는 않았지만 고생 끝에 도달한 종착지는 만족스러웠다.

조지 브렛, 라인드라이브 히터

내가 정말로 되고 싶었던 선수는 조지 브렛이었다. _로빈 욘트

조지 브렛 George Howard Brett, 1953~

3루수 및 1루수, 우투좌타

활동 기간 1973~1993(21시즌)

2014년 월드시리즈 진출과 2015년 월드시리즈 우승. 그러나 이전 28년 동안 포스트시즌이라고는 구경조차 하지 못했던 캔자스시티 로열스가 뉴욕 양키스와 아메리칸리그 최강자 자리를 다투며 기를 펴고 살던 시절이 있었다.

1969년 창단 때부터 2013년까지 첫 45년 동안 캔자스시티의 역사는 '조지 브렛이 뛴 21년'과 '그가 뛰지 않은 24년'으로 나뉜다. 브렛이 뛴 21년간 캔자스시티가 5할 승률에 실패한 적이 네 번뿐인 반면, 브렛이 뛰지 않은 24년 동안엔 5할 승률에 성공한 적이 네 번이었다.

캔자스시티가 2013년까지 기록한 7차례 포스트시즌 진출과 6차

례 지구 우승, 2차례 아메리칸리그 우승, 1차례 월드시리즈 우승은 모두 브렛의 최전성기 10년(1976~1985년) 기간에 나온 것이다. 브렛은 도루(4위)와 삼진(5위)을 제외하고 출장 경기, 타석, 타수, 득점, 타점, 안타, 2루타, 3루타, 홈런, 볼넷, 장타, 승리기여도, 공격 등 거의 전 부분에서 캔자스시티 역대 1위를 지키고 있다. 한 팀의 역사를 대표하는 프랜차이즈 선수들은 많지만, 한 팀의 기록을 이렇게까지 독점하고 있는 경우는 없다.

브렛(통산 타율 0.305)은 캔자스시티 타자들이 51년 동안 따낸 타격왕 4회 중 3회를 만들어냈다(나머지는 1982년 윌리 윌슨Willie Wilson). 지금까지 리그 MVP를 수상한 캔자스시티 선수 역시 브렛이 유일하다.

캔자스시티가 지정한 영구 결번은 세 개인데, 감독인 딕 하우저Dick Howser(10번)를 제외하면 선수는 브렛(5번)과 프랭크 화이트(20번) 둘뿐이다. 2루수인 화이트는 18년간 캔자스시티 한 팀에서만 뛰면서 통산 8개 골드글러브를 따냈다. 그러나 통산 성적은 타율 0.255 2006안타 160홈런 886타점에 머물러 스타와는 거리가 멀었다. 브렛은 팀 역대 2위와 가장 큰 차이가 나는 프랜차이즈 맨이다.

거의 모든 사람이 역대 최고의 3루수로 마이크 슈미트를 꼽는다. 그리고 그다음으로 조지 브렛의 이름을 댄다. 빌 제임스의 순위에서도 브렛은 역대 2위에 올라 있다(3위 에디 매튜스, 4위 웨이드 보그스). 브렛은 주 포지션이 3루수인 선수 중 가장 많은 안타(3154)를 기록했으며(보그스 3010안타) 유일하게 5000루타를 돌파했다(3루수로서 기록한 안타만 따지면 보그스 2788안타, 브렛 2044안타).

브렛은 행크 애런과 윌리 메이스, 스탠 뮤지얼과 함께 3할 타율, 3000안타, 300홈런을 모두 달성한 역대 4명 중 하나다(앨버트 푸홀스 통산 타율 0.297). 여기에 200도루를 추가하면 스탠 뮤지얼이 제외되며, 600개 2루타를 추가하면 윌리 메이스가 빠진다. 100개 3루타까지 추가하면 4명 중 유일하게 브렛만이 남는다. 빌 제임스는 역대 3000안타 달성자 중 정확성과 생산력이 가장 균형 잡힌 선수로 그를 꼽았다.

1973년에 데뷔해 1993년에 은퇴한 브렛은 타격왕 타이틀 3개를 각각 1976년, 1980년, 1990년에 따냈다. 이렇게 주요 부문 타이틀을 10년 단위(decade) 3번에 연이어 차지한 선수는 메이저리그 역사상 브렛이 유일하다.

브렛의 최대 강점은 꾸준함이었다. 브렛은 1975년부터 1987년까지 14년간 10번의 3할 타율을 기록했는데, 같은 기간 2할 9푼 아래로 내려간 것은 한 번뿐이었다. 또 풀타임으로 뛴 첫 시즌인 1974년부터 마지막 시즌인 1993년까지 20년 연속으로 세 자릿수 안타를 기록한 것은 피트 로즈(23시즌)에 이은 역대 2위 기록이다.

브렛은 최고의 선수이면서도 이기심이라고는 눈곱만큼도 찾아볼 수 없었으며, 모든 동료가 좋아한 완벽한 팀 플레이어였다. 그는 항상 투지 넘치는 플레이를 한 탓에 걸어 다니는 부상 병동이었다. 그러면서 여러 차례 부상자 명단에 올랐지만 그가 시즌 100경기를 채우지 못한 것은 단 한 번뿐이었다.

데뷔

조지 브렛은 1953년 웨스트버지니아주 글렌데일에서 4형제 중 막내로 태어났다(이후 브렛의 가족은 LA 근교로 이사를 갔다). 어린 브렛의 영웅은 여섯 살 위인 맏형 켄이었다. 지역 최고의 고교 선수였던 켄Ken Brett은 1966년 전체 4순위 지명을 받고 보스턴에 입단했으며, 1967년에는 정규 시즌에서 2이닝을 던지고 나서 월드시리즈 마운드에 올라 19세 20일이라는 월드시리즈 역대 최연소 등판 기록을 세웠다.

1971년 브렛이 드래프트에 나오자, 켄을 포함한 세 형에게 모두 보스턴 유니폼을 입혔던 스카우트 조 스티븐슨Joe Stephenson은 브렛도 보스턴에 강력 추천했다. 하지만 보스턴은 브렛 형제들을 더 이상 믿지 않았다. 켄은 최고의 투수가 되리라는 기대와 달리 저니 맨이 됐으며(켄은 14년간 10개 팀을 돌아다니며 83승 85패 3.93을 기록하고 은퇴했다) 다른 두 형도 메이저리그 데뷔에 실패했다.

이때 보스턴이 브렛을 대신해 전체 15순위로 뽑은 선수는 훗날 명예의 전당에 오르는 외야수 짐 라이스였다. 브렛을 뽑지 않은 것은 실수였지만 그 대신 뽑은 선수 역시 대단히 성공적이었던 셈이다. 하지만 15번째 도전 끝에 아슬아슬하게 들어간 라이스에 비해 첫 번째 투표에서 당시 역대 5위의 득표율을 기록하며 들어간 브렛을 뽑지 않은 것은 분명 보스턴의 손해였다.

당시 1971년 드래프트에선 좋은 선수들이 쏟아져 나왔다. 훗날 통산 240승을 올리는 투수 프랭크 타나나Frank Tanana가 13순위로 에인절스의 지명을 받았으며, 양키스는 영구 결번을 주게 되는 론 기드리를 3라운드에서 뽑았다. 세인트루이스는 훗날 골드글러브 최다 수상 1루수(11회)가 되는 키스 에르난데스Keith Hernandez를 42라운드에서 뽑는 대박을 터뜨렸다. 하지만 가장 흥미로운 사실은 역대

1위, 2위 3루수가 같은 드래프트에 나왔으며, 이들의 이름이 연속해 불렸다는 것이다. 브렛은 전체 29순위로 캔자스시티의 지명을 받았고, 마이크 슈미트는 30순위로 필라델피아에 선택됐다.

찰리 로를 만나다

캔자스시티에 입단할 당시 조지 브렛의 포지션은 유격수였다. 브렛은 강한 어깨를 갖고 있었지만 오른쪽 수비가 불안했다. 이에 마이너리그에서 3루수로 전환했다. 1973년 8월에 데뷔한 브렛은 40타수 5안타(0.125)를 기록하고 시즌을 끝냈다. 주전을 꿰찬 이듬해에도 그의 방망이는 좀처럼 터지지 않았다.

어느 날 타격코치 찰리 로Charley Lau가 브렛에게 말했다. 자신과 함께 매일 '특타'(특별 타격 훈련)를 하지 않겠느냐는 것. 이후 브렛은 가장 먼저 경기장에 나와 가장 늦게 들어가는 선수가 됐다. 특히 그해 올스타 휴식기 내내 로와 함께 훈련한 이후 그의 타격은 몰라보게 달라져 전반기 0.242에 그쳤던 타율이 후반기에 0.317로 올랐다. 결국 0.282로 시즌을 끝낸 브렛은 신인왕 투표 3위에 올랐다(1위 마이크 하그로브Mike Hargrove, 2위 버키 덴트).

찰리 로 코치를 만난 것은 하늘이 브렛에게 내린 축복이었다. 로는 테드 윌리엄스와 함께 타격 이론의 양대 산맥으로 꼽히는 인물이다. 윌리엄스가 몸통의 회전력을 이용하는 '로테이셔널 히팅 시스템 rotational hitting system'을 만들어낸 반면, 로는 무게 중심의 전진력을 이용하는 '웨이트 시프트 시스템weight shift system'의 주창자다. 또 윌리엄스가 타구의 비거리를 위해 약간의 어퍼 스윙을 강조한 반면, 로는 철저한 레벨 스윙과 함께 당시로서는 파격적이었던 '한 손

폴로 스루'를 역설했다.

브렛은 찰리 로가 만들어낸 최고의 작품이었다. 로의 타격 이론을 모두 흡수해 완벽한 레벨 스윙을 보유한 최고의 라인드라이브 히터 가 된 브렛은 모든 종류의 공을 필드의 전 지역으로 뿌려댔다. 로는 1980년 4할 타율에 도전하는 브렛을 보면서 "내가 마치 프랑켄슈타 인 박사가 된 기분"이라고 말했다. 브렛이 1999년 명예의 전당 헌액 식에서 가장 먼저 꺼낸 이름 역시 1984년에 세상을 떠난 로였다. 로 는 브렛을 자랑스러워했고, 브렛은 로를 평생의 은인으로 여겼다.

마지막 진정한 4할 도전

1975년 조지 브렛은 처음으로 3할 타율을 기록했다(0.308). 특히 브렛이라면 치를 떠는 투수가 생겼는데 에인절스의 2선발 에드 피 게로아Ed Figueroa(16승 13패 2.91)였다. 그해 브렛은 피게로아를 상대 로 14타수 12안타 2볼넷을 기록했다.

1976년은 캔자스시티의 3번과 4번, 브렛과 할 맥레이Hal McRae가 역사상 가장 숨 막히는 타격왕 경쟁을 벌인 해였다. 마지막 경기를 남겨둔 상황에서 브렛(0.33073)은 맥레이(0.33078)에 0.00005가 뒤 져 있었다. 마지막 경기 첫 세 타석에서 둘은 똑같이 3타수 2안타를 기록했다. 맥레이는 0.33269, 브렛은 0.33229. 이대로라면 타격왕은 맥레이의 차지였다. 하지만 마지막 타석이 그들을 기다리고 있었다.

먼저 등장한 선수는 3번 브렛. 브렛이 친 타구는 평범한 좌익수 플라이가 되는 듯했다. 하지만 미네소타의 좌익수 스티브 브라이 Steve Brye가 머뭇머뭇하더니 타구를 잡지 못했다. 인조잔디에 튄 공 은 크게 바운드되어 브라이의 키를 넘었고, 브라이가 뒤로 빠진 공을 쫓는 사이 브렛은 홈까지 내달렸다. 인사이드 더 파크 홈런. 브렛에 이어 등장한 할 맥레이가 유격수 땅볼에 그치면서 결국 둘의 타격왕 경쟁은 브렛의 승리로 끝났다. 브렛 0.3333, 할 맥레이 0.3321.

할 맥레이는 타격을 마치고 돌아온 후 미네소타의 진 모크 감독을 향해 거친 말을 내뱉었다. 모크 감독과 스티브 브라이가 같은 백인인 브렛의 편을 들어준 게 아니었느냐는 것이다. 하지만 맥레이가 브렛을 원망한 것은 아니었다.

1979년 브렛은 역대 6번째로 20(2루타) 20(3루타) 20(홈런) 클럽에 가입했다(도루는 17개). 그리고 이듬해 테드 윌리엄스를 끝으로 누구도 넘보지 못한 4할 타율에 도전했다.

1980년 출발은 좋지 않았다. 브렛은 4월에 0.259, 5월에 0.329에 그치며 5월을 0.301로 끝냈다. 그러나 6월에 0.472, 7월에 0.494, 8월에 0.430의 불방망이를 휘둘러 8월을 0.403으로 마감했다. 9월 20일 14경기를 남겨둔 시점에서 타율은 딱 0.400이었다.

그러나 브렛은 이후 13경기에 나서 0.304에 그쳤고 0.390을 기록하며 시즌을 끝냈다. 시즌 내내 한 번도 만나지 않았던 천적 제리 쿠스먼Jerry Koosman을 두 경기에서 만나 7타수 1안타를 기록한 것과 함께 확장 로스터를 시행하면서 올라온 좌완 신인들에게 당한 것이 결정적이었다.

테드 윌리엄스가 마지막 4할(0.406)을 기록한 1941년 이후 3할 9푼을 넘겨본 타자는 단둘뿐이다. 1980년의 브렛과 1994년의 토니 그윈(0.394)이다. 하지만 그윈이 도전한 1994년 시즌이 파업으로 인해 8월 12일에 끝났음을 감안하면, 마지막 순간까지 손에 땀을 쥐게 했던 진정한 4할 도전은 브렛이 처음이자 마지막이었다.

그해 1980년 브렛은 부상을 입어 45경기에 결장하고도 리그 MVP에 올랐다. 117경기에서 118타점을 올려 1950년 월트 드로포 이후 처음으로 타점이 경기 수를 넘긴 선수가 됐다. 또 24개 홈런을 날리는 동안 22개 삼진을 당했다. 아메리칸리그 3루수가 3할 5푼이 넘는 타율을 기록한 것은 역대 최초였다(이후 웨이드 보그스 5회).

브렛은 야구를 위해 청교도적인 생활을 했던 호너스 와그너 등과는 거리가 멀었다. 사교와 술을 좋아한 그는 밤을 새우고 경기장에 나오기 일쑤였다. 브렛은 주로 후보 선수들과 술을 마셨는데, 그들의 경기력에 영향을 미칠까 봐 매번 상대를 바꿔가며 마셨다. 동료 투수 댄 퀴즌베리Dan Quisenberry는 밤을 새우고 온 것이 틀림없는 그가 그날 경기에서 홈런 3개를 날리는 모습을 보고 경악을 금치 못했다.

1984년 시즌이 끝난 후 캔자스시티의 공동 구단주인 애브런 포겔먼Avron Fogelman은 브렛이 자기 관리를 제대로 하지 못한다고 공개적으로 비난했다. 이 말을 들은 브렛은 분노하지 않았다. 그 대신 철저히 반성했다. 달라진 브렛은 1985년 생애 유일한 30홈런을 때려내고 타율 0.335 112타점을 기록하면서 또 유일한 골드글러브를 따냈다(슈미트와 브렛의 가장 큰 차이는 바로 수비였다. 슈미트는 골드글러브 10개). 그해 월드시리즈에 진출한 캔자스시티는 세인트루이스를 4승 3패로 누르고 첫 월드시리즈 우승을 차지했다.

양키스와 파인 타르 사건

조지 브렛이 전성기를 이끄는 동안 캔자스시티는 '서부의 지배자'로 군림했다. 그 시절 캔자스시티의 최대 라이벌은 동부 최강 팀인 뉴욕 양키스였다(당시는 동·서부 2개 지구).

1976년 처음으로 지구 우승을 차지한 캔자스시티는 리그 챔피언 십시리즈에서 양키스를 만났다. 브렛은 5경기에서 타율 0.444 1홈 런 5타점을 기록하는 대활약을 펼쳤지만, 캔자스시티는 최종 5차전 에서 양키스의 1루수 크리스 챔블리스Chris Chambliss에게 끝내기 홈 런을 맞고 패했다.

1977년 캔자스시티와 양키스는 또 한 번 챔피언십시리즈에서 격 돌했고 다시 5차전까지 갔다. 8회까지는 캔자스시티가 3 대 2로 리드 했는데, 9회 초 무너진 불펜이 3점을 내주면서 결국 3 대 5로 패했다.

1978년에도 두 팀은 3년 연속으로 챔피언십시리즈에서 격돌했 다. 브렛은 3차전에서 훗날 명예의 전당에 오르는 양키스의 선발투 수 캣피시 헌터를 상대로 3연타석 홈런을 뽑아냈다. 그러나 캔자스 시티는 이번에도 양키스를 넘지 못했다(1승 3패).

1979년 똑같이 지구 우승을 놓친 두 팀은 1980년 리그 챔피언십 시리즈에서 네 번째 대결을 펼쳤다. 당시 강속구 킬러로 이름을 떨 치고 있던 브렛은 3차전에서 1 대 2로 뒤진 7회, 양키스의 마무리 리 치 고시지Rich Gossage가 던진 98마일짜리 공을 받아쳐 양키스타디움 의 상단 관중석에 떨어지는 초대형 결승 스리런 홈런을 날렸다. 이 경기에서 재역전함으로써 캔자스시티는 양키스를 3연승으로 제압 하고 마침내 양키스 징크스에서 벗어났다.

그해 창단한 지 12년 만에 처음으로 나간 월드시리즈에서 캔자스 시티는 필라델피아와 맞붙었다. 1980년 월드시리즈는 양 리그를 대 표하는 3루수인 마이크 슈미트와 브렛의 대결에 관심이 모아졌다. 브렛은 타율 0.375 1홈런 4타점을 기록하며 선전했지만, 타율 0.381 2홈런 7타점을 기록한 슈미트에게는 미치지 못했다. 스티브 칼턴이

2차전과 6차전에서 선발승을 따내면서 필라델피아는 시리즈를 6차전에서 끝내고 창단 98년 만에 감격적인 첫 월드시리즈 우승을 차지했다. 슈미트는 월드시리즈 MVP가 됐다.

한편 브렛에게는 선수 생활 내내 끈질기게 그를 괴롭힌 고통이 있었으니, 바로 치질이었다. 당시 2차전에서 더 이상 참지 못하고 경기 도중 교체된 브렛은 곧바로 수술을 받았다. 그리고 다음 날 3차전에 나서 홈런을 때려냈다.

1983년 7월 24일 양키스타디움, 브렛과 양키스 간의 대충돌이 일어났다. 9회 초 브렛이 리치 고시지를 상대로 역전 투런 홈런을 날리자 양키스 더그아웃에서 빌리 마틴 감독이 걸어 나왔다. 마틴은 팀 매클렐런드Tim McClelland 주심에게 브렛의 방망이를 보여주며 브렛이 규정을 어겼다고 주장했다. 규정상 송진은 방망이 끝에서 17인치까지만 바를 수 있었지만, 브렛의 방망이에는 24인치 부분까지 칠해져 있던 것. 주심은 이 항의를 받아들여 브렛의 홈런을 취소했다. 이때 브렛이 눈에 불이 붙은 들소처럼 뛰어나온 장면은 그의 대표적인 이미지가 되어버렸다.

경기가 양키스의 승리로 끝난 후 캔자스시티는 리그 사무국에 이를 제소했다. 사무국은 물론 브렛이 규정을 어긴 것은 맞지만 이것이 홈런을 취소할 이유는 되지 못한다며 캔자스시티의 이의 제기를 받아들였다. 25일 후 경기는 브렛이 홈런을 때린 순간부터 다시 재개됐고 경기는 캔자스시티가 승리했다.

사실 빌리 마틴의 항의는 처음부터 계획된 것이었다. 시즌 초반 한 스카우트로부터 브렛이 방망이에 송진을 많이 바르는 습관을 갖고 있다는 보고를 받은 그는 이를 써먹을 결정적인 순간을 노리고 있었다. 브렛은 리그 MVP에 한 번 오르고 두 번 2위에 그쳤는데, MVP를 차지한 해는 양키스 선수들(레지 잭슨, 리치 고시지)을 꺾은 해였고, 2위에 그친 해는 모두 양키스 선수(서먼 먼슨, 돈 매팅리)들에게 밀린 해였다. 그만큼 브렛과 양키스는 서로에게 악연이었다.

창단 첫 우승

조지 브렛이 처음이자 마지막으로 30홈런을 날린 1985년, 캔자스시티는 또 하나의 결정적인 무기를 얻었다. 브렛 세이버헤이긴Bret Saberhagen이었다. 그해 데뷔 2년차이던 스물한 살의 세이버헤이긴은 20승(6패 2.87)을 기록하고 팀 최초로 사이영상을 따냈다.

브렛의 활약도 눈부셨다. 캔자스시티는 마지막 7경기를 앞두고 에인절스에 1경기 뒤져 있다가 이후 5승 2패를 기록함으로써(에인절스전 3승 1패), 결국 에인절스에 1경기 앞서 서부 우승을 차지했다. 브렛은 그 7경기 중 6경기에 나서 타율 0.450 5홈런 11타점이라는 무시무시한 활약을 펼쳤다.

1984년 리그 챔피언십시리즈에서 디트로이트에 패한 캔자스시티가 1985년에 만난 상대는 토론토였다. 캔자스시티는 1차전과 2차전에서 패했지만 3차전에서 브렛이 토론토의 선발 도일 알렉산더 Doyle Alexander를 상대로 연타석 홈런을 날린 덕에 승리했고, 결국 1승 3패 이후 3연승을 하는 대역전승을 거두고 두 번째 월드시리즈 진출에 성공했다. 챔피언십시리즈 7경기에서 타율 0.348 3홈런 5타점의 맹활약을 펼친 브렛은 시리즈 MVP가 됐다.

1985년 월드시리즈 상대는 미주리주 라이벌인 세인트루이스였다. 캔자스시티는 시리즈 패배까지 아웃카운트 2개를 남겨둔 6차전

1992년 9월 30일 캘리포니아 에인절스와의 원정 경기에서
3000안타를 기록할 당시의 조지 브렛. 사진 MLB 동영상 캡처

9회 말 1사에서 극적으로 경기를 뒤집은 후 7차전마저 승리해, 감격
적인 창단 첫 월드시리즈 우승을 차지했다. 하지만 1985년 월드시리
즈는 오심으로 얼룩진 시리즈였다.

우승까지 1승을 남긴 세인트루이스는 6차전에서도 9회 초까지
1대 0으로 앞서 우승을 눈앞에 두고 있었다. 캔자스시티의 9회 말
공격. 선두 타자 호르헤 오르타Jorge Orta는 1루 쪽으로 땅볼을 날렸
고, 1루수는 베이스 커버에 들어온 투수에게 토스했다. 하지만 1루
심 돈 뎅킹거Don Denkinger는 누가 봐도 아웃인 상황에서 세이프를
선언했다. 세인트루이스는 격렬히 항의하지만 받아들여지지 않았다.
결국 세인트루이스는 이어진 1사 만루에서 끝내기 안타를 맞고 6차
전을 내줬다. 다음 날 7차전에서 세인트루이스에 또 한 번 날벼락이

떨어졌다. 돈 뎅킹거가 주심을 맡은 것이다. 세인트루이스 선수들은 평정심을 잃었고 결국 0대 11의 완패를 당했다. 뎅킹거는 이후 오랫동안 세인트루이스 팬들의 살해 협박에 시달렸다.

브렛과 캔자스시티는 이후 포스트시즌 무대를 더 이상 밟지 못했다. 브렛이 포스트시즌에서 43경기에 나서 기록한 통산 성적은 타율 0.337 10홈런 23타점이었다. 브렛은 중요한 경기일수록 더 빛나는 클러치히터였다.

1987년 브렛은 정든 3루를 떠나 1루로 갔다. 1991년에는 다시 지명타자가 됐다. 1991년 캔자스시티는 브렛과 15년간 함께 뛴 할 맥레이가 감독으로 부임했다. 논란이 됐던 1976년의 타격왕 경쟁에도 불구하고 사이가 좋았던 맥레이는 3000안타에 도전하고 있던 브렛에게 충분한 기회를 제공했다. 브렛은 1992년 9월 30일 에인절스와의 원정 경기에서 역대 16번째로 3000안타를 달성했다. 하지만 1루에서 기립 박수를 받은 후 경기가 재개되자마자 견제사를 당했다.

은퇴, 헌신

조지 브렛은 1993년을 끝으로 은퇴를 선언했다. 그해 캔자스시티는 창업자 유잉 코프먼Ewing Kauffman마저 세상을 떠났다. 브렛은 1999년 명예의 전당 첫 투표에서 98.19퍼센트를 얻음으로써 톰 시버(98.84), 같은 해 들어간 놀란 라이언(98.79), 타이 콥(98.23)에 이어 역대 4위 득표율을 기록했다. 이는 마이크 슈미트가 1995년에 기록한 96.5퍼센트를 넘은 것이었다. 이후 마리아노 리베라(100.0), 데릭 지터(99.7), 켄 그리피 주니어(99.3), 칼 립켄 주니어(98.5)가 추가되면서 브렛의 순위는 8위까지 내려왔다.

브렛이 자신의 기록 중 가장 자랑스러워하는 것은 캔자스시티 한 팀에서만 뛰었다는 것이다. 메이저리그 역사상 한 팀에서만 20년 이상을 뛰고 은퇴한 선수는 19명이다. 이는 3000안타(32명), 300승(24명), 500홈런(27명) 달성자보다 모두 적은 수다. 특히 FA 제도가 생긴 1976년 이후로는 8명에 불과하다(브렛, 윌리 스타젤Willie Stargell, 앨런 트래멜Alan Trammell, 로빈 욘트, 토니 그윈, 칼 립켄 주니어, 크레이그 비지오, 데릭 지터). 그만큼 브렛은 캔자스시티만 사랑했으며 캔자스시티에 헌신했다.

자신이 떠난 후 일어난 몰락이 그 누구보다도 안타까웠던 브렛은 1998년 투자자들을 모아 구단을 매입하려 했지만 실패했다. 그로부터 2년 후인 2000년, 캔자스시티는 유잉 코프먼의 친구인 데이비드 글래스David Glass가 새로운 구단주가 됐다. 캔자스시티는 2015년 역대 두 번째이자 1985년 이후 첫 월드시리즈 우승을 차지했다. 글래스는 2020년 1월 10일 세상을 떠났다.

로빈 욘트, 스프레이 히터의 장타

**그는 모든 것을 잘해냈다. 경기에서 몸을 아끼지 않았다.
그는 야구 선수가 되어야 하는 사람이었다. _밥 유커Bob Uecker**

로빈 욘트 Robin R. Yount, 1955~

유격수 및 중견수, 우투우타

활동 기간 1974~1993(20시즌)

1969년에 창단한 밀워키는 원래 이름이 시애틀 파일럿츠였다. 하지만 당시 구단주인 듀이 소리아노Dewey Soriano는 재정적 여유가 그리 많지 않았다. 첫해 흥행에 실패하자 곧바로 파산 신청을 냈다(홈구장 시설이 열악한 데 비해 입장료는 터무니없이 비쌌다). 공중분해가 될 위기에 놓인 구단을 사업가 버드 셀리그Bud Selig가 사들였다. 셀리그는 투자자 그룹을 조직해 구단을 인수한 뒤 연고지를 밀워키로 옮겼다.

대부분 신생 팀이 그렇듯 밀워키도 초반에 시행착오를 겪었다. 이기는 것보다 지는 것이 일상이었다. 밀워키는 팀을 구할 난세의 영웅을 찾아 나섰다. 아마추어 드래프트에 나오는 선수들을 어느 팀보다도 열심히 조사했다.

1973년 밀워키가 기다렸던 영웅이 등장했다. 밀워키는 그해 드래프트에서 고교 유격수 로빈 욘트를 뽑았다. 밀워키의 역사를 바꾼 선택이었다.

방황, 이탈

밀워키는 로빈 욘트에게 당초 계획보다 많은 계약금 6만 달러를 안겨줬다. 애리조나주립대 진학을 염두에 두고 있던 욘트는 당당히 금액을 올려달라고 요구했다. 1974년 시즌 개막전 유격수로 확정되자 계약을 담당하는 스카우팅 디렉터를 향해 "보셨죠? 내가 돈 더 받아야 한다고 말씀드렸잖아요"라며 패기를 드러냈다.

당돌한 욘트는 초고속 승격을 했다. 메이저리그에 데뷔할 당시 나이가 18세 201일이었다. 리그에서 가장 어린 선수였지만 주눅 든 모습은 보이지 않았다. 욘트는 자신의 나이에 대해 "별로 의식하지 않는다. 나이보다 신경 써야 할 게 많다"고 말했다.

욘트는 10대 때 통산 254경기에 출장했다. 1934~1936년에 277경기에 출장한 필 캐버레타Phil Cavarretta에 이어 10대 최다 출장 2위 기록이다. 밀워키는 욘트에게 꾸준히 경험을 쌓을 기회를 줬다.

하지만 욘트는 치고 올라가지 못했다. 첫 3년간 성적은 두드러지지 않았다(0.257/0.294/0.335). OPS 0.629는 같은 기간 규정 타석을 채운 아메리칸리그 선수 99명 중 84위에 해당하는 성적이다. 욘트에게 메이저리그는 시기상조처럼 보였다.

무엇보다 심각한 건 그의 의지였다. 욘트는 야구가 하고 싶지 않았다. 팀도 늘 하위권을 맴돌면서 야구에 흥미를 잃어갔다. 오히려 예전부터 해오던 골프와 모터사이클 경주에 재미를 붙였다. 특히 골프는 웬만한 프로 선수 못지않은 실력을 갖추고 있었다. 욘트는 야구보다 골프가 적성에 맞다고 생각했다.

욘트는 겉돌았다. 밀워키도 야구에 전념하지 않는 그가 못마땅했다(트레이드도 검토했다). 심지어 1978년 시즌 직전에는 계약 협상도 마찰을 빚었다. 스프링캠프에서 부상을 당한 욘트는 혼란이 극에 달했고 급기야 짐을 싸서 팀을 이탈했다.

욘트는 야구를 그만두고 프로 골퍼에 도전한다고 밝혔다. 그의 충동적인 결정에 비난이 빗발쳤다. 여기저기서 질책이 쏟아졌다. 욘트는 주변에서 원하는 삶보다 자신이 원하는 삶을 살고 싶었다. 그러나 무책임하게 도피하는 건 이해받기 힘든 행동이었다. 욘트는 더 이상 10대 사춘기 소년이 아니었다.

아버지의 중재로 욘트는 팀으로 돌아갔다. 밀워키는 외도를 끝내고 돌아온 욘트를 감싸 안았다. 욘트는 1978년 5월 중순 선발 유격수로 복귀했고, 6월 12일 토론토와의 더블헤더 2차전에서는 데뷔 첫 끝내기 홈런을 쏘아 올렸다. 이 경기에서 욘트는 마치 월드시리즈 경기를 이긴 것처럼 기뻐했다. 그렇게 다시 야구에 물들어갔다.

한편 밀워키는 1977년 드래프트에서 뽑은 신인으로 욘트의 공백을 메우고 있었다. 욘트가 복귀하면서 그는 2루수로 전환했다. 밀워키의 또 다른 영웅 폴 몰리터였다.

각성, 첫 번째 MVP

로빈 욘트는 피할 수 없다면 즐기기로 했다. 뒤늦게 뛰어든 1978년 시즌은 전환점이 됐다. 127경기에 출장해 기록한 타율 0.293, OPS

0.752, 9홈런, 71타점, 16도루는 모두 개인 최고 성적이었다. 밀워키도 욘트를 믿고 5년 235만 달러 계약을 선물했다.

1979년 밀워키는 이전 시즌 93승을 넘어서는 팀 역대 최다승을 올렸다(95승 66패). 2년차 신인 폴 몰리터가 본색을 드러냈고 (0.322/0.372/0.469), 고먼 토머스Gorman Thomas는 45홈런을 때려 리그 홈런왕에 올랐다. 비록 볼티모어(102승)에 가로막혀 포스트시즌 진출은 좌절됐지만, 팀 전력이 점점 무르익고 있었다.

그해 욘트는 1978년 시즌의 기세를 이어가지 못했다(149경기 0.267/0.308/0.371). 하지만 1979년은 야구 외적으로 새로운 길이 열렸다. 고교 시절부터 사귄 여자친구와 결혼해 가정을 꾸리면서 한 가정의 가장이 됐다.

욘트는 달라졌다. 스프링캠프에 일찍 합류해 몸을 만들었다. 오직 야구에 집중하는 모습을 보였다. 착실히 준비한 뒤에 맞은 1980년 시즌은 시작부터 심상치 않았다. 첫 34경기에서 0.343/0.380/0.621의 성적을 냈다. 시즌 중반에 부침이 있었지만 마침내 껍질을 깨뜨리고 날아올랐다(0.293/0.321/0.519).

가장 놀라운 변화는 장타력이었다. 이전까지 통산 34홈런을 친 욘트는 1980년 143경기에서 23홈런을 터뜨렸다. 49개 2루타는 메이저리그 최다 1위 기록이었다. 3루타도 10개를 때려낸 욘트는 그해 82장타로 전체 1위에 올랐다. 유격수의 한 시즌 82장타는 당시 타이 기록으로, 욘트 이전엔 어니 뱅크스가 1955년에 82장타를 날린 적이 있었다.

1982년 욘트는 1980년에 세운 장타 기록을 뛰어넘었다. 홈런 29개, 2루타 46개, 3루타 12개로 87장타를 몰아 쳤다. 그해는 장타뿐 아니라 모든 면에서 화려했다. 타격이 정점을 찍었다(0.331/0.378/0.578). 210안타를 쳐 리그 최다 안타 1위에 올랐다. 욘트가 한 시즌 100타점을 돌파한 것도 이때가 처음이었다(114타점). 베이스볼 레퍼런스 기준 승리기여도 10.5는 1908년 호너스 와그너와 1991년 칼 립켄 주니어가 기록한 11.5에 이은 역대 유격수 3위에 해당한다.

욘트는 그해 생애 첫 MVP를 수상했다. 유격수 골드글러브와 실버슬러거도 확보했다. 이 세 가지 상을 동시에 거머쥔 선수는 1980년의 마이크 슈미트에 이어 두 번째였다. 1980년 당시 슈미트는 월드시리즈 MVP까지 휩쓸었다.

욘트도 1980년의 마이크 슈미트처럼 완벽한 시즌을 보낼 수 있었다. 1982년 그해 밀워키는 창단 첫 월드시리즈 진출에 성공했다. 세인트루이스와 맞붙은 월드시리즈에서 욘트는 29타수 12안타(0.414)를 기록해 뜨거운 타격감을 자랑했다. 포스트시즌 단일 시리즈에서 두 번의 4안타 경기를 선보인 선수는 욘트가 유일하다(1차전, 5차전). 그러나 밀워키가 6차전과 7차전에서 패하면서 아쉬움을 남겼다. 만약 밀워키가 그해 월드시리즈에서 우승했다면 MVP는 욘트였을 가능성이 높았다.

유격수에서 외야수로

로빈 욘트는 1980년에 처음 리그 올스타로 뽑혔다. 하지만 올스타전에서 선발로 나간 유격수는 뉴욕 양키스의 버키 덴트였다. 욘트는 최고의 시즌을 보낸 1982년과 1983년 올스타전에서 선발 유격수로 출장했다. 그리고 더는 올스타전에 나오지 못했다.

욘트는 올스타전과 인연이 없었다. 대단한 커리어를 쌓아가는 중인데도 올스타전은 허락되지 않았다. 두 번째 MVP를 수상한 1989년 (타율 0.318 21홈런 103타점) 시즌에도 올스타전에 나가지 못했다. MVP를 두 번 이상 수상한 선수 가운데 올스타전에 세 번밖에 출장하지 못한 이는 욘트와 후안 곤잘레스Juan Gonzalez뿐이다.

욘트는 왜 올스타전에 초대받지 못했을까. 그 이유 중 하나는 포지션 변경이다. 욘트는 첫 번째 MVP를 차지한 이후 건강에 적신호가 켜졌다. 허리가 아픈 데 이어 팔과 어깨도 통증이 심해졌다. 그러면서 지명타자로 나온 경기가 늘어났다. 1984년 시즌이 끝난 난 뒤에는 어깨 뼛조각 제거 수술을 받았다. 밀워키는 그의 미래를 우려해 유격수 대신 외야수를 맡기기로 결정했다.

리틀리그 이후 외야수를 본 적이 없는 욘트는 익숙해지는 데 시간이 필요했다. 바뀐 위치에서 타구를 처리하는 건 쉽지 않았다. 하지만 특유의 운동신경으로 새로운 포지션에 금방 적응했다. 발이 빠른 욘트는 좌익수에서 중견수로 이동했는데, 또다시 어깨가 말썽을 피웠다. 두 번째 어깨 수술이 불가피했다.

욘트는 1986년 시즌부터 중견수로 뛰었다. 당시 아메리칸리그는 리키 헨더슨과 데이브 윈필드, 커비 퍼킷 등 개성 넘치는 외야수가 즐비했다. 올스타전 경쟁률이 높았을 뿐 아니라 포지션을 바꾼 욘트가 뽑히기에는 다소 애매했다.

게다가 욘트는 튀는 성격이 아니었다. 매스컴 앞에 자신을 드러내는 것을 좋아하지 않았다. 유명해지고 싶은 마음이 없었고 유명세를 이용해 돈을 벌고 싶지도 않았다.

이러한 측면에서 밀워키는 욘트에게 안성맞춤이었다. 밀워키는 대도시 팀들에 비하면 주목도가 크지 않았다. 밀워키에서 오랫동안 한솥밥을 먹은 찰리 무어Charlie Moore는 "그가 뉴욕이나 LA에서 뛰었다면, 그는 신이 됐을 것이다"라고 말했다. 어쩌면 올스타전에 자주 나가지 않은 것은 욘트가 원한 결과였을 수도 있다.

운명으로서 야구

1955년에 태어난 욘트는 캘리포니아주에서 자랐다. 형이 둘 있었는데, 다섯 살 차이가 나는 작은형과 잘 어울렸다. 작은형 래리 욘트Larry Yount는 메이저리그 선배였다. 휴스턴 투수로서 1971년에 데뷔전을 치렀다. 그런데 마운드에서 몸을 풀던 중 팔꿈치 부상을 입고 내려왔다. 처음이자 마지막 등판이었다.

욘트는 작은형 덕분에 수준 높은 야구를 일찍 체험할 수 있었다. 고교 시절 트리플A에서 뛰는 투수를 상대하는 등 조기 교육을 받았다. 부상 때문에 야구를 관둔 작은형은 부동산 중개인으로 변신했다. 더불어 욘트의 에이전트 일을 도맡았다.

욘트는 결혼 후 한층 성숙해졌다. 심리적 안정을 찾으면서 야구에만 신경 쓸 수 있었다. 욘트는 "혼자일 때보다 둘이 되고 자녀를 얻으니 더 행복해졌다"고 말했다.

마른 체격의 욘트(183센티미터 74킬로그램)는 2루타와 3루타 생산에 능했다. 빠른 발을 앞세워 단타를 장타로 만들었다. 윌리 메이스에 이어 메이저리그 사상 두 번째로 '3000안타 100개 3루타 200홈런 200도루'를 기록한 선수였다. 또 다양한 지점에 타구를 날리는 스프레이 히터로, 공을 맞히는 순간 임팩트가 뛰어났다. 오랜 고민 끝에 야구를 선택한 욘트는 항상 최선을 다했다. B. J. 서호프B. J. Surhoff는 "투수 앞 땅볼을 치고도 전력 질주를 하는 선수였다"고 말

2006년 밀워키 브루어스에서 코치로 일하던 로빈 욘트의 모습. 사진 Scott Ableman

했다.

욘트는 밀워키를 떠나지 않았다. 밀워키도 1990년 욘트를 최고 연봉 선수(320만 달러)로 만들어주는 등 섭섭지 않게 대우했다. 욘트는 밀워키에서 20시즌을 보내는 동안 통산 2856경기에 출장했다 (0.285/0.342/0.430). 밀워키에서 두 번째로 많이 출장한 폴 몰리터 (1856경기)보다 무려 1000경기나 많았다. 통산 3142안타, 1406타점, 1632득점은 아직도 밀워키의 최고 기록이며, 251홈런은 라이언 브론Ryan Braun(352홈런)에 이어 2위에 올라 있다.

욘트는 자신이 골프를 했다면 더 위대한 선수가 됐을 것이라고 말했다. "야구와 맞지 않았다"는 속마음도 털어놓은 적이 있다. 그러나 욘트는 야구에서 다방면으로 출중했다. 야구를 하지 않았어도 야구를 했어야 하는 선수였다.

1993년 시즌을 마치고 은퇴한 욘트는 1999년 명예의 전당에 곧바로 입성했다(득표율 77.5퍼센트). 밀워키 역사상 최초의 명예의 전당 선수였다. 욘트에게 야구는 밀어내도 받아들여야 하는 운명이었다.

안타왕과 도루왕

야구의 꽃은 홈런이다. 처음으로 홈런의 매력을 알려준 베이브 루스는 아직도 칭송되고 있다. 하지만 홈런만이 야구의 전부는 아니다. 선천적으로 파워가 떨어지는 타자라면 홈런이 아닌 다른 방법을 찾아내야 한다.

유행은 돌고 돈다고 했던가. 메이저리그도 마찬가지였다. 홈런이 주름잡는 시대가 도래했지만, 정확성과 스피드가 돋보이는 순간이 돌아왔다. 1980년대는 마치 데드볼 시대로 돌아간 것처럼 야구를 했다. 라이브볼 시대 이후 '뛰는 야구'가 가장 성행한 시기였다.

도루가 늘어나면 경기는 역동적으로 변한다. 관중들이 잠시도 눈을 뗄 수가 없다. 경기 몰입도가 높아지려면 공격만 부각되어서는 안 된다. 수비에서도 흐름이 이어져야 한다. 그러다 보니 수비의 중요성도 이전보다 강조됐다.

이 장은 색다른 야구를 보여준 선수들로 구성됐다. 또 일인자에 가려 주목받지 못한 선수들도 알아볼 수 있다.

1974

개리 카터, 에너자이저의 미소

경기가 끝나면 스스로에게 말했다.
내일도 다시 나오자고. _개리 카터

개리 카터 Gary Edmund Carter, 1954~2012

포수 및 우익수, 우투우타

활동 기간 1974~1992(19시즌)

메이저리그에서 가장 흔한 별명은 '키드'다. 주로 일찍 데뷔하는 선수들에게 붙이는 별명이다. 현역 선수 중에서도 클레이튼 커쇼Clayton Kershaw(The K Kid)와 브라이스 하퍼Bryce Harper(The Big Kid), 제이슨 헤이워드Jason Heyward(The J-Hey Kid) 등이 키드로 불렸다.

타격의 신 테드 윌리엄스도 이 별명을 갖고 있다. 윌리엄스는 1938년 열아홉 살 나이에 처음으로 스프링캠프에 참가했다. 그런데 캘리포니아 지역에 대홍수가 발생하면서 인근 철로가 모두 파괴됐다. 기차를 타지 못한 윌리엄스는 원래 예정일보다 열흘이 늦게 도착했다. 보스턴의 시설 관리자 자니 올랜도Johnny Orlando는 핼쑥해진 윌리엄스를 보고 "소년이

도착했군"이라고 말했다. 이후 윌리엄스는 다른 별명들이 생겼지만, 올랜도는 계속 키드라고 불렀다.

윌리 메이스(The Say Hey Kid), 라인 샌드버그(Kid natural), 빌리 와그너Billy Wagner(Billy the Kid) 등 수많은 키드들이 메이저리그 무대를 누볐다. 그런데 테드 윌리엄스처럼 별다른 수식어 없이 '키드' 혹은 '더 키드'로 불린 선수들은 생각보다 많지 않다. 그중 5명의 '키드'가 이미 명예의 전당에 올라 있다. 윌리엄스를 비롯해 키드 니콜스, 로빈 욘트, 켄 그리피 주니어 그리고 나머지 한 명이 바로 개리 카터다.

열아홉 살, 몬트리올

1954년 캘리포니아주에서 태어난 개리 카터는 LA 다저스를 응원하면서 자랐다. 좋아하는 선수는 미키 맨틀이었지만, 롤 모델은 네 살 위의 형 고든 카터였다. 어린 시절 카터는 형이 걸어간 길을 따라가기 위해 최선을 다했다.

카터의 첫사랑은 야구가 아니었다. 카터가 더 애정을 쏟은 종목은 미식축구였다. 야구보다 역동적인 미식축구가 화끈한 자신과 잘 어울린다고 생각했다. 카터는 NFL 레전드 쿼터백인 바트 스타Bart Starr나 조 네이머스Joe Namath의 뒤를 잇는 것이 꿈이었다. 실제로 고교 시절 전미 쿼터백에 선정되는 등 유망한 선수가 될 자질을 보였다. 명문 UCLA를 포함한 여러 대학에서 카터에게 장학금을 약속했다.

하지만 카터는 미식축구를 선택하지 않았다. 졸업을 앞둔 시기에 오른쪽 무릎 수술을 받으면서 한동안 미식축구를 떠나게 됐다. 그사이 카터는 야구에 전념했다. 카터의 포지션은 투수와 내야수였는데,

그를 유심히 지켜보던 스카우트가 포수를 제안했다. 몬트리올 소속의 밥 주크Bob Zuk였다.

밥 주크는 스카우트들 사이에서 악명이 높았다. 자기 이익만을 꾀했으며 동업자 정신이 부족했다. 다른 스카우트들을 방해하는 악의적인 행동을 저질러 세 차례나 해고됐다. 그럼에도 현장을 지킬 수 있었던 건 그만큼 선수를 보는 눈이 뛰어난 덕분이었다. 윌리 스타젤과 레지 잭슨이 그의 안목을 증명하는 선수들이다.

밥 주크는 카터가 메이저리그에서 포수로 발전할 수 있다고 확신했다. 그러나 카터의 재능을 남들에게 알리고 싶지 않았다. 카터를 몰래 살펴본 주크는 일부러 그가 야구에 관심이 없다고 소문을 냈다.

밥 주크의 적극적인 공세에 카터는 고민에 빠졌다. 애당초 메이저리그는 염두에 두지 않았을 뿐 아니라 몬트리올은 생소한 도시였다. UCLA에 진학해도 야구는 할 수 있었지만, 주크의 제안을 받아들이면 당장 돈을 벌 수 있었다(카터의 집안은 형편이 그리 넉넉지 않았다). 결국 카터는 계약금 3만 5000달러에다가 메이저리그로 승격할 때 추가 보너스를 받기로 하고 야구에 자신의 미래를 걸었다(1972년 드래프트 3라운드).

카터는 1973년 첫 스프링캠프에 합류했다. 열아홉 살 카터에게 프로의 세계는 그저 신기할 따름이었다. 카터는 무슨 일이든지 열심히 했다. 타격을 할 때도, 수비를 할 때도, 주루를 할 때도 의욕이 넘쳤다. 어디에 있어도 눈에 들어오는 존재였다. 고참들은 활기를 불어넣는 카터를 키드라고 불렀다.

공수 만능 포수

개리 카터는 포수 훈련에 매진했다. 전문적으로 맡아본 적이 없던 터라 더 많은 노력이 필요했다. 몬트리올은 포수 수비에 일가견이 있는 지도자들을 카터에게 붙였다. 포구와 블로킹, 볼 배합, 도루 저지 등 분야를 나눠서 파고들었다.

프로 세계에 와서 밑그림부터 그리는 일은 힘들었다. 하지만 카터는 불평하지 않았다. 오히려 포수의 매력에 점점 빠져들었다.

야구는 투수가 포수에게 공을 던지면서 시작된다. 그래서 포수는 경기 중 모든 공에 관여한다. 경기가 어떻게 펼쳐지는지도 한눈에 볼 수 있다. 경기에 가장 깊이 개입하는 포지션으로, 끊임없이 움직여야 한다. 부지런한 카터에겐 안성맞춤이었다.

또 포수는 잠재적 부상 위험에 노출돼 있다. 파울팁에 맞거나 홈에서 주자와 충돌하는 등 다칠 우려가 있다. 그러나 미식축구로 단련된 카터는 겁을 내지 않았다. 카터에게 포수는 미식축구의 아쉬움을 달래는 대체재였다.

1974년 카터는 메이저리그 출정식을 가졌다. 9월 중순에 승격돼 9경기를 뛰었다. 데뷔전은 4타수 무안타로 부진했지만, 이후 8경기에서 23타수 11안타(0.478)를 몰아 쳤다. 카터는 시즌 마지막 출장에서 잊을 수 없는 데뷔 첫 홈런을 날렸다. 카터에게 홈런을 내준 투수는 역대 최고 좌완 중 하나인 스티브 칼턴이었다.

적응력을 보여준 카터는 이듬해 본격적인 데뷔 시즌을 맞아 144경기에서 준수한 성적을 올렸다(0.270/0.360/0.416, 17홈런). 올스타전에 출장했으며 신인왕 투표에서는 2위에 올랐다(1위 존 몬테푸스코John Montefusco). 그해 카터는 외야수로 더 자주 나왔다(선발 포수 56경기, 외야수 80경기). 1976년에도 포수로 풀타임 출장은 하지 않았다(포수 55경기, 외야수 33경기). 수비력을 정비하는 과정이었다.

몬트리올은 1970년 드래프트 전체 3순위로 포수 배리 푸트Barry Foote를 뽑았었다. 카터에 앞서 기회를 받은 포수였다. 그런데 둘은 타격에서 비교가 되지 않았다. 푸트는 1975~1976년 도합 223경기에 출장해 0.213/0.249/0.316에 그쳤다. 몬트리올은 카터가 수비에서 안정을 보이자 1977년 시즌 중반 푸트를 필라델피아로 넘겼다.

안방을 꿰찬 카터는 주전 포수로의 도약을 자축했다. 1977년 31홈런을 쏘아 올렸다(0.284/0.356/0.525). 메이저리그 역사상 한 시즌 30홈런을 친 포수는 카터가 10번째였다. 같은 해 카터와 함께 30홈런을 넘긴 포수는 자니 벤치뿐이었다.

포수 수비도 날이 갈수록 완성도가 높아졌다. 공에서 눈을 떼지 않는 카터는 투수가 어디로 공을 던져도 막아냈다. 단 한 골도 허용하지 않는 철의 수문장 같았다. 1978년에는 포수로 나서 1304이닝을 소화하는 동안 포수 패스트볼passed ball이 단 하나에 멈췄다.

도루저지율도 리그 평균을 상회하던 카터는 1980~1982년 연속 골드글러브를 수상했다. 이후 골드글러브를 추가하지는 못했지만, 그의 수비력은 골드글러브 수상 횟수로 모두 설명할 수 없었다.

트레이드, 보스턴

개리 카터는 모든 팀들이 부러워하는 공수 만능 포수였다. 1981년에는 타율 0.264 29홈런 101타점을 기록하면서 리그 MVP 2위를 차지했다(1위 마이크 슈미트). 1977년부터 1984년까지 8년간 평균 24홈런 85타점을 유지하며 꾸준한 활약을 보였다. 몬트리올 팬들의 열렬한 지지를 받은 카터는 캐나다에서 인기가 하늘을 찔렀다. 캐나다 총리를 지낸 정치인 피에르 트뤼도가 "재선에서 카터를 만나지 않는 것이 다행"이라고 농담할 정도였다.

실력이 오를수록 카터의 몸값도 치솟았다. 구단에서 부담스러워하는 상황에 이르렀다. 무엇보다 카터에 대한 팀 내 평판이 썩 좋지 않았다. 팀 성적보다 개인의 영화에 더 신경을 쓴다는 비판이 있었다. 카터와 함께 뛴 안드레 도슨Andre Dawson은 공개적으로 이 사실을 폭로하기도 했다.

몬트리올은 불화설에 휘말린 카터를 내버려두지 않았다. 1984년 12월 선수 4명을 받는 조건으로 그를 뉴욕 메츠로 트레이드했다. 메이저리그 10년차이자 같은 팀에서 5년 이상 뛴 카터로서는 트레이드를 거부할 수도 있었다. 하지만 메츠의 밝은 미래에 함께하고 싶은 생각에 트레이드를 받아들였다.

카터의 트레이드를 두 팔 벌려 환영한 선수가 있었다. 1984년 혜성처럼 나타나 신인왕이 되고 사이영상 2위에 오른 드와이트 구든Dwight Gooden이었다. 구든은 1984년 올스타전에서 카터와 호흡을 맞춘 적이 있었다. 카터의 격려 덕에 떨리는 마음을 진정시키고 인상적인 피칭을 선보였다. 구든은 내심 카터가 매번 공을 받아주면 좋겠다고 생각했는데, 이 바람이 뜻하지 않게 이뤄진 것이다.

카터는 이적 첫해인 1985년 타율 0.281 32홈런 100타점을 기록하며 보란 듯이 활약했다. 내셔널리그 포수가 30홈런 100타점 시즌을 만들어낸 것은 개비 하트넷, 워커 쿠퍼Walker Cooper, 로이 캄파넬라, 조 토레, 자니 벤치에 이어 6번째였다(30홈런 100타점 포수는 2003년 하비 로페스와 호르헤 포사다Jorge Posada 이후 없었다가 2021년

살바도르 페레스Salvador Perez로 명맥이 이어졌다).

카터와 함께 데뷔 두 번째 시즌을 보낸 구든은 어땠을까. 1985년 구든은 날개를 달면서 리그를 폭격했다(24승 4패 1.53 276.2이닝 268삼진). 구든은 신인왕에 오른 다음해 곧바로 사이영상을 거머쥔 유일한 투수가 됐다(1981년 페르난도 발렌수엘라Fernando Valenzuela는 신인왕과 사이영상을 동시에 수상했다).

1983년과 1984년에 각각 대릴 스트로베리Darryl Strawberry와 구든이 등장하고 1985년에 카터가 합류하면서 메츠는 1986년 정규 시즌에서 108승을 쓸어 담았다. 챔피언십시리즈에서도 휴스턴을 완파한 뒤 월드시리즈에 진출해 보스턴과 격돌했다. 이후 1차전과 2차전을 내줬지만 3차전과 4차전을 승리하면서 시리즈의 균형을 맞췄다. 수훈 선수는 두 경기에서 9타수 5안타 2홈런 6타점을 기록한 카터였다.

5차전을 내준 메츠는 6차전에서도 패배 위기에 몰렸다. 그때 카터가 팀을 구했다. 8회 희생플라이를 때려 3대 3 동점을 만든 카터는 연장 10회 말 2사 후 안타를 치고 나가 역전승의 발판을 마련했다(그 유명한 보스턴의 1루수 빌 버크너Bill Buckner의 알까기 실책*이 나왔다). 극적으로 6차전을 잡은 메츠는 7차전에서도 열세를 뒤집고 이김으로써 월드시리즈에서 우승하는 감격을 누렸다. 결과적으로 트레이드는 카터의 커리어를 화려하게 바꾼 전환점이 된 셈이다.

에너자이저

개리 카터는 지치지 않았다. 메츠의 데이비 존슨 감독은 카터를 경주마에 비유했다. 누군가 말리지 않으면 시즌 전 경기 출장이라도 마다하지 않을 사람이었다. 쉼 없이 달리면서 그의 무릎도 서서히 한계를 드러냈다. 무릎 수술을 받은 1989년에는 50경기만을 뛰었다 (0.183/0.241/0.275). 메츠에서의 마지막 시즌이었다.

현역 의지를 이어간 카터는 1990년 샌프란시스코, 1991년 LA 다저스로 옮겨 활동하다가 1992년 몬트리올로 돌아왔다. 카터의 마지막 시즌이었다(95경기 0.218/0.299/0.340).

카터는 포수를 포기하지 않았다. 마지막 1992년 시즌에도 포수로 85경기를 뛰었다. 포수로 나온 통산 2056경기는 이반 로드리게스 (2427경기)와 칼턴 피스크(2226경기), 밥 분(2225경기) 다음으로 많았다. 베이스볼 레퍼런스 기준 승리기여도 70.1은 자니 벤치(75.2)에 이은 포수 2위에 해당한다.

카터는 통산 324홈런과 1225타점을 기록했다. 각각 포수 역대 5위와 7위에 해당하는 기록이다. 카터는 타석에서 생산력도 돋보이는 포수였다. 그러나 명예의 전당에 오르기까지는 여섯 차례 도전이 필요했다(득표율 78.0퍼센트). 골드글러브 3회와 실버슬러거 5회, 올스타 11회, 올스타전 MVP 2번 등 다소 적은 수상 경력이 걸림돌로 작용했다.

카터는 웃음을 잃지 않았다. 웃음기 없는 얼굴로 나선 적이 드물었다. 시선을 의식한 표정이라는 지적이 있었지만, 최소한 퉁명스러운 표정보다는 보기 좋았다.

이후 카터는 감독 자리를 노렸지만 잘 풀리지 않았다. 그러던 중 2011년 5월 뇌종양 진단을 받았다. 의사는 손을 쓸 수 없는 상태라고 전했다. 카터는 굴하지 않고 맞섰지만, 2012년 2월 결국 세상을 떠났다. 그의 나이 불과 쉰일곱 살이었다.

À JAMAIS GRAVÉ DANS LE MARBRE

GARY CARTER «LE KID #8»
1954 - 2012

Parc olympique
Québec

몬트리올 올림픽스타디움의 홈베이스.
홈베이스에 영원히 아로새겨진 개리 카터를 기리며.
사진 Coastal Elite

카터는 명예의 전당에 힘들게 들어간 만큼 입회식에서 긴 연설을 했다. 모두가 귀를 기울인 연설의 마지막은 "비록 몸은 늙어갈지라도, 마음은 항상 아이로 남을 겁니다"였다. 그 한마디의 여운은 진하고 깊게 남았다.

＊ 빌 버크너의 알까기 실책: *1986년 월드시리즈는 보스턴 레드삭스와 뉴욕 메츠가 맞붙었는데 5차전까지 세 경기를 이긴 보스턴이 앞서고 있었다. 6차전, 보스턴이 5대 3으로 앞선 연장 10회 말 2사 주자 없는 상황에서 메츠의 세 타자가 연속 안타를 터뜨리고 투수의 폭투가 이어지면서 경기는 5대 5 동점으로 몰렸다. 이때 2사 2루에서 메츠의 타자 무키 윌슨Mookie Wilson의 땅볼 타구를 당시 보스턴의 1루수였던 버크너가 어이없이 다리 사이로 빠뜨렸다. 윌슨의 스피드를 의식해 서두르다가 저지른 수비 실책이었다. 그 순간 2루 주자 레이 나이트Ray Knight가 3루를 돌아 홈으로 질주해 득점하면서 메츠가 극적으로 6대 5 승리를 거뒀다.*
보스턴이 버크너의 실수로 6차전에서 지고 7차전마저 패해 메츠에 월드시리즈 우승 트로피를 내주자, 언론은 패배의 책임을 그에게 뒤집어씌우는 식으로 매도했다. 보스턴이 2004년 마침내 '밤비노의 저주'를 깰 때까지 그의 실수는 메이저리그 역사상 최악의 실책으로 묘사되며 끊임없이 팬들 사이에서 회자됐다.

에디 머리, 꾸준함의 대명사

그는 어린 선수들에게 '프로 선수'란 무엇인지 알려줬다. _칼 립켄 주니어

에디 머리 Eddie Clarence Murray, 1956~

1루수, 우투양타

활동 기간 1977~1997(21시즌)

　명예의 전당에 들어가는 선수는 크게 두 유형으로 나뉜다. 짧은 시간 엄청난 충격을 안겨준 선수와 오랜 시간 뛰어난 활약을 펼친 선수. 명예의 전당에 들어갈 선수인지 측정해보는 블랙 잉크와 그레이 잉크도 이러한 유형을 알려주는 지표다.

　아무래도 유리한 쪽은 후자다. 이들은 명예의 전당에 입회할 자격 기준이 되는 확실한 누적 성적을 갖고 있어서다. 공들여 쌓은 탑이 무너지는 경우는 극히 드물다.

　메이저리그에서 21년 동안 활약한 에디 머리는 MVP를 수상한 적이 없다. 실버슬러거를 따낸 적도 3번뿐이다. 올스타 8회 출장도 뛴 기간을 생각하면 그리 많지 않다. 하지만 머리는 2003년 명예의

전당 입회를 위한 첫 도전에서 85.3퍼센트 득표율을 기록하며 단번에 입성했다. 머리에게는 그 누구도 부정할 수 없는 누적 성적이 있었다.

머리는 역대 13위에 해당하는 3255안타를 때려냈다. 홈런도 504개나 쏘아 올렸다. 머리는 윌리 메이스와 행크 애런에 이어 3000안타와 500홈런을 넘긴 역대 세 번째 타자였다. 이후 라파엘 팔메이로와 알렉스 로드리게스, 앨버트 푸홀스가 추가되는데, 머리는 6명 중 유일한 스위치히터로 독자적인 영역을 구축했다.

머리는 현역 시절 기자들과 사이가 좋지 않았다. 명예의 전당에 입회할 선수를 뽑는 투표에서 불리하게 작용할 수도 있었다. 하지만 투표권을 가진 기자들도 그의 실력은 군말 없이 인정했다.

대가족, LA 고교

에디 머리는 1956년 LA에서 태어났다. 12남매 중 여덟째였다. 북적거리는 집안에서 12남매는 우애가 지극했다. 머리에게 가족은 늘 우선순위에서 최상위였다.

12남매 중 남자애는 다섯이었는데 모두 야구를 했다. 맏형인 찰스는 휴스턴과 필라델피아의 마이너 팀에서 6시즌을 보냈다. 더블A까지는 올라갔지만 그 이상은 나아가지 못했다. 둘째형 레온과 셋째형 베니스는 샌프란시스코의 마이너 팀에 몸담았다. 둘은 부상 때문에 야구를 접어야 했다. 머리보다 한 살 어린 막내 리치가 1980년 샌프란시스코에서 메이저리그에 데뷔했다.

머리는 형들을 따라다니면서 야구를 즐겼다. 또래보다 실력이 좋았지만 늘 앞서가던 형들을 보며 안주하지 않았다. 머리에게 형들은 우상이자 경쟁자였다.

머리는 리틀리그에서 클리포드 프렐로Clifford Prelow 감독을 만났다. 훗날 명예의 전당 입회식에서 머리가 감사한 마음을 전한 지도자다. 프렐로는 하나를 가르치면 열을 아는 머리에게 최대한 많은 이론을 전수했다.

머리는 LA의 로크 고교로 진학했다. 당시 머리의 주변에는 예비 메이저리거인 선배들이 득실했다. 머리는 1968년 드래프트에서 전체 1순위로 뽑힌 조지 헨드릭George Hendrick과 친하게 지냈다. 여기에 밥 왓슨Bob Watson, 레지 스미스Reggie Smith, 바비 톨란Bobby Tolan 등과도 접점이 있었다. 심지어 고교 시절 함께 훈련한 동료 중에서도 훗날 메이저리거가 나왔다. 당시 머리에 의해 가려져 큰 관심을 받지 못하다가 대학을 졸업한 후 1977년 드래프트에서 샌디에이고에 입단한 선수. 환상적인 수비를 선보이며 '오즈의 마법사'라고 불리는 아지 스미스였다.

머리는 포수였다. 하지만 포수로서 전망은 어두웠다. 차라리 스카우트들은 머리의 타격에 높은 점수를 줬다. 넓은 구장에서도 홈런을 터뜨리는 파워가 일품이었다. 머리를 둔 눈치 싸움이 일어난 가운데 볼티모어가 1973년 드래프트 3라운드에서 낚아챘다.

한편 볼티모어보다 더 일찍 머리를 발견한 팀은 샌프란시스코였다. 그런데 지명을 한 라운드 더 미루면서 머리를 놓쳤다. 샌프란시스코는 머리보다 더 검증된 선수를 선호했는데, 먼저 뽑은 셋은 모두 잊혀진 이름이 됐다(자니 르마스터, 어네스트 영, 제프 리틀). 이 드래프트를 주관한 샌프란시스코 담당자는 명예의 전당 투수 칼 허벨이었다. 허벨은 머리가 TV에 나올 때마다 그때가 후회스럽다고 돌아봤다.

스위치히터로 변신

어릴 적부터 양 타석에서 타격을 해온 에디 머리는 고교 시절 무렵엔 우타석에만 들어섰다. 볼티모어 역시 머리가 스위치히터로 돌아가기를 원치 않았다. 머리는 1975년 시즌을 더블A에서 시작했는데 넉 달 동안 부진에 빠지면서 우왕좌왕했다. 이 모습을 지켜본 지미 섀퍼Jimmie Schaffer 감독이 머리에게 은밀한 제안을 했다.

지미 섀퍼는 머리에게 다시 스위치히터로 돌아갈 것을 권유했다. 머리 역시 스위치히터에 미련이 남은 상태였다. 둘은 곧바로 변화를 주지 않았다. 시간을 두고 준비했다. 머리는 3주 동안 타격 훈련을 거쳤고, 섀퍼는 이 일을 누구에게도 알리지 않았다.

시즌 후반에 머리는 시카고 화이트삭스의 더블A 팀과의 경기에서 우투수인 팀 스토다드Tim Stoddard를 상대했다. 슬라이더가 날카로웠던 스토다드는 까다로운 투수였다. 지미 섀퍼는 머리가 첫 타석에서 삼진을 당하고 들어오자 결단을 내렸다. 머리는 다음 타석에서 좌타자로 변신해 깨끗한 좌전 안타를 때려냈다. 머리의 스위치히터 공식 복귀전이었다.

뒤늦게 이 사실을 알게 된 볼티모어 관계자들은 길길이 날뛰었다. 마이너리그를 총괄하던 칼 립켄 시니어는 지미 섀퍼를 당장 해고할 것이라고 윽박질렀다. 섀퍼는 모든 결정을 받아들인다면서도 선수 본인의 뜻이 가장 중요하다는 소신을 굽히지 않았다.

머리는 양 타석에 들어설 때 공이 더 잘 보인다고 말했다. 머리가 자신의 생각을 밝히자, 볼티모어도 이 사안을 재고했다. 스위치히터 시도를 당분간 지켜보기로 했다.

1976년 머리는 더블A 88경기에 출장해 홈런 12개를 날렸다(0.298/ 0.386/0.482). 우타석과 좌타석에서 정확히 절반씩 때려냈다. 머리는 트리플A 54경기에서도 0.274/0.391/0.530, 11홈런의 빼어난 성적을 냈다. 이듬해 메이저리그에 데뷔한 머리는 160경기에 출장해 타율 0.283 27홈런 88타점을 기록하고 신인왕을 수상했다.

머리는 통산 우타자로 나왔을 때보다 좌타자로 나왔을 때 홈런이 더 많았다(우타석 142홈런, 좌타석 362홈런). 홈런당 타수가 우타자로는 26.1타수, 좌타자로는 21.1타수가 소모됐다. 하지만 극단적으로 치우친 스위치히터는 아니었으며, 양 타석 모두에서 홈런을 친 경기가 11번이나 됐다. 이는 미키 맨틀의 10경기를 넘어선 신기록이었다(이후 마크 테세이라와 닉 스위셔Nick Swisher가 14경기, 카를로스 벨트란 Carlos Beltran이 12경기를 기록했다).

좌타석에서 위협적인 머리가 스위치히터로 돌아가지 않았다면 어땠을까. 아마도 그의 커리어는 크게 달라졌을 것이다. 선수를 위한 지미 섀퍼 감독의 용단이 빛을 발했다. 그 결과 머리가 도약할 수 있었고 스위치히터의 역사도 바뀌었다.

기자들과 불편한 관계

에디 머리는 조용한 성격이었다. 적극적으로 나서거나 주목받는 것을 좋아하지 않았다. 혼자 있는 시간을 편하게 생각했다. 먼저 다가가는 타입은 아니었지만 다가오는 동료를 밀어내지도 않았다.

동료들은 머리를 좋아했다. 그러나 기자들에게 머리는 불편한 선수였다. 인터뷰는 툭하면 거절했고 마지못해 응한 인터뷰도 불친절하게 임했다.

머리가 기자들에게 등을 돌린 결정적인 사건이 있었다. 1979년 볼티모어는 월드시리즈에 진출했다. 그런데 월드시리즈 기간에 머리의 신인 계약 과정을 자세히 풀어 쓴 칼럼이 나왔다. 계약을 주도한 스카우트 레이 포이트빈트Ray Poitevint는 머리와 계약할 당시 신변에 위협을 느꼈다고 폭로했다. 머리의 형제들이 계약금이 낮다는 이유로 그를 겁박했다는 내용이었다. 포이트빈트에 의하면 머리는 이 상황을 그저 지켜보기만 했고 17번이나 찾아오게 한 다음 계약서에 사인을 했다.

칼럼을 접한 머리는 격한 반응을 보였다. 칼럼 내용이 사실이 아니라고 항변했다. 레이 포인트빈트에게 가서 직접 이 문제를 따지기도 했다. 가족을 아끼는 마음이 지극했던 머리였기에 더 큰 상처가 됐다. 이 사건으로 소원해진 기자들과의 관계는 회복되지 않았다.

1979년 월드시리즈 1차전에서 1안타 2볼넷 3출루 경기를 했던 머리는 2차전에서도 홈런과 2루타를 포함해 3안타 1볼넷을 기록하며 기세가 등등했다. 하지만 칼럼이 나온 뒤 나머지 5경기에서 21타수 무안타로 침묵했다. 야구에 집중하지 못했다. 4번 타자가 고개를 숙인 볼티모어도 5차전부터 7차전까지 연거푸 내주고 우승에 실패했다.

머리는 말수가 더 줄었다. 무슨 일이 있어도 대응하지 않았다. 그럼에도 여전히 동료들 사이에서는 평판이 좋았다. 동료 알 범브리Al Bumbry는 머리에 대해 "클럽하우스 안과 밖의 모습이 매우 다르다. 간혹 오해를 받지만, 그는 아는 사람들을 위해서라면 모든 일을 할 것이다"라고 말했다.

안타왕과 도루왕

머리는 동네 야구를 하는 아이들을 보면 가던 길을 멈춰 서 아이들의 질문에 친절히 답했다. 차가운 선수였지만, 차가운 사람은 아니었다.

Steady Eddie

에디 머리는 1980년 처음으로 3할 타율 30홈런 100타점 시즌을 만들었다(0.300 32홈런 116타점). 머리의 활약에 감명받은 볼티모어는 5년 500만 달러 계약을 선물했다. 머리는 연봉 100만 달러를 받아낸 최연소 선수였다(25세).

1981년 시즌은 선수노조의 파업 때문에 경기 수가 줄어들었다. 머리는 99경기에 나서 타율 0.294 22홈런 78타점을 기록하며 홈런왕과 타점왕 타이틀을 함께 따냈다. 1982년에는 다시 3할 타율 30홈런 100타점을 기록하는 타자로 복귀했다. 1983년은 한 시즌 개인 최다인 33홈런을 날리고 첫 실버슬러거를 수상했다(0.306/0.393/0.538).

1983년 머리는 1982년에 이어 2년 연속 MVP 투표 2위에 올랐다. 그해 머리와 치열하게 경쟁한 MVP 수상자는 같은 팀의 동료 칼 립켄 주니어(0.318/0.371/0.517, 27홈런)였다. 머리와 립켄이 타선을 이끌고 투수들이 힘을 합친 1983년 볼티모어는 필라델피아를 꺾고 월드시리즈 우승을 차지했다. 머리는 월드시리즈의 마지막 5차전에서 2홈런 3타점을 기록하며, 1979년 월드시리즈에서의 아쉬움을 깨끗이 씻어냈다.

1984년 12월 어머니가 세상을 떠나고, 이듬해 4월 누나가 심장질환으로 사망했다. 하지만 머리는 흔들리지 않았다. 오히려 1985년 8월 27일 에인절스전에서 3홈런 9타점 경기를 선보였다. 슬픔을 야구로 승화시켰다.

1988년 12월, 머리는 고향 팀인 LA 다저스로 트레이드됐다. 유니폼은 달라졌지만 실력은 달라지지 않았다. 머리는 뉴욕 메츠에서 뛴 1993년 37세 시즌에도 타율 0.285 27홈런 100타점을 올렸다. 이후 클리블랜드를 거쳐 1996년 볼티모어로 돌아왔는데 그해 40세 시즌인데도 22홈런을 쏘아 올렸다(0.260/0.327/0.417).

머리는 기복이 없었다. 그래서 '스테디 에디'라고 불렸다. 40홈런을 기록한 시즌은 없었지만, 꾸준히 20홈런 이상 때려내는 선수였다. 통산 11번의 20홈런 시즌은 볼티모어 역대 두 번째로 많은 기록이다(칼 립켄 주니어 12회). 빌 제임스는 "머리의 최고 시즌은 매 시즌이다"라고 말했다.

머리는 선수 시절 특별한 부상을 당하지 않았다. 부상 위험이 적은 1루수와 지명타자로 나왔지만, 포지션과 별개로 자기 관리가 철저했다. 불규칙한 타구에 맞아 얼굴이 찢어져도 경기를 빠지려고 하지 않았다. 2632경기 연속 출장 기록을 갖고 있는 칼 립켄 주니어는 머리에게서 책임감을 배웠다고 말했다.

머리는 1997년 41세 시즌에 55경기에 나서 실망스러운 성적을 남겼다(0.222/0.281/0.317, 3홈런). 그러자 뒤도 돌아보지 않고 은퇴했다. 유니폼을 벗으면서 아무런 변명도 대지 않았다. 성적뿐 아니라 우직한 스타일도 마지막까지 변함이 없었다.

볼티모어 오리올스에서 통산 11번의 20홈런 시즌을 보낸 에디 머리.

사진 Esports Highlights 동영상 캡처

아지 스미스, 오즈의 마법사

나는 필드의 예술가였다.
언제나 새로운 장면을 만들고 싶었다. _아지 스미스

아지 스미스 Osborne Earl "Ozzie" Smith, 1954~

유격수, 우투양타

활동 기간 1978~1996(19시즌)

A: 0.287/0.359/0.476, 3026경기 3255안타 504홈런 1917타점 110도루

B: 0.262/0.337/0.328, 2573경기 2460안타 28홈런 793타점 580도루

A와 B는 둘 다 입회 자격을 얻은 첫해에 명예의 전당에 올랐다. 그렇다면 누구의 득표율이 더 높았을까. 놀랍게도 A가 85.3퍼센트에 그친 반면, B는 91.7퍼센트를 기록했다. A는 '3000안타 500홈런 500개 2루타'를 달성한 역대 6명 중 하나인 에디 머리다(나머지 다섯은 행크 애런, 윌리 메이스, 라파엘 팔메이로, 알렉스 로드리게스, 앨버트 푸홀스). B는 6개 홈런이 시즌 최고 기록인 아지 스미스다.

스미스의 명예의전당 득표율은 1833타점을 올린 데이브 윈필드

(84.5퍼센트), 타격왕을 7번 차지한 로드 커루(90.5퍼센트), 6회 홈런 왕에 빛나는 하먼 킬러브루(83.1퍼센트)를 모두 능가한다.

새미 소사는 1998년 6월에만 27경기에서 20개 홈런을 쏘아 올렸다. 반면 스미스가 19년간 2573경기에 출장해 기록한 홈런은 '소사의 한 달 치'보다 고작 8개가 많은 28개였다. 데드볼 시대 선수도 아닌 그가 통산 28개 홈런으로 명예의 전당에 오를 수 있었던 비결은 무엇이었을까. 메이저리그 역사상 가장 화려한 수비를 선보였기 때문이다.

불가능할 것 같은 타구를 밥 먹듯이 잡아낸 스미스의 별명은 '마법사'였다. 브룩스 로빈슨의 '인간 진공청소기'보다는 우아한 별명이다. 스미스는 여기에 이름(Ozzie)이 붙은 '오즈의 마법사'(Wizard of Oz) 또는 감탄을 자아낸다고 해서 '오!즈의 마법사'(Wizard of Ah!'s)로 불렸다.

어시스트와 더블플레이

아지 스미스는 통산 13개 골드글러브를 따냈다. 오마 비스켈(11개)에 앞선 유격수 역대 1위 기록이자, 투수를 제외하면 3루수 브룩스 로빈슨(16개)에 이은 전체 2위다. 13년 연속 수상한 기록 역시 16년 연속 수상한 로빈슨 다음이다.

골드글러브의 공식 후원사인 롤링스는 지난 2007년 골드글러브 제정 50주년을 맞아 포지션별 역대 최고의 골드글러버를 뽑는 팬 투표를 진행했다. 스미스는 2만 8960표를 얻어 5874표에 그친 오마 비스켈을 압도했다. 이는 3루수에서 브룩스 로빈슨(3만 962표)과 마이크 슈미트(8359표) 간의 차이보다도 컸다. 오마 비스켈이 발레리노라면 스미스는 발레리노이자 비보이였다.

하지만 골드글러브 수상 횟수로 스미스의 수비력을 나타내는 데는 한계가 있다. 스미스처럼 과감한 승부를 즐기는 '서커스 수비수'는 보통 수비율이 떨어지기 마련이다. 하지만 스미스는 수비율에서 내셔널리그 최다 기록인 7번 1위에 올랐다(역대 수비율 6위).

보통 몸을 내던지는 수비를 하면 부상을 많이 당하기 마련인데, 스미스는 1978년부터 1993년까지 15년간 연평균 147경기를 소화하는 강철 체력을 선보였다.

스미스는 어시스트와 더블플레이에서 유격수 역대 최고 기록을 세우고 은퇴했다. 오마 비스켈은 더블플레이에서 스미스를 넘어섰지만, 어시스트 기록을 깨지 못하고 나중에 3루수로 전향했다. 스미스는 어시스트를 한 시즌 500개 이상 기록한 적이 8번이나 되지만, 비스켈은 한 번도 없다. 레인지 팩터(9이닝당 수비수가 직접 잡은 수치와 송구로 주자를 잡은 수치를 합한 값)에서도 스미스는 9이닝당 5.22를 기록해, 4.62를 기록한 '유격수 비스켈'을 월등히 앞선다(칼 립켄 주니어 4.73, 알렉스 로드리게스 4.62, 노마 가르시아파라 4.48, 데릭 지터 4.04).

그래도 각종 수치로 스미스의 수비력을 나타내는 데는 한계가 있다. 그의 수비는 직접 보면서 즐겨야 하는 것이었다.

인터넷에서 화제가 된 스미스의 명수비 모음 동영상에서 맨 처음 나오는 장면은 그가 개인적으로도 최고로 꼽는 수비다. 제프 버로스Jeff Burroughs의 타구에 몸을 날린 스미스는 공이 불규칙 바운드로 튀어 오르자 옆으로 쓰러지면서도 오른손을 뻗어서 맨손으로 잡아 1루로 공을 뿌렸다. 스미스는 이런 장면으로 1시간짜리 동영상을 만

　　　　　　　　　안타왕과 도루왕

들 수 있는 선수다.

스미스가 등장하고 얼마 지나지 않아 상대 타자들과 상대 팀 팬들은 그의 안타 및 득점 강탈을 당연한 것으로 받아들이기 시작했다. 스미스에게 안타를 도둑맞은 후 더그아웃으로 들어오면서 "괜찮아. 그의 수비를 본 것으로 만족해"라고 말한 타자도 있었다. 그의 앞으로 공을 날리고 안타를 기대하는 것은 브룩스 로빈슨 쪽으로 타구를 날린 것과 마찬가지로 '벽에다 햄버거 던지기'였다.

스미스의 수비를 누구보다도 많이 목격하고 또 가장 사랑했던 사람은 세인트루이스 카디널스 감독 화이티 허조그Whitey Herzog였다. 허조그는 스미스가 매 경기 거의 2개씩 안타를 훔쳐냈다고 생각했다. 허조그는 스미스가 1년에 막아내는 실점을 75점 정도로 추정했는데, 만약 이를 토대로 1985년 세인트루이스에 스미스가 없었다고 가정하면 팀 평균자책점은 3.10에서 3.57로 오른다.

당시 부시스타디움에는 인조잔디가 깔려 있어서 스미스의 수비는 더욱 결정적이었다. 1968년 이후 13년간 월드시리즈에 오르지 못하던 세인트루이스가 스미스가 합류한 첫해 15년 만에 우승을 차지하는 등 첫 6년간 3차례나 월드시리즈에 오른 것은 우연이 아니었다. 빌 제임스는 수비까지 포함한 기여도를 따질 경우 호너스 와그너에 이은 역대 2위 유격수로 스미스를 꼽았다.

스미스의 또 다른 트레이드마크는 경기 시작과 함께 선보이는 손을 짚지 않고 도는 공중제비였다. 그의 공중제비는 경기 중 분위기가 저하될 때도 등장해 선수들과 관중석의 분위기를 북돋웠다. 그는 그라운드의 응원단장이기도 했다.

보내기 번트와 히트앤드런

아지 스미스는 앨라배마주 모빌에서 1954년에 태어났다(제이크 피비 Jake Peavy와 후안 피에르 Juan Pierre도 모빌 출신이다). 그 후 스미스는 여섯 살 때 가족과 함께 LA 근교로 이사해, 캘리포니아 소년으로 자랐다.

1976년 디트로이트 타이거스는 세미프로 팀에서 뛰고 있던 스미스를 7라운드에서 지명했다. 하지만 입단 협상은 불과 계약금 1500달러 차이로 결렬됐다(스미스 1만 달러, 디트로이트 8500달러). 이듬해 샌디에이고 파드리스는 스미스를 4라운드에서 지명하면서 5000달러를 제안했다. 캘리포니아주 팀에서 뛰고 싶던 스미스는 이를 받아들였다.

마이너리그에서 반 시즌을 보내고 1978년에 데뷔한 스미스는 159경기에서 타율 0.258 1홈런 45타점에 그쳤다. 그래도 눈부신 수비력에다 40개 도루를 보태 신인왕 투표에서 밥 호너 Bob Horner(타율 0.266 23홈런 63타점)에 이어 2위에 올랐다.

1980년 스미스는 621개 어시스트라는 역대 최고의 기록을 세웠다(오마 비스켈의 최고 기록은 1993년 475개). 그해 스미스는 경기당 5.75라는 충격적인 레인지 팩터를 기록했다. 다른 유격수들의 평균은 4.30이었다.

하지만 샌디에이고는 스미스의 공격력에 만족하지 못했다. 연봉 협상 과정에서도 갈등을 빚은 이후 1982년 2월 3대 3 트레이드를 통해 그를 세인트루이스 카디널스로 보냈다. 트레이드의 핵심은 스미스와 개리 템플턴 Garry Templeton 간의 유격수 맞교환이었다. 물론 템플턴이 공격력에서 스미스보다 나았지만, 그렇다고 수비력에서의 차이를 무마할 정도는 아니었다(템플턴은 통산 타율 0.271 70홈런 728타점을 기록하고 은퇴한다).

당시 화이티 허조그 감독이 이끌던 세인트루이스는 넓은 외야와 깊은 펜스, 인조잔디를 가진 부시스타디움의 특성에 맞춰 수비와 기동력을 강조하는 '화이티 볼'을 채택하고 있었다. 스미스는 이에 1000퍼센트 부합하는 선수였다.

'더 많은 땅볼을 쳐라'는 허조그 감독의 주문을 충실히 소화해내면서 스미스의 공격력은 갈수록 향상됐다. 1981년 샌디에이고에서 0.222에 불과했던 타율은 점점 오르더니 1987년에는 0.303를 기록해 생애 첫 3할 타율에 도달했다. 스미스의 공격력이 형편없었던 것은 1978년부터 1984년까지 첫 7년(0.238)이었고, 1985년부터 1996년 은퇴할 때까지 나머지 12년은 전혀 그렇지 않았다(0.277).

스미스는 보내기 번트의 달인이었으며 최고의 히트앤드런 능력을 지니고 있었다. 세인트루이스에 와서 완벽한 그린라이트를 보장받은 스미스는 1983년부터 1993년까지 11년간 연평균 36도루를 기록했다.

150경기 8실책, 13년 연속 골드글러브

세인트루이스 카디널스가 LA 다저스와 2승 2패로 맞선 1985년 챔피언십시리즈 5차전. 2대 2 동점인 9회 말 다저스의 토미 라소다 감독은 선발 페르난도 발렌수엘라에 이어 마무리 톰 니덴퓨어Tom Niedenfuer를 마운드에 올렸다. 이때 믿을 수 없는 일이 일어났다. 데뷔하고 8년간 좌타석에서 한 개의 홈런도 때려내지 못한 아지 스미스가 좌타석에 등장해 끝내기 홈런을 쏘아올린 것이다. 이는 에노스 슬로터의 '광란의 질주'와 함께 세인트루이스 역사상 최고의 명장면 중 하나로 남았다.

원래 우타자이던 스미스는 더 많은 내야 안타를 치기 위해 스위치히터가 됐다. 그 때문에 루이스 카스티요Luis Castillo(우타석 통산 26홈런, 좌타석 2홈런)처럼 좌타석에 들어서면 파워 제로의 타자가 됐다. 그날 챔피언십시리즈에서 친 홈런은 스미스가 데뷔하고 3009타수 만에 좌타석에서 때려낸 첫 홈런이었다. 결국 세인트루이스는 2연패 후 4연승을 거둬 다저스를 꺾었고, 스미스는 시리즈 MVP가 됐다. 한편 스미스는 이후 2년간 좌우 타석을 통틀어 홈런을 하나도 치지 못했다.

1987년 스미스는 처음이자 마지막으로 3할 타율을 기록하고 생애 최다인 75타점을 올렸다. 스미스는 홈런을 하나도 치지 못하면서 리그 MVP 투표에서 2위에 그쳤다. 1위는 49홈런을 친 안드레 도슨, 3위는 35홈런을 친 잭 클라크Jack Clark였다.

1991년 스미스는 150경기에서 8실책으로 마감해 내셔널리그 유격수 역대 최소 실책 기록을 세웠다. 1992년에는 2000안타와 500도루를 돌파했으며, 13년 연속 골드글러브를 수상함으로써 윌리 메이스와 로베르토 클레멘테의 내셔널리그 기록을 경신했다.

하지만 인조잔디에서 닳고 닳은 무릎이 마침내 탈이 났다. 1993년 스미스는 골드글러브를 따내지 못했다(피츠버그의 제이 벨 Jay Bell 수상). 그리고 이후 더 이상 100경기 시즌을 만들어내지 못했다.

1995년 스미스는 어깨 수술을 받으면서 44경기밖에 나서지 못하고 타율은 0.199로 곤두박질쳤다. 그리고 이듬해 다시 건강한 모습

안타왕과 도루왕

1983년 세인트루이스
카디널스 시절
28세의 아지 스미스.
사진 John Maxmena

으로 스프링캠프에 나타났다. 그라운드에서도 마흔 한 살이라는 나
이가 믿기지 않을 정도로 정상급 수비를 선보였다.

　하지만 세인트루이스의 토니 라루사Tony La Russa 감독은 로이스
클레이튼Royce Clayton에게 더 많은 기회를 줬다. 결국 1996년 6월
19일 스미스는 시즌이 끝나면 은퇴하겠다는 발표를 했다. 이후 스미
스가 방문하는 구장에는 그의 마지막 모습을 보려는 팬들로 가득 찼
다. 팬들은 그를 통산 12회 '팬 투표 올스타'로 만들었다. 그가 올스
타 팬 투표에서 받은 통산 2700만여 표는 지금도 내셔널리그 최고
기록으로 남아 있다. 마지막 시즌인 1996년 스미스는 82경기에 나
서 0.282/0.358/0370의 성적을 내고 데뷔 후 세 번째로 좋은 OPS
를 기록했다.

　스미스는 토니 라루사 감독이 자신에게서 선발로서 명예를 지킬

기회를 빼앗아갔다고 생각했다. 이에 라루사에 대한 분노를 오랫동안 거둬들이지 않았다.

다시 나올 수 없는 수비

아지 스미스의 선수 생활이 황혼에 접어들 무렵, 메이저리그에는 아지 기옌Ozzie Guillen과 오마 비스켈이 나타나 '젊은 아지들'(Young Ozzies)로 불렸다. 또 그의 마지막 해에는 서커스 수비의 명맥을 잇는 레이 오도네스Rey Ordonez도 등장했다.

하지만 그와 동시에 유격수에서 알렉스 로드리게스, 노마 가르시아파라, 데릭 지터의 3인방 시대가 열리면서 팬들은 수비의 중요성을 잊기 시작했다. 그러면서 유격수를 평가하는 기준에서 수비력이 차지하는 비중이 급속도로 낮아졌다. 레이 오도네스가 직업을 잃으면서 서커스 수비수의 명맥도 끊겼다.

스미스는 명예의 전당 헌액식에서 "내가 입회한 것을 계기 삼아 수비로 팀의 승리에 기여하는 선수들에게 더 많은 기회가 주어지기를 바란다"는 희망을 밝혔다. 한동안 불가능해 보이던 스미스의 소원은 '승리기여도'가 탄생하면서 이뤄졌다.

안타왕과 도루왕

폴 몰리터, 전문 지명타자

**불평은 구토와 같다. 당신은 기분이 나아질지 모르지만
주변 모든 사람들은 속상해한다. _폴 몰리터**

폴 몰리터 Paul Leo Molitor, 1956~

지명타자 및 3루수, 2루수, 우투우타

활동 기간 1978~1998(21시즌)

3000안타를 완성하려면 산술적으로 15번의 200안타 시즌을 만들어야 한다. 150안타로 치면 20시즌이 필요하다. 꾸준히 많은 안타를 생산해야만 달성할 수 있다.

폴 몰리터는 통산 3319안타를 때려낸 타자다. 칼 야스트렘스키(3419안타)에 이어 최다 안타 역대 10위에 올라 있다. 3300안타 이상 친 우타자는 몰리터를 포함해 5명이 전부다(행크 애런, 데릭 지터, 캡 앤슨, 호너스 와그너).

몰리터는 나이가 들면 힘은 떨어져도 요령이 생긴다고 말했다. 달인의 경지에 오른 그는 실제로 안타 비중이 커리어 후반에 더 높았다. 33세 시즌까지 통산 안타 수 1870개를 기록하고 있었다. 한 시

즌 평균 144안타로, 나이를 감안하면 3000안타는 힘들어 보였다. 하지만 34세부터 41세 시즌까지 8년간 1449안타를 몰아 쳤다(평균 181안타). 34세 시즌 이후 몰리터보다 더 많은 안타를 친 선수는 피트 로즈(1919안타)와 캡 앤슨(1842안타), 샘 라이스Sam Rice(1790안타), 스즈키 이치로(1497안타), 호너스 와그너(1489안타)뿐이다.

이처럼 몰리터의 3319안타는 젊은 날의 천재성이 빚어낸 결과물이 아니었다. 힘든 환경에서도 포기하지 않은 끈기와 인내의 산물이었다.

리드오프 내야수

폴 몰리터의 첫 번째 팀은 밀워키였다. 밀워키는 1977년 드래프트 전체 3순위에서 몰리터를 뽑았다. 몰리터는 그해 싱글A 64경기에 출장해 타율 0.346을 기록하며 두각을 드러냈다.

이듬해 밀워키는 로빈 욘트가 무단이탈하면서 공백이 생겼는데, 몰리터가 그의 빈자리를 채웠다. 1978년 시즌 개막전에서 리드오프 유격수로 데뷔한 몰리터는 메이저리그에도 곧바로 적응했다. 데뷔전에서 안타를 친 데 이어 다음 날 첫 홈런을 쏘아 올렸다. 밀워키는 욘트가 돌아온 뒤에도 몰리터를 경기에서 제외하지 않았다. 그해 몰리터는 125경기에 나서 0.273/0.301/0.372를 기록하면서 신인왕 2위에 올랐다.

이듬해 타율을 0.322로 끌어올리며 급성장했다. 빠른 발을 앞세워 2년 연속 30도루도 넘겼다. 라이브볼 시대가 열린 1920년 이후 데뷔 첫 두 시즌에 30도루를 기록한 것은 몰리터가 네 번째였다(샘 제스로Sam Jethroe, 제리 레미Jerry Remy, 진 리처즈Gene Richards). 타석

뿐 아니라 루상에서도 까다롭던 몰리터는 금세 모든 투수의 경계 대상이 됐다.

1982년 몰리터는 한층 더 무서운 타자가 됐다(0.303/0.366/0.450). 한 시즌 평균 6개에 그쳤던 홈런 수를 19개로 늘렸다. 136득점은 리그 1위였으며, 데뷔 후 첫 200안타 시즌도 만들어냈다.

몰리터가 선봉에 선 그해 밀워키는 강력한 타선을 구축했다. 리그 최다 안타 1위부터 3위까지 모두 밀워키 선수들이 차지했다(로빈 욘트 210안타, 세실 쿠퍼Cecil Cooper 205안타, 몰리터 201안타). 밀워키는 리그 홈런 1위와 3위, 4위도 보유하고 있었다(고먼 토머스 39홈런, 벤 오글리비Ben Oglivie 34홈런, 세실 쿠퍼 32홈런).

그해 2년 연속 포스트시즌에 진출한 밀워키는 챔피언십시리즈에서 캘리포니아 에인절스를 꺾었다. 1차전과 2차전에서 패한 뒤 3차전부터 5차전까지 승리를 거둔 리버스 스윕이었다. 이 시리즈에서 몰리터는 양 팀 타자들 가운데 혼자서 홈런 2개를 때려냈다 (0.316/0.381/0.684).

몰리터는 더 높은 곳에서 더 높이 날아올랐다. 세인트루이스와 맞붙은 월드시리즈에서 1차전에서만 5안타 경기를 선보였다. 월드시리즈에서 한 경기 5안타를 몰아 친 타자는 몰리터 이전엔 아무도 없었다. 세인트루이스의 화이티 허조그 감독은 "라인드라이브 타구는 하나밖에 없었다"며 애써 가치를 깎았지만, 월드시리즈 5안타 경기는 여전히 매우 희귀한 기록이다. 2011년 월드시리즈 3차전에서 앨버트 푸홀스만이 몰리터에 이어 월드시리즈 5안타 경기를 이뤄냈다.

몰리터는 그해 월드시리즈에서 31타수 11안타(0.355)를 때리며 선전했다. 그러나 밀워키는 우승에 실패했다. 몰리터는 훗날 1993년 토론토에서 이때 놓친 월드시리즈 우승을 이뤄냈고 동시에 시리즈 MVP로 선정됐다. 1993년 월드시리즈에서 타율 5할(24타수 12안타)을 기록한 그는 월드시리즈 통산 타율이 0.418에 달했다(61타석). 60타석 기준 역대 최고 타율이다.

부상, 지명타자

폴 몰리터는 '유리몸'의 대명사였다. 데뷔하기 전부터 부상이 끊이지 않았다. 커리어 초반도 부상으로 얼룩졌다. 1980년부터 1986년까지 부상자 명단에 여섯 차례나 올랐다. 제대로 달릴 채비만 갖추면 원치 않는 불청객이 찾아왔다.

외야수로 변신한 1981년에는 전력 질주를 하다가 발목 부상을 당하는 바람에 64경기 출장에 그쳤다(0.267/0.341/0.335). 1984년엔 오른 팔꿈치 인대가 손상돼 토미존 수술을 받았다(13경기 0.217/0.245/0.239). 1986년엔 햄스트링 부상을 당했다(105경기 0.281/0.340/0.426). 어깨와 손가락도 좋지 않았던 그는 몸에서 성한 곳을 찾기 힘들었다.

부상은 정신까지 갉아먹었다. 1980년 몰리터는 늑골 부상을 당해 6주간 결장했는데 부상에 발목이 잡힌 좌절감에 몸서리쳤다. 그리고 고통을 잊기 위해 코카인에 손을 댔다. 자칫하면 나락으로 빠질 뻔했지만 다행히 잘못된 상황을 빨리 바로잡았다.

1984년 메이저리그에 코카인 파동이 들이닥쳤다. 코카인을 공급하던 딜러가 체포되면서 그와 연루된 선수들이 공개됐다. 어두운 이면이 밝혀진 메이저리그는 지난날 승부 조작과 금지 약물 사건에 휘말렸을 때처럼 명예가 크게 실추될 수 있었다. 하지만 커미셔너가 면책 방안을 마련하면서 선수들은 기소를 면해 처벌받지 않았다.

몰리터도 이 리스트에 이름을 올렸다. 그는 코카인을 복용한 사실을 시인했고 자신의 행동을 후회한다고 뉘우쳤다. 만약 몰리터가 이 위기를 극복하지 못했다면 그의 커리어는 완전히 다른 방향으로 흘러갔을 것이다.

부상은 포지션에도 영향을 미쳤다. 내야수였던 몰리터는 팀 사정에 따라 외야수로 전환했다. 다시 3루수로 돌아왔지만, 몰리터가 결국 정착한 포지션은 지명타자였다. 부상에 노출되는 일을 줄이려면 어쩔 수 없었다. 몰리터는 지명타자로 1174경기에 출장했다. 3루수(791경기)와 2루수(400경기)로 출장한 경기 수와 비슷했다. 해럴드 베인스와 에드가 마르티네스Edgar Martinez가 명예의 전당에 오른 지명타자로 알려져 있지만, 명예의 전당에 입성한 첫 전문 지명타자는 바로 몰리터였다.

4안타 이상 62경기, 39세 이후 200안타

고교 시절 폴 몰리터는 파워를 동반해 당겨 치는 타자였다. 그러나 리드오프를 맡은 메이저리그에서는 출루에 초점을 맞췄다. 워낙 발이 빨라 내야 땅볼을 쳐도 살아 나갔다. 내야 안타가 집계된 1988년 이후 몰리터가 친 1952안타 중 332안타가 내야 안타였다. 그렇게 집계된 내야 안타 비중 17퍼센트는 이전 시즌들까지 포함됐다면 더 높아졌을 것이다.

몰리터는 한번 분위기를 타면 무섭게 몰아 쳤다. 4안타 이상 친 경기가 62경기나 됐다. 타이 콥(95경기), 피트 로즈(73경기), 스탠 뮤지얼(67경기), 조지 시슬러(65경기)에 이은 역대 5위로, 부상만 아니었다면 더 많은 4안타 경기를 추가할 수 있었다.

1987년 몰리터는 데뷔 첫 실버슬러거를 수상했다(0.353/0.438/0.566). 114득점과 2루타 41개는 리그 1위 기록이었다. 공격력이 리그 평균보다 얼마나 좋았는지 알 수 있는 조정득점생산력(wRC+)도 165로 리그 2위였다(웨이드 보그스 171). 역대 7위에 해당하는 39경기 연속 안타를 이어간 때도 1987년이었다. 하지만 몰리터는 1987년에도 햄스트링과 사타구니, 팔꿈치 부상을 당해 44경기를 놓쳤다.

30대가 된 몰리터는 내구성에 더 신경을 써야 했다. 경미한 부상도 치명타가 될 수 있었다. 공격과 수비 중 하나를 포기해야 하는 시기였다. 결국 몰리터는 1991년부터 주로 지명타자로 출장했다.

공격에 집중한 몰리터는 불타올랐다. 건강하게 158경기를 소화한 1991년 리그 안타왕을 차지했다(0.325/0.399/0.489). 그가 안타왕에 오른 건 34세(216안타), 36세(211안타), 39세 시즌(225안타)으로, 모두 지명타자가 된 이후 시기였다. 특히 39세 이후 200안타 고지를 밟은 타자는 1930년 마흔 살의 샘 라이스(207안타)와 1996년의 몰리터밖에 없다.

1998년 몰리터는 8월 9일 볼티모어전에서 5안타 경기를 펼쳤다. 여기에 통산 500호 도루를 성공시켰다. 호너스 와그너, 타이 콥, 에디 콜린스, 루 브록에 이어 3000안타와 500도루를 함께 이룬 역대 5번째 선수였다(이후 리키 헨더슨과 스즈키 이치로가 합류했다). 몰리터의 마지막 불꽃이었다.

3000안타 500도루

폴 몰리터는 1956년 미네소타주 세인트폴에서 태어났다. 미네소타에서 고등학교와 대학교를 나온 미네소타 토박이였다. 당연히 야구도 미네소타를 응원했다. 밥 앨리슨Bob Allison이 홈런을 훔치는 수비에 흠뻑 빠져 틈만 나면 그 장면을 흉내 냈다. 몰리터가 메이저리그에서 등번호 4번을 단 것도 앨리슨의 등번호가 4번이었기 때문이다.

메이저리그 친정 팀은 밀워키였다. 밀워키에서 첫 15시즌을 보냈다. 몰리터는 치고 달리는 역동적인 플레이로 큰 사랑을 받았다. 1986~1991년 밀워키 감독을 지낸 톰 트레벨혼Tom Trebelhorn은 "이곳엔 두 명의 신이 있다. 로빈 욘트와 폴 몰리터다"라고 말했다.

몰리터는 동료들과 사이가 좋았다. 표현을 잘 하지 않는 욘트도 몰리터를 유난히 아꼈다. 몰리터는 1992년 시즌이 끝난 뒤 토론토로 이적했는데, 욘트를 비롯한 동료들은 몰리터를 붙잡지 않은 팀을 공개적으로 비난했다.

몰리터는 밀워키에 남고 싶어 했다. 잔류 의사를 수차례 밝혔다. 하지만 막 부임한 살 반도Sal Bando 단장은 요지부동이었다. 반도는 이전과 같은 계약 조건으로는 몰리터를 잡을 생각이 없었다. 밀워키는 35세 시즌을 마친 몰리터가 이제 전성기가 지났다고 판단했다. 부상 이력만 두고 봐도 몰리터가 건강할지는 회의적이었다.

결과적으로 몰리터는 다른 두 팀에서 6시즌을 더 뛰었다. 6시즌 동안 통산 타율은 0.313였다. 200안타 시즌도 두 번 더 기록하면서 세월이 거꾸로 흐르는 것을 보여줬다.

토론토에서 빼어난 활약을 펼친 몰리터는 1995년 시즌이 끝나고 고민에 빠졌다. 토론토에 남을 수도 있었고, 밀워키로 돌아갈 수도 있었다. 하지만 몰리터는 어린 시절 애정을 쏟았던 고향 팀으로 가 유니폼을 입기로 결정했다. 그리고 미네소타에서 3000안타를 달성

2005년 6월 백악관에
초대됐을 당시
미네소타 트윈스의
주루코치를 지내던
폴 몰리터.
사진 Paul Morse

했다. 3루타로 3000안타를 완성한 선수는 몰리터가 최초였다.

몰리터는 1998년 시즌 마지막 42경기에서 기록한 타율이 0.322였다. 충분히 선수 생활을 연장할 수 있었다. 그러나 "할 수 있는 건 이제 모두 다했다"며 유니폼을 벗었다. 수많은 부상도 막지 못한 그의 발걸음을 멈춘 건 그 자신의 의지였다.

한편 토론토 감독직을 두 번이나 고사한 몰리터는 2014년 11월 미네소타 감독으로 돌아왔다. 4년간 미네소타를 지휘했고, 2017년에는 감독상도 수상했다. 명예의 전당에 오른(2004년 85.2퍼센트 득표율) 선수가 수상한 두 번째 감독상이었다(첫 번째는 프랭크 로빈슨).

안타왕과 도루왕

리키 헨더슨, 1번 타자의 최종 단계

**리키 헨더슨은 최고의 리드오프였다.
그에 근접했던 타자가 있는지 모르겠다.** _빌리 빈 Billy Beane

리키 헨더슨 Rickey Nelson Henley Henderson, 1958~

좌익수, 좌투우타

활동 기간 1979~2003(25시즌)

마운드 위에서 무서울 게 없었던 랜디 존슨이 농담으로나마 '고의 사死구'를 던지려 했던 타자가 있다. 1989년 오클랜드전에 나선 신인 투수 존슨은 1번 타자에게 당할 수 있는 최고 수준의 테러를 경험했다. 1회 말 존슨은 6구 승부 끝에 선두 타자 리키 헨더슨에게 볼넷을 허용했다. 하지만 진짜 악몽은 그때부터 시작됐다.

헨더슨은 랜디 존슨이 다음 타자를 상대하는 사이 처음 공에 2루, 두 번째 공에 3루를 훔쳤다. 흥분한 존슨이 2번 타자가 친 평범한 투수 땅볼을 놓치면서, 헨더슨은 가볍게 홈을 밟았다. 3회에도 선두 타자로 나서 볼넷을 얻어낸 후 2루로 도루했고, 5회에도 선두 타자로 나서 볼넷으로 출루한 뒤 2루로 도루했으며, 6회에는 2사 2루에서 볼넷으로 걸어 나가 2루 도루에 성공했다(더블스틸). 그리고 출루할 때마다 홈을 밟았다. 그날 헨더슨은 4타석 4볼넷 5도루 4득점을 올리며 존슨을 철저히 유린했다.

완벽한 1번 타자의 모습을 그려보자. 먼저 출루 능력이 뛰어나야 한다. 베이스에 나가면 도루로 상대를 위협해야 한다. 또 타선의 선봉으로서 투수를 끈질기게 물고 늘어질 수 있어야 한다. 여기에 장타력까지 좋으면 금상첨화다. 이 모든 기준을 완벽히 충족한 1번 타자가 있었으니, 바로 신이 만들어낸 1번 타자, 1번 타자의 최종 단계에 도달했던 헨더슨이다.

4할대 출루율, 2190볼넷

리키 헨더슨의 통산 타율은 3할에 한참 못 미치는 0.279다. 하지만 메이저리그 역사상 4할대 출루율(0.401)로 마감한 유일한 1번 타자다(2위 루크 애플링 0.399). 1만 타수 클럽 25명 중에서는 데드볼 시대 선수들인 타이 콥(0.433)과 트리스 스피커(0.428), 그리고 스탠 뮤지얼(0.417)에 이은 4위다.

헨더슨은 1980년부터 1997년까지 18년간 단 한 차례(1986년 0.358)를 제외하고는 모두 0.390 이상의 출루율을 기록했으며, 그동안 4할 출루율을 14번 찍었다. 홈(0.398)과 원정(0.404) 경기, 낮(0.401)과 야간(0.401) 경기, 우투수(0.394)와 좌투수(0.409) 간의 차이가 거의 나지 않았다. 가장 부진한 달(9월)의 출루율이 0.382였다.

높은 출루율의 원천은 볼넷이었다. 타이 콥의 출루율과 타율 간의 차이가 0.067인 반면, 헨더슨은 0.122에 달한다. 헨더슨은 2000볼넷을 달성한 네 명 중 하나다. 다른 세 명(배리 본즈, 베이브 루스, 테드 윌리엄스)은 장타에 대한 공포를 무기 삼아 고의사구 또는 고의사구에 준하는 볼넷을 많이 얻어낸 선수들이다. 반면 헨더슨의 볼넷은 도루 위협 때문에 '절대로 내주지 않겠다'는 각오로 임한 투수들에게서 얻어낸 것이다. 배리 본즈의 볼넷에서 고의사구가 차지하는 비중이 27퍼센트인 반면 헨더슨은 3퍼센트에 불과하다.

루크 애플링이 '이리 던져도 파울, 저리 던져도 파울' 전략으로 투수를 괴롭혔다면, 헨더슨의 필살기는 '그보다 더 좁을 수 없는' 스트라이크존이었다. 어떤 기자는 헨더슨의 스트라이크존을 "히틀러의 심장보다도 작다"고 표현했다. 헨더슨은 눈과 공을 최대한 가까이 하기 위해, 마치 두꺼운 안경을 쓴 모범생이 책을 코앞에 놓고 보듯, 웅크린 자세를 취하고 고개를 쭉 내밀었다.

헨더슨은 "도루를 주더라도 차라리 초구에 맞혀 내보내는 것이 낫다"는 랜디 존슨의 농담이 진심처럼 들릴 정도로 투수를 악착같이 물고 늘어졌다. 특히 방망이를 전혀 휘두르지 않고 6구 볼넷을 얻어내는 장면은 트레이드마크였다. 베이브 루스의 최다 볼넷 기록을 깨기 위해 대놓고 볼을 골랐던 1997년, 헨더슨은 투수들로 하여금 타석당 4.61개 공을 던지게 했다.

1위와 2위 간 차이 50퍼센트

홈런 하면 누구 떠오르느냐고 물으면 답은 엇갈린다. 베이브 루스, 배리 본즈 등. 탈삼진도 마찬가지다. 놀란 라이언, 랜디 존슨 등. 도루는 고민할 필요가 없다. 리키 헨더슨 말고는 나올 답이 없기 때문이다.

헨더슨은 역대 2위인 루 브록(938)보다 468개 많은 1406개 도루를 기록했다. 이는 2위보다 50퍼센트 좋은 기록으로, 연속 안타에서 1위와 2위 간 차이인 27퍼센트(조 디마지오 56, 피트 로즈 44), 다승에서 25퍼센트(사이 영 511, 월터 존슨 417), 탈삼진에서 19퍼센트(놀란 라이언 5714, 랜디 존슨 4875) 등을 크게 앞서는 가장 압도적인 1위 기록이다.

도루 성공률에서도 81.3퍼센트(우투수 83.5, 좌투수 75.5)를 기록해 루 브록(75.3퍼센트)을 큰 차이로 앞섰다.

헨더슨은 1980년부터 1991년까지 12년간 11번 쓸어 담는 등 총 12번 도루 타이틀을 따냈다. 이는 베이브 루스의 장타율 1위 13번 및 홈런왕 12번, 테드 윌리엄스의 출루율 1위 12번, 배리 본즈의 볼넷 1위 12번, 월터 존슨의 탈삼진 1위 12번 등과 어깨를 나란히 하는 기록이다.

2002년 헨더슨은 보스턴에서 뛰었는데, 헨더슨이 보스턴에 입단하기 전 22.5년 동안 도루 1395개를 기록한 반면, 보스턴 구단이 같은 기간 동안 기록한 총 도루 수는 1382개였다.

빈스 콜먼Vince Coleman은 헨더슨과 함께 세 번의 100도루 시즌을 달성한 선수다(나머지 100도루는 모리 윌스와 루 브록이 각각 한 번). 첫 7년간 기록에서 콜먼은 586도루에 성공해 573도루를 한 헨더슨을 앞섰다. 하지만 헨더슨이 이후 833개를 더 추가한 반면, 콜먼은 166개를 보태는 데 그쳤다. 결국 헨더슨은 콜먼의 두 배에 달하는 기록을 만들어냈다.

헨더슨이 하루에 두 탕, 세 탕을 가볍게 뛰던 시절, 그에게 볼넷을 내준다는 것은 곧 2루타를 의미했다. 1루로 보내주고 나면 후속 타자와 승부에 집중을 하지 못해 오히려 2루타를 맞는 것보다 못했다.

1988~1992년 당시 리그 최강 팀으로 군림하며 강력한 마운드를 자랑하던 오클랜드는 경기 중반까지 1대 0으로 팽팽한 대결을 펼쳤는데, 그 한 점은 헨더슨이 발로 만들어낸 점수일 때가 많았다.

81개 리드오프 홈런

리키 헨더슨의 통산 장타율은 출루율(0.401)과 큰 차이가 나지 않는 0.419다. 요즘 기준에서 보면 많이 부족해 보인다. 하지만 헨더슨이 서른여섯 살까지만 뛰었다면 그의 장타율은 0.441이 됐을 것이다. 마흔 살에 은퇴하기만 했더라도 0.428을 기록할 수 있었다.

장타를 지향하는 1번 타자가 등장한 지금과 달리, 헨더슨이 뛰던 시절의 1번 타자는 철저히 장타를 의식하지 않는 타격을 해야 했다. 만약 헨더슨이 요즘에 활약했다면 장타율은 더 좋았을 것이다. 그럼에도 헨더슨은 통산 297홈런과 함께 81개의 리드오프 홈런이라는 메이저리그 기록을 갖고 있다. 1993년에는 80년 만에 더블헤더에서 모두 리드오프 홈런을 때려낸 선수가 되기도 했다.

데드볼 시대 1번 타자의 첫 번째 요건은 빠른 발이었다. 하지만 라이브볼 시대가 열리면서 부상에 대한 우려 때문에 도루는 더 이상 환영받지 않는 공격 옵션이 됐다. 그 흐름에 맞춰 1950년대에는 전혀 다른 모습의 리드오프가 나타났다. 볼넷에 기반을 둔 출루형 리드오프였다. 주인공은 통산 타율 0.254에 출루율 0.394를 기록한 에디 요스트다. 요스트는 1956년 타율 0.231에 그치고도 151개 볼넷을 얻어 출루율 0.412를 기록하기도 했다. 반면 통산 72도루 66실패에 그쳤을 정도로 발은 느렸다.

도루의 가치가 재평가받기 시작한 때는 1962년이다. 모리 윌스가

104개를 기록하며 사상 최초로 100도루 고지에 오른 것이 신호탄이 됐다. 하지만 윌스는 통산 출루율이 0.330밖에 되지 않았다. 이후 에디 요스트의 볼넷 능력과 모리 윌스의 도루 능력을 함께 갖춘 헨더슨이 등장하면서 이상적인 리드오프의 꿈은 마침내 실현됐다.

최근에도 뛰어난 도루 실력을 가진 1번 타자는 많다. 하지만 그 누구도 헨더슨의 출루 능력은 흉내 내지 못한다. 오히려 발과 출루율은 반비례하고 있다. 헨더슨의 1406도루는 그만큼 출루를 많이 한 덕분이었다. 1번 타자의 궁극적인 목표는 득점이다. 헨더슨의 최고의 가치는 '적시타 없는 득점'이었다. 그는 혼자 점수를 만들어낼 수 있는 1번 타자였다.

시즌 130도루, 통산 1406도루, 2295득점

리키 헨더슨은 1958년 크리스마스에 시카고에서 태어났다. 병원으로 가던 차 뒷좌석에서였다. 아버지는 그가 두 살 때 집을 나갔고 이후 교통사고로 사망했다. 헨더슨은 일곱 살 때 재혼한 어머니를 따라 시카고를 떠나 오클랜드에 정착했다. 고교 시절 헨더슨은 미식축구를 가장 좋아했다. 졸업반 때 러닝백으로 뛰며 1100야드를 기록하면서 24개 대학으로부터 장학금 제안을 받았다. 하지만 어머니는 아들이 위험한 미식축구를 하지 않기를 바랐다. 헨더슨은 야구를 택했고, 오클랜드 어슬레틱스의 4라운드 지명을 받아들였다.

우타자인 헨더슨은 원래 왼손잡이였다. 랜디 존슨처럼 좌투우타 투수는 제법 많다. 하지만 좌투우타 야수는 극히 드물다. 역사상 4000타수 이상을 기록한 좌투우타 야수는 할 체이스Hal Chase와 클레온 존스Cleon Jones, 그리고 헨더슨뿐이다. 헨더슨은 왜 우타자가 됐을까.

어린 시절 헨더슨은 동네 친구들이 모두 우타석에 들어서는 걸 보고 꼭 그래야 하는 줄 알았다고 한다. 오른손잡이인 어린 타이 콥이 좌타석에 들어서면 1루까지 거리가 더 짧아지는 것을 스스로 깨닫고 좌타자가 된 것과는 반대였다. 당시 좌타자 친구가 한 명만 있었더라면 헨더슨은 더 많은 안타와 도루를 기록할 수 있었을 것이다. 나중에서야 좌타자가 유리하다는 걸 알게 된 헨더슨은 마이너리그에서 스위치히터 변신을 시도했지만, 타격 메카닉이 흔들릴 것을 우려한 팀의 만류로 이루지 못했다.

마이너리그에서 380경기 249도루를 기록한 헨더슨은 1979년 6월 20세 181일의 나이로 데뷔했다. 그리고 이듬해 행운이 찾아왔다. 뉴욕 양키스에서 해임된 빌리 마틴이 감독으로 온 것이다. 공격적인 야구를 선호한 마틴 감독은 도루에 대단히 관대했고, 헨더슨에게 주저 없이 그린라이트를 켜줬다.

풀타임 첫해였던 1980년, 헨더슨은 꼭 100개 도루를 기록해 타이 콥의 1915년 96도루를 넘는 새 아메리칸리그 기록을 만들어냈다. 메이저리그 전체로는 세 번째로 나온 시즌 100도루였다.

1982년 헨더슨은 도루 130개를 기록해 루 브록의 메이저리그 기록 118개를 경신했다. 그리고 이듬해에도 108개를 훔쳤다. 헨더슨의 3년 연속 100도루는 모두 100볼넷이 동반된 것으로, 시즌 100볼넷 100도루는 오직 그만이 해낸 것이다.

1985년 헨더슨은 143경기에서 146득점을 기록했는데, 이는 테드 윌리엄스가 1949년에 올린 150득점 이후 최고 기록이었으며, 경기 수보다 많은 득점은 루게릭이 1936년에 기록(155경기 167득점)한 이후 처음이었다. 헨더슨의 전성기는 1993년까지 계속됐다.

42세 시즌인 2001년 헨더슨은 샌디에이고 파드리스 유니폼을 입고 베이브 루스의 볼넷 기록과 타이 콥의 득점 기록을 경신했다(볼넷은 이후 배리 본즈가 다시 경신했다). 그리고 3000안타도 달성했다(통산 3055). 타이 콥을 넘어서게 된 2247번째 득점은 홈런이었는데, 헨더슨은 홈에서 슬라이딩을 했다.

그해 시즌 마지막 경기는 토니 그윈의 은퇴 경기였다. 헨더슨은 방해가 되지 않으려고 경기에 나서지 않으려 했지만 그윈이 그의 손을 잡아끌었다.

사람들은 그해 모든 것을 이룬 헨더슨이 은퇴할 것으로 예상했다(그랬다면 2007년 명예의 전당에 오를 헌액자를 뽑는 투표에서는 칼 립켄 주니어, 토니 그윈, 리키 헨더슨 트리오를 봤을 것이다). 하지만 헨더슨은 그럴 생각이 없었다.

2003년 자신을 원하는 팀이 없자 독립리그에 입단했고, 결국 그해 7월 다저스 유니폼을 입었다. 2004년에도 헨더슨은 독립리그에서 91경기에 출장해 37도루(2실패)를 기록하며 도루왕이 됐고, 출루율 0.462를 기록했다.

2005년에도 헨더슨은 월봉 3000달러를 받고 독립리그에서 뛰었지만 메이저리그 팀의 전화는 더 이상 걸려 오지 않았다. 결국 헨더슨은 마흔여섯 살 나이에 30년 프로선수 생활을 마감했다.

엽기적인 그분

인류 역사상 뇌가 가진 능력을 가장 많이 사용했다는 아인슈타인이지만, 일상생활은 심각한 수준이었다고 한다. 매릴린 먼로도 선구

안타왕과 도루왕

안이 좋기로 유명한 조 디마지오가 냉장고의 문을 열고 "우유, 어디 있어?"라고 물어보는 모습을 이해하지 못했다. 그라운드에서는 그 누구보다도 똑똑했던 리키 헨더슨도 경기장을 벗어나면 지능지수가 급격히 떨어졌다.

1993년 헨더슨은 한여름인 8월 말이었는데도 동상에 걸렸다. 아이스팩을 한 채로 잠이 들어서였다. 2004년에는 월드시리즈가 보스턴의 4연승으로 끝난 당일, 잔칫집이던 보스턴 구단에 전화를 걸어 6차전 표를 부탁하기도 했다. 섬나라 도미니카 출신 선수에게 차로 고향까지 몇 시간이 걸리냐고 물어본 것 또한 유명한 일화다.

2000년 시애틀 매리너스에서 활동할 때 헨더슨은 1루수 존 올러루드John Olerud에게 왜 수비할 때 헬멧을 쓰냐고 물었다. 올러루드가 친절히 대답하자 헨더슨은 "맞아, 예전에도 그런 친구가 있었어"라고 했다. 황당한 올러루드는 "그거 나였거든요"라고 했다. 둘은 토론토 블루제이스와 뉴욕 메츠에 이어 시애틀에서 세 번째로 만난 사이였다.

1996년 스티브 핀리Steve Finley는 헨더슨에게 "대선배이시니(You have tenure)" 버스에서 앉고 싶은 자리에 앉으라고 했다. 이를 잘못 알아들은 헨더슨은 "10년이라고(Ten years)? 난 16, 17년은 됐는데?"라고 반문했다.

헨더슨은 괴짜 중의 괴짜였다. 그는 한동안 경기에 들어가기 전 라커룸에서 옷을 모두 벗은 채로 거울 앞에 서서 "리키가 최고다! 리키가 최고다!"를 외치며 나체로 스윙하는 습관을 갖고 있었다. 하지만 동료들이 더 참기 힘들었던 것은 헨더슨이 말을 할 때 '내가'가 아니라 '리키가'라고 하는 버릇이었다. 한 선수는 대기 타석에 있다가 헨더슨이 삼진을 당하고 들어가면서 "괜찮아, 리키. 넌, 여전히 최고야"라고 되뇌는 것을 들었다.

헨더슨은 호텔에서 체크인할 때면 늘 가명을 썼다. 그 때문에 소속 팀의 단장은 그가 자주 쓰는 가명 몇 개를 알고 있어야 했다. 또 헨더슨은 등번호 24번에 너무 집착해, 1989년 양키스에서 뛰다가 다시 오클랜드로 돌아왔을 당시 그 번호를 이미 달고 있던 론 해시Ron Hassey에게 골프 클럽 풀세트와 최고급 정장 한 벌을 해주고 양보받았으며, 1993년 토론토에서는 터너 워드Turner Ward에게 아예 현금 2만 5000달러를 줬다. 그해 그의 연봉은 350만 달러였다.

헨더슨은 겸손과 거리가 먼 선수였으며 이기적이고 거만했다. 조지 스타인브레너와 뉴욕 언론이 두 손 두 발을 다 들었을 정도다. 게다가 동료들과도 자주 충돌했다. 오클랜드 시절의 호세 칸세코Jose Canseco가 대표적인 앙숙이었다. 1999년 헨더슨은 소속 팀인 뉴욕 메츠가 애틀랜타와 챔피언십시리즈를 치르는 경기 도중, 라커룸에 슬쩍 들어가 바비 보니야Bobby Bonilla와 카드를 치기도 했다. 이것이 그가 대단히 뛰어난 선수임에도 13개 팀을 옮겨 다닌 이유다.

헨더슨은 2009년 역대 13위에 해당하는 94.8퍼센트 득표율을 기록하며 명예의 전당에 올랐다. 득표율은 예상보다 많이 낮았다.

1983년 오클랜드 어슬레틱스에서 뛰던 리키 헨더슨이 2루를 훔치기 위해
달려 나가는 순간의 모습. 볼티모어 오리올스의 1루수 에디 머리와
유격수 칼 립켄 주니어가 보인다. 사진 Gary Soup

라인 샌드버그, 40홈런 2루수

야구는 항상 다음 날이 존재한다. _라인 샌드버그

라인 샌드버그 Ryne Dee Sandberg, 1959~

2루수 및 3루수, 우투우타

활동 기간 1981~1994, 1996~1997(16시즌)

단일 시즌 기준 40홈런이 가장 적은 포지션은 2루수다. 유격수는 알렉스 로드리게스(6회)와 어니 뱅크스(4회), 리코 페트로셀리(1회)가 11회나 합작했지만, 2루수는 4명이 각각 한 번씩 선보이는 데 그쳤다.

40홈런 2루수의 막을 연 선수는 로저스 혼스비다. 1922년 42홈런을 날렸다. 타의 추종을 불허했던 혼스비는 그해 홈런을 비롯해 타율(0.401), 출루율(0.459), 장타율(0.722), 타점(152), 득점(141), 최다 안타(250) 부문을 싹쓸이했다.

혼스비에서 시작된 40홈런 2루수 계보는 오직 3명만이 이어갔다. 이 가운데 한 명이 라인 샌드버그다(1973년 데이비 존슨 43홈런,

2016년 브라이언 도저 42홈런). 샌드버그는 1990년 40홈런을 날려 대릴 스트로베리(37홈런)를 제치고 내셔널리그 홈런왕에 올랐다. 내셔널리그에서 2루수가 홈런왕에 오른 것은 1925년의 혼스비(39홈런) 이후 처음이었다.

타석에서 위협적인 2루수였던 샌드버그는 7개 실버슬러거를 수상했다. 샌드버그보다 많은 실버슬러거를 획득한 2루수는 없다(로빈슨 카노와 호세 알투베 5개). 또 그는 수비력도 출중해서 2루수 골드글러브를 9개나 땄다. 이는 차원이 다른 수비를 자랑한 로베르토 알로마(10개)보다 하나 적은 기록이다.

두 자릿수 홈런과 도루를 모두 기록한 시즌이 9번 있었던 샌드버그는 1985년 54도루를, 1990년엔 40홈런을 기록했다. 커리어에서 50도루와 40홈런 시즌을 나란히 확보한 선수는 샌드버그와 브래디 앤더슨Brady Anderson, 배리 본즈뿐이다. 통산 282홈런 344도루를 기록한 샌드버그는 역대 200홈런 300도루를 달성한 23명 중 한 명이다. 이 명단에서 2루수는 샌드버그를 포함해 4명이 전부다(조 모건, 로베르토 알로마, 크레이그 비지오).

드래프트, 필라델피아

라인 샌드버그는 1959년 워싱턴주에서 4남매 중 막내로 태어났다. 아버지와 어머니는 샌드버그의 이름을 뉴욕 양키스의 투수 라인 듀런Ryne Duren에게서 따왔다. TV에서 들린 그 이름이 왠지 어감이 좋았다. 샌드버그보다 다섯 살 많은 형도 필라델피아의 좌익수 델 에니스Del Ennis의 이름을 가져와 붙였다. 이름부터 야구 집안 분위기가 풍겼다.

샌드버그는 고교 시절 세 가지 운동을 병행했다. 미식축구와 농구 그리고 야구였다. 세 종목 모두 탁월했던 샌드버그는 학업 성적도 뛰어났다. 어느 것 하나 놓치기 싫어하는 성격이었다. 아버지는 주목 받을수록 몸가짐을 조심해야 한다고 주의를 줬다. 눈과 귀는 열되, 입은 가급적 열지 말라고 가르쳤다.

샌드버그는 미식축구 쿼터백으로 유명했다. 지역을 대표하는 고교 선수였다. 사실 그는 야구를 더 좋아한다고 고백했지만, 이미 미식축구 장학생으로 워싱턴주립대 진학을 눈앞에 둔 상태였다. 그런데 필라델피아의 스카우트 빌 하퍼Bill Harper가 그를 포기하지 않았다. 야구에 대한 진심을 전해 들은 하퍼는 집요하게 샌드버그를 쫓아다녔다. 샌드버그가 실책을 남발한 경기에서도 지명할 의사를 전했다.

빌 하퍼는 구단 고위층을 설득하는 데 나섰다. 샌드버그의 재능을 설명하면서 온갖 찬사를 동원했다. 하지만 다른 스카우트들은 샌드버그가 미식축구를 선택할 것이라는 이유로 지명을 만류했다. 그럼에도 하퍼는 자기 뜻을 밀어붙인 끝에 구단 허락을 받아내는 데 성공했다. 샌드버그는 그의 끈질긴 구애에 마음이 흔들렸다.

빌 하퍼는 담판을 짓기 위해 샌드버그의 부모님을 만났다. 부모님은 샌드버그가 대학에 가기를 바랐다. 만약에 대비해 학업도 신경써야 한다고 생각했다. 하퍼는 당장 프로에 와서 실력을 키우는 것이 샌드버그의 미래에 더 도움이 된다고 말했다. 그러면서 계약금 2만 달러를 제시했다. 드래프트 상위 라운드에서 지명된 신인이 받는 액수였다.

샌드버그에게 결정적인 조언을 한 사람은 함께 야구 선수 이름을 쓴 형 델이었다. 형은 만약 정말 야구를 하고 싶다면 필라델피아와 계약할 것을 추천했다. 형의 말을 들은 샌드버그는 1978년 드래프트에서 필라델피아의 20라운드 지명을 받아들였다.

컵스로 트레이드

야구는 다른 종목에 비해 담금질 기간이 길다. 아무리 최고 유망주라고 해도 당장 메이저리그에서 뛴 경우는 극소수다. 라인 샌드버그도 단계를 밟았다. 1978년엔 루키 리그에서 뛴 다음 싱글A로 올라왔다. 그러나 벽에 부딪혔다(138경기 0.247/0.328/0.334). 마이너리그에서 가르치는 인스트럭터는 샌드버그가 바깥쪽 공에 대처하지 못한다며 실망했다.

샌드버그는 이대로 좌절하지 않았다. 1980년 더블A에서 다시 맹타를 휘둘렀다(129경기 0.310/0.403/0.469). 내부에서도 샌드버그에 대한 재평가에 들어갔다. 마침내 1981년 9월 메이저리그로 승격됐고, 샌드버그는 9월 28일 더블헤더 2차전에서 데뷔 첫 안타를 때려냈다.

이 경기에서 상대 팀은 다름 아닌 시카고 컵스였다. 이때만 해도 샌드버그와 컵스가 앞으로 어떤 인연을 맺게 될지는 아무도 예상하지 못했다.

1981년 필라델피아는 어느덧 30대 중반에 접어든 주전 유격수 래리 보와Larry Bowa를 보면서 세대교체를 고민했다. 보와의 후임은 샌드버그와 훌리오 프랑코Julio Franco가 거론됐다(한국에서도 뛰었던 그 프랑코다). 필라델피아는 프랑코의 잠재력이 더 크다고 내다봤다. 샌드버그는 내야 빈자리를 메우는 유틸리티 플레이어로 여겨졌다

(당시 필라델피아엔 3루수에 마이크 슈미트, 2루수에 매니 트릴로Manny Trillo가 자리하고 있었다. 유틸리티 플레이어에 대한 시각이 달라진 건 얼마 되지 않았다).

당초 필라델피아는 래리 보와를 한 시즌 더 안고 가면서 훌리오 프랑코에게 충분한 시간을 벌어줄 생각이었다. 그러나 연봉 문제로 마찰을 빚자 계획을 전면 수정했다. 보와도 필라델피아에 더 미련이 없었다. 필라델피아 사장 빌 자일스Bill Giles는 보와에게 가고 싶은 팀을 물었다. 보와가 트레이드 거부권을 갖고 있었기 때문이다.

래리 보와가 지목한 팀은 컵스였다. 컵스엔 직전에 필라델피아 프런트에서 7년간 일한 댈러스 그린Dallas Green이 단장으로 있었다. 1980년에는 필라델피아 감독을 맡아 월드시리즈 우승도 이뤄냈다. 보와는 그린을 잘 알고 있었고 그린 역시 마찬가지였다.

필라델피아의 제안을 받은 컵스는 유격수 이반 데헤수스Ivan DeJesus를 주기로 했다. 하지만 트레이드가 바로 성사되지는 않았다. 필라델피아의 내부 사정에 밝았던 그린은 유망주 한 명을 더 요구했다. 필라델피아에 있을 때 뽑았던 샌드버그였다.

필라델피아는 난색을 표했다. 샌드버그를 지켜야 한다는 의견들이 꽤 있었다. 그러나 컵스는 샌드버그를 함께 보내지 않으면 트레이드를 진행할 수 없다고 못 박았다. 필라델피아는 하는 수 없이 샌드버그까지 보내는 것으로 합의했다. 1966년 스물세 살의 투수 퍼기 젠킨스를 트레이드한 사건에 이어 필라델피아 역사상 최악의 트레이드가 또 한 번 탄생하는 순간이었다. 당시 필라델피아는 젠킨스도 컵스로 넘겼었다.

한편 이 트레이드를 성사시킨 댈러스 그린은 트레이드 직전 누군가에게 자문을 구했었다. 그 사람은 샌드버그에게 무궁무진한 가능성이 보인다며 꼭 데려올 것을 주장했다. 샌드버그와 함께 컵스로 온 래리 보와였다. 보와는 훗날 이 트레이드를 회상하면서 "샌드버그는 어디에서 뛰었어도 명예의 전당 선수가 되었을 것이다"고 말했다. 또 "만약 필라델피아가 이 트레이드를 하지 않았다면 월드시리즈 우승을 한 번 더 했을 것"이라고 덧붙였다.

전환점, 1984

갑작스럽게 팀이 바뀐 라인 샌드버그는 모든 것이 당황스러웠다. 어색했던 스프링캠프에서는 등번호부터 정했다. 고교 시절 썼던 14번을 달 수 있느냐고 물었지만, 컵스의 대답에 깜짝 놀라 손사래를 쳤다. 14번은 어니 뱅크스의 번호였다. 샌드버그는 팀에서 건넨 23번을 달았다(컵스는 샌드버그가 이적한 1982년에 14번을 팀 역대 첫 영구 결번으로 지정했다).

컵스는 샌드버그를 주전 3루수로 기용했다. 그런데 샌드버그는 1982년 시즌 첫 9경기에서 30타수 1안타(0.033)로 바닥을 쳤다. 5월 10일까지 시즌 타율이 1할대였다(0.198). 하지만 컵스의 리 엘리아 Lee Elia 감독은 샌드버그를 경기에서 제외하지 않았다. 샌드버그가 껍질을 깨고 나올 때까지 인내심을 갖고 기다렸다.

샌드버그는 서서히 본색을 드러냈다. 극심했던 초반 부진을 딛고 결국 준수한 성적으로 시즌을 마감했다(156경기 0.271/0.312/0.372). 컵스는 무엇보다 그가 시즌 중 반등을 이뤄낸 점이 만족스러웠다.

값진 경험을 한 샌드버그는 다음 시즌에 포지션 변화가 있었다. 이전 시즌 막판부터 출장했던 2루수로 이동했다. 다행히 샌드버그는

2루 수비에 큰 부담이 없었다. 키스톤 콤비로 호흡을 맞추는 유격수가 래리 보와였기에 심적으로는 더 편했다. 샌드버그는 수비 훈련에 성실히 임하면서 순조롭게 2루수로 변신했다. 2루수로 나온 1983년 첫해부터 골드글러브를 차지했다. 혜성처럼 등장한 내셔널리그 2루수 골드글러브 수상자는 9년 연속 바뀌지 않았다(1983~1991년).

1984년 샌드버그는 한 단계 진화했다. 컵스는 리 엘리아 감독이 물러나고 짐 프라이Jim Frey 감독이 부임했다. 향후 짐 프라이는 샌드버그에게 큰 영향을 미친 지도자가 된다.

샌드버그는 주전으로 발돋움했지만 타격 성적이 눈에 띄게 나아지지 않았다. 데뷔 첫 시즌 장타율은 0.360이었고, 한 시즌 평균 홈런 수는 5개에 불과했다. 1984년 스프링캠프에서 샌드버그의 타격을 지켜보던 짐 프라이는 의아했다. 그의 눈에 샌드버그는 타석에서 별로 욕심이 없어 보였다. 프라이는 샌드버그를 따로 불렀다.

샌드버그는 타구를 강하게 때려내는 데 비해 스윙 궤적이나 타구 방향이 이상적이지 않았다. 이에 짐 프라이는 샌드버그에게 "유리한 볼카운트이면 좌측 관중석으로 타구를 날려라"고 주문했다. 홈런을 노려야 한다는 의미였다. 프라이는 샌드버그에게 충분히 타격에 자신감을 가져도 된다고 격려했다.

짐 프라이의 한마디는 샌드버그에게 엄청난 힘이 됐다. 샌드버그는 그의 말대로 마음가짐부터 달리했다. 리그 최고의 선수가 되기로 결심한 것이다. 여기에 컵스는 개막을 앞두고 발 빠른 밥 데르니에Bob Dernier와 중심타자 개리 매튜스Gary Matthews가 가세했다. 두 선수 사이에 배치된 샌드버그는 투수와 정면 승부를 할 수 있는 기회가 늘어났다.

1984년 샌드버그는 리그 최고의 선수로 도약했다. 아쉬웠던 파워를 보강하면서 진정한 파이브 툴 플레이어로 거듭났다. 이전까지 327경기에서 15홈런을 친 샌드버그는 1984년 156경기에 나서 19홈런을 쏘아 올렸다. 74장타는 데일 머피Dale Murphy(76)에 이은 리그 2위 기록이었다.

그해 6월 23일 세인트루이스전에서 샌드버그는 잊을 수 없는 경기를 펼쳤다. 초반부터 타격감이 예사롭지 않던 샌드버그는 9회 말 9대 8로 쫓기는 상황에서 동점 홈런을 때렸고, 세인트루이스가 10회 초 다시 투런 홈런을 때려 경기를 되돌리자 10회 말 또다시 투런 홈런을 터뜨려 동점을 만들었다. 그날 경기는 11회에서 데이브 오언 Dave Owen이 결승타를 날리면서 컵스의 승리로 끝났다. 샌드버그가 5안타 2홈런 7타점의 성적을 기록한 그날 경기는 한마디로 '샌드버그 게임'이었다.

지역 라이벌인 세인트루이스를 상대로 대역전승에 기여한 점, 컵스에서 세인트루이스로 이적한 철벽 마무리 브루스 수터Bruce Sutter에게 홈런 2개를 뺏어낸 점 때문에 컵스 팬들을 더욱 열광했다(통산 9이닝당 피홈런이 0.67개인 수터가 한 경기에서 홈런 2개를 허용한 타자는 샌드버그뿐이다).

공격력이 일취월장한 샌드버그는 그해 리그 MVP로 선정됐다(0.314/0.367/0.520). 각성한 샌드버그를 앞세운 컵스도 1945년 이후 처음으로 포스트시즌에 진출했다. 샌드버그는 챔피언십시리즈에서 19타수 7안타(0.368)로 분전했지만, 팀은 샌디에이고에 패했다. 1989년 챔피언십시리즈에서도 샌드버그는 제 몫을 다했는데(0.400/0.458/0.800) 컵스가 샌프란시스코에 가로막혔다. 월드시리즈 데뷔는 아직 운이 따르지 않았다.

1990년 초 시카고 컵스
시절의 라인 샌드버그.
사진 Wjmummert

라이노Ryno의 공수 조화

부족한 2퍼센트를 채운 라인 샌드버그는 전성기를 구가했다. 1984년 부터 1992년까지 9년간 216홈런을 때려냈다(1378경기 0.295/0.357/ 0.484). 이 기간에 200홈런을 넘긴 2루수는 샌드버그 혼자뿐이었다(2위 루 휘터커Lou Whitaker 170홈런). 내셔널리그 2루수로 한정하면 2위 후안 사무엘Juan Samuel(126홈런)과 3위 로비 톰슨Robby Thompson(85홈런)을 합쳐도 샌드버그에 미치지 못했다.

샌드버그는 루상에서도 적극적이어서 도루 245개를 기록했다. 같은 기간 오직 샌드버그만이 200홈런 200도루를 돌파했다. 1986년 스티브 색스Steve Sax와 1987년 후안 새뮤얼이 없었다면 샌드버그는 9년 연속 실버슬러거를 이어갈 수 있었다.

1988년 컵스는 8월 9일 홈구장 리글리필드에서 첫 야간 경기를 개최했다. 상대는 필라델피아였다. 샌드버그는 1회 말 투런 홈런을 작렬했다. 그런데 4회 말부터 내린 폭우 때문에 경기가 취소됐다. 샌드버그의 홈런도 인정되지 않았다.

샌드버그는 친정팀 필라델피아를 만나면 집중력을 높였다. 맞대결한 224경기의 통산 성적(0.297/0.357/0.482)이 개인 통산 성적(0.285/0.344/0.452)을 웃돌았다. 샌드버그는 필라델피아전 성적이 유독 좋다는 사실을 알고 있었다. 그러나 딱히 특별한 감정은 없다고 밝혔다(필라델피아 홈구장인 베테랑스 스타디움과 궁합이 맞는 것 같다고 했다).

샌드버그는 2루수의 본분인 수비에도 철저했다. 1990년에 123경기 연속 무실책 경기를 펼쳐 1978년 조 모건이 세운 기록을 넘어섰다(2007년 플라시도 폴랑코Placido Polanco가 다시 경신한다). 어시스트 1위를 7번 차지한 샌드버그는 통산 2루수 어시스트 순위에서 9위에 올라 있다(6363회). 수비율 0.989는 2루수 10위 기록에 해당한다(1위 폴랑코 0.993).

컵스 팬들의 전폭적인 지지를 받은 샌드버그는 인기가 하늘을 찔렀다. 그에 걸맞은 대우도 받았다. 1992년 3월에는 4년 2840만 달러 연장 계약을 맺었다. 당시 샌드버그는 1991년 12월 뉴욕 메츠와 계약한 바비 보니야를 의식했다. 계약 총 규모는 보니야(5년 2900만 달러)보다 적었지만 평균 연봉 710만 달러는 보니야(580만 달러)보다 많았다(샌드버그가 1992년에 받은 연봉 210만 달러는 전체 160위로 대단히 낮았다).

1994년 샌드버그는 시즌 중반에 돌연 은퇴를 선언했다(57경기 0.238/0.312/0.390). 이전처럼 열정을 쏟아내지 못하고 있다는 것이 은퇴 이유였다. 개인적인 문제가 겹치면서 경기에 제대로 집중할 수도 없었다(샌드버그는 1995년 7월 이혼했다). 1996년 다시 복귀했지만, 서른여섯 살이 된 그에게 주어진 시간은 두 시즌밖에 없었다 (1996년 0.244/0.316/0.444 25홈런, 1997년 0.264/0.308/0.403 12홈런).

컵스에서 행복한 커리어를 보낸 샌드버그는 2005년 세 번째 도전 끝에 명예의 전당에 입성했다(득표율 76.2퍼센트). 1994년과 1995년 시즌을 정상적으로 치렀다면 로저스 혼스비에 이어 300홈런 고지를 밟는 두 번째 2루수가 됐을 것이다. 물론 샌드버그가 많은 사람에게 사랑을 받은 건 개인 기록에 집착하지 않고 매 경기 최선을 다했기 때문이었다.

고교 시절 운동과 학업을 모두 잘해낸 샌드버그는 메이저리그에서도 공격과 수비 두 마리 토끼를 모두 잡았다. 그런 샌드버그 덕분에 이후에는 공수 조화를 이룬 2루수가 각광받았다. 샌드버그는 포지션의 선입견을 무너뜨림으로써 2루수의 자존심을 세운 선수였다.

칼 립켄 주니어, 철인의 연속 경기 출장

특별한 선수로 기억되는 것. 그것이 나의 꿈이었다. _칼 립켄 주니어

칼 립켄 주니어 Calvin Edwin Ripken Jr., 1960~

유격수 및 3루수, 우투우타

활동 기간 1981~2001(21시즌)

피트 로즈, 마크 맥과이어, 배리 본즈, 로저 클레먼스. 메이저리그의 역사에 큰 족적을 남긴 이들에게 더 이상 명예는 없다. 역사상 가장 많은 안타를 때려낸 피트 로즈가 명예의 전당에 들어가지 못하고 있는 것은, 명예의 전당이 말 그대로 명예의 전당이기 때문이다.

하지만 명예의 전당이 요구하는 모든 것을 갖춘 선수가 있다. 누구보다도 뛰어났으며 누구보다도 명예로웠던 칼 립켄 주니어다.

립켄을 대표하는 2632경기 연속 출장 기록은, 그가 16년이라는 긴 시간 동안 수없이 많은 역경을 이겨내고 고통을 참아내며 달성한, 그 어떤 것보다도 값진 기록이자 명예다. 기록이 처음 시작된 1982년 5월 31일 풋풋했던 스물한 살 청년은 기록이 끝난 1998년

9월 20일에는 서른여덟 살이 되어 있었다.

그의 연속 경기 출장 기록이 더욱 빛나는 것은 한 번도 편법을 동원하지 않았다는 점에 있다. 종전 기록 보유자인 루 게릭(2130경기)이 1회 초에 1번 타자로 타석에 들어섰다가 수비하지 않고 교체되는 방법을 통해 기록을 이어나가기도 했던 반면, 립켄은 팀 이닝의 99.2퍼센트를 소화했다. 7회 초가 끝나고 'Take Me out to the Ballgame'이 울려 퍼지기 전에 립켄이 경기에서 빠진 적은 단 네 번뿐으로, 그중 두 번은 심판과 언쟁을 벌이다 퇴장당한 것이었다.

특히 립켄은 1982년 6월 5일부터 1987년 9월 14일까지 첫 5년간 904경기에서 단 1이닝도 교체되지 않으면서 8243이닝 연속 출전이라는 또 하나의 대기록을 세웠다. 다음 날 경기에서 점수 차가 크게 벌어지자, 당시 볼티모어 감독이던 아버지 칼 립켄 시니어가 립켄을 불러 기록을 여기서 끝내는 것이 어떻겠느냐고 했고, 그가 8회에 교체되면서 기록이 중단됐다.

16년 동안 립켄은 무수한 위기를 맞이했다. 1985년에는 2루에서 슬라이딩을 하다 발목을 다쳤지만 천만다행으로 다음 날 경기가 없었다. 1993년에는 집단 난투극이 벌어진 와중에 투수 마이크 무시나를 보호하려다 무릎을 다쳤다. 립켄은 주위의 만류를 뿌리치고 붕대를 친친 감은 채 끝까지 경기를 소화했다. 1996년에는 올스타전에 앞서 사진을 찍다가 다른 선수가 넘어지면서 휘두른 팔에 코뼈에 금이 가기도 했다. 그때도 올스타전은 물론 이후 경기를 모두 소화했다.

최대 위기는 1996년 아내의 둘째 출산이었다. 립켄은 출산을 지켜보기 위해 기록을 포기하겠다고 선언했다. 하지만 얼마나 중요한 기록인지 알았을까, 둘째 아들은 경기가 없는 날 태어나 세상의 빛을 봤다.

립켄의 기록이 또 한 번 빛나는 것은 2632경기의 84퍼센트에 해당되는 2216경기를 체력 부담이 큰 유격수로 뛰었다는 점에 있다. 나머지 416경기 역시 3루수로 뛴 것으로, 1루수로만 출장한 루 게릭과는 대조적이다. 16년 동안 립켄은 2루수 29명과 호흡을 맞췄으며, 상대 팀 유격수 522명을 만났다. 그리고 그가 하루도 빠짐없이 출근 도장을 찍은 16년 동안, 총 3695명 선수가 부상자 명단에 올랐다. 한편 1994년 선수노조의 파업이 없었다고 가정하면 립켄의 기록은 2700경기가 될 수 있었다.

2632경기 연속 출장, 스스로 끝내다

1995년 9월 6일 루 게릭을 넘어서는 2131번째 경기에서, 칼 립켄 주니어는 무려 25분 동안 관중들의 기립 박수를 받았다. 립켄의 기록 경신을 축하하기 위해 캠든야즈를 찾은 사람들 중에는 빌 클린턴 대통령과 루 게릭의 동료였던 조 디마지오도 있었다.

1998년 9월 20일, 경기를 준비하고 있던 볼티모어 오리올스 레이 밀러Ray Miller 감독의 방문을 누가 두드렸다. 립켄이었다. 립켄의 입에서 나온 말은 "Today is the day"였다. 당시는 시즌 종료가 일주일 밖에 남지 않은 상황이었다. 부상이 있었던 것도 아니었다. 군이 빠질 이유는 없었다. 하지만 자신의 기록이 팀에 더 이상 도움이 되지 않는다고 판단한 립켄은 16년간 이어온 기록을 스스로 중단했다.

훗날 립켄은 기록에 도전하는 동안 만났던 가장 큰 적은 게으름과 식상함이라고 했다. 더 나은 대우를 받고 새로운 팀으로 옮기고 싶은 욕망도 있었으며, 컨디션이 좋지 않은데도 코칭스태프의 배려로 출전할 때는 스스로에게 부끄럽고 동료들에게 미안했다고 밝혔다. 립켄은 팀에 짐이 되지 않기 위해 최선을 다했다. 슬럼프가 왔을 때 기다릴 여유가 없었던 그는 최대한 빨리 거기서 탈출하기 위해 타격 폼과 스탠스에 대해 수없이 많은 조정을 가했다.

립켄이 기록을 달성할 수 있었던 것은 볼티모어라는 한 팀과 팬들에게 모든 것을 바친 덕분이기도 했다. 메이저리그 역사상 한 팀에서만 20년 이상 뛰고 은퇴한 19명 중 하나인 립켄은 돈과 팀의 갈림길에서 언제나 팀을 택했다. 그 때문에 립켄은 선수 시절 내내 평균 322만 달러 연봉을 받는 데 그쳤다.

그렇다면 립켄은 왜 그렇게 연속 경기 출장에 집착했을까. 그에 따르면 열여섯 살 때 아버지와 집 앞의 눈을 치웠다. 그런데 아버지가 제설차에 부딪쳐 머리를 크게 다치는 사고가 일어났다. 하지만 아버지는 머리에 붕대를 동여맨 다음 눈 치우는 작업을 마무리한 뒤에야 병원에 갔다. 어린 립켄은 이 장면을 보면서 큰 감명을 받았다.

마이너리그 시절의 경험도 립켄의 각오를 다지게 했다. 1981년 트리플A 인터내셔널리그에서 로체스터 레드윙즈와 포터킷 레드삭스 간 경기는 연장 32회까지 승부를 가리지 못하고 새벽 4시 7분에 중단됐다. 그리고 두 달 후 다시 속개돼, 결국 33회에 승부가 결정됐다. 총 8시간 25분 걸린 이 경기는 지금도 미국 프로야구 사상 최장 경기 기록으로 남아 있다. 이 경기에서 로체스터의 3루수는 립켄, 포터킷의 3루수는 역시 명예의 전당에 오른 웨이드 보그스였다. 33회를 모두 소화한 립켄은 13타수 3안타에 그치면서 체력의 중요함을 뼈저리게 느꼈는데, 이는 그가 선수 생활 내내 단 하루도 체력 훈련을 거르지 않은 계기가 됐다.

안타왕과 도루왕

빅 사이즈 유격수, 2번의 MVP

그렇다고 칼 립켄 주니어가 연속 경기 출장 기록 하나만으로 명예의 전당에 오른 것은 아니다. 설령 그 기록이 없었더라도 그는 명예의 전당에 들어갔을 것이다. 타자로서, 또 유격수로서 달성한 업적역시 거대하다.

립켄은 역대 16위에 해당되는 3184안타를 때려냈다. 32명의3000안타 달성자 중 그처럼 한 팀에서만 뛴 선수는 10명뿐이다(스탠 뮤지얼, 데릭 지터, 칼 야스트렘스키, 조지 브렛, 로빈 욘트, 토니 그윈,크레이그 비지오, 알 칼라인, 로베르토 클레멘테). 3000안타 400홈런은그를 포함해 11명만이 달성했다(스탠 뮤지얼, 윌리 메이스, 행크 애런,칼 야스트렘스키, 데이브 윈필드, 에디 머리, 라파엘 팔메이로, 알렉스 로드리게스, 애드리안 벨트레, 앨버트 푸홀스). 그 가운데 순수 유격수는립켄이 유일하다. '400홈런 600개 2루타' 역시 그(603개)를 포함한8명만이 가진 기록이다.

메이저리그 역사상 가장 많은 홈런을 때려낸 유격수는 립켄이다. 립켄은 431개 홈런 중 345개를 유격수로서 때려내, 어니 뱅크스(512홈런)의 261개 기록을 경신했다. 그의 기록은 알렉스 로드리게스에 의해 깨질 것으로 보였으나, 로드리게스는 344개를 기록한 상황에서 양키스에 입단하기 위해 유격수를 포기했다.

립켄의 최대 미덕은 역시 꾸준함이었다. 립켄은 10년 연속 20홈런, 20년 연속 두 자릿수 홈런, 그리고 18년 연속 100안타를 달성했다. 메이저리그 역사상 3000경기 이상을 소화한 8명의 명단에도 립켄(3001)의 이름이 들어 있다. 립켄보다 타석에 더 많이 들어선 선수는 피트 로즈, 행크 애런, 칼 야스트렘스키 셋뿐이다.

메이저리그 역사상 유격수로서 MVP를 두 번 따낸 선수는 두 명, 어니 뱅크스와 립켄뿐이다. 1982년 신인왕에 오른 립켄은 이듬해 역대 최초로 신인왕 다음 해에 MVP를 따낸 선수가 됐다(이후 라이언 하워드, 더스틴 페드로이아Dustin Pedroia, 크리스 브라이언트Kris Bryant가 달성했다). 1991년의 MVP는 아메리칸리그에서는 처음으로, 승률이 5할 미만인 팀에서 나온 MVP였다.

193센티미터 102킬로그램의 거구인 립켄은 마이너리그에서 3루 수로 뛰었다. 당시만 해도 메이저리그 유격수의 표준은 175센티미터 73킬로그램의 루이스 아파리시오Luis Aparicio나 180센티미터 68킬로그램의 아지 스미스로, 립켄 같은 거구는 유격수를 소화할 수 없다는 것이 정설이었다. 하지만 전설적인 감독 얼 위버Earl Weaver는 메이저리그에 올라온 립켄을 보자마자 유격수를 맡겼다. 이로써 립켄은 역대 최장신 유격수가 됐으며, 그와 같은 키의 코리 시거Corey Seager(LA 다저스)와 카를로스 코레아Carlos Correa(휴스턴)가 그 뒤를 따랐다.

립켄을 계기로 하나의 흐름이 탄생했다. 키가 크고 공격력이 뛰어난 유격수들이 나타나기 시작한 것이다. 립켄은 알렉스 로드리게스, 노마 가르시아파라, 데릭 지터 3인방 시대가 도래할 토대를 닦은 선수였다.

립켄은 수비력 역시 준수했다. 발이 느렸던 그는 아지 스미스나 오마 비스켈처럼 재빠른 플레이를 할 수는 없었지만, 그 대신 강력한 어깨, 끊임없는 분석을 통해 얻은 뛰어난 위치 선정 능력, 그리고 놀라운 집중력으로 빅 사이즈 유격수도 얼마든지 좋은 수비를 보여줄 수 있음을 증명했다. 1990년 립켄은 단 3개 실책을 범하며 수비율 0.996에 도달해 유격수 역대 최고 기록을 세웠다. 유격수로서 기록한 통산 4.73의 9이닝당 레인지 팩터는 오마 비스켈(4.62)과 알렉스 로드리게스(4.62)를 모두 앞서는 것이다. 립켄은 골드글러브 2개를 따냈다.

슈퍼스타의 모델

1999년 '20세기 팀'을 뽑는 팬 투표에서 칼 립켄 주니어는 어니 뱅크스, 아지 스미스, 호너스 와그너를 제치고 유격수 최다 득표의 영예를 안았다. 그만큼 립켄은 팬들의 사랑을 독차지했다. 풀타임으로 뛴 20년 동안 올스타전에 19번 나갔는데, 그중 18번이 팬 투표를 통해 뽑힌 것이었다. 립켄은 올스타전에 가장 많이 나선 유격수다.

한편 그가 은퇴를 선언하고 마지막으로 나섰던 2001년 올스타전에서, 유격수 알렉스 로드리게스는 3루수 립켄의 등을 떠밀어 그에게 '마지막 유격수'의 기회를 줬다(이때만 해도 알렉스 로드리게스가 3루수로 변신할 줄은 몰랐다). 그리고 박찬호는 그에게 배팅볼이나 다를 바 없는 공을 던졌다(두 달 후 박찬호가 배리 본즈에게 71호, 72호 홈런을 맞게 될 줄도 몰랐다). 경기 후 박찬호를 찾아가 고마움을 표시했던 립켄은 2002년 8월 SK 와이번스의 최태원이 1000경기 연속 출장 기록을 세우자 축하 메시지를 보내기도 했다.

립켄이 큰 인기를 끌었던 것은 그가 '잘생긴 백인'이었을 뿐 아니라, 팬들이 최고 수준의 스타에게 요구한 도덕성을 완벽히 만족시켰기 때문이다. 그는 선수 생활 내내 단 한 건의 추문에도 휘말리지 않았으며, 단 한 번의 말실수도 하지 않았다. 현역 시절 팬과 악수하거나 사인을 해주는 사진이 가장 많은 선수였을 만큼 팬을 진심으로 대했고, 팬들도 그를 진심으로 사랑했다.

또 립켄은 일찌감치 '칼립켄주니어 재단'을 세워 사회봉사에서도 두각을 나타냈다. 1992년 가장 많은 사회봉사를 한 선수에게 주는 로베르토클레멘테상과 그라운드 안팎에서 모범을 보인 선수에게 주는 루게릭상을 동시에 수상한 장면은 팬들이 그리는 립켄의 이미지와 정확히 일치한다.

2007년 립켄은 메이저리그 역사에 또 하나의 획을 그었다. 명예의 전당 투표에서 98.53퍼센트 득표율을 기록하며 톰 시버(98.84)와 놀란 라이언(98.79)에 이은 역대 3위이자 타자 1위를 차지했다. 최초의 만장일치가 기대되기도 했던 립켄은 545명 중 '만장일치 저지파' 8명의 고집 때문에 100퍼센트 득표율을 놓쳤다.

유니폼을 벗으면서 "은퇴하는 것이 아니다. 단지 직업을 바꾸는 것일 뿐이다"고 한 립켄은 이후 '립켄 베이스볼 리그'를 운영하며 유소년 야구 발전에 힘을 쏟고 있다. 또 경기, 타수, 안타, 득점, 타점, 2루타, 홈런, 장타, 총루타, 볼넷, 삼진 등 거의 모든 팀 기록을 갖고 있는 볼티모어 오리올스의 최고 레전드로서, 볼티모어를 다시 일으키려는 시도를 하고 있다. 하지만 볼티모어의 피터 앤젤로스Peter Angelos 구단주는 립켄이 이끄는 투자자 그룹에 매각하기를 거부하고 있다.

부와 명성에 도취된 나머지 팬의 존재를 망각하는 선수들이 넘쳐나는 상황에서 립켄은 진정한 슈퍼스타의 의무와 책임이 어떤 것인가를 알려준 가장 완벽한 모델이었다.

1982년 경기 전 더그아웃에 함께 있는
칼 립켄 시니어(3루코치)와 칼 립켄 주니어. **사진 Baltimore Orioles**

웨이드 보그스, 투 스트라이크 히팅의 달인

그는 역사상 최고의 '투 스트라이크 히터'다.

_러네이 라크먼 Rene Lachemann

웨이드 보그스 Wade Anthony Boggs, 1958~

3루수, 우투좌타

활동 기간 1982~1999(18시즌)

테드 윌리엄스와 칼 야스트렘스키의 뒤를 이은 보스턴 최고의 선수는 웨이드 보그스다. 윌리엄스와 야스트렘스키는 보스턴에서만 뛰었고 우승 반지 없이 은퇴했다. 반면 보그스는 월드시리즈 우승 반지가 있다. 그것도 최대 라이벌인 뉴욕 양키스의 유니폼을 입고 따낸 것이다.

1993년 보그스의 양키스 입단은 두 팀의 라이벌 관계가 심화된 이후 자발적으로 일어난 최초의 '야구적 망명' 사례였다. 이후 로저 클레먼스와 자니 데이먼Johnny Damon, 저코비 엘즈버리Jacoby Ellsbury 도 보스턴 출신으로서 양키스에 입단했다. 하지만 클레먼스는 토론토 블루제이스에서 2년을 뛴 다음 트레이드를 거쳐 입단한 것이고,

데이먼은 밤비노의 저주가 깨지고 난 후의 일이었다. 엘즈버리도 보스턴에서 월드시리즈 우승을 한 뒤 건너갔다. 어느 것도 보그스의 이적만큼 충격적이지는 않았다.

보그스는 파이 트레이너, 에디 매튜스, 브룩스 로빈슨, 마이크 슈미트, 조지 브렛, 치퍼 존스와 함께 기자 투표를 통해 명예의 전당에 오른 7명의 3루수 중 하나다. 1985년부터 1996년까지는 12년 연속으로 아메리칸리그의 올스타전 선발 3루수로 나섰다. 이는 로빈슨(15년 연속)에 이어 3루수의 올스타전 선발 출전 역대 2위 기록이다.

아메리칸리그의 그윈, 7년 연속 200안타

1980년대와 1990년대 내셔널리그에 토니 그윈이 있었다면, 아메리칸리그에는 웨이드 보그스가 있었다. 둘은 1982년 같은 해 데뷔했다. 보그스의 통산 타율 0.328는 20세기 3루수 최고 기록이며, 800경기 이상 3루수로 나선 선수들의 기록 중 가장 좋은 것이다. 역대 3루수 중 3000안타 달성자는 보그스(3010)와 조지 브렛(3154), 애드리안 벨트레(3166) 셋뿐이다. 브렛이 커리어의 20퍼센트를 1루수로 뛴 반면, 보그스는 97퍼센트를 3루수로 뛰었다(벨트레 95퍼센트).

보그스는 1983년부터 1989년까지 7년 연속 200안타를 기록했다. 이는 윌리 킬러가 1894년부터 1901년까지 기록한 8년 연속 200안타에는 미치지 못하지만, 스즈키 이치로가 10년 연속 200안타를 달성하기 전까지 1900년 이후 최고 기록이자 아메리칸리그 최고 기록이었다.

보그스는 1985년부터 1988년까지 타격왕 4연패에 성공했다.

1984년의 3위 기록만 아니었다면 로저스 혼스비가 갖고 있는 6연패 최고 기록과 타이를 이룰 수도 있었다. 아메리칸리그에서 보그스보다 더 많은 타이틀을 따낸 선수는 타이 콥(11회), 로드 커루(7회), 테드 윌리엄스(6회) 셋뿐이다.

보그스의 라이벌은 역시 데뷔 동기인 토니 그윈이었다. 출발은 보그스가 더 좋았다. 1980년대 보그스는 0.352라는 무시무시한 타율을 기록하면서 5개 타격 타이틀을 따냈다. 반면 그윈은 타율 0.332를 기록하고 4개 타이틀을 따내 보그스에 미치지 못했다. 하지만 1990년대에 들어 그윈이 1980년대보다 더 좋은 0.344를 기록하고 타이틀 4개를 더 따낸 반면, 보그스는 0.304에 그치면서 하나도 추가하지 못했다. 결국 보그스는 그윈(0.338, 타격왕 8회)보다 낮은 통산 타율과 적은 타이틀에 머문 채 유니폼을 벗었다.

보그스는 토니 그윈과 스즈키 이치로 같은 안타 제조기였지만, 안타에만 집중했던 이들과 달리 볼넷 역시 놓치지 않았다. 초구에는 절대로 방망이를 내지 않았으며, 투수로 하여금 많은 공을 던지게 만들었다. 1986년부터 1989년까지 4년 연속으로 200안타와 100볼넷을 동시에 기록했는데, 이는 루 게릭의 3년 연속(1930~1932년)을 넘어서는 메이저리그 신기록이다.

또 출루율 1위에 오른 것이 토니 그윈은 단 한 번이고 스즈키 이치로는 없는 반면, 보그스는 여섯 번이나 됐다. 볼넷 1위도 두 번 차지한 보그스는 누구 말마따나 '홈런 못 치는 테드 윌리엄스'였다. 보그스는 안타가 아니면 볼넷을 통해 자신이 나선 80퍼센트의 경기에서 출루에 성공했다.

보그스의 최대 약점은 스피드였다. 스즈키 이치로가 509개, 토니 그윈이 319개 도루를 기록한 반면, 보그스는 1년당 1개를 겨우 넘는 통산 24개 도루밖에 기록하지 못했다. 이치로에 '볼넷을 더하고 도루를 뺀' 모습이 보그스였다.

늦은 데뷔, 타격왕 5회

1958년 네브래스카주 오마하에서 태어난 웨이드 보그스가 성장한 곳은 플로리다주 탬파였다. 보그스는 고교 시절 미식축구팀에서 주를 대표하는 키커로 활약했다. 하지만 그의 꿈은 야구였다. 보그스는 고교 시절 아버지가 사준 테드 윌리엄스의 저서 〈타격의 과학〉을 읽고 또 읽었다. 그리고 1976년 보스턴 레드삭스가 7라운드에서 지명하자 주저하지 않고 유니폼을 입었다.

프로에서의 첫해, 보그스는 하위 싱글A 팀 엘미라에서 타율 0.268에 그쳤다. 엘미라의 감독은 구단에 '메이저리그 감은 아님'이라는 보고서를 올렸다. 그 때문에 보그스는 무려 6년간 마이너리그에서 보내야 했다.

1981년 트리플A 타격왕에 오르고 나서야 그 보고서가 잘못된 것임을 입증할 수 있었다. 당시 보그스는 트리플A에서 8시간 25분이 걸린 33회짜리 미국 프로야구 역사상 최장 시간 경기를 치렀는데, 상대 팀의 3루수가 칼 립켄 주니어였다.

1982년 스물네 살에 메이저리그에 데뷔한 보그스는 300타수 이상 소화한 아메리칸리그 신인 중 최고 타율인 0.349를 기록하고 칼 립켄 주니어와 켄트 허벅Kent Hrbek에 이어 신인왕 3위에 올랐다. 그리고 이듬해 타율 0.361를 기록해 첫 타격왕에 올랐다.

1985년 보그스는 240안타를 기록함으로써 1930년 이후 메이저리그 최다 안타 기록을 세웠다. 특히 그해 6월 9일부터 이듬해 6월

7일까지는 정확히 162경기에서 타율 0.400을 기록하기도 했다.

1986년 시즌 보그스(0.357)는 마지막 2경기를 남겨둔 상태에서 양키스 돈 매팅리(0.352)의 맹추격을 받고 있었다. 보그스는 마지막 2경기에 나서지 않았는데 타격왕은 지켜졌다. 그해 보스턴은 1975년 이후 처음으로 월드시리즈에 올랐다. 하지만 뉴욕 메츠와 7차전까지 가는 접전 끝에 패했다. 7차전이 끝난 뒤 보그스가 더그아웃에 앉아 울고 있는 장면은 그해를 대표하는 사진이 됐다.

1987년은 최고의 해였다. 보그스는 1번 타자로 뛰면서 200안타, 105볼넷과 함께 108득점, 89타점을 기록했다(0.363/0.461/0.588). 또 무려 24개 홈런을 날렸는데, 이 시즌을 제외하면 보그스의 최고 기록은 11개이며, 통산 18시즌 중 16시즌에서 한 자릿수 홈런에 그쳤다. 그 대신 보그스는 매년 40개가 넘는 2루타를 쏟아냈다.

1988년 보그스는 타이 콥(5연패), 로저스 혼스비(6연패), 로드 커루(4연패)에 이어 역대 네 번째로 타격왕 4연패에 성공했다. 동시에 통산 다섯 번째 타격왕에 오름으로써 빌 매들록Bill Madlock이 갖고 있던 3루수 최다 기록(4회)을 경신했다.

1989년 보그스는 타격왕 5연패에 실패했지만 0.330을 기록해 타율 3위에 올랐다(7년간 타격왕 5회, 3위 2회). 한편 그해 보그스는 내연녀 마고 애덤스Margo Adams가 사생활을 마구 폭로하고 다니는 바람에 그전까지 가정적이던 이미지에 엄청난 타격을 입었다.

1980년대에 보그스(0.352)보다 더 높은 타율을 기록한 선수는 아무도 없었다(2위 토니 그윈 0.332, 3위 돈 매팅리 0.323, 4위 조지 브렛 0.311). 모든 관심은 보그스가 언제 테드 윌리엄스가 세운 타격왕 6번 기록을 뛰어넘을 것인지에 모아졌다.

양키스 이적, 그리고 우승

그러나 1990년부터 웨이드 보그스는 부상에 시달리기 시작했다. 그해 보그스는 데뷔 후 가장 낮은 타율인 0.302에 그치며 겨우 3할을 지켜냈다. 한편 보스턴은 시즌 중반 보그스 때문에 앞길이 막혀 있던 한 3루수 유망주를 휴스턴으로 보냈다. 훗날 휴스턴의 간판타자가 돼 명예의 전당에까지 오르는 제프 배그웰Jeff Bagwell이었다. 1991년 보그스는 타율 0.332를 기록하며 다시 정상 궤도로 돌아왔다.

1992년 스프링캠프에서 보그스는 보스턴 레드삭스의 월드시리즈 우승을 예언했다. 1917년 러시아에서 혁명이 일어나고 이듬해인 1918년 보스턴이 마지막 우승을 차지한 것을 보면, 1991년 소비에트연방이 무너졌으니 1992년의 우승은 보스턴의 것이 될 거라는 주장이었다. 하지만 그해 보스턴은 보그스의 예언과는 정반대로 1939년 이후 처음으로 리그 꼴찌로 떨어졌다. 보그스의 타율도 0.259로 곤두박질쳤다.

시즌이 끝나고 벌어진 일에 보스턴 팬들은 큰 충격에 휩싸였다. 팀이 보그스를 포기한 것이다. FA가 된 보그스에게 LA 다저스와 뉴욕 양키스가 달려들었다. 보그스는 조건이 더 좋은 양키스를 택했다. 보스턴 팬 입장에서는 팀의 간판타자이던 선수가 하루아침에 적으로 돌변한 셈이다. 박탈감이 이루 말할 수 없었다.

양키스에서 보그스는 다시 3할 타자로 돌아왔다. 특히 1994년에는 서른여섯 살 나이에 첫 번째 골드글러브를 따내고 이듬해 2연패에 성공했다. 1957년부터 시작된 골드글러브 역사상 보그스보다 더 많은 나이에 첫 번째 수상에 성공한 선수는 없었다. 민첩성이 그리 뛰어나지 않은 데다 데뷔 초기에는 송구까지 불안했던 보그스는 엄청난 노력을 거쳐 정상급의 수비력을 갖추게 됐다.

1996년 보그스는 10년 만에 월드시리즈 무대를 다시 밟았다. 1986년에는 보스턴 유니폼, 이번에는 양키스 유니폼이었다. 4차전 6대 6으로 맞선 연장 10회 초, 애틀랜타의 바비 콕스Bobby Cox 감독은 2사 1, 2루에서 스위치히터인 버니 윌리엄스Bernie Williams가 타석에 들어서자 투수 스티브 에이버리Steve Avery에게 고의사구를 지시하고 좌타자인 보그스를 상대하게 했다. 하지만 보그스는 볼카운트 1볼 2스트라이크에서 볼 3개를 연속해서 골라 밀어내기 볼넷으로 결승점을 뽑아냈다. 4차전은 그해 월드시리즈의 분수령이었다. 결국 양키스는 2연패 후 4연승을 거둬 월드시리즈 우승을 차지했다.

우승이 확정되자 보그스는 그 어떤 선수보다도 기뻐했다. 그리고 뉴욕 기마경찰관의 뒤에 올라타 양키스타디움을 돌며 환호했다. 일부 보스턴 팬들은 이 장면에 상처를 받았고, 다른 일부는 분노했다.

1920년 양키스는 보스턴에서 베이브 루스를 데려왔다. 그리고 루스의 네 번째 시즌인 1923년에 첫 월드시리즈 우승을 차지했다. 양키스는 1993년 웨이드 보그스를 영입했다. 그리고 보그스의 네 번째 시즌인 1996년에 다시 18년이라는 긴 침묵을 깨고 월드시리즈 우승을 차지했다.

1997년 보그스는 부상을 입어 59경기를 놓치면서 두 번째로 3할 타율에 실패했다(0.292). 디비전시리즈에서 7타수 3안타를 기록했지만, 그와 재계약하지 않기로 한 양키스의 결정을 되돌리지 못했다(양키스의 3루는 찰리 헤이스Charlie Hayes를 거쳐 1998년 스콧 브로셔스Scott Brosius에게 넘어갔다). 한편 그해 보그스는 애너하임 에인절스전에서 마운드에 올라 토드 그린Todd Greene을 삼진으로 잡아내는 등

1이닝 1볼넷 무실점을 기록했다. 필 니크로의 열성 팬이었던 보그스는 17개 중 16개를 너클볼로 던졌는데 그 위력이 대단했다.

3000안타, 징크스

1998년 웨이드 보그스와 계약한 팀은 신생 팀인 탬파베이 데블레이스였다. 탬파베이는 팀의 첫 번째 간판선수로 탬파 출신인 보그스를 골랐다. 보그스는 탬파베이의 역사적인 첫 경기에서 구단 제1호 홈런의 주인공이 됐다.

1999년 8월 7일, 보그스는 하루 차이로 토니 그윈에 이어 역대 21번째 3000안타 달성자가 됐다(통산 3010). 특히 보그스는 3000안타를 홈런으로 뽑아낸 최초의 선수가 됐다(2011년 데릭 지터, 2015년 알렉스 로드리게스가 합류한다). 통산 118호이자 마지막 홈런이었다. 보그스는 이십 일 후 통산 세 번째 부상자 명단에 올랐다. 그리고 유니폼을 벗었다.

보그스가 은퇴한 후 이상한 소문이 돌았다. 그가 탬파베이 모자를 쓰고 명예의 전당에 오르는 대신 탬파베이로부터 영구 결번과 100만 달러를 받기로 했다는 내용이었다. 탬파베이는 실제로 팀에서 210안타를 기록한 것이 전부인 그에게 팀 최초이자 아직도 선수로서는 유일한 영구 결번을 줬다.

현역 시절 보그스는 최고의 미신(또는 징크스) 신봉자였다. 그는 항상 다음 날 4타수 4안타를 기록하는 상상을 하며 잠을 청했다. 그리고 매일 같은 시간에 일어나 같은 길로 경기장에 왔다. 보그스는 경기 전에 준비하는 수비 훈련에서 언제나 150개 타구만 처리했다. 그리고 정확히 오후 5시 17분에 배팅 케이지에 들어섰고, 오후 6시 17분에

1988년 보스턴 레드삭스 시절의
웨이드 보그스. 사진 Ted Straub

달리기를 했다. 이에 토론토는 보그스를 골탕 먹이려고 구장 시계를
오후 6시 16분에서 오후 6시 18분으로 넘어가게 하기도 했다.

보그스는 경기 전이면 항상 닭고기를 먹었다. 짐 라이스는 그런
모습을 보고 그에게 '치킨 맨'이라는 별명을 붙여줬다. 보그스는 히
브리어로 '삶'을 뜻하는 'Chai'라는 단어를 쓴 방망이를 들고 타석에
들어섰다. 그는 유대인이 아니었다. 더그아웃에서 3루로 이동할 때
는 언제나 같은 경로를 이용했으며, 집으로 돌아갈 때도 같은 길로
다녔다. 사고가 나 길이 막히더라도 다른 길로 돌아가지 않았다.

보그스가 그렇게 시간에 집착한 것은 아버지 때문이었다. 그의 아
버지는 늘 계획표에 따른 생활을 했고, 아들도 그렇게 만들었다. 현

역 시절 자신이 믿었던 미신이 75~80개 정도는 됐을 것이라고 한 보그스는 그 미신들이 집중력을 높이고 성실한 선수 생활을 하는 데 큰 도움이 됐다고 밝혔다.

2005년 보그스는 91.9퍼센트의 높은 득표율을 기록하며 명예의 전당에 입성했다. 그는 "세 팀은 내게 모두 소중한 팀들"이라면서 탬파베이와의 거래설을 일축하고 선택권을 명예의 전당 위원회로 넘겼다. 위원회는 보그스의 동판에 보스턴 모자를 씌웠다.

보통 영구 결번 지정은 명예의 전당 입성과 함께 이뤄지기 마련인데 보스턴은 움직임이 없었다. 보스턴 입장에서 보그스는 밤비노의 저주가 끝나기도 전에 양키스로 가서 우승 반지를 따낸 애증의 선수였다. 보스턴은 그로부터 11년이 지난 2016년 보그스를 10번째 영구 결번 선수로 만들었다(9번째 페드로 마르티네스, 11번째 데이비드 오티즈).

토니 그윈, 영원한 타격왕

내가 자랑할 수 있는 것은 내 야구카드에
한 팀의 이름만 적혀 있다는 것이다. _토니 그윈

토니 그윈 Anthony Keith "Tony" Gwynn Sr., 1960~2014

우익수, 좌투좌타

활동 기간 1982~2001년(20시즌)

메이저리그가 배리 본즈의 홈런 쇼에 흠뻑 취해 있던 2001년 시즌 후반, 두 명의 대선수가 야구 인생을 정리하기 위한 마지막 순례에 나섰다. 칼 립켄 주니어와 토니 그윈이다. 두 역사적인 타자는 전반기에 나란히 시즌 후 은퇴를 선언했고 팬들의 보답과 사무국의 배려에 따라 올스타전에 참가했다. 이들이 마지막으로 방문하는 모든 구장에서는 기립 박수가 쏟아졌다.

칼 립켄 주니어는 연속 경기 출장 기록으로, 토니 그윈은 8회 타격왕으로 메이저리그 역사에 큰 족적을 남겼다. 그러나 팬들이 이들에게 보낸 박수에는 오로지 한 팀의 유니폼만 입고 은퇴하는 충정에 대한 치하도 들어 있었다. 립켄과 그윈은 FA 제도가 생겨 자유로운 이적이 가능해진 1976년 이후 한 팀에서만 20시즌을 넘게 활약하고 은퇴한 선수 8명 중 2명이다.

19년 연속 3할 타율

토니 그윈은 통산 8번 타격왕에 올라, 호너스 와그너와 함께 내셔널리그 최다 타격왕 기록을 공유하고 있다. 그보다 더 많은 타격왕 타이틀을 따낸 선수는 타이 콥(11회)이 유일하다. 8회 타격왕 기록은 1984년부터 1997년까지 14년 사이에 나온 것으로, 그 14년 동안 그윈을 제외하고 타격왕에 올라본 내셔널리그 타자는 윌리 맥기Willie McGee(2회), 팀 레인스Tim Raines, 테리 펜들턴Terry Pendleton, 개리 셰필드, 안드레스 갈라라가 등 5명에 불과했다.

그윈은 타격왕에 실패한 6시즌에서도 단 한 시즌을 제외하고는 모두 타율 5위 안에 들었다. 8위(0.309)에 그친 1990년에 안타를 1개만 더 쳤더라면 '14년 연속 5위 이내 타율'을 기록할 수 있었다.

그윈이 무려 20시즌 동안 뛰며 기록한 통산 타율 0.338는 1900년 이후 데뷔한 선수 중 역대 12위에 해당된다. 1939년에 데뷔한 테드 윌리엄스(0.344) 이후로는 최고 기록이다. 첫 10시즌 타율이 0.3314였던 앨버트 푸홀스와 0.3310였던 스즈키 이치로의 경우, 푸홀스는 마지막 시즌을 남겨 놓고 3할 타율이 붕괴됐고(0.297) 이치로 또한 0.311로 조금 내려앉은 채 은퇴했다.

테드 윌리엄스가 마지막 4할(0.406)을 기록한 1941년 이후 4할에 가장 가까이 근접했던 타자 역시 그윈이었다(1994년 0.394). 윌리엄스 이후 3할 9푼대에 진입해본 타자는 그와 1980년의 조지 브렛(0.390)뿐이다. 또 그윈은 1900년 이후 태어난 타자 중 가장 빠르게 통산 3000안타를 달성한 타자다(2284경기 8874타수). 범위를 1800년대로 확대해도 타이 콥과 냅 래저웨이만이 그를 넘어선다.

데뷔 첫해인 1982년 0.289에 그쳐 3할 타율에 실패한 그는 이후 19년 연속 3할이라는 내셔널리그 최고 기록을 세웠다. 그의 통산 타율을 2할대로 떨어뜨리기 위해서는 1183타수 무안타를 더해야 한다.

그윈은 삼진과 가장 거리가 먼 타자이기도 했다. 1991년부터 1996년까지 6년 연속 20개 미만 삼진을 기록하기도 했으며, 페드로 마르티네스와의 36타석, 그레그 매덕스와의 103타석 대결에서 한 번의 삼진도 당하지 않았다. 매덕스를 상대로 타율 0.429를 기록한 매덕스 킬러였던 그는 명예의 전당 투수들을 상대로 본인의 통산 타율인 0.338와 차이가 거의 없는 0.333를 기록했다.

5.5 hole

토니 그윈의 트레이드마크는 화려하지는 않지만 변함없는 활약이었다. 홈(0.343)과 원정(0.334) 경기, 우완(0.345)과 좌완(0.325) 투수, 낮(0.334)과 야간(0.340) 경기, 주자가 없을 때(0.329)와 있을 때(0.351), 득점권(0.346)과 만루(0.457), 그리고 4월(0.347), 5월(0.333), 6월(0.344), 7월(0.325), 8월(0.348), 9월(0.331)은 물론 포스트시즌(0.306) 타율까지도 모두 3할을 넘는다.

그렇다고 그윈의 타격이 저절로 만들어진 것은 결코 아니었다. 그는 테드 윌리엄스만큼이나 스윙을 완성하기 위해 모든 노력을 쏟아부었다. 그윈은 은퇴하는 날까지 단 하루도 빼놓지 않고 경기 후 자신의 당일 타격 장면이 녹화된 비디오테이프를 검토하고 나서야 경기장을 떠났다. 샌디에이고 퀄컴스타디움에는 그의 비디오테이프만 으로 가득 찬 방이 생길 정도였다. 그윈은 아예 사비 10만 달러를 들 여 구장에 비디오 분석 시스템을 설치했으며, 이를 동료들도 언제든 지 이용할 수 있게 했다. 동료들은 그를 '캡틴 비디오'라고 불렀다.

그에게 올스타전은 다른 왼손 타자들의 스윙을 지켜볼 수 있는 좋은 기회이기도 했는데, 그는 켄 그리피 주니어의 스윙을 가장 좋 아했고 최고로 여겼다. 그윈은 특히 밀어 쳐서 공을 3루수와 유격수 사이로 보내는 타격을 좋아했다. 그윈은 3루수(포지션 넘버 5번)와 유격수(6번) 사이의 공간을 특별히 '5.5 hole'이라고 불렀다.

은퇴 직전 그윈은 웬만한 감독보다도 심한 복부 비만 상태였 다. 하지만 초창기에 그는 우익수로서 골드글러브 5개를 따내고, 1987년의 56개(리그 2위)를 포함해 도루 30개 이상을 4번이나 기록 한 날쌘 선수였다. 1경기 5도루라는 역대 타이기록에도 그의 이름이 올라 있다.

8회 타격왕

1960년 LA에서 태어난 토니 그윈은 샌디에이고주립대 3학년이 던 1981년 샌디에이고 파드리스에 의해 3라운드 58순위 지명을 받 았다. 타격 실력은 대학 시절부터 이미 유명했지만, 많은 스카우트가 외야수로서 뛰기에는 어깨가 약하다고 걱정했다. 대학 시절 농구팀 의 스타 가드이기도 했던 그윈은 NBA 샌디에이고 클리퍼스로부터 도 지명을 받았지만 야구를 선택했다.

그윈은 메이저리그에서 첫 안타를 때려낸 1982년 7월 19일을 선 수 생활 내내 잊지 않았다. 안타를 때리고 나가 1루에서 만난 필라델피아 필리스의 1루수는 훗날 역대 안타 1위(4256)를 기록한 피트 로즈였다. 당시 타이 콥의 최고 기록(4189)에 접근해가고 있던 피트 로즈는 그에게 축하의 악수를 건넸고 그는 로즈와 같은 선수가 되어야겠다고 결심했다.

풀타임으로 뛴 첫해인 1983년, 그윈은 왼쪽 손목이 골절돼 석 달간 결장하면서도 0.309의 첫 번째 3할 타율을 기록했다. 그리고 이듬해 타율 0.351를 기록해 첫 번째 타격왕에 오르며 질주를 시작했다. 샌디에이고 최초의 타격왕이었다. 그윈을 제외하면, 타격왕에 올라본 샌디에이고 선수는 1992년의 개리 셰필드뿐이다.

손목 부상으로 고전하면서도 1985년 타율 4위(0.317), 1986년 타율 3위(0.329)를 기록한 그윈은 1987년 두 번째 타격왕에 올랐다(0.370). 내셔널리그에서는 1948년 스탠 뮤지얼이 기록한 0.376 이후 최고 타율이었다. 1988년 그윈은 이번에는 내셔널리그 역대 최저 타율 타격왕(0.313)이 됐고, 이듬해 0.336를 기록해 타격왕 3연패에 성공했다.

그윈은 이후 3년간 타율 8위(0.309), 3위(0.317), 5위(0.317)에 그쳤다. 1993년에는 데뷔 후 두 번째로 높은 타율 0.358를 기록했지만, '투수들의 무덤'으로 불리는 쿠어스필드(콜로라도 로키스)를 홈구장으로 둔 안드레스 갈라라가(0.370)에 밀려 2위에 만족해야 했다.

하지만 그윈은 멈추지 않았다. 다시 1994년(34세)부터 1997년(37세)까지 타격왕 4연패에 성공했다. 메이저리그 역사상 타격왕 4연패 이상을 달성한 선수는 로저스 혼스비(6년), 타이 콥(5년), 로드 커루(4년), 웨이드 보그스(4년), 그리고 그윈뿐이다. 한편 그윈의 4연패에 이어 콜로라도 래리 워커Larry Walker의 2연패가 이어지면서

1993년부터 1999년까지 7년간 내셔널리그의 타격왕은 '토니 그윈 또는 쿠어스필드 타자'의 차지가 됐다.

0.394의 개인 최고 타율을 기록한 1994년은 가장 아쉬운 해이기도 했다. 그윈은 8월 11일 이후 선수노조의 파업에 따라 시즌이 중단되면서 4할에 도전할 기회를 잃었다. 마지막 15경기에서 타율 0.433의 맹타를 휘둘렀기에 더욱 아쉬운 중단이었다.

1996년 그윈은 리그에서 가장 높은 타율 0.353를 기록했지만 규정 타석에서 5타석이 모자랐다. 하지만 5타석에서 모두 범타로 물러난다고 해도 규정 타석 1위인 엘리스 버크스Ellis Burks의 0.344보다 높은 0.349의 타율을 기록할 수 있었기에 타격왕이 됐다. 버크스 역시 쿠어스필드 타자였다.

샌디에이고를 지키다

1996년 샌디에이고의 지구 우승을 확정 짓는 결승타를 날린 선수는 토니 그윈의 친동생인 크리스 그윈Chris Gwynn이었다. 역시 좌타자이며 샌디에이고주립대를 나온 크리스는 1985년 전체 10순위 지명으로 LA 다저스의 유니폼을 입었다. 하지만 10시즌에 걸쳐 통산 263안타 타율 0.261에 그치며 1996년 샌디에이고를 끝으로 유니폼을 벗었다. 2010년 시즌이 끝나고 샌디에이고에서 방출돼 다저스로 이적한 토니 그윈 주니어는 토니 그윈의 아들이다. 아버지, 삼촌과 마찬가지로 샌디에이고주립대를 나온 아들은 그러나 통산 타율 0.238을 기록하고 은퇴해 아버지보다 삼촌에 가까웠다.

그윈은 1997년 스프링캠프에서 테드 윌리엄스를 만나 장시간 대화를 나눴다. 그리고 그해 개인 2위 기록에 해당되는 타율 0.372를 기록하며 여덟 번째이자 마지막 타격왕에 올랐다. 윌리엄스의 조언에 따라 레벨 스윙을 어퍼 스윙으로 바꾼 덕분에 서른일곱 살 나이에 2루타(49), 홈런(17), 타점(119)에서 개인 최고 기록을 세울 수 있었다. 시즌 후엔 스포팅뉴스의 초청을 받아 참가한 사진 촬영 현장에서 스탠 뮤지얼을 만나 다시 타격에 대해 많은 이야기를 나눴다.

1998년 그윈은 14년 만에 두 번째로 월드시리즈 무대를 밟았다. 그윈은 16타수 8안타(0.500), 1홈런 3타점을 기록하며 선전했지만 샌디에이고 파드리스는 뉴욕 양키스에 4연패로 지며 물러났다. 그윈에게는 마지막 기회였다.

1999년 8월 6일, 무려 5000명이 넘는 샌디에이고 팬들이 비행기를 타고 날아와 몬트리올 올림픽스타디움 관중석에 자리를 잡았다. 그윈은 이들을 오래 기다리게 하지 않았다. 첫 타석에서 안타를 날려 역대 22번째 3000안타를 달성했다. 그윈은 이날 5타수 4안타를 몰아 쳤다. 한편 전날 마크 맥과이어가 역대 최소 타석 500홈런을 달성하고, 다음 날인 8월 7일에는 웨이드 보그스가 홈런으로 3000안타에 성공하면서 '대기록의 사흘'이 만들어졌다.

2001년 10월 7일 퀄컴스타디움에서 열린 콜로라도 로키스와의 시즌 최종전. 그윈은 9회 말 1사 후 대타로 나서 유격수 땅볼에 그쳤다. 그윈의 마지막 타석이었다(통산 3141안타). 경기 후 그윈의 은퇴식이 거행됐다. 동료들은 할리 데이비슨을 선물했으며, 구단은 2004년에 개장하는 새 구장(펫코파크)을 그에게 헌정했다.

그윈은 2007년 역대 7위에 해당되는 97.6퍼센트의 높은 득표율을 기록하며 칼 립켄 주니어와 함께 명예의 전당에 올랐으며, 샌디에이고는 그윈의 등번호 19번을 팀의 네 번째 영구 결번으로 만들었

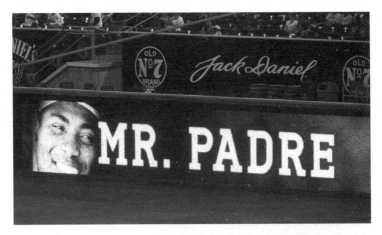

2014년 샌디에이고 펫코파크의 외야 펜스 광고판에
'Mr. Padre'로 불린 토니 그윈의 모습이 걸렸다. **사진 Deejay**

다. 그윈은 이후 프로 구단의 자리를 마다하고 샌디에이고주립대로
돌아가 감독이 됐다. 그리고 따뜻한 배려와 보호를 통해 2019년 월
드시리즈 MVP가 되는 스티븐 스트라스버그Stephen Strasburg(워싱턴)
등을 길러냈다.

그러던 중 2014년 6월 17일 충격적인 소식이 전해졌다. 후두암
과 침샘암으로 투병 중이던 그윈이 53세 38일을 일기로 세상을 떠
난 것이다. 원인은 선수 시절에 즐겼던 씹는담배였다. 그윈의 충격적
인 죽음에 제자인 스트라스버그를 비롯한 많은 선수가 씹는담배 사
용을 중단했으며, 메이저리그 사무국은 선수들이 더그아웃에서 사
용하는 걸 금지했다.

샌디에이고 펫코파크에 우뚝 서 있는 그윈의 동상에는 그가 했던
말이 새겨져 있다. "노력하라. 그러면 좋은 일이 생길 것이다."

커비 퍼켓, 프리 스윙어

커비 퍼켓의 열정은 늘 주위로 전파됐다.
그와 함께 뛰는 것만으로도 즐겁고 행복했다. _버트 블라일레븐

커비 퍼켓 Kirby Puckett, 1960~2006

중견수, 우투우타

활동 기간 1984~1995(12시즌)

173센티미터 100킬로그램. 야구 선수라고는 생각할 수 없는 이 신체 사이즈는 커비 퍼켓의 것이다. 하지만 부적격한 체형도 야구를 향한 그의 열정을 막지 못했다.

퍼켓은 비운의 은퇴를 맞이하기 전까지 오로지 미네소타 트윈스 한 곳에서만 활약했다. 활동한 기간이 12시즌임에도 불구하고, 그는 아직까지 타수, 안타, 득점, 총루타, 2루타에서 1961년 미네소타 이 전 후 최고 기록을 갖고 있다.

퍼켓은 최고의 안타 제조기였다. 그가 데뷔하고 첫 10년간 때려 낸 1996안타는 스즈키 이치로(2244), 윌리 킬러(2065), 폴 웨이너 (2036), 조지 시슬러(2016), 스탠 뮤지얼(2003)에 이어 역대 6위에 해

당하는 기록이다. 여기엔 1994~1995년 선수노조의 최장기 파업으로 시즌이 줄면서 67경기를 손해 본 점까지 감안해야 한다.

1986년부터 마지막 시즌인 1995년까지 10년간 1940개 안타를 기록했는데, 같은 기간 그보다 많은 안타를 친 선수는 없었다. 토니 그윈이 1842개를 기록해 겨우 100개 이내에 접근했을 뿐이다. 퍼켓은 1987년부터 1989년까지 3년 연속 안타 1위에 올라 타이 콥과 토니 올리바Tony Oliva에 이어 최다 안타 3연패에 성공한 역대 세 번째 선수가 되기도 했다. 이는 토니 그윈도 이루지 못한 기록이다. 한편 스즈키 이치로는 2006년부터 2010년까지 최다 안타 5연패 신기록을 세웠다.

퍼켓의 통산 타율인 0.318는 블라디미르 게레로와 함께, 1951년에 은퇴한 조 디마지오(0.325) 이후 오른손 타자 최고 기록이다. 앨버트 푸홀스는 2010년까지 첫 10년 동안 0.331였던 타율이 2021년 0.297로 떨어졌으며, 마이크 트라웃은 11시즌을 마친 상황에서 0.305를 기록 중이다.

고집스런 프리 스윙어이자 철저한 배드볼 히터였던 퍼켓은 볼넷에는 관심이 없었다. 234안타를 때려낸 1988년에는 단 23개 볼넷을 얻어내기도 했다. 5.12안타당 1볼넷은 비슷한 유형의 토니 그윈(3.98)은 물론, 심지어 이치로(4.77)보다도 높다. 퍼켓은 1.15안타당 1볼넷을 기록한 배리 본즈, 1.39안타당 1볼넷을 기록한 리키 헨더슨과는 완전히 상반되는 스타일의 타자였다.

퍼켓을 특별하게 만든 것은 야구 실력뿐이 아니었다. 그는 언제나 환한 미소로 팬과 동료들을 대했다. 자신의 존재 가치가 팬에게 있다고 굳게 믿은 퍼켓은 사인을 해주는 순간조차도 최선을 다했다.

그라운드 안에서 퍼켓은 그 누구보다도 열정적이었다. 특히 팬들은 타격도 타격이지만 마치 '굴러가는 듯한' 빠른 속도로 타구를 쫓아가 멋진 캐치를 해내고, 총알 같은 송구로 주자를 저격하는 그의 화려한 중견수 플레이에 매료됐다.

야구를 포기할 뻔하다

시카고 빈민가에서 9남매 중 막내로 태어난 커비 퍼켓은 고교 시절 두각을 나타내지 못했다. 1980년 브래들리대에 진학한 퍼켓은 키가 작다는 이유로 기회조차 주어지지 않자 야구를 관두고 포드사의 자동차 공장에 취직했다. 하지만 야구를 도저히 포기할 수 없었고, 이듬해 트리턴대 야구팀에 다시 들어갔다. 그리고 믿을 수 없는 활약을 펼치다 1년 후인 1982년 드래프트에서 미네소타 트윈스의 1라운드 전체 3순위 지명을 받았다.

마이너리그에서 불방망이를 휘두른 퍼켓은 2년이 되기도 전에 메이저리그의 부름을 받았다. 특히 그의 첫 타격코치였던 찰리 매뉴얼 Charlie Manuel(이후 필라델피아 감독)은 그의 평생 은사가 됐다. 자신의 수제자 명단에 매니 라미레스와 짐 토미, 라이언 하워드의 이름도 올려놓고 있는 매뉴얼은 이후 틈만 나면 다른 선수들에게 퍼켓의 얘기를 들려주고 있다.

1984년 5월 8일 퍼켓은 투렛 증후군 증세를 보인 짐 아이진라이크 Jim Eisenreich를 대신해 중견수로 나섰다. 이때 5타수 4안타를 기록하면서 데뷔전에서 4안타를 날린 역대 아홉 번째 선수가 됐다. 결국 퍼켓은 첫해를 타율 0.296로 끝내며 신인왕 투표에서 3위에 올랐다. 또 그의 송구 능력을 미처 몰랐던 주자 16명이 그를 어시스트 리그

1위 외야수로 만들어줬다.

퍼켓은 2년차인 1985년에도 0.288의 나쁘지 않은 타율을 기록했다. 하지만 심각한 문제 또한 드러났다. 아무리 중견수라고 해도 장타력이 너무 부족했다. 첫해 557타수에서 단 한 개의 홈런도 기록하지 못한 그는 이듬해에도 691타수 4홈런에 그쳤다.

하지만 1986년 퍼켓의 운명을 바꾸는 만남이 이뤄졌다. 현역 시절 2회 타격왕과 5회 안타왕을 기록한 토니 올리바가 타격코치로 부임했다. 올리바의 조언에 따라 왼발을 내딛는 동작을 크게 가져가자, 타구에 힘이 실리기 시작했다. 무게중심이 많이 이동하면 힘을 끌어모으는 데는 유리하지만 그만큼 타격 폼이 흔들리기 마련이다. 하지만 퍼켓은 파워와 정확성이라는 두 마리 토끼를 모두 잡았다.

1984년 0개, 1985년 4개에 그친 홈런 수는 1986년 31개로 크게 불어났다. 퍼켓은 이후 다시는 30홈런을 기록하지 못했지만 20홈런은 꾸준히 만들어냈다. 중견수로서는 만족하고도 남을 숫자였다. 1년 사이에 일어난 극적인 변화에, 퍼켓은 메이저리그 역사상 500타수 이상 무홈런 시즌(1984년)과 30홈런 시즌(1986년)을 모두 가져본 유일한 선수가 됐다. 데뷔하고 줄곧 1번 타자로 나서던 그는 이후 마지막 순간까지 미네소타의 3번을 지켰다.

2회 월드시리즈 우승, 4회 안타왕

커비 퍼켓은 1986년 첫 200안타(223)와 3할 타율(0.328)에 성공하며 10년 연속 올스타, 4년 연속 골드글러브와 실버슬러거 동시 수상의 스타트를 끊었다(골드글러브와 실버슬러거 각각 통산 6개). 1987년 퍼켓은 207개 안타를 때려 리그 1위에 올랐으며, 0.332를 기록해 1978년의 로드 커루(0.333) 이후 미네소타 타자 최고 타율을 올렸다. 또한 수비에서는 무려 8개 홈런 타구를 잡아냈다.

톰 켈리Tom Kelly 감독의 첫 풀타임 시즌이었던 그해, 미네소타 트윈스는 서부 지구 정상에 오르고 포스트시즌에 나섰다. 퍼켓은 디트로이트 타이거스와의 챔피언십시리즈에서는 타율 0.208에 그쳤지만, 세인트루이스 카디널스와 맞선 월드시리즈에서는 타율 0.357의 맹타를 휘둘렀다. 미네소타 트윈스는 7차전 혈투 끝에 연고지를 워싱턴(세너터스)에서 미네소타로 옮긴 1961년 이후 처음으로 월드시리즈 우승을 차지했다.

1988년 미네소타 트윈스는 오클랜드 어슬레틱스의 전력이 워낙 강했던 탓에(104승 58패) 91승(71패)을 거두고도 13경기 뒤져 지구 2위에 그쳤다. 하지만 퍼켓에게는 최고의 시즌이었다. 퍼켓은 타율(0.356), 안타(234), 타점(121)에서 개인 최고의 성적을 냈고, 42개 2루타와 24개 홈런을 날렸다. 그해 MVP 투표에서는 전년도에 이어 다시 3위에 올랐다.

1989년 퍼켓은 타율 0.339를 기록해 처음이자 마지막으로 타격왕에 오르며 웨이드 보그스(보스턴)의 5연패를 저지했다. 아메리칸리그에서는 1979년의 알렉스 존슨에 이어, 20년 사이에 두 번째로 나타난 오른손 타격왕이었다. 시즌 후 미네소타는 퍼켓을 메이저리그 최초의 300만 달러 연봉 선수로 만들어줬다.

1991년 미네소타 트윈스는 전년도 지구 최하위에서 1위로 점프하는 파란을 일으켰다. 챔피언십시리즈에선 토론토 블루제이스를 꺾었다. 최종 5차전 8회 초에서 시리즈 결승타를 날린 퍼켓은 타율 0.429 2홈런 5타점의 성적을 내 시리즈 MVP에 올랐다.

안타왕과 도루왕

그해 미네소타가 월드시리즈에서 만난 상대는 똑같이 전년도 최하위에서 리그 우승을 일궈낸 애틀랜타 브레이브스였다. 메트로돔에서 열린 1차전과 2차전에서 모두 승리한 미네소타는 애틀랜타 원정 3차전, 4차전, 5차전에서 모두 패하고 홈으로 돌아왔다.

다시 메트로돔에서 열린 6차전은 퍼켓의 생애 최고의 경기였다. 경기에 앞서 "내가 앞장설 테니 따라만 오라"(Tonight I'm drivin' the bus, boys)는 말로 동료들의 긴장을 풀어준 퍼켓은 1회 첫 타석에서 선제 3루타를 날린 다음, 3회에는 론 갠트Ron Gant의 완벽한 1타점짜리 2루타 타구를 호수비로 건져냈다. 다시 2대 2로 맞선 5회 팀에 리드를 안겨주는 희생플라이를 날린 데 이어, 3대 3으로 맞선 11회 말 끝내기 홈런을 쏘아 올려 월드시리즈 경기를 홈런으로 끝낸 역대 아홉 번째 선수가 됐다. 이 홈런은 2005년 ESPN에 의해 월드시리즈 역사상 다섯 번째로 극적이었던 끝내기 홈런에 선정됐다. 결국 미네소타는 7차전에서 10이닝 무실점으로 1대 0 완봉승을 이끈 잭 모리스Jack Morris의 활약에 힘입어 두 번째 월드시리즈 우승을 차지했다.

1992년부터 미네소타는 추락을 시작했고, 많은 동료가 팀을 떠나갔다. 홀로 남은 퍼켓은 1992년 네 번째이자 마지막 최다 안타 타이틀을 차지했으며 타율 0.329을 기록해 리그 2위에 올랐다. 파업 때문에 시즌이 단축된 1994년에는 108경기에서 112타점을 올려 처음으로 타점왕을 차지했다.

1995년 9월, 퍼켓은 데니스 마르티네스Dennis Martinez가 던진 공에 맞아 턱뼈에 금이 가는 부상을 입고 시즌을 마감했다. 하지만 137경기에 나서 타율 0.314 23홈런 99타점을 기록한 그의 하늘에는 한 점의 구름도 보이지 않았다.

하룻밤 사이에 찾아온 절망

1996년 스프링캠프, 애틀랜타와의 시범경기에서 그레그 매덕스를 상대로 3안타를 뽑아낸 커비 퍼킷은 다음 날 경기를 위해 일찍 잠자리에 들었다. 하지만 다음 날 아침 눈을 뜬 그의 앞에는 다른 세상이 찾아왔다. 전날까지만 해도 멀쩡했던 오른쪽 눈이 갑자기 보이지 않게 된 것이다. 악성 녹내장이었다. 몇 번의 수술은 무위로 돌아갔고, 그렇게 퍼킷은 시력 2.0의 오른쪽 눈을 잃었다.

1996년 7월 13일, 퍼킷은 눈물을 멈추지 않는 팬과 동료들의 응원을 받으며 은퇴식을 치렀다. 미네소타 트윈스는 곧바로 그 자리에서 퍼킷의 등번호 34번을 영구 결번으로 지정했다.

퍼킷은 3년 후 자신의 경쟁자들이던 토니 그윈과 웨이드 보그스가 3000안타를 달성하고 감격에 겨워하는 장면을 TV로 지켜봐야만 했다. 그 후 2001년 명예의 전당에 입회할 자격을 얻자마자 82.1퍼센트의 높은 득표율을 기록하며 입성에 성공했다. 샌디 코팩스와 루게릭에 이어 세 번째로 어린 나이였다.

이듬해 퍼킷은 바에서 한 여성을 성추행한 혐의로 체포됐다. 뒤이어 만인의 신사였던 퍼킷이 여성에 관한 한 폭군이었음을 폭로한 스포츠일러스트레이티드의 보도가 이어졌다. 퍼킷은 예기치 않은 은퇴로 야구계를 떠난 뒤 마음을 잡지 못했고, 선수 시절 100킬로그램이었던 몸무게는 136킬로그램까지 늘어났다.

제1회 월드베이스볼클래식(WBC)이 한창 진행 중이었던 2006년 3월 6일, 전날 뇌졸중으로 쓰러진 퍼킷의 사망 소식이 전해졌다. 46세 생일을 불과 여드레 남겨둔 날이었다.

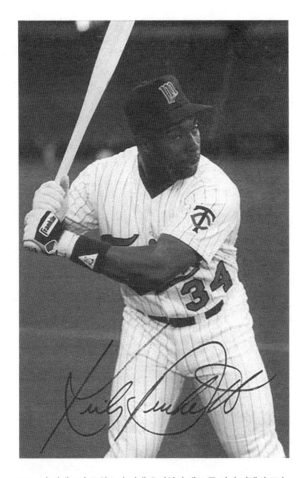

1987년 미네소타 트윈스가 펴낸 우편엽서 세트 중 커비 퍼켓의 모습.

선수 시절 퍼켓의 라커에는 지금도 한 시즌 최다 타점(191) 기록을 갖고 있는 핵 윌슨의 사진이 붙어 있었다. 윌슨의 키는 퍼켓보다도 2인치가 작은 169센티미터였다. 신체 조건이 좋지 않은 어린 선수들의 우상이자 희망이었던 퍼켓은 다음과 같은 말을 남겼다. "자신을 믿고 최선을 다하기만 한다면, 여러분은 원하는 모든 것을 이룰 수 있을 것입니다. 모든 것은 가능합니다."

배리 라킨, 1990년대를 지배한 유격수

**나는 늘 특별하지 않았다.
그래서 도전을 멈출 수가 없었다. _배리 라킨**

배리 라킨 Barry Louis Larkin, 1964~

유격수, 우투우타

활동 기간 1986~2004(19시즌)

칼 립켄 주니어, 알렉스 로드리게스, 데릭 지터, 노마 가르시아파라. 1990년대 아메리칸리그는 그야말로 최고 유격수들의 각축장이었다. 반면 내셔널리그에는 단 한 명의 지배자가 있었으니, 바로 배리 라킨이다.

라킨은 칼 립켄 주니어만큼 꾸준하지도 못했고, 알렉스 로드리게스만큼 홈런을 펑펑 때려내지도 못했다. 데릭 지터만큼의 스타성도 없었다. 그에 앞서 내셔널리그를 평정했던 아지 스미스만큼의 수비력도 갖추지 못했다. 하지만 그는 어디 하나 빠지는 구석이 없는 만능 선수였으며 최고의 올라운드 플레이어였다.

오직 신시내티에서만 19시즌을 보내고 은퇴한 그는 2011년 1월 미국 국무부의 스포츠 외교특사(sports diplomacy envoys) 자격으로 한국을 방문하기도 했다.

데이브 콘셉시온을 꿈꾸다

배리 라킨은 1964년 신시내티에서 태어났다. 라킨의 형제들은 모두 뛰어난 운동선수들이었는데, 형은 노틀담대 미식축구팀의 주장을 지냈고, 대학 농구 스타였던 바로 아래 동생은 현재 해설가로 활약하고 있다.

막내 동생 스티븐Stephen Larkin도 1994년 텍사스가 10라운드에서 지명한 프로 선수였는데, 좌타자 1루수였던 그는 그러나 형과 달리 마이너리그에서만 11시즌을 보내고 은퇴했다. 스티븐은 1998년 시즌 마지막 날 형의 팀인 신시내티에서 처음이자 마지막으로 빅리그 경기에 나섰는데(통산 1경기 3타수 1안타), 이 경기에서 신시내티의 2루와 3루를 브렛과 애런 분Bret and Aaron Boone 형제가 맡음으로써, 사상 최초로 한 팀의 내야가 두 집안 형제들로 채워졌다. 한편 라킨의 아들 셰인은 켄 그리피 주니어의 아들 트레이와 같은 고교 미식축구팀에서 뛰었으며 농구 선수로 대학에 진학했다.

1970년대에 최고의 전성기(리그 우승 4차례, 월드시리즈 우승 2차례)를 구가한 신시내티를 똑똑히 보고 자란 라킨에겐 신시내티 레즈의 유니폼을 입는 것이 꿈이었다. 또 자신의 우상인 데이브 콘셉시온의 뒤를 이어 레즈의 유격수가 되고 싶었다. 라킨이 이와 같은 목표를 정한 것은 다섯 살 때였다고 한다.

라킨은 고교 졸업반인 1982년 드래프트에 나왔다. 고교 유격수 숀 던스턴Shawon Dunston이 컵스의 전체 1순위 지명을 받은 그해, 신시내티 레즈는 3장의 1라운드 지명권을 모두 다른 선수에게 쓴 다음, 라킨을 2라운드 51순위에서 지명했다. 여기에 실망한 라킨은 신시내티 레즈와 미시간대(야구와 미식축구 병행), 노틀담대(미식축구) 세 곳 중에서 미시간대를 선택했다. 라킨은 미시간대에서 야구에만 집중하며 컨퍼런스 최초로 MVP에 두 번 오른 선수가 됐으며, 1984년에는 윌 클라크Will Clark 및 마크 맥과이어 등과 함께 미국 대표로 로스앤젤레스올림픽에 참가했다.

1985년 신시내티 레즈에 실수를 만회할 기회가 왔다. 라킨이 다시 드래프트에 나온 것이다. 밀워키 브루어스가 B. J. 서호프, 샌프란시스코 자이언츠가 윌 클라크, 텍사스 레인저스가 바비 위트Bobby Witt를 뽑자, 4순위 지명권을 갖고 있던 신시내티 레즈는 주저 없이 라킨을 선택했다(반면 1982년 드래프트에서 역시 2라운드에서 지명해 배리 본즈를 놓쳤던 샌프란시스코는 1985년 전체 2순위로 배리 본즈가 아닌 윌 클라크를 지명했다. 본즈는 6순위 팀인 피츠버그 파이리츠가 데려갔다).

드래프트 이듬해인 1986년, 라킨은 트리플A에서 리그 MVP가 된 후 8월에 메이저리그에 올라와 단 41경기를 뛰고도 신인왕 투표 7위에 올랐다. 풀타임으로 뛴 첫해인 1987년, 라킨은 전반기에 타율 0.209에 그쳐 크게 부진했다. 하지만 후반기에는 0.270을 기록하며 커트 스틸웰Kurt Stillwell을 제치고 데이브 콘셉시온의 후계자가 되는 꿈을 이뤘다.

1988년 라킨은 리그에서 가장 많은 29개 실책을 범했다. 하지만 타율 0.296과 함께 49개 장타와 40도루를 기록했으며, 588타수에서 24삼진을 기록해 리그에서 삼진을 가장 적게 당한 타자가 됐다. 선구안이 뛰어났던 라킨이 메이저리그에서 19년을 뛰는 동안 삼진이 70개를 넘은 시즌은 한 번도 없다.

1989년 라킨은 7월 초까지 타율 0.340을 기록하며 타격왕을 노렸다. 하지만 팔꿈치 부상을 입어 두 달간 결장하면서 결국 규정 타석을 채우지 못했다(0.342).

신시내티의 공식 캡틴

1990년 배리 라킨은 신시내티 레즈의 리더로 부상했는데 이는 결코 우연이 아니었다. 라킨은 마이너리그에서 히스패닉 선수들과의 의사소통에 불편함을 겪자 이들과 친해지기 위해 일부러 스페인어를 배울 정도로 뛰어난 타자와 뛰어난 유격수, 그 이상이 되기 위한 노력을 했다.

루 피넬라Lou Piniella 감독이 처음 부임한 그해, 신시내티 레즈는 예상을 뒤엎고 서부 지구 우승을 차지했다. 원동력은 호세 리호Jose Rijo가 에이스를 맡고 놈 찰턴Norm Charlton과 롭 디블Rob Dibble, 랜디 마이어스Randy Myers가 불펜에서 '내스티 보이즈Nasty Boys'로 활약한 마운드였다.

그해 9월 초, 2위와의 게임차가 크게 벌어지자 신시내티 레즈 선수들은 느슨해지는 모습을 보였다. 최대 위기가 왔다고 판단한 라킨은 클럽하우스 미팅(closed-door meeting)을 열어 동료들의 신발 끈을 다시 고쳐 매게 했다. 결국 신시내티는 리그 챔피언십시리즈에서 피츠버그 파이리츠를 꺾은 다음(4승 2패), 당대 최강 전력인 오클랜드 어슬레틱스와 맞붙어 다윗과 골리앗의 대결로 불린 그해 월드시리즈에서 4연승을 거두는 대파란을 일으켰다. 빅 레드 머신으로 불리던 1975~1976년의 2연패 이후 첫 월드시리즈 우승이었다. 라킨도 월드시리즈에서 타율 0.353의 맹타를 휘둘렀다.

1991년 라킨은 메이저리그 역사상 최초로 두 경기에서 5개 홈런을 날린 유격수가 됐다. 특히 6월 28일 경기에서는 휴스턴 애스트로스의 투수 짐 데샤이스Jim Deshaies를 상대로 1회 투런, 3회 투런, 5회 솔로 홈런 3방을 날렸는데, 각각의 홈런은 패스트볼, 슬라이더, 커브를 받아친 것이었고, 또 외야 좌측, 우측, 가운데로 골고루 날아갔다. 그해 라킨은 처음으로 20개 홈런을 기록했다(0.302/0.378/0.506).

1995년 신시내티 레즈는 1승 8패로 시즌을 시작했는데 이때 라킨은 다시 한 번 클럽하우스의 문을 걸어 잠갔다. 놀랍게도 신시내티는 다음 날부터 6연승을 질주하는 등 이후 34경기에서 28승 6패를 기록하며 리그 선두로 뛰쳐나갔다.

그해, 1990년 이후 처음으로 지구 우승을 차지한 신시내티 레즈는 디비전시리즈에서 LA 다저스를 만나 3연승으로 제압했다. 하지만 리그 챔피언십시리즈에서 애틀랜타 브레이브스와 만나서는 4연패로 져 물러났다. 라킨은 각각의 시리즈에서 0.385와 0.389의 타율을 기록했는데, 애틀랜타의 그레그 매덕스, 톰 글래빈, 존 스몰츠, 스티브 에이버리를 상대한 챔피언십시리즈에서 나머지 신시내티 타자들이 기록한 타율은 0.181에 불과했다. 통산 포스트시즌 타율이 0.338인 라킨에게는 마지막 가을 무대였다.

1995년 월드시리즈가 끝난 후 발표된 내셔널리그 MVP 투표에서는 이변이 일어났다. 훨씬 화려한 성적을 올렸으며 모두 포스트시즌에 진출한 팀의 선수들인 단테이 비셋Dante Bichette(콜로라도), 그레그 매덕스(애틀랜타), 마이크 피아자(다저스)를 제치고 라킨이 MVP를 수상한 것이다. 기자들은 라킨의 리더십과 수비에서의 기여도에 큰 점수를 줬다. 내셔널리그에서 유격수가 MVP에 오른 것은 1962년 모리 월스 이후 처음이었다.

이듬해인 1996년 라킨은 또 하나의 역사를 썼다. 33개 홈런과 36개 도루를 기록해 메이저리그 유격수 사상 처음으로 30홈런 30도루 클럽에 가입했다(0.298/0.410/0.567). 내셔널리그에서 30홈런을 친 유격수가 나온 것도 1960년 어니 뱅크스가 기록한 이후 무려 36년 만이었다. 라킨 이후에도 30홈런 30도루를 달성한 유격수는 1998년의 알렉스 로드리게스(42홈런 46도루, 아메리칸리그 유일), 2007년의 지미 롤린스Jimmy Rollins(30홈런 41도루), 2008년의 핸리 라미레스Hanley Ramirez(33홈런 35도루) 셋이 전부다. 그해 라킨은 볼넷만 4개를 더 얻었더라면 30홈런 30도루 100볼넷 기록을 유일하게 달성할 수도 있었다.

1996년 아지 스미스는 마지막으로 참가한 올스타전에서 라킨이 사인을 부탁하며 내민 방망이에 "이제는 너의 시대다"(The torch is now yours)라는 글을 적었다. 1997년 라킨은 신시내티 레즈의 공식 캡틴이 됐다. 신시내티 유니폼에 C 자를 단 선수가 나타난 것은 데이브 콘셉시온이 은퇴한 1988년 이후 처음이었다. 라킨은 이미 자신이 세웠던 목표를 넘어섰다.

갈등과 은퇴

1997년 부상을 당해 73경기 출장에 그친 배리 라킨은 이후 2년간 2할 9푼 이상 타율과 3할 9푼 이상 출루율, 25개 이상 도루를 기록하며 리그 최고의 2번 타자로 활약했다. 하지만 팀과의 갈등은 커져

가기 시작했다. 1984년 메이저리그 최초의 여성 구단주가 되며 '여자 스타인브레너'로 불렸던 마지 쇼트Marge Schott는 인종차별적인 발언을 서슴지 않았고(커미셔너로부터 여러 차례 징계를 받았다), 이는 라킨의 분노를 불러왔다.

더 큰 문제는 팀이 투자에 소극적인 것이었다. 라킨은 구단이 1998년 시즌에 앞서 투수 데이브 버바Dave Burba를 트레이드하고 시즌 중반에는 제프 쇼Jeff Shaw마저 팔아치우자 이를 참지 못하고 트레이드를 요구했다. 클럽하우스에서 중요한 역할을 담당하고 있던 레니 해리스Lenny Harris까지 내보내자 항의의 표시로 유니폼에서 C 자를 떼고 경기에 나서기도 했으며 자신을 "투자 의사가 없는 팀의 볼모"라 칭하기도 했다.

1999년 트레이드 마감 시한을 앞두고 신시내티 레즈는 라킨을 트레이드 시장에 내놨다. 하지만 리그 최고의 유격수에 걸맞은 조건을 제시할 수 있는 팀은 없었다(LA 다저스에서 뛰던 박찬호와 트레이드될 것이라는 루머가 돌기도 했다). 2000년 트레이드 마감 시한을 앞두고 신시내티는 라킨이 요구한 금액 3년간 2790만 달러를 받아들이는 대신 그를 다시 트레이드 시장에 내놨다. 그리고 뉴욕 메츠에서 알렉스 에스코바Alex Escobar를 비롯한 세 명을 받는 것으로 합의를 끝냈다. 하지만 이후 메츠는 라킨과의 다년 계약을 거부했고, 라킨은 거부권을 사용했다. 결국 신시내티는 라킨과 3년간 2700만 달러에 계약을 맺었다. 트레이드가 무산된 다음 날 열린 경기에서 신시내티 팬들은 기립 박수를 쳐 그의 잔류를 환영했다.

계약 기간 3년간 실망스러운 성적을 낸 라킨은 2004년 70만 달러 계약을 맺고 신시내티 레즈에 남았다. 그리고 그해, 2001년 이후 가장 좋은 시즌을 보냈다(0.289/0.352/0.419). 그러나 포키 리즈Pokey

Reese에게 기회를 주기로 한 신시내티는 라킨에게 마지막 경기에서 은퇴 행사를 치러주겠다고 제안했다. 라킨은 이를 뿌리치고 FA 시장에 나왔지만, 그에게 온 제안은 짐 보든Jim Bowden(전 신시내티 단장)이 단장으로 있는 워싱턴 내셔널스의 마이너리그 계약 제안이 전부였다. 결국 라킨은 은퇴를 선언했다. 통산 기록은 198홈런 960타점 379도루였다.

유격수로서 최정상급 공격력

아메리칸리그의 유격수 3인방에 맞춘 눈으로 보지만 않는다면, 배리 라킨은 충분히 화려한 유격수였다. 그는 1990년대 내셔널리그를 지배한 최고의 유격수로서 나무랄 데 없는 성적을 냈다.

하드볼타임스에 따르면, 라킨이 활동한 기간 동안 유격수들의 평균 성적은 0.256/0.317/0.361였다. 반면 라킨은 통산 0.295/0.371/0.444를 기록하며 유격수 포지션에서 최정상급의 공격력을 선보였다. 또 리 시닌스Lee Sinnins의 분석에 따르면, 라킨은 평균적인 유격수보다 488점 이상 득점을 더 창조했는데, 이는 역대 유격수 중에서 호너스 와그너와 아키 본 다음가는 성적이다. 라킨을 조 디마지오 및 윌리 메이스와 같은 급의 올라운드 플레이어라고 칭한 빌 제임스는 그를 호너스 와그너, 아키 본, 칼 립켄 주니어, 로빈 욘트, 알렉스 로드리게스, 어니 뱅크스 다음으로 역대 7위 유격수에 올려놓았다(8위 아지 스미스).

올스타전에 12회 나선 라킨은 아지 스미스와 칼 립켄 주니어(이상 15회) 다음으로 올스타전에 많이 나선 유격수이며(데릭 지터 11회), 유격수로서 가장 많은 9개 실버슬러거를 따냈다(립켄 8회, 알렉스 로드

1990년 10월 신시내티 레즈의 리버프런트 스타디움에서
1루에서 2루로 내달리는 배리 라킨. **사진 Rick Dikeman**

리게스 7회, 지터 4회). 라킨은 1994~1996년 골드글러브를 3연패했는데 레이 오도네스(1997~1999년 3연패)라는 '수비 괴물'이 나타나지 않았다면 최소 5개를 따냈을 것이다. 라킨은 열정적으로 도루를 하는 선수는 아니었다. 하지만 꼭 필요한 순간에 도루를 하면서도 20도루 시즌을 9번이나 만들어냈다. 통산 도루 성공률 83.1퍼센트는 역대 200도루 넘게 한 선수 중 6위에 해당한다.

라킨에게 가장 아쉬운 점은 그가 끊임없이 부상에 시달렸다는 것이다. 라킨은 통산 14차례나 부상자 명단에 올랐는데, 다쳐보지 않은 곳이 없을 정도였다. 활동 기간 19년 중 첫 17년을 인조잔디에서 보낸 유격수로서, 또 적극적인 베이스 러닝을 했던 그로서는 피할 수 없는 운명이기도 했다.

명예의 전당 투표에서 2010년 첫해 득표율 51.6퍼센트, 2011년 62.1퍼센트를 기록한 라킨은 2012년 세 번째 투표에서 86.4퍼센트를 기록해 헌액 기준 75퍼센트를 넘었다. 신시내티 레즈 역시 라킨이 은퇴한 이후 아무에게도 주지 않던 11번을 팀의 9번째(선수로는 7번째) 영구 결번으로 만들었다. 신시내티에서 영구 결번을 얻은 7명 선수 중 빅 레드 머신 시절의 선수가 아닌 선수는 라킨과 테드 클루스체프스키(1947~1957년 활약)뿐이다.

역대 최고의 드래프트로 꼽히는 1985년 드래프트의 동기생 중에서 배리 본즈(6순위)는 762개 홈런으로 역대 1위에 올랐다. 라파엘 팔메이로(22순위)는 역대 6명뿐인 3000안타 500홈런 선수가 됐다. 하지만 1985년 드래프트를 대표하는 가장 명예로운 선수는 단 한 개의 공격 부문 타이틀도 따내지 못한 라킨으로 남게 됐다.

우리 시대의 레전드들

1990년대 후반과 2000년대 초반은 메이저리그 역사상 최고의 암흑기로 남을지도 모른다. 최다 사이영상 수상자(로저 클레멘스)와 최다 MVP 수상자(배리 본즈)가 정당하지 않은 방법을 쓴 것으로 드러났거나 의심을 받았기 때문이다.

금지 약물을 사용한 선수가 얼마나 됐는지는 정확히 알 수 없다. 다만 2003년에 실시된 전수 조사에서는 선수 중 8퍼센트가량이 양성 반응을 보였다.

스테로이드의 시대가 진정으로 고통스러운 것은 깨끗한 선수와 그렇지 않은 선수를 구별해낼 방법이 없고, 더 나아가 유혹에 흔들리지 않은 선수에게 보상할 방법도 없어서다. 억울하게 의심을 받는 선수와 부정한 방법을 쓰고도 명예를 유지하는 선수도 있을 수 있다.

이 장에 나오는 선수들은 혼란했던 시대를 보낸 이들이다. 우리가 직접 지켜본 선수들이기 때문에 우리의 기억을 되돌려볼 수도 있다.

크레이그 비지오, 리드오프의 몸 맞는 공

나나 크레이그 비지오처럼 작은 포수가 더 낫다.
일어나는 데 시간이 오래 걸리지 않기 때문이다. _요기 베라

크레이그 비지오 Craig Alan Biggio, 1965~

2루수 및 포수, 중견수, 우투우타

활동 기간 1988~2007(20시즌)

레너드 코페트는 저서 〈야구란 무엇인가〉에서 이렇게 말했다.

"투수가 던진 볼은 한마디로 미사일이나 다를 바 없다. 미사일이 몸을 향해 날아오면 사람은 누구나 '피해야 한다'는 무의식적인 반사 동작을 일으킨다. 이같이 인간의 마음에 내재돼 있는 무서움이야말로 야구라는 경기를 설명하는 첫 번째 화두가 돼야 한다."

하지만 타석에서의 공포를 전혀 느끼지 않던, 아니 오히려 공포와의 정면 대결을 택하던 타자가 있다. 300번 가까이 공에 맞았던 크레이그 비지오다. 더러운 유니폼과 낡은 헬멧, 그리고 팔꿈치 보호대. 이는 비지오의 상징이자 투혼을 말해주는 것들이었다.

20도루 리드오프, 그런데 포수

킹스파크 고교 시절 유격수로 뛰었던 크레이그 비지오는 시턴홀 대에 들어가서는 1년 후배 존 발렌틴John Valentin에 밀려 포수가 됐다(다시 1년 후에는 모 본Mo Vaughn이 입학했다). 켄 그리피 주니어의 이름이 가장 먼저 불린 1987년 드래프트에서, 휴스턴 애스트로스는 전체 22순위로 비지오를 뽑았다. 휴스턴 역사상 최고의 1라운드 지명이었다. 한편 보스턴 레드삭스도 26순위에서 비지오를 지명하려고 기다리고 있었지만 결국 차례가 오지 않았다. 그 대신 보스턴은 1988년에 존 발렌틴, 1989년에는 모 본을 지명해 데려갔다. 이후 보스턴과 모 본은 휴스턴과 비지오에게 결정적인 선물을 주게 되니, 바로 제프 배그웰이다.

비지오는 141경기(싱글A 64경기, 트리플A 77경기) 만에 마이너리그를 졸업하고 1988년 중반에 메이저리그로 올라왔다. 풀타임으로 뛴 첫해인 1989년에는 타율 0.257 13홈런 60타점의 성적을 기록하며 내셔널리그 포수 부문 실버슬러거를 차지했다(신인 자격은 상실). 시즌 중반에는 보름가량 1번 타자를 맡음으로써 1985년의 플로이드 레이포드Floyd Rayford 이후 첫 '리드오프 포수'가 됐다.

비지오는 풀타임 데뷔 첫해에 20개 도루를 기록한 최초의 포수가 된 데 이어, 포수 역사상 세 번째로 2년 연속 20도루에 성공했다(이후 제이슨 켄들Jason Kendall이 네 번째로 달성했다). 첫 3년간 포수로서 기록한 연평균 22도루는 결코 무시하지 못할 무기였다.

포수 수업을 받은 시간이 대학 시절 2년과 마이너리그 1년이 전부였음을 감안하면, 비지오의 포수 수비는 나쁘지 않았다. 하지만 심각한 문제가 있었으니 현저히 떨어지는 도루저지율이었다. 1989년 비지오는 39연속 도루 허용을 비롯해, 140개 도루를 내주고 29개를 저지함으로써 0.172라는 형편없는 도루저지율을 기록했다. 이는 마이크 피아자가 1996년에 기록한 0.180(155도루, 34저지)보다도 떨어지는 기록이다. 아트 하우Art Howe 감독은 "투수들이 도와주지 않으면 자니 벤치라도 막지 못할 것"이라며 투수들을 탓했지만, 비지오의 송구에는 확실히 문제가 있었다.

1990년 시즌 중반, 결국 휴스턴 애스트로스는 비지오를 중견수로 전환시켰다. 하지만 비지오는 적응하지 못하고 다시 포수로 돌아갔다. 1991년 휴스턴은 그를 위해 스프링캠프에 요기 베라를 초빙했다. 그해 비지오는 타율 0.295를 기록해 처음으로 올스타전에 나섰고, 도루저지율도 0.267까지 끌어올렸다.

그대로 수준급 포수로의 길을 갈 것 같던 비지오는 1992년 갑자기 마스크를 벗으라는 명령을 받는다. 구단은 포수라는 포지션이 그의 공격력을 크게 떨어뜨린다고 판단했다. 비지오에게 새로 주어진 임무는 2루수였다.

비지오는 탁구 라켓을 들고 연습을 하는 등 2루수가 되기 위해 엄청난 훈련량을 소화했다. 그리고 결실을 이뤘다. 1992년 비지오는 데뷔하고 가장 많은 38개 도루를 기록했으며, 2루 수비도 161경기에서 12실책에 그쳐 합격점을 얻었다. 비지오는 1991년 포수에 이어 1992년에는 2루수로 올스타전에 나섬으로써, 포수와 2루수로 올스타전에 모두 출장한 역대 최초의 선수가 됐다.

로베르토 알로마처럼 타고난 천재성은 없었던 비지오는 끊임없는 노력을 통해 마침내 2루수로서 골드글러브를 손에 쥐었다. 1994년 수비율 1위에 오른 비지오는 1994년부터 1997년까지 4년간 내셔널리그의 2루수 골드글러브와 실버슬러거를 모두 휩쓸었다.

그러나 비지오의 2루 이동은 휴스턴 애스트로스에 예기치 않은 손실도 불러왔다. 당장 포수가 필요하게 된 휴스턴으로선 클리블랜드 인디언스에서 포수 유망주 에디 타우벤시Eddie Taubensee를 받아오면서 리드오프 케니 로프턴Kenny Lofton(5년 연속 도루왕 기록)을 내줘야 했다. 그렇게 휴스턴은 '로프턴과 비지오'라는 꿈의 테이블세터진을 보유할 수 있었던 기회를 놓쳤다.

몸 맞는 공 1위

2루수가 된 효과는 서서히 나타나기 시작했다. 풀타임 데뷔 첫해 13홈런을 기록한 이후 3년간 도합 14홈런에 그쳤던 크레이그 비지오는 2루수로 전환하고 2년차인 1993년 21개 홈런을 때려냈다. 1994년에는 첫 4할 출루율을 기록했다(0.318/0.411/0.483). 44개 2루타와 39도루는 리그 1위 기록이었다.

진정한 변화는 1995년에 일어났다. 비지오는 까다로운 1번 타자가 되려면 투수를 좀 더 압박해야 한다고 생각했다. 그러면서 켄 그리피 주니어와 같았던 업라이트 타격 자세에 수정을 가했다. 겨우내 타격 폼을 바꾸는 데 전력을 쏟은 비지오는 1995년 홈플레이트에 바짝 붙어 웅크린 채 타격하는 모습으로 스프링캠프에 나타났다. 그리고 왼쪽 팔꿈치에 못 보던 보호대를 착용하고 있었다.

투수들은 비지오의 도발을 용납하지 않았다. 데뷔하고 첫 6년간 연평균 6개 공을 맞았던 비지오는 그해 22개 공을 맞아 리그 1위에 올랐다. 하지만 그는 물러서지 않았다. 1996년 27개, 1997년 34개를 맞아 3년 연속 몸 맞는 공 리그 1위에 올랐다. 특히 1997년의

34개는 1971년의 론 헌트Ron Hunt(50개)와 1986년의 돈 베일러Don Baylor(35개)에 이은 몸 맞는 공 20세기 역대 3위 기록이었다.

이후 2005년까지 11년간 연평균 22번의 고통을 참아낸 비지오는 결국 통산 285개 몸 맞는 공에 달해 20세기 최고 기록을 세웠다. 메이저리그 통산 최고 기록은 19세기에 데뷔한 휴이 제닝스Hughie Jennings가 갖고 있는 287개다.

노장에 대한 예우였을까. 마지막 해 비지오는 세 번밖에 맞지 않으면서 신기록 도전에 실패했다. 한편 비지오에게 돈 베일러(267개)를 넘어서는 268번째 몸 맞는 공을 내준 투수는 김병현이었다. 이렇게 수없이 많은 공을 맞는 동안 비지오는 한 번도 마운드로 뛰어올라 가지 않았다.

비지오가 진정으로 놀라운 것은 몸 맞는 공과 몸을 사리지 않는 허슬 플레이에도 믿을 수 없을 정도로 건강함을 유지했다는 점이다. 그는 494경기 연속 경기 출장이라는 휴스턴 기록을 갖고 있으며, 데뷔하고 13년간 정확히 1800경기를 치르는 동안 단 한 번도 부상자 명단에 오르지 않았다.

그러던 중 비지오는 2000년 8월 1일 더블플레이를 만들어내는 과정에서 프레스턴 윌슨Preston Wilson의 거친 태클에 무릎을 다쳐 처음으로 부상자 명단에 올랐다. 이때 선수로서 첫 수술과 첫 시즌 아웃을 경험했다. 비지오의 맹렬한 질주에 제동이 걸린 순간이었다.

최고의 1번 타자

크레이그 비지오가 1번 타자로서 기록한 통산 출루율은 0.370이다. 이는 거물 에이전트 스콧 보라스Scott Boras가 리키 헨더슨과 동급이라고 추켜세운 자니 데이먼의 통산 1번 타자 출루율 0.354를 크게 능가하며, 스즈키 이치로의 1번 타자 출루율 0.367도 넘어선다. 장타율 역시 0.447로 자니 데이먼(0.438), 스즈키 이치로(0.418)의 기록보다 좋다. 리드오프 홈런(1회 선두 타자 홈런)을 비지오(53개)보다 더 많이 때려낸 선수는 리키 헨더슨(81개)과 알폰소 소리아노 Alfonso Soriano(54개)뿐이다.

통산 414도루를 기록한 비지오는 프레스턴 윌슨의 슬라이딩에 무릎을 다치기 전까지 11년간 연평균 31개 도루를 기록했다. 여기에는 포수로서 보낸 세 시즌도 들어 있다. 특히 비지오는 3루 도루의 비중이 26퍼센트에 달했는데, 근래에 뛴 선수들 중에서는 케니 로프턴만이 20퍼센트에 턱걸이를 했을 뿐이다.

1997년 비지오는 146득점을 기록해 1932년의 척 클라인(152) 이후 내셔널리그 최고 기록을 세웠다. 특히 162경기에 나서 619타수에서 단 한 개의 병살타도 기록하지 않았는데, 이는 162경기 전 경기에 출장한 선수로는 최초의 기록이자 최다 타수에서 4개가 모자란 기록이었다. 그해 비지오는 1루로 전력 질주함으로써 36차례 병살타 위기를 넘겼다.

1998년 비지오는 휴스턴 최초로 200안타를 쳐내는 동안 1912년의 트리스 스피커에 이어 역대 두 번째로 '50개 2루타 50도루' 클럽에 가입했다. 1999년에는 다시 56개 2루타를 쳐 1937년의 조 메드윅 이후 내셔널리그 최고 기록을 세웠으며, 2년 연속으로 50개 2루타를 달성한 역대 여섯 번째 선수가 됐다.

최고의 전성기를 보낸 1994년(28세)부터 1999년(33세)까지 6년간 비지오는 0.306/0.401/0.473에 연평균 17홈런 37도루를 기록했다. 1997년과 1998년엔 2년 연속으로 3할 타율, 4할 출루율, 5할 장타율을 기록했다. 당시 휴스턴의 홈구장 애스트로돔은 메이저리그에서 타자에게 가장 불리한 구장이었다.

두 명의 Killer B

휴스턴 애스트로스 최고의 행운은 역사상 최고의 선수 두 명이 함께 뛰었다는 것이다. 휴스턴의 통산 기록 가운데 크레이그 비지오(경기, 타석, 타수, 득점, 안타, 총루타, 2루타, 삼진, 장타, 진루, 몸 맞는 공, 희생번트)와 제프 배그웰(홈런, 타점, 볼넷, 희생플라이, 고의사구, 병살타)이 갖고 있지 못한 1위 기록은 3루타(호세 크루스Jose Cruz)와 도루(세사르 세데뇨Cesar Cedeño) 2개뿐이다.

흥미롭게도 비지오는 뉴욕, 제프 배그웰은 보스턴에서 태어났다. 1989년 드래프트에서 보스턴의 지명을 받은 배그웰은 1990년 말 보스턴이 휴스턴에서 불펜 투수 래리 앤더슨Larry Andersen을 영입하는 대가로 트레이드된다. 당시 보스턴은 웨이드 보그스에게 3루수, 모 본에게 1루수를 맡길 계획이어서 배그웰은 상대적으로 저평가됐다. 하지만 현재 이 트레이드는 야구 역사상 가장 일방적인 계약으로, 보스턴이 베이브 루스를 뉴욕 양키스로 넘긴 사건 이후 최악의 실수로 평가되고 있다.

1루수로 15시즌을 휴스턴에서 뛴 제프 배그웰은 선수 생활이 거의 비지오와 겹친다. 1994년부터 2003년까지 10년간 둘은 9번 올스타전에 참가하고, 골드글러브 5개, MVP 투표 5위 이내에 5번 올랐다. 비지오가 연속 출루하면 배그웰이 홈런을 치는 식으로 둘의 승리 공식은 달랐지만, 공수 귀재인 이들을 두고 사람들은 'Killer B's'

라고 불렀다.

베이브 루스와 루 게릭의 사이가 그리 좋지 못했던 것과 달리, 비지오와 제프 배그웰의 사이는 그보다 더 좋을 수 없었다. 비지오는 배그웰이 자신보다 훨씬 많은 연봉을 받는 것에 대해 단 한 번도 불만을 드러내지 않았다. 반면 배그웰은 휴스턴이 비지오를 잃을 뻔한 두 번의 위기를 넘기게 해줬다.

1993년 휴스턴 애스트로스는 보스턴 레드삭스에서 로저 클레먼스를 받는 대신 비지오와 스티브 핀리를 보내는 트레이드에 합의했다. 하지만 이를 알게 된 제프 배그웰이 "비지오를 보낼 거라면 나도 함께 보내라"며 펄쩍 뛰었다. 결국 휴스턴은 트레이드를 포기했다.

1995년 FA 시장에 나온 비지오에게 휴스턴은 5년간 2000만 달러라는 대단히 실망스러운 조건을 제시했다. 이에 분노한 비지오는 휴스턴을 떠나기로 마음먹었다. 이 소식이 전해지자 무수한 팀들이 달려들었다. 소식을 전해 들은 배그웰은 비지오를 설득하는 한편, 구단을 찾아가 비지오를 위해서라면 자신의 계약을 재조정하겠다고 했다. 결국 비지오는 4년간 2200만 달러 계약에 합의하고 휴스턴에 남았다.

선수 생활 막판에 구단과 연봉 싸움을 벌였던 제프 배그웰은 비지오와 달리 사람들의 박수를 받으며 은퇴하지 못했다. 이것이 두고두고 마음에 남았던 비지오는 3000안타를 달성하던 날 배그웰이 찾아와 축하를 전하자 그의 손을 치켜올려 자기 대신 박수를 받게 했다. 그가 친구에게 해준 마지막 선물이었다.

휴스턴의 별

"매일 나 스스로를 채찍질한다. 나를 믿어주고 응원하는 팬들을 위해서다. 나는 그들에게 무거운 빚을 지고 있다." 휴스턴에서의 마지막 시즌이 확정된 후 크레이그 비지오가 남긴 말이다.

메이저리그 역사상 한 팀에서만 20시즌 넘게 뛰고 은퇴한 선수는 마지막 선수인 데릭 지터를 포함해 19명이 전부다. 메이저리그에서 최고의 스타가 아니고는 20년 넘게 뛸 수 없다. 그리고 최고의 스타에게는 매력적인 제안들이 쏟아진다. 눈앞의 큰돈을 못 본 체할 수 있는 바보가 돼야지만 오직 한 팀의 유니폼만 입을 수 있다. 비지오는 27명의 3000안타 달성자 중 한 팀에서만 뛴 9명 중 하나다. 지터 이후로는 누가 그런 업적을 세울 수 있을지 대단히 의심스럽다.

비지오는 어린이 암환자를 돕는 '선샤인 어린이재단'의 대변인으로 오랫동안 활동하는 등 사회봉사에도 누구보다 앞장섰다. 매년 재단의 상징인 노란색 꽃 마크를 달고 프로필 사진을 찍었으며, 동료들도 동참하게 했다. 한때 비지오는 이 마크를 달고 경기에도 나서려 했지만 사무국에 의해 저지됐다. 또 사비를 들여 매년 100명 넘는 어린이 암환자를 초청했으며, 300만 달러에 가까운 기부금을 모았다. 선수 생활을 하는 동안 비지오의 평균 연봉은 400만 달러였다.

2007년 시즌이 진행되는 중간에 비지오는 은퇴를 선언했다. 비지오는 3000안타를 돌파하던 날 5안타를 때려냈고(통산 3060), 은퇴 선언을 한 날엔 결승 만루 홈런을 날렸다. 그러나 291홈런과 668개 2루타에서 멈춤으로써, 비지오는 역대 7번째이자 2루수 최초의 300홈런 300도루, 윌리 메이스에 이은 역대 2번째 '3000안타 300홈런 300도루', 트리스 스피커, 피트 로즈, 스탠 뮤지얼, 타이 콥에 이은 역대 4번째 700개 2루타, 그리고 역대 최초의 '3000안타 700개 2루타 400도루 300홈런' 기록을 모두 놓쳤다.

홈런 9개와 2루타 32개는 1년만 더 뛰면 충분히 가능한 목표였다. 하지만 비지오는 기록보다 팀을 택했다. 그럼에도 비지오가 달성한 '3000안타 600개 2루타 400도루 250홈런'은 메이저리그 역사상 유일한 기록이다.

2005년 메이저리그 역사상 가장 많은 정규 시즌 경기(2564)를 치르고 월드시리즈에 올랐던 비지오는 끝내 반지를 얻지 못하고 은퇴했다. 그러나 2015년 세 번째 투표에서 득표율 82.7퍼센트를 기록하며 명예의 전당에 올랐을 때 그의 손가락에는 그보다 더 빛나는 휴스턴 역대 최고의 선수라는 반지가 이미 끼워져 있었다.

1990년 10월 3일 신시내티의 리버프런트 스타디움에서 열린
신시내티 레즈와 휴스턴 애스트로스 간 경기에서
포수로 나선 24세의 크레이그 비지오.

켄 그리피 주니어, 명예를 지키다

**아버지는 내게 타격, 수비, 베이스 러닝에 대해 가르쳤다.
그리고 수비가 가장 중요하다고 했다.** _켄 그리피 주니어

켄 그리피 주니어 George Kenneth "Ken" Griffey Jr., 1969~

중견수, 좌투좌타

활동 기간 1989~2010(22시즌)

추억의 1990년대. NBA에 아름다운 비행을 하는 마이클 조던이 있었다면, 메이저리그에는 아름다운 스윙을 가진 켄 그리피 주니어가 있었다.

The Natural. '하늘이 내린 야구 천재'는 그리피만이 아니었다. 배리 본즈 역시 그에 못지않은(어쩌면 그를 더 능가하는) 천재성을 보였다. 하지만 그리피는 본즈에겐 절대 없었던 것을 갖고 있었으니, 바로 겸손함이었다. 현실에서 '천재'와 '겸손함'은 쉽게 어울릴 수 없는 단어들이다. 본즈는 샌프란시스코 팬들의 사랑을 받았다. 하지만 그리피는 모든 메이저리그 팬들의 사랑을 받았다.

The Smile. 1990년대를 기억하는 팬들의 머릿속에는 지금도 환

한 미소를 짓고 있는 그리피의 모습이 자리하고 있다.

천재, 시애틀

켄 그리피 주니어는 1969년 펜실베이니아주 도노라에서 태어났다. 그곳은 스탠 뮤지얼의 고향이기도 하다. 그리피는 아버지와 그의 동료들인 '빅 레드 머신'을 보면서 메이저리거의 꿈을 키웠다.

학창 시절 그리피는 감정의 기복이 컸는데, 열일곱 살 때 아스피린 277알을 먹고 자살을 시도했다가 병원에 실려 가기도 했다. 흔들릴 때마다 그를 잡아준 사람은 어머니였다. 그리피는 아버지에게 물려받은 재능보다 어머니의 사랑과 보살핌을 더 중요한 성공 비결로 꼽았다.

1987년 고교 졸업반인 그리피가 드래프트에 나오자 시애틀 매리너스는 한 치의 망설임도 없이 그를 전체 1순위로 뽑았다. 그리피는 싱글A에서 112경기, 더블A에서 17경기만을 치르고 메이저리그로 올라왔다.

1989년 시애틀 매리너스의 개막전에 중견수(2번 타자)로 출장했을 때 그의 나이는 19세 133일이었다. 당시 최연소 선수였던 그에게 사람들은 테드 윌리엄스와 같은 '더 키드'라는 별명을 붙였다.

그리피는 데뷔전 첫 타석에서 그해 21승을 올리는 데이브 스튜어트Dave Stewart를 상대로 2루타를 때려냈다. 이를 시작으로 홈 데뷔전 첫 타석에서 초구 홈런을 치고 이후 8타수 연속 안타를 기록하는 등 천재성을 뽐냈다. 7월 중순까지 타율 0.287 13홈런 45타점의 대활약을 펼친 그는 손가락 골절상을 입어 한 달간 결장해야 했다. 그리고 돌아와서는 크게 부진했다. 결국 타율 0.264 16홈런 61타점을 기록하고 시즌을 마감하면서, 그해 27세이브를 올린 그레그 올슨Gregg Olson과 17승(선발 10승)을 기록한 톰 고든Tom Gordon에 이어 신인왕 투표에서 3위에 그쳤다.

1990년 그리피는 타율 0.300 22홈런 80타점의 눈부신 활약을 펼쳐 첫 올스타가 됐다. 그리고 8월 중순 시애틀 매리너스가 신시내티 레즈에서 방출된 켄 그리피 시니어를 영입하면서 역사가 탄생했다. 마흔 살 아버지와 갓 스물이 된 아들은 역대 최초로 한 경기에 같이 출장한 부자가 된 데 이어, 9월 14일 캘리포니아 에인절스전에서는 1회 초 2번 아버지와 3번 아들이 백투백 홈런을 날리는 다시는 나올 수 없는 명장면을 만들어냈다.

최고의 중견수 수비를 자랑했던 그리피는 1990년부터 1999년까지 10년 연속으로 골드글러브를 따냈다. 그리피보다 더 많은 수상을 한 외야수는 윌리 메이스와 로베르토 클레멘테(12회)뿐이며, 앤드루 존스와 스즈키 이치로를 포함해 5명만이 10년 연속 수상에 성공했다. 그중 아메리칸리그 선수는 그리피와 이치로뿐이다.

그리피의 수비는 천재적이기도 했지만 열정의 산물이기도 했다. 전성기 시절 그리피는 다이빙 캐치와 펜스 충돌을 전혀 겁내지 않는 불꽃같은 수비를 선보였는데, 이는 팬들의 아낌없는 사랑과 함께 끊임없는 부상도 불러왔다.

1990년대에 유일하게 망친 1995년 시즌 역시 수비를 하다가 손목에 금이 가는 부상을 당한 탓이었다. 2001년 이후 본격적으로 그를 괴롭힌 부상들이 햄스트링과 무릎, 발목 등 대부분 다리 쪽에 집중된 것은 인조잔디를 깐 시애틀의 킹돔에서 뛴 것이 결정적이었다. 만약 그리피가 인조잔디에서 뛰지 않았거나 몸을 사리는 수비를 했다면 메이저리그의 역사는 다시 쓰였을지도 모른다.

1995, 시애틀 역사적 순간

1991년 켄 그리피 주니어는 생애 최고 타율로 남아 있는 0.327와 함께 첫 100타점에 성공했다. 1992년 올스타전에서는 톰 글래빈을 상대로 적시타, 그레그 매덕스를 상대로 홈런을 뽑아내는 등 3타수 3안타 2타점을 기록해 올스타전 MVP에 올랐다.

첫 4년간 홈런 수가 16개, 22개, 22개, 27개였던 그리피는 신체적인 완성을 이루면서 최고의 홈런 타자로 부상했다. 1993년 스물세 살의 그리피는 전반기가 끝나기도 전에 홈런 22개를 기록하더니, 홈런더비 1위에 오른 뒤 후반기에는 더 많은 23홈런을 때려냈다. 45홈런은 후안 곤잘레스보다 1개 적은 리그 2위 기록이었다. 또 8경기 연속 홈런을 쏘아 올려 데일 롱Dale Long과 돈 매팅리가 갖고 있는 메이저리그 기록과 타이를 이뤘는데, 9번째 경기에서는 홈런성 타구가 펜스 상단에 맞고 뛰어나오는 바람에 신기록 달성에 실패했다.

선수노조의 파업으로 시즌이 단축된 1994년에도 111경기에서 40홈런을 날렸고, 1995년엔 다이빙 캐치를 하다 손목 골절상을 입어 시즌의 절반을 날리는 첫 시련을 경험했다. 하지만 1995년은 그에게 가장 잊을 수 없는 시즌이기도 했다.

부상에서 석 달 만에 돌아온 그리피는 8월 25일 뉴욕 양키스의 존 웨틀랜드John Wetteland를 상대로 9회 말 2사에서 역전 끝내기 홈런을 날렸는데, 이는 시애틀 질주의 신호탄이었다. 당시 지구 1위인 캘리포니아 에인절스(현 LA 에인절스)에 11경기 반 뒤져 있던 시애틀 매리너스는 이후 미친 듯이 내달렸다. 2경기 차로 다가선 9월

19일, 그리피는 다시 11회 말 끝내기 홈런을 날렸다. 그리고 다음 날 시애틀은 공동 선두가 됐다. 그리피는 이 홈런을 시작으로 8경기에서 타율 0.406 5홈런 15타점을 몰아 쳤고, 결국 시애틀은 1경기 플레이오프 끝에 지구 우승을 차지했다.

하지만 시애틀과 그리피의 드라마는 여기서 끝나지 않았다. 그리피는 디비전시리즈 최종 5차전에서 2대 4로 뒤진 8회 말에 양키스의 데이비드 콘을 상대로 추격의 솔로 홈런을 날렸고, 4대 5로 뒤진 11회 말 무사 1루에서는 안타를 치고 나간 다음 에드가 마르티네스의 '더 더블The Double'* 때 1루부터 홈까지 내달려 결국 결승 득점을 올렸다.

비록 챔피언십시리즈에서 클리블랜드에 패해 시애틀의 돌풍은 끝났지만, 그리피는 마지막 순간까지 분전했다. 그리피는 그해 포스트시즌 11경기에서 0.364/0.442/0.818, 6홈런, 9타점, 3도루를 기록함으로써 정규 시즌에서 장기 결장한 아쉬움을 달랬다.

그즈음 시애틀은 주 정부로부터 새 구장 건설에 대한 재정 지원을 거부당한 상황이었다. 하지만 그해 감동적인 포스트시즌 시리즈 이후 주 정부는 태도를 바꿨고, 팬들도 건설 비용 마련을 위한 입장권 인상을 순순히 받아들였다. 물론 이는 랜디 존슨과 에드가 마르티네스를 비롯해 당시 시애틀 선수들이 함께 이뤄낸 것이었지만, 역시 주 정부의 동의를 이끌어낸 데는 원정 경기에까지 구름 관중을 몰고 다닌 그리피의 존재가 결정적이었다. 양키스타디움이 '(베이브) 루스가 지은 집'이었다면 시애틀의 새 구장 세이프코 필드는 '그리피가 지은 집'이나 다를 바 없었다.

신시내티로 이적

1996년 켄 그리피 주니어는 또 한 번 다이빙 캐치를 하다 손목 골절상을 입어 22경기에 결장했다. 그럼에도 49홈런과 140타점의 성적을 내 시애틀의 홈런, 타점 신기록을 세웠다.

1997년은 최고의 해였다. 그리피는 56홈런을 쏘아 올려 1961년 로저 매리스가 61개 홈런을 날린 이후 아메리칸리그 최고 기록을 세웠다. 또 타점(147)과 득점(125)에서도 리그 1위를 차지하면서 아메리칸리그 역사상 9번째 만장일치 MVP가 됐다.

1998년에도 그리피는 전년도와 똑같은 56홈런(146타점, 120득점)을 기록했다. 하지만 그를 주목하는 시선은 거의 없었다. 내셔널리그에서 벌어진 마크 맥과이어와 새미 소사 간의 홈런 대결 때문이었다.

1999년에도 그리피는 48홈런을 때려내면서 개인 통산 네 번째이자 3년 연속 리그 홈런왕에 올랐다. 하지만 마크 맥과이어의 65홈런과 새미 소사의 63홈런과 비교하면 초라하게 느껴졌다. 한편 그리피는 그해 7월 15일 경기에서 킹돔 역사상 마지막 홈런을 쳐내고 후안 곤잘레스의 홈런 타구를 걷어내면서 자신의 땅이었던 킹돔과의 아쉬운 작별을 고했다.

세이프코 필드를 개장한 시애틀은 축제 분위기였다. 하지만 그리피는 그렇지 못했다. 세이프코 필드는 그리피의 주 홈런 코스인 우중간이 킹돔보다 무려 11미터가 더 길고, 바다 쪽에서 불어오는 습한 바람이 홈런 타구를 집어삼켰다. 홈구장이 킹돔이었던 전반기에 0.310/0.404/0.620, 29홈런 81타점의 대활약을 펼쳤던 그리피는 홈구장을 세이프코 필드로 옮긴 후반기에는 0.255/0.360/0.522, 19홈런 53타점에 그쳤다.

그리피는 선수들의 의견을 모아 펜스를 앞으로 당길 것을 요구했지만 구단은 거부했다. 어느 날 그리피는 당연히 펜스를 넘어갈 줄 알았던 타구가 중견수에게 잡히자, 더그아웃으로 들어온 즉시 단장에게 전화를 걸어 트레이드를 요구했다.

하지만 그리피의 이적에 대해서는 다른 주장도 전해진다. 그해 그리피가 세이프코 필드에서 거둔 성적(0.278/0.382/0.616)은 킹돔에서의 성적(0.299/0.388/0.618)과 큰 차이가 나지 않았다(킹돔은 확실히 홈런에 유리한 구장이었지만 그리피의 홈과 원정 홈런 비율은 5대 5였다). 다른 주장에 따르면, 당시 이웃이자 친한 친구였던 골프 선수 페인 스튜어트Payne Stewart가 비행기 사고로 급사하는 일을 겪은 그리피가 최대한 가족과 함께 지내기 위해 이적했다는 것이다.

실제로 당시 그리피가 가장 가고 싶어 했던 팀은 올랜도 집에서 가장 가까우면서도 강팀인 애틀랜타 브레이브스였다. 하지만 좌타자에게 불리한 터너필드를 개장한 후 좌타 거포들을 정리하는 중이었던 애틀랜타는 그리피에게 관심을 보이지 않았다(당시 그리피가 거부권을 푼 팀은 신시내티, 애틀랜타, 뉴욕 메츠, 휴스턴으로, 열두 살 때 아버지를 따라 더그아웃에 들어갔다가 당시 감독 빌리 마틴이 반대해 쫓겨난 기억이 있는 양키스는 명단에서 뺐다).

그리피를 둘러싼 쟁탈전은 사실상 신시내티 레즈의 단독 입찰로 진행됐다. 시애틀은 메츠가 내민 카드(옥타비오 도텔Octavio Dotel, 아만도 베니테스Armando Benitez, 로저 세데뇨Roger Cedeño)를 상당히 마음에 들어 했지만, 그리피는 메츠에 대해 거부권을 행사했다. 이에 시애틀은 신시내티와의 손해 보는 장사를 진행할 수밖에 없었다(마이크 캐머런Mike Cameron, 브렛 톰코Brett Tomko, 안토니오 페레스Antonio

Perez). 이렇게 그리피는 398홈런 기록을 남기고 시애틀을 떠났다.

신시내티 이적과 함께 그리피는 9년간 1억 1600만 달러라는, 당시로서는 충격적으로 낮은 액수에 장기 계약을 맺었다. 신시내티 팬들은 당장이라도 월드시리즈 우승을 차지한 것처럼 환호했다. 그들에게 그리피는 지긋지긋한 현실을 벗어나게 해줄 이를테면 영화 '매트릭스'의 '네오' 같은 존재였다.

2000년 이후 몰락

1999년 켄 그리피 주니어는 최연소로 '20세기 팀'에 들어갔다(다른 현역 선수로는 로저 클레먼스와 칼 립켄 주니어, 마크 맥과이어가 들어갔고 배리 본즈는 탈락했다). 1999년 스포팅뉴스는 그리피를 '가장 위대한 선수 100명' 중 93위에 올렸다. 이는 1997년까지의 통산 홈런 기록(294)만 갖고 뽑은 것이다. 그리피는 동료들에 의해 '1990년대의 선수'에 선정되기도 했다. 또 홈런, 타점, 장타에서 1990년대 2위, 그리고 총루타에서 1위에 올랐다. 1990년대는 그야말로 그리피의 시대였다.

1998년 지미 폭스에 이어 역대 두 번째 어린 나이로 300홈런을 때려냈던 그리피는 400호에서는 지미 폭스를 넘어섰다. 500호에서는 베이브 루스보다 2년 더 빠른 폭스의 기록을 1년 더 단축할 수 있을 것으로 보였다. 모두가 공인한 대로 배리 본즈의 756홈런에 도전할 사람은 그밖에 없을 것 같았다. 하지만 그를 삼켜버린 부상은 너무나 거대했다.

200호에서 400호까지 가는 데 불과 4년 4개월을 쓴 그리피는 400호에서 500호까지 가는 데에는 무려 3년 9개월을 사용했다. 그리피가 500호를 넘은 때는 34세 212일로 지미 폭스(32세 337일)는 물론, 윌리 메이스(34세 130일), 행크 애런(34세 159일), 베이브 루스(34세 186일)보다도 뒤졌다.

신시내티 레즈에서의 첫해인 2000년, 그리피는 갑자기 나타난 스토커 팬에게 시달리면서도 타율 0.271 40홈런 118타점을 기록하며 선전했다. 하지만 신시내티 팬들의 기대와는 거리가 먼 성적이었다. 새미 소사가 50홈런, 배리 본즈가 49홈런을 기록한 그해 내셔널리그에서만도 8명이 그리피보다 많은 홈런을 때려냈다.

그리피에게 1990년대가 영광이었다면 2000년대는 악몽이었다. 1990년대 그리피는 시애틀이 치른 경기의 91퍼센트에 출장했다. 하지만 2000년대 출장률은 68퍼센트에 불과하다. 그마저도 대타로 출장한 경우가 적지 않았다. 신시내티 팬들은 '세계에서 가장 비싼 대타'가 된 그를 트레이드하라고 나섰다.

그리피의 몰락은 분명 실망스러웠다. 하지만 그 실망이 커진 것은 부정한 방법으로 시간의 흐름을 역행했던 선수들이 나타나면서부터였다. 23세부터 30세까지 전성기를 보내다 31세부터 추락이 시작된 것은 어찌 보면 자연스러운 일이었다.

마크 맥과이어와 새미 소사, 배리 본즈, 알렉스 로드리게스. 그들이 보여주는 홈런쇼는 그리피에게서 최고의 홈런 타자라는 지위를 빼앗아갔다. 하지만 우리는 이제 그를 넘어선 선수들이 어떤 방법을 사용했는지를 알게 됐다.

물론 그리피가 금지 약물을 사용하지 않았다는 명백한 증거는 없다. 정황상 그럴 뿐이다. 하지만 지금까지 모든 정황은 맞아떨어지고 있다. 의도가 의심스럽기는 하지만 가장 앞장서서 고해성사를 하고

우리 시대의 레전드들

있는 호세 칸세코는(2005년 자서전 〈약물에 취해Juiced〉) 알렉스 로드리게스의 약물 사용 사실이 밝혀지기 전부터 그의 약물 사용을 주장한 바 있다. 하지만 칸세코의 명단에서 그리피의 이름은 찾아볼 수 없다.

다시 시애틀, 은퇴

2008년 시즌 중반 켄 그리피 주니어는 시카고 화이트삭스로 트레이드됐다. 시즌이 끝난 뒤 그리피는 남고 싶어 했지만 화이트삭스가 그를 더 데리고 있을 이유는 없었다.

그리피는 다시 애틀랜타행을 추진했다. 애틀랜타 지역에선 딸도 농구 선수로 뛰고 있었다. 하지만 딸의 만류와 윌리 메이스의 조언이 그의 마음을 바꿨다(배리 본즈와 마찬가지로 그리피가 가장 되고 싶었던 선수 역시 윌리 메이스였다. 이에 그리피도 본즈처럼 24번을 달았다. 24번이 토니 페레스의 영구결번으로 지정돼 있는 신시내티로 이적한 후 아버지의 번호인 30번을 달았던 그리피는 WBC 때 타격코치로 참가한 아버지에게 30번을 양보하면서 3번으로 바꿔 달았다).

2009년, 9년 동안 주인 없이 묻혀 지내던 시애틀 매리너스의 24번이 다시 세상 밖으로 나왔다. 그리피는 시애틀로 돌아갔다. 그해 그는 387타수에서 타율 0.214 19홈런 57타점을 기록하는 데 그쳤다. 하지만 '그리피 효과'는 성적으로 드러난 것 이상이었다. 그리피는 에드가 마르티네스의 은퇴 이후 사라졌던 시애틀의 새로운 구심점이 되었으며, 특히 스즈키 이치로와 나머지 선수들 간의 거리를 좁혀줬다.

2010년 시애틀은 그리피와 다시 한 번 계약을 맺었다. 하지만 그리피는 크게 부진했고, 팀은 무너졌다. 결국 그리피는 은퇴를 선언했다.

그리피는 마지막 목표로 삼았던 660홈런을 결국 달성하지 못했다(통산 630). 또 월드시리즈에 오르지 못한 타자 중 라파엘 팔메이로(2831)에 이어 두 번째로 많은 경기(2671)를 뛴 타자가 됐다. 그에게 성공은 너무 일찍 찾아왔고 너무 일찍 떠났다. 하지만 실패를 거듭하면서도 그는 흔들리지 않았다.

2016년 그리피는 명예의 전당 입회를 위한 첫 투표에서 1992년 톰 시버가 얻은 98.8퍼센트를 넘어 99.3퍼센트를 기록하며 득표율 신기록을 세웠다. 드래프트 1순위 선수로서는 첫 번째 명예의 전당 입성이었다. 공교롭게도 그의 옆에는 역대 최저 순위(1390번째)로 명예의 전당에 오르게 된 마이크 피아자가 있었다. 이후 2019년 마리아노 리베라(100퍼센트 만장일치)와 2020년 데릭 지터(99.7퍼센트)가 그리피를 넘어섰지만, 예상보다 훨씬 높게 나온 그의 득표율은 한 시대의 아이콘으로서 편법에 흔들리지 않은 것에 대한 보상이었다.

* **에드가 마르티네스의 '더 더블':** *1995년 10월 8일 시애틀의 홈구장 킹돔에서 뉴욕 양키스와 시애틀 매리너스 간의 아메리칸리그 디비전 시리즈 최종 5차전이 열렸다. 시애틀은 11회 말 4대 5로 양키스에 뒤지고 있었다. 주자 조이 코라Joey Cora가 3루, 켄 그리피 주니어가 1루에 나가 있는 상황에서 마르티네스가 2루타를 때려 6대 5로 경기를 뒤집었다. 이때의 승리로 시애틀은 시리즈 우승을 챙겼다. 시애틀 프랜차이즈 역사상 최고의 승부로 여겨진다.*

1994년 단축 시즌 당시 시애틀 시내의 벽에 그려진 켄 그리피 주니어의 모습. 위쪽 막대 표시는 당시 그리피가 쏘아 올린 40개 홈런을 뜻한다. **사진 Terry Foote**

프랭크 토머스, 빅 허트의 존재감

프랭크 토머스를 설명할 수 있는
가장 적절한 단어는 '존재감'일 것이다. _빌리 빈

프랭크 토머스 Frank Edward Thomas, 1968~

1루수 및 지명타자

활동 기간 1990~2008(19시즌)

"그가 상대에게 또다시 큰 상처(big hurt)를 입히는군요."

'빅 허트'는 1992년 시카고 화이트삭스의 전속 캐스터인 켄 헤럴슨Ken Harrelson이 만들어준 별명이다. 대기 타석에서 철근을 휘두르는 것으로 압박감을 주기 시작하는 프랭크 토머스의 모습은 상대에게 공포를 심어주기에 충분했다.

1920년 이후 역사상 가장 완벽한 타격을 선보인 타자 셋을 뽑으라는 질문에서 베이브 루스와 테드 윌리엄스에 이어 마지막 한 자리가 비어 있다면 사람들은 빈칸에 누구의 이름을 쓸까. 한때는 앨버트 푸홀스가 가장 적절한 답이라고 생각됐다. 그러나 푸홀스의 몰락이 일어난 지금 토머스가 더 가까운 답이다.

첫 10년이 누구보다도 완벽했던 앨버트 푸홀스는 다음 10년이 더해지자 통산 타율이 0.331에서 0.299로, 출루율이 0.426에서 0.377로, 장타율이 0.624에서 0.546로 떨어졌다. 토머스는 첫 10년의 성적이 0.320/0.440/0.573으로 타율과 장타율이 푸홀스보다 낮았다. 하지만 19년을 뛴 최종 성적은 0.301/0.419/0.555로 모두 푸홀스를 크게 넘어섰다.

토머스는 출루 능력과 장타력이 가장 완벽하게 조화된 타자였다. 테드 윌리엄스 이후 그에 가장 가까이 다가간 타자는 바로 토머스였다. 공교롭게도 토머스는 윌리엄스와 같은 521홈런을 기록하고 유니폼을 벗었다.

풀타임 첫해인 1991년부터 1997년까지 7년 연속으로 '3할 타율 20홈런 100타점 100득점 100볼넷'을 기록했는데 이는 오직 그만 갖고 있는 기록이다. 이에 가장 근접해 있는 선수는 6년 연속의 테드 윌리엄스로, 토머스와 윌리엄스를 제외하면 5년 이상도 없다(윌리엄스는 2년차에 기록한 96볼넷 때문에 8년 연속 기록이 되지 못했다. 앨버트 푸홀스는 8번째 시즌이 되어서야 처음으로 10볼넷을 기록했다).

토머스는 베이브 루스, 멜 오트, 테드 윌리엄스에 이어 '3할 500홈런 1500타점 1500볼넷 1000득점'을 기록한 역대 4번째 선수가 됐다. '통산 3할 타율 500홈런'은 베이브 루스, 멜 오트, 테드 윌리엄스, 행크 애런, 윌리 메이스, 지미 폭스에 이어 7번째였다. 이후 매니 라미레스가 이 두 가지를 모두 달성하지만 그는 약물 검사에서 두 번이나 적발됐다. 역시 약물 복용 혐의가 밝혀진 알렉스 로드리게스는 3할 타율에 실패했다(0.295).

야구의 마이클 조던, 시카고의 영웅

다른 미국 선수들과 마찬가지로 고교 시절 프랭크 토머스도 야구와 미식축구, 농구를 병행했다. 하지만 가장 사랑한 스포츠는 야구였다. 토머스는 자신을 뽑아주는 팀이면 어디에라도, 설령 계약금을 5000달러밖에 받지 못하더라도 반드시 입단하겠다고 마음먹고 있었다. 하지만 총 891명이 뽑힌 1986년 드래프트에서 야구 선수보다는 미식축구 선수처럼 보였던 그를 선택한 팀은 없었다. 크게 실망한 토머스는 할 수 없이 미식축구 장학금을 받고 오번대에 입학했다.

196센티미터의 큰 키와 거구를 자랑하는 토머스는 미식축구팀에서 타이트 엔드로 뛰었다(투수 CC 사바시아CC Sabathia도 고교 시절 타이트 엔드로 뛰었다). 하지만 대학에 들어오자 그는 정작 본업인 미식축구는 내팽개치고 야구에만 집중했다. 이에 장학금은 취소됐다. 하지만 야구팀 최고의 스타를 잃고 싶지 않았던 오번대는 결국 특별 기금을 만들어 그에게 새로운 장학금을 주었다. 토머스는 1989년 전체 7순위로 지명을 받고 화려하게 시카고 화이트삭스의 유니폼을 입었다.

마이너리그에서 181경기만을 치르고 메이저리그 데뷔를 이룬 토머스는(앨버트 푸홀스 133경기), 1990년 60경기에 나서 0.330/0.454/0.529를 기록했다. 200타석 이상을 소화한 화이트삭스 타자로는 1942년 태피 라이트Taffy Wright(0.333) 이후 가장 좋은 타율이었다.

풀타임으로 뛴 첫해인 1991년 토머스는 볼넷, 출루율, OPS에서 리그 1위에 올랐다(0.318/0.453/0.553). 그해 MVP 투표에서는 칼 립켄 주니어와 세실 필더에 이어 3위를 차지했다(앨버트 푸홀스는 풀타임 첫해 MVP 투표 4위에 올랐다).

1992년 토머스는 0.323/0.439/0.536의 성적에 볼넷, 출루율, OPS 2연패를 이루고 최다 2루타 타이틀까지 차지했다. 1993년에는 타율 0.317 41홈런 128타점을 기록하며 메이저리그 역사상 10번째 만장일치 MVP가 됐다. 시카고 화이트삭스 역사상 최초의 40홈런 타자였으며, 1972년의 딕 앨런Dick Allen 이후 처음이자 3번째 MVP 수상자였다. 그해 토머스는 112볼넷과 54삼진을 기록했는데, 이후 100개 이상 볼넷과 2대 1의 볼넷/삼진 비율을 동시에 기록한 선수는 '스테로이드 (배리) 본즈'(4회)뿐이다(앨버트 푸홀스는 2008년 104볼넷과 54삼진을 기록해 아깝게 실패했다).

1994년 토머스는 1957년의 테드 윌리엄스(0.526, 0731) 이후 가장 높은 출루율과 장타율(0.487, 0.729)을 기록했다. 이후 토머스보다 더 높은 출루율을 기록한 아메리칸리그 타자는 없으며, 1996년 마크 맥과이어만이 더 높은 장타율(0.730)을 기록했다. 하지만 맥과이어의 명예 역시 실추된 지 오래다.

토머스는 1994년 시즌이 가장 아까운 선수 중 한 명이었다. 당시 그는 타율에서 1위 폴 오닐Paul O'Neill을 6리 차로, 홈런에서 켄 그리피 주니어를 2개 차로, 타점에서 커비 퍼켓을 11개 차로 뒤쫓으며 1967년의 칼 야스트렘스키 이후 첫 트리플 크라운에 도전하고 있는 상황이었다. 하지만 선수노조의 파업으로 시즌이 중단되면서 토머스는 1루수로는 1932~1933년의 지미 폭스에 이어 역대 두 번째로, 아메리칸리그에서는 1960~1961년의 로저 매리스 이후 처음으로 MVP 2연패를 달성한 것에 만족해야 했다.

팬들은 켄 그리피 주니어와 함께 얼굴에 항상 미소가 떠나지 않는 선수였던 토머스를 사랑했다. 특히 시카고 팬들에게 토머스는 마이클 조던 다음으로 소중한 선수였다. 모든 것이 완벽해 보였다.

앨버트 벨, 몰락의 시작

야구에서도 시카고 불스 같은 왕조를 만들어내고 싶었던 제리 라인스도프Jerry Reinsdorf 화이트삭스 구단주는 1996년 시즌 후 당시 메이저리그 최고 연봉을 주고 앨버트 벨을 영입했다. 시카고 화이트삭스는 앨버트 벨에게 5년간 5500만 달러 계약과 함께 연봉 랭킹에서 항상 세 손가락 안에 있게 해줘야 한다는 '엘리베이터 조항'까지 보장했다.

아메리칸리그는 리그 최고의 타자 둘의 결합에 긴장했다. 하지만 시카고 화이트삭스의 프랭크 토머스와 앨버트 벨은 시카고 불스의 마이클 조던과 스코티 피펜Scottie Pippen이 되지 못했다. 1997년 토머스는 첫 번째 타격왕에 오르며 타율(0.347), 출루율(0.456), OPS(1.06))에서 리그 1위를 석권했다(장타율은 켄 그리피 주니어에 이은 2위). 하지만 벨은 기대만큼 성적을 내지 못했다. 1998년 벨은 49홈런에 152타점을 올리는 대활약을 했지만, 이번에는 토머스가 무너졌다(0.265/0.381/0.480). 둘이 함께 뛴 2년간 시카고 화이트삭스는 클리블랜드 인디언스의 벽을 넘지 못했고, 벨은 2시즌 만에 엘리베이터 조항을 발동하고 FA가 되어 팀을 나갔다.

1997년 시즌 후 7년간 6440만 달러에 재계약을 맺은 토머스는 1998년 크게 불어난 몸으로 스프링캠프에 나타났다. 데뷔 초기에 그는 196센티미터의 큰 키에 그리 둔해 보이지 않는 110킬로그램을 유지했지만 이때를 고비로 130킬로그램에 육박하게 됐다.

급격한 체중 증가의 후유증은 곧바로 나타났다. 1998년 토머스는 처음으로 3할 타율에 실패했으며(0.265) 홈런 수가 29개로 줄었다. 스윙 스피드가 줄면서 몸 쪽 공에 제대로 대처하지 못한 까닭이다. 1999년 타석 위치를 약간 뒤로 옮기면서 3할 타율은 회복했지만(0.305), 홈런 수는 15개로 곤두박질치고 처음으로 100타점을 기록하지 못했다.

2000년 토머스는 타율 0.328 43홈런 143타점을 기록하면서 제이슨 지암비Jason Giambi에 이은 MVP 투표 2위에 오르고 '올해의 재기상'을 수상했다. 그해 겨울 메이저리그에는 알렉스 로드리게스(10년 2억 5200만 달러), 매니 라미레스(8년 1억 6000만 달러), 데릭 지터(10년 1억 8900만 달러)의 대형 계약이 쏟아져 나왔다. 이들에 비해 자신의 계약 조건이 너무 초라하다고 생각한 토머스는 노골적으로 불만을 표시하더니, 팀의 간판선수이면서도 2001년 스프링캠프에서 무단이탈하는 대형 사고를 쳤다.

결국 토머스는 계약 규모를 늘리는 대신, 일정 수준 이상의 성적이 나오지 않으면 계약 재조정을 받아들이겠다는 기량 감퇴 조항(diminished skills)을 받아들였다. 이는 완벽한 오판이었다. 이 과정에서 토머스는 돈을 밝힌다는 좋지 않은 이미지를 얻게 됐으며, 선수단 내에서의 영향력을 일순간에 잃어버렸다.

배리 본즈, 스테로이드

프랭크 토머스와 제프 배그웰은 1990년대 양 리그를 풍미했던 강타자이자 1루수였으며 1994년 나란히 리그 MVP에 올랐다는 것 외에도 정말 놀랄 만한 공통점이 있다. 바로 생일이 같다는 것이다. 둘은 1968년 5월 27일 같은 날에 태어났다.

통산 성적까지 상당히 흡사한 둘은 2005년 팀이 월드시리즈에서 만나는 얄궂은 운명을 맞이했다. 하지만 제프 배그웰이 부상을 겪으면서도 월드시리즈 무대를 밟아본 반면(대타 8타석), 토머스는 그러지 못했다(토머스는 2007년 6월 29일 통산 500호 홈런을 날렸는데, 마침 그날 배그웰의 '반쪽'인 크레이그 비지오가 통산 3000안타에 성공하면서 스포트라이트를 받지 못했다).

2005년 그해 시카고 화이트삭스는 '블랙삭스의 저주'를 깨고 월드시리즈 우승을 차지했다. 하지만 토머스는 선수들이 얼싸안고 감격을 나누는 장면을 관중석에서 지켜봐야 했다. 월드시리즈가 끝나자 화이트삭스는 팀의 2루타, 홈런, 타점, 득점, 장타, 볼넷, 총루타, 출루율, 장타율 기록을 갖고 있는 토머스를 가차 없이 내보냈다. 토머스로서는 섭섭하지만 할 말이 없는 퇴단이었다.

제프 배그웰 역시 막판에는 '돈값을 못하는 선수'가 돼 유종의 미를 거두지 못했지만, 마지막 순간에는 휴스턴 팬들의 뜨거운 박수를 받고 그라운드를 떠났다. 하지만 토머스는 결국 은퇴 기자회견도 하지 못하고 유니폼을 벗었다.

2000년 이후 토머스가 명성에 걸맞은 활약을 한 것은 타율 0.267 42홈런 105타점을 올린 2003년, 그리고 50만 달러에 오클랜드의 유니폼을 입은 뒤 타율 0.270 39홈런 114타점을 올린 2006년뿐이었다. 몰락은 자기 관리 소홀에 따른 체중 증가와 구단과의 연봉 싸움에서 비롯되기는 했지만, 나이에 따른 자연스런 현상이기도 했다. 메이저리거들의 하향세가 시작되는 때는 평균적으로 30~31세 시즌이다. 이는 1990년대 최고의 라이벌이었던 켄 그리피 주니어에게도 똑

2007년 9월 토론토
블루제이스 시절
대기 타석에서 준비하는
프랭크 토머스.
사진 Derral Chen

같이 나타났다.

하지만 이와 정반대의 모습을 보인 선수가 있었으니 바로 배리 본즈였다. 1990년대에 토머스, 켄 그리피 주니어와 함께 최고의 타자 3파전을 벌였던 배리 본즈는 다른 두 사람이 2000년대 들어 쇠락의 길을 걸은 것과 달리 시간의 흐름을 역행했다.

배리 본즈가 충격적인 활약을 벌이면서 켄 그리피 주니어와 토머스에 대한 평가는 급전직하했다. 하지만 본즈의 잘못(2003년 스테로이드 복용)이 드러난 지금, 오히려 스테로이드 시대가 열림과 동시에 쇠락의 길을 걸은 그리피와 토머스는 재평가돼야 하는 상황이 됐다.

강제적인 약물 검사 도입이 최대 논란으로 떠올랐던 1995년, 토머스는 정기적이고도 투명한 도핑 테스트에 공개적으로 찬성한 몇 안 되는 선수였다. 또 그는 2006년 미첼위원회가 커미셔너의 요청에 따라 메이저리그에서의 금지 약물 복용 실태를 조사할 때 인터뷰에 두 번이나 자발적으로 응한 유일한 현역 선수였다. 만약 토머스의 희망대로 메이저리그에 금지 약물 검사가 2005년이 아니라 1995년부터 도입되었다면, 그의 위상은 지금과 달랐을 것이다.

2322경기 중 1310경기에서 지명타자로 뛴 토머스는 그런 불리한 조건에서도 2014년 명예의 전당 입회를 위한 첫 투표에서 83.7퍼센트 득표율을 기록해 통과 기준인 75퍼센트를 넘었다. 반면 배리 본즈는 2021년 9번째 투표에서도 61.8퍼센트에 그쳐 마지막 기회만을 남겨놓게 됐다.

명예의 전당 입회식에서 눈물을 펑펑 쏟은 토머스는 긴 연설을 다음과 같은 말로 마쳤다. "모든 아이들에게 말하고 싶은 단 한 가지는 성공에는 지름길이 없다는 것이다. 열심히 노력하고 헌신하고 실행하라. 무엇보다도 진실해라."

짐 토미, '토미네이터Thomenator'의 끝내기 홈런

그는 절대 존중을 요구하지 않았다.
그저 하던 대로 했더니 모두가 그를 존경했다. _피터 개먼스 Peter Gammons

짐 토미 James Howard "Jim" Thome, 1970~

1루수 및 지명타자, 3루수, 우투좌타

활동 기간 1991~2012(22시즌)

메이저리그 역사상 600홈런 타자는 모두 9명이다. 이 가운데 현역은 앨버트 푸홀스(679홈런)밖에 없다. 현역 2위 미겔 카브레라가 은퇴를 일이 년 앞두고 502홈런에 머물러 있는 것을 감안하면 역대 10번째 600홈런 타자는 당분간 나오지 않을 것이다.

짐 토미는 600홈런 타자 중 한 명이다. 통산 612홈런을 날려 역대 8위에 올라 있다. 16번의 20홈런 시즌은 행크 애런(20회), 배리 본즈(19회), 윌리 메이스, 프랭크 로빈슨, 앨버트 푸홀스(이상 17회) 다음으로 많다. 홈런 하나당 소모된 13.76타수는 맥과이어(10.61타수), 베이브 루스(11.76타수), 본즈(12.92타수) 다음으로 적다. 물론 맥과이어와 본즈는 금지 약물 논란에서 자유롭지 못한 선수들이다.

사실 토미는 홈런왕과 거리가 멀다. 홈런왕을 차지한 건 필라델피아로 이적한 첫해인 2003년(47홈런)이 유일하다. 클리블랜드에서의 마지막 시즌인 2002년 개인 최다 52홈런을 날렸지만, 알렉스 로드리게스(57홈런)를 넘지 못했다. 로드리게스 역시 마크 맥과이어와 배리 본즈처럼 금지 약물 스캔들로 얼룩진 선수다. 스테로이드 시대를 지낸 토미는 금지 약물 의혹을 한 번도 받지 않았다.

데이브 킹먼의 어린 팬

짐 토미는 1970년 시카고 일리노이주 피오리아에서 태어났다. 그의 집안은 야구와 인연이 깊었다. 프로 생활은 하지 않았지만 할아버지와 아버지 모두 야구를 했다. 고모는 소프트볼 선수로 명예의 전당에 올랐다. 두 형들도 야구를 했다. 형들처럼 체격이 커지고 싶었던 토미는 매일 우유를 마셨다.

토미는 오른손잡이였다. 하지만 형들은 왼손 타자가 더 경쟁력이 있다고 내다보고 토미를 왼쪽 타석에 서게 했다. 토미는 선뜻 이해할 수 없었지만 형들을 믿고 왼손 타자로 변신했다. 왼손 거포의 탄생 비화였다.

아버지는 중장비 제조 회사에서 현장을 감독하는 관리자였다. 비록 야구 선수의 꿈은 접었지만 어린 아들에게 그 꿈을 심어줬다. 토미는 시카고 컵스의 팬이었다. 아버지는 아들을 데리고 틈만 나면 컵스의 홈구장 리글리필드를 방문했다.

아버지는 라인드라이브 타구를 때려 리글리필드의 담쟁이덩굴을 맞히는 빌 버크너를 좋아했다. 토미에게 버크너 같은 타자가 되어야 한다고 말했다. 그러나 토미는 다른 선수에게 시선을 뺏겼다. '킹 콩'

으로 불린 데이브 킹먼이었다. 담쟁이덩굴을 맞히는 버크너보다 담장을 넘기는 킹먼이 훨씬 멋져 보였다. 1979년 컵스에서 홈런왕에 오른 킹먼(48홈런)은 시원시원한 스윙으로 그의 마음을 사로잡았다.

토미는 데이브 킹먼에게 사인을 요청했다. 그런데 킹먼은 토미를 무시하고 지나갔다. 사인을 받기 위해 쫓아다녔지만, 평소에도 사인을 잘 해주지 않던 킹먼은 번번이 퇴짜를 놓았다. 이 장면을 지켜본 컵스의 포수 배리 푸트가 토미에게 공을 달라고 했다. 그리고 킹먼을 제외한 여러 컵스 선수의 사인을 받아 돌려줬다. 토미에게는 큰 위로가 됐다.

소중한 사인볼을 받은 토미는 메이저리그 선수가 되기로 결심했다. 또 메이저리그 선수가 되면 모두에게 친절한 선수가 되어야겠다고 다짐했다.

클리블랜드, 찰리 매뉴얼

고교 시절 짐 토미는 야구와 농구를 했다. 하지만 고교생 토미를 주의 깊게 지켜본 팀은 없었다. 토미는 지역의 칼리지로 진학해 다음 기회를 노렸다. 그에게 관심을 보인 인물은 클리블랜드의 스카우트 톰 커스턴Tom Couston이었다.

토미를 발견한 톰 커스턴은 속으로 쾌재를 불렀다. 유격수였던 토미는 장단점이 분명했다. 정확성은 조금 떨어지지만 타구의 질이 차원이 달랐다. 공을 쪼갤 듯이 때려낸 스윙은 빠르고 힘이 넘쳤다. 말 그대로 스쳐도 담장을 넘어갔다. 까마득하게 뻗어 나가는 타구를 본 커스턴은 "마치 로켓처럼 날아갔다"고 떠올렸다. 또 "그 타구에 누가 맞아 죽지 않은 것이 다행이다 싶었다"고 덧붙였다.

모든 스카우트가 그러하듯 톰 커스턴도 자신이 찾은 보물을 들키고 싶지 않았다. 그래서 일부러 토미와 거리를 두고 이야기했다. 커스턴과 은밀한 대화를 나눈 뒤 토미는 1989년 드래프트에서 클리블랜드의 13라운드 지명을 받았다. 한편 토미는 훗날 베이스볼 레퍼런스 기준 승리기여도에서 72.9를 기록했다. 드래프트에서 토미에 앞서 뽑힌 332명 중 이보다 높은 선수는 제프 배그웰(79.9)과 프랭크 토머스(73.8)뿐이다.

그해 루키리그에 배치된 토미는 타율 0.237에 그쳤다. 55경기에 나와 홈런을 하나도 치지 못했다. 1991년 메이저리그에 데뷔했지만, 첫 3년간 성적은 들쑥날쑥했다. 도합 114경기에서 토미가 친 홈런은 고작 10개였고, 장타율은 0.390에 불과했다.

클리블랜드는 토미를 포기하지 않았다. 오히려 토미에게 개인 타격 코디네이터를 한 명 붙여줬다. 토미의 인생을 바꾼 찰리 매뉴얼이었다.

찰리 매뉴얼은 뛰어난 타격코치로 명성이 자자했다. 마이너리그에서 토미의 타격을 관찰한 뒤 토미를 자신의 방으로 불렀다. 매뉴얼은 아무런 말도 하지 않고 그냥 영화 한 편을 보여줬다. 로버트 레드포드가 주연으로 나온 야구 영화 '내츄럴'이었다. 매뉴얼은 토미에게 영화 주인공인 로이 홉스가 방망이를 어떻게 잡고 쓰는지 보이냐고 물었다. 토미는 "보인다"고 답했다. 매뉴얼은 "저렇게 하자"고 말했다.

처방은 간단했지만 효과는 바로 나타났다. 토미는 찰리 매뉴얼이 알려준 대로 타격 전 방망이로 투수를 겨냥하는 특유의 준비 자세를 취했다. 일종의 선전포고였다. 마음가짐도 달라진 토미는 1993년 트리플A에서 115경기에 나서 25홈런 102타점을 올렸다. 타격 성적도 0.332/0.441/0.585에 달했다. 잃었던 자신감을 완전히 되찾았다.

1994년 토미는 메이저리그에서 98경기에 나서 20홈런을 때려냈다(0.268/0.359/0.523). 마침내 숨은 잠재력을 폭발시켰다. 기나긴 항해를 위한 닻을 올렸다.

1999년 1009득점

1990년대 중반 클리블랜드는 공포의 타선을 구축했다. 투수가 숨을 돌릴 틈이 없었다. 앨버트 벨이 1996년 시즌 후 팀을 떠났지만, 짐 토미와 매니 라미레스가 중심 타자로 성장했다. 토미가 0.314/0.438/0.558, 25홈런을 기록하며 힘을 보탠 1995년 시즌 클리블랜드는 월드시리즈 진출에 성공했다. 비록 애틀랜타에 2승 4패로 패했지만, 41년 만의 월드시리즈를 치름으로써 아쉬움보다 즐거움이 더 컸다.

클리블랜드는 1995년 시즌을 시작으로 5년 연속 지구 우승을 이어갔다. 토미는 클리블랜드 타선의 핵심이었다. 1996년 타율 0.311 38홈런 116타점을 기록해 첫 실버슬러거를 수상했고, 올스타로 뽑힌 1997년에는 0.286/0.423/0.579를 기록하며 40홈런 고지를 정복했다. 그해 클리블랜드는 2년 만에 다시 월드시리즈에 올랐지만, 이번에는 플로리다 말린스에 막혔다(3승 4패). 토미는 0.286/0.394/0.571에 홈런 두 방을 날리며 선전했다.

클리블랜드 타선이 가장 뜨거웠던 시즌은 1999년이다. 토미(0.277/0.426/0.540, 33홈런)와 매니 라미레스(0.333/0.442/0.663, 44홈런)를 비롯해 로베르토 알로마(0.323/0.422/0.533), 오마 비스켈(0.333/0.397/0.436), 케니 로프턴(0.301/0.405/0.432), 데이

비드 저스티스David Justice(0.287/0.413/0.476), 리치 섹슨Richie Sexson(0.255/0.305/0.514) 등이 1009득점을 합작했다. 단일 시즌 1000득점을 돌파한 역대 7번째 팀이었다. 1950년의 보스턴(1027득점) 이후 49년 만으로, 1999년의 클리블랜드 이후 1000득점 팀은 나오지 않고 있다.

1999년 클리블랜드는 디비전시리즈에서 보스턴을 상대했다. 먼저 1차전과 2차전에서 승리했지만, 남은 3차~5차전에서 연달아 패하면서 챔피언십시리즈 진출이 좌절됐다. 시리즈 5경기에서 17타수 6안타(0.353), 4홈런 10타점을 올린 토미의 대활약도 빛이 바랬다.

2000년 지구 2위로 내려온 클리블랜드는 2001년 지구 우승을 탈환하고 포스트시즌에 복귀했다. 그러나 정규 시즌 최다승 팀인 시애틀을 넘지 못했다(2승 3패). 타선도 이전보다 힘이 빠진 상태였다.

클리블랜드는 하락세였지만 토미는 상승세였다. 2001년 49홈런을 쳤고, 2002년 타율 0.304 52홈런 118타점을 쓸어 담았다. 52홈런은 1995년 앨버트 벨의 50홈런을 넘어선 클리블랜드 단일 시즌 최다 홈런 기록이었다.

이적, 지명타자

2002년 말 FA를 앞두고 주가를 높인 짐 토미는 클리블랜드에 남고 싶었다. 하지만 리빌딩에 착수한 클리블랜드는 토미가 수락하기 힘든 6년 6000만 달러 계약을 제안했다. 어린 시절 팬이었던 컵스도 토미에게 접촉을 시도했지만, 컵스는 토미와 포지션이 겹치는 유망주가 있었다(최희섭). 결국 토미는 6년 8500만 달러 계약을 안겨준 필라델피아로 이적했다.

토미는 첫해인 2003년 0.266/0.385/0.573에 47홈런을 때려 홈런 왕에 오르면서 필라델피아에 순조롭게 적응하는 듯했다. 2005년에는 은사 찰리 매뉴얼까지 필라델피아의 감독으로 부임했다. 하지만 그해 토미는 팔꿈치와 허리에 부상을 입어 쓰러지면서 59경기 출장에 그쳤다(0.207/0.360/0.352). 때마침 필라델피아에는 또 다른 토미를 보는 것 같던 거포 유망주가 등장했다. 그해 신인왕에 오르는 라이언 하워드(0.288/0.356/0.567)였다. 필라델피아는 하워드의 자리를 만들기 위해 2005년 11월 토미를 시카고 화이트삭스로 보냈다.

메이저리그에서 토미는 원래 3루수였다. 그런데 공격과 달리 수비는 개선될 여지가 보이지 않았다. 수비코치도 두 손을 들었다. 1997년 토미는 부담이 덜한 1루수로 이동했다. 무거운 짐을 내려놓자 공격력이 더 두드러졌다. 문제는 나이가 들수록 1루 수비도 흔들린 것이다. 2006년 아메리칸리그로 돌아온 토미는 화이트삭스에서 전문 지명타자로 출장했다. 이후 토미의 야수 선발 출장은 1루수 8경기가 전부다.

토미는 2006년 화이트삭스에서 반등에 성공했다(타율 0.288 42홈런 109타점). 2007년 타율 0.275 35홈런 96타점, 2008년 타율 0.245 34홈런 90타점을 기록함으로써 여전한 생산력을 보여줬다. 그러나 한없이 커보이던 토미의 어깨도 세월에 내려앉기 시작했다.

2009년 LA 다저스로 다시 트레이드된 토미는 수비를 볼 수 없는 탓에 대타로 전락했다. 2010년 미네소타 시절이 마지막 투혼이었다(0.283/0.412/0.627, 25홈런). 토미는 2011년 클리블랜드, 2012년 필라델피아와 볼티모어를 거친 뒤 유니폼을 벗었다. 22년간 통산 2543경기에 나서 성적은 0.276/0.402/0.554, 1699타점 1583득점에 이르렀다.

'끝내기 홈런' 최고 권위자

짐 토미는 공격의 '진정한 세 가지 결과'(Three True Outcomes)로 불리는 홈런과 삼진, 볼넷에서 돋보이는 활약을 펼친 대표적인 타자다. 통산 2548삼진은 레지 잭슨(2597삼진) 다음으로 많은 기록이다. 그 대신 토미는 좋은 공과 나쁜 공은 구분했다. 통산 1747볼넷은 역대 7위에 해당한다. 삼진은 많이 당했지만, 볼넷으로 약점을 상쇄한 홈런 타자였다.

토미는 공격력이 보장된 타자였다. 통산 조정OPS가 147인데 이는 켄 그리피 주니어(136)와 레지 잭슨(139), 치퍼 존스(141)보다 높다. 수비력은 떨어졌지만, 무시무시한 타격으로 수비의 아쉬움을 만회한 타자였다.

팬들에게는 사랑받는 선수였다. 더불어 동료들에게 존경받는 리더였다. 훌륭한 인품은 그가 오랜 시간 현역 생활을 할 수 있었던 원동력이었다. 어릴 때 집안 형편이 그리 좋지 않았던 토미는 사회봉사 활동에도 앞장섰다. 2002년에는 로베르토클레멘테상, 2004년에는 루게릭상을 수상했다. 토미한테는 야구 외적으로도 배울 점이 많았다.

토미는 인기가 많았다. 그가 기록을 달성하면 모두가 진심으로 축하했다. 2007년 통산 500홈런을 때려낸 토미는 2011년 통산 599호와 600호 홈런을 한 경기에서 모두 날렸다. 토미의 600홈런을 가장 반긴 선수는 토미의 추격을 받고 있던 켄 그리피 주니어였다.

토미는 MVP를 따내지 못했다. 통산 기록도 맨 위에 있는 항목이

미네소타 트윈스 시절인 2010년 9월 클리블랜드 인디언스를 상대로
홈런을 날리는 짐 토미의 모습. **사진 Delaywaves wikipedia**

없다. 하지만 '끝내기 홈런'은 최고 권위자였다. 2012년 6월 24일 필라델피아에서 통산 13번째 끝내기 홈런을 날려 이 부문 기록을 세웠다(500호 홈런도 통산 10번째 끝내기 홈런이었다). 이 홈런을 때려넘으로써 토미는 베이브 루스와 스탠 뮤지얼, 지미 폭스, 미키 맨틀, 프랭크 로빈슨, 앨버트 푸홀스(이상 12회)를 넘어섰다.

토미는 2018년 명예의 전당 입회를 위한 첫 투표에서 바로 입성했다(득표율 89.8퍼센트). 어린 시절 우상이었던 데이브 킹먼도 이루지 못한 업적이다.

은퇴를 앞두고 한 매체와의 인터뷰에서 어떤 선수로 기억되고 싶은지 질문을 받았다. 토미는 잠시 생각하더니 웃으면서 "꽤 괜찮은 선수로 기억되고 싶다"고 대답했다. 겸손과 친절, 진솔함. 토미는 대단히 괜찮은 선수였다.

마이크 피아자, 언더독의 반란

**나는 누군가 잘못됐다는 것을 증명하려고 하지 않는다.
단지 스스로에게 증명할 뿐이다. _마이크 피아자**

마이크 피아자 Michael Joseph "Mike" Piazza, 1968~

포수 및 1루수, 우투우타

활동 기간 1992~2007(16시즌)

마이크 피아자는 메이저리그 역사상 최고의 공격력을 선보인 포수다. 정확성과 파워 모두 훌륭했다. 최소한 타석에서 피아자를 능가하는 포수는 없었다.

피아자의 통산 타율 0.308는 미키 코크런(0.320)과 빌 디키(0.313)에 이은 포수 3위 기록이다. 통산 OPS 9할대 포수는 피아자가 유일하다(0.922). 시대 특성과 구장 보정이 가미된 조정득점생산력에서도 단연 1위다(wRC+ 140). 타격이 돋보이는 포수가 등장하면 '제2의 피아자'라는 수식어가 붙을 정도다. 그러나 그 누구도 아직 '제2의 피아자'가 되지 못했다.

피아자는 밑바닥에서 출발했다. 아마추어 시절 아무도 그를 거들

떠보지 않았다. 그저 야구를 좋아하는 철부지였다. 피아자는 아버지의 인맥 덕분에 겨우 드래프트 지명을 받았다. 하지만 메이저리그 무대를 밟게 되리라고 예상한 이는 없었다.

드래프트 하위 라운드에서 피아자를 데려간 팀은 LA 다저스였다. 다저스 역시 처음엔 피아자를 뽑을 생각이 없었다. 그런데 피아자가 대부로 모시는 아버지의 친구가 다저스에 있었다. 토미 라소다 감독이었다. 라소다는 조카나 다를 바 없는 피아자를 구단에 추천했다. 형식적으로 한 이 일은 훗날 라소다의 무용담이 됐다.

드래프트 62라운드

메이저리그 드래프트는 이제 더 이상 60라운드까지 진행하지 않는다. 괜한 잡음을 방지하기 위해 규모를 줄였다. 라운드가 축소되면서 마이크 피아자 같은 짜릿한 대박은 사라졌다. 구단들도 체계적이고 정확한 분석을 통해 정해놓은 선수들만 선발한다.

피아자는 1988년 드래프트 62라운드에서 지명됐다. 피아자 앞에 무려 1389명이 있었다. 결과적으로 2016년 명예의 전당에 오른 피아자는 드래프트에서 가장 늦게 뽑힌 명예의 전당 선수가 됐다. 피아자 이전에 이름을 올렸던 선수는 1985년 드래프트 22라운드에서 지명됐던 존 스몰츠(574순위)였다. 피아자에 비하면 기대를 받은 유망주였다.

피아자는 외면을 받으면서도 야구를 포기하지 않았다. 혼자만의 짝사랑이었지만 그만큼 야구가 좋았다. 1968년 펜실베이니아주에서 태어난 피아자는 필라델피아의 마이크 슈미트를 응원하면서 야구에 스며들었다. 피아자는 자신도 언젠가는 슈미트와 같은 메이저리그 선수가 되고 싶었다.

피아자에겐 든든한 지원군이 있었다. 아버지 빈스 피아자였다. 중고차와 부동산 사업으로 거대한 부를 축적한 아버지는 억만장자였다. 야구단 인수도 고려한 적이 있는 재력가였다. 아들보다 먼저 야구에 빠졌던 아버지는 야구를 하는 아들이 자랑스럽고 기특했다. 이에 피아자가 원하는 건 물심양면으로 지원했다. 피아자는 아버지 덕분에 테드 윌리엄스와 조 디마지오에게 직접 타격에 관한 조언을 들을 수 있었다.

하지만 피아자는 좀처럼 실력이 늘지 않았다. 타격이 약했고, 수비는 더 어정쩡했다. 발까지 느렸던 피아자는 매력적인 요소가 하나도 없었다. 당연히 고등학교를 졸업한 피아자에게 연락한 팀은 없었다. 장학금을 보장한 학교도 없었다. 마이애미대에 진학했지만 대학 리그에서 어려움을 겪었다. 그러면서 마이애미에 있는 한 칼리지로 학교를 옮겼다. 그곳에서도 피아자는 무명 신세였다.

이 과정에서 적극 도운 인물이 토미 라소다였다. 라소다는 피아자가 야구를 계속할 수 있도록 기회를 마련했다. 메이저리그 팀을 지휘하는 라소다가 그의 상태를 모를 리 없었다. 피아자가 소질이 없다는 것도 알았다. 그러나 스스로 관두기 전까지는 힘을 주고 싶었다.

LA 다저스, 최고의 포수

LA 다저스는 토미 라소다의 부탁을 들어주려고 마이크 피아자를 뽑았다. 하지만 피아자와 계약할 의사는 없었다. 심지어 피아자를 만날 생각도 하지 않았다. 다저스의 마음을 돌린 건 라소다였다. 라소다는 스카우트를 끈질기게 설득해 기어코 트라이아웃 날짜를 받아 냈다.

우여곡절 끝에 기회를 잡은 피아자는 모두를 깜짝 놀라게 했 다. 강하게 공을 받아쳐 잘 맞은 타구들을 양산했다. 그동안의 노 력이 중요한 순간에 결실을 맺었다. 피아자의 달라진 모습을 본 토 미 라소다는 급기야 그를 포수로 둔갑시켰다. 다저스는 계약금 1만 5000달러라는 적은 금액에 피아자를 영입했다.

피아자의 타격은 거짓이 아니었다. 피아자는 1991년 상위싱글A 117경기에 나서 29홈런을 터뜨렸다(0.277/0.344/0.540). 더블A와 트 리플A를 오간 1992년에는 더 완성된 타격을 보여줬다(도합 125경기 23홈런, 0.350/0.413/0.587). 그사이 포수 훈련도 열심히 했다. 다저 스의 도미니카 아카데미에 자진 합류해 필요한 부분들을 보완했다. 1992년 9월 다저스는 피아자를 승격시키면서 베테랑 포수 마이크 소셔Mike Scioscia와는 재계약하지 않았다. 피아자에게 확신을 가졌기 때문이었다.

1993년 피아자는 눈부신 성적을 올렸다. 엄청난 배트 스피드에서 나오는 스윙은 공포 그 자체였다. 의기양양하게 그를 지켜본 토미 라소다는 7년 연속 내셔널리그 홈런왕(1946~1952년)을 차지했던 랠 프 카이너의 스윙을 보는 것 같다고 말했다.

당시 피아자가 149경기에 나서 기록한 타율 0.319 35홈런 112타 점은 신인 포수 최다 기록이었다. OPS 0.932는 배리 본즈(1.136)와 안드레스 갈라라가(1.005)에 이은 그해 리그 3위에 해당했다. 시즌 후 피아자는 투표에서 1위표 28장을 독식하면서 만장일치 신인왕이 됐다.

우리 시대의 레전드들

신인들은 2년차에 민낯이 드러난다. 상대방의 분석이 끝나면서 진정한 맞대결이 펼쳐진다. 이 고비를 넘기지 못하고 무너진 선수들이 부지기수였다. 그러나 피아자에겐 해당되지 않았다. 피아자는 선수노조의 파업으로 시즌이 단축된 1994년에도 빼어났다(107경기 0.319/0.370/0.541). 1995년에는 112경기에 나서 32홈런을 쏘아 올렸다(0.346/0.400/0.606). 피아자를 상대한 한 투수는 "일각에서는 그가 2, 3년차 때 고전할 것이라고 예측했는데, 만약 정말 고전하면 놀라울 것 같다"고 말했다. 그레그 매덕스였다.

1996년 피아자는 타율 0.336 36홈런 105타점을 기록해 MVP 2위에 올랐다. 1위는 샌디에이고의 켄 캐미니티Ken Caminiti였다. 1997년 피아자는 타율 0.362 40홈런 124타점을 기록하면서 개인 최고 시즌을 작성했다. 당시 OPS 1.070은 1930년의 개비 하트넷(1.034)을 내리는 단일 시즌 포수 최고 기록이었다. 조정득점생산력 183도 역대 포수 1위였다. 2009년 조 마우어Joe Mauer가 포수로서 타율 0.365를 기록해 피아자를 넘어섰지만, 그 누구도 1997년 피아자의 아성은 넘보지 못했다(그해 피아자는 래리 워커에 가로막혀 2년 연속 MVP 2위에 머물렀다).

리그 최고의 포수로 자리 잡은 피아자는 당당하게 높은 몸값을 요구했다. 다저스가 제안한 6년 8100만 달러 연장 계약은 그의 성에 차지 않았다. 최초의 1억 달러 선수가 되는 게 목표였던 피아자는 7년 1억 500만 달러 계약을 요구했다.

합의점을 찾지 못한 양측은 갈등이 깊어졌다. 피아자에 대한 동료들의 불만까지 쏟아지면서 결별은 기정사실화가 됐다. 다저스는 1998년 5월 15일 피아자와 토드 자일Todd Zeile을 플로리다 말린스로 트레이드했다. 7년간 통산 0.331/0.394/0.572에 177홈런을 기록한 포수를 과감히 포기했다. 한편 피아자에게 절대 1억 달러 계약을 주면 안 된다고 당부한 인물이 있었다. 바로 그의 은인 토미 라소다였다.

메츠, 9번 30홈런 시즌

마이크 피아자와 플로리다는 스쳐가는 인연이었다. 파이어 세일로 선수단을 정리 중이던 플로리다는 그를 안고 갈 여유가 없었다. 피아자는 일주일여 지나 1대 3 트레이드로 다시 팀을 옮겼다. 피아자를 영입한 팀은 뉴욕 메츠였다. 포수 토드 헌들리가 부상을 당하자 구단주 프레드 윌폰Fred Wilpon이 피아자를 데려오라고 지시했다.

1998년 피아자는 메츠에서의 첫 7경기에서 31타수 13안타(0.419)의 맹타를 휘둘렀다. 메츠도 7연승을 질주했다. 그해 메츠는 포스트시즌 진출에 실패하지만, 피아자의 대활약(109경기 0.348/0.417/0.607, 23홈런)을 보는 것으로 아쉬움을 달랬다.

메츠의 홈구장 셰이스타디움은 피아자를 보러 온 관중들로 가득했다. 1만 8000여명 남짓이었던 평균 관중 수는 피아자가 합류하고 3만 4000여명으로 크게 늘어났다. 피아자 효과를 확인한 메츠는 시즌이 끝나고 당시 최대 규모인 7년 9100만 달러 계약을 안겨줬다.

30세 시즌인 1999년 피아자는 40홈런 124타점(타율 0.303)을 기록해 1997년과 같은 개인 타이기록을 세웠다. 40홈런 시즌을 두 번이나 해낸 포수는 자니 벤치(2회)와 피아자뿐이다. 피아자는 벤치보다 더 무시무시했다. 2000년부터 2002년까지 3년 연속으로 30홈런(38, 36, 33)을 넘김으로써 통산 9번 30홈런 시즌을 만들어냈다. 이는 로이 캄파넬라와 벤치가 기록한 30홈런 시즌을 합친 것보다 많았다 (캄파넬라와 벤치 각 4회).

피아자에게 다저스는 고마운 팀이었다. 그러나 피아자가 애정을 드러낸 팀은 메츠였다. 기억에 남는 순간도 많았다. 1999년 4월 29일 피아자는 메츠에서 첫 끝내기 홈런을 날렸다. 2대 3으로 뒤진 9회 말 트레버 호프먼의 공을 밀어 쳐 우측 담장 밖으로 보냈다. 피아자는 1995년 6월 27일에도 호프먼에게 끝내기 홈런을 친 적이 있었다. 끝 내기 홈런이 7개인 피아자는 나머지 6개는 동점 상황에서 때려낸 것 이다.

1999년 메츠는 11년 만에 포스트시즌에 진출했다. 디비전시리즈 에서 애리조나를 꺾었는데, 챔피언십시리즈에서 애틀랜타에 패했다 (2승 4패). 팀은 무릎을 꿇었지만, 피아자는 애틀랜타를 끈질기게 괴 롭혔다. 최종 6차전에서 희생플라이를 쳐 팀의 첫 득점을 올린 뒤 7대 7 동점을 만드는 투런 홈런을 터뜨렸다. 홈런을 내준 투수는 존 스몰츠였다.

피아자는 '뉴욕 라이벌' 양키스와의 경기에서도 팀의 자존심을 지 켜냈다. 메츠 유니폼을 입고 나선 양키스전에서의 통산 성적이 38경 기 0.317/0.398/0.554였다. 양키스전에서 통산 8홈런을 때렸는데, 메츠 타자 중 데이비드 라이트David Wright만이 이보다 많았다(라이트 53경기 9홈런).

특히 피아자는 로저 클레먼스와 앙숙이었다. 2000년 6월 클레먼 스에게 만루 홈런을 뽑아냈는데, 한 달 뒤 클레먼스는 피아자에게 머리로 향하는 공을 던졌다. 2년 연속 포스트시즌에 오른 그해 메츠 는 월드시리즈에서 클레먼스의 양키스와 격돌했다. 피아자와 클레먼스가 부딪친 것은 2차전에서였다. 첫 타석에서 타격 후 부러진 방망이 파편이 클레먼스 쪽으로 날아갔는데, 클레먼스는 이를 집어 들어 피아자를 향해 던졌다. 다행히 몸싸움은 일어나지 않았지만 클레먼스가 얼마나 피아자를 견제하는지 알 수 있었다. 한편 피아자는 클레먼스에게서 통산 22타수 8안타(0.364) 4홈런을 때려내 우위를 점했다.

2001년 미국에선 끔찍한 사건이 발생했다. 9월 11일 뉴욕 세계무역센터 쌍둥이 빌딩이 테러에 의해 붕괴됐다. 무려 2000명이 넘는 사람들이 목숨을 잃었고, 미국은 큰 슬픔과 충격에 빠졌다. 9월 22일 뉴욕으로 돌아온 메츠는 애틀랜타와 홈 복귀전을 치렀다. 그 경기에서 피아자는 8회 말에 역전 투런포를 터뜨려 뉴욕 팬들에게 힘을 전했다. 피아자의 홈런이 나오자 관중들은 "USA"를 외쳤다. 경기 후 피아자는 "모든 상처가 치유될 수는 없겠지만, 조금이나마 위로가 될 수 있기를 바란다"고 말했다.

2004년 피아자는 포수로서 352번째 홈런을 날렸다. 이로써 칼턴 피스크를 넘어 포수 최다 홈런 1위에 등극했다. 통산 427홈런을 날린 피아자는 포수로 출장해 396홈런을 기록했다. 전인미답의 영역인 포수 400홈런에 4개를 채우지 못했다.

몇 가지 공과

마이크 피아자는 2005년 시즌이 끝나고 메츠를 떠났다(113경기 0.251/0.326/0.452, 19홈런). 2006년 샌디에이고에서 마지막 투혼을 발휘했고(126경기 0.283/0.342/0.501, 22홈런), 2007년 다시 오클랜드로 옮겼다가 그곳에서 선수 생활을 마감했다(83경기 0.275/

0.313/0.414, 8홈런).

포수로서 피아자의 공격력은 차원이 달랐다. 1993년 신인 때 받은 실버슬러거는 2002년까지 10년 연속 이어갔다. 실버슬러거를 10회 이상 수상한 선수는 배리 본즈(12회), 피아자와 알렉스 로드리게스(10회)가 전부다. 이 가운데 피아자만이 10년 연속 수상에 성공했다. 그가 얼마나 공격에서 압도적인 포수였는지 실감할 수 있다.

통산 16시즌을 뛴 피아자는 올스타에 12번이나 뽑혔다. 1996년 올스타전은 피아자가 어릴 때 자주 찾은 필라델피아의 베테랑스 스타디움에서 개최됐다. 피아자는 어린 시절의 영웅 마이크 슈미트의 시구를 받고 기쁨을 감추지 못했다. 슈미트에게 좋은 기운을 받은 그는 홈런을 포함해 2안타 2타점을 기록해 경기 MVP에 선정됐다.

피아자는 다저스에 들어가기 위해 포수가 됐다. 포수로서 준비 기간이 짧았기 때문에 수비력은 썩 좋지 않았다. 블로킹이 불안했고, 도루 저지력도 떨어졌다. 하지만 수비가 눈 뜨고 못 볼 정도는 아니었다. 데이터 통계 전문 매체인 베이스볼 프로스펙터스는 그가 프레이밍이 좋은 포수 중 한 명이었다고 밝혔다. 워낙 대단했던 공격력 때문에 상대적으로 수비력이 더 떨어져 보이는 불이익을 당했다.

피아자가 가장 실망감을 안겨준 때는 2013년이었다. 자서전에서 약물 복용 사실을 고백해 파문을 일으켰다. 근육 강화제 안드로스테네디온을 포함한 각종 약물을 사용한 것으로 알려졌다. 다만 피아자는 2004년 금지 약물로 분류되고 나서는 사용하지 않았다고 주장했다. 이에 피아자가 금지 약물 스캔들에 휘말린 적은 없었다. 그럼에도 피아자는 따가운 눈총을 받았다.

명예가 훼손된 피아자는 2016년 득표율 83퍼센트를 기록해 명예의 전당에 올랐다. 4번째 도전 만에 문을 열었다. 입회할 때 피아자는 다저스 대신 메츠의 모자를 선택했다.

2016년 7월 명예의 전당 입회식이 열렸다. 드래프트 꼴찌로 출발한 피아자의 옆에는 1987년 드래프트에서 전체 1순위로 뽑힌 켄 그리피 주니어(99.3퍼센트)가 있었다. 둘은 출발점이 하늘과 땅 차이였지만, 최종 목적지는 함께 도착했다. 물론 그 과정이 공정하고 깨끗했다면 피아자가 선사한 감동은 더 컸을 것이다.

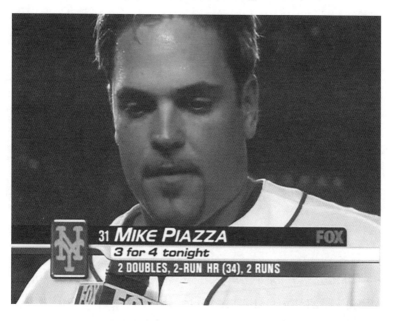

9·11 테러가 벌어진 뒤 처음으로 뉴욕에서 열린 경기(2001년 9월 21일 애틀랜타 브레이브스)에서 짜릿한 역전 투런포를 터뜨려 뉴욕 팬들에게 희망을 안긴 마이크 피아자. **사진 New York Mets 동영상 캡처**

치퍼 존스, 스위치히터의 교과서

어렸을 때 나는 미키 맨틀이 어떻게 생겼는지도 몰랐다. _치퍼 존스

치퍼 존스 Larry Wayne "chipper" Jones, 1972~

3루수 및 좌익수, 우투양타

활동 기간 1993, 1995~2012(19시즌)

메이저리그 역사상 최고의 스위치히터는 미키 맨틀로 꼽힌다. 맨틀에게 매료되어 스위치히터의 매력에 빠진 사람들이 많았다. 래리 웨인 존스 시니어도 그중 한 명이었다. 그는 맨틀이 날린 초대형 홈런을 직접 보고 깊은 감명을 받았다. 맨틀처럼 되기 위해 열심히 노력했지만 애석하게도 하늘은 그에게 재능을 주지 않았다. 고등학교의 수학 선생님이 된 그는 여전히 맨틀을 마음속에 품고 지냈다. 그리고 자신의 아들은 맨틀처럼 키울 것을 다짐했다.

아들은 재능이 넘쳤다. 어릴 때부터 스윙이 남달랐다. 아버지와 야구를 하는 시간이 즐거웠던 아들은 아버지가 시키는 대로 따랐다. 그러다 보니 메이저리그 선수가 되어 있었고, 미키 맨틀에 가장 근

접한 스위치히터로 거듭났다. 아버지는 아들에게 자신의 이름을 줬다. 하지만 사람들은 그를 치퍼 존스로 부른다.

아버지의 진심

플로리다주 피어슨은 식물들로 둘러싸인 한적한 시골 마을이다. 딱히 할 일이 없었던 치퍼 존스는 아버지가 던지는 공을 때려내는 놀이가 재미있었다. 여전히 야구의 끈을 놓지 못한 아버지도 하루하루 성장하는 존스를 보면서 다시 열정이 불타올랐다.

아버지는 야구의 냉혹함을 알고 있었다. 성공하려면 실패를 다스릴 줄 알아야 했다. 현재에 안주하는 마음가짐도 늘 경계했다. 그래서 아버지는 존스를 엄격히 대했다. 가까이하면서도 거리를 뒀고, 그 어떠한 상황에서도 타협하지 않았다.

놀이는 어느새 고된 훈련이 됐다. 다행인 점은 존스도 아버지만큼 야구에 욕심이 넘쳤다. 양손을 전부 쓰기 위해 일부러 왼손으로 생활한 것은 자신의 의지였다.

아버지는 아들이 공을 두려워하는 것을 원하지 않았다. 이에 두 발을 고정시킨 뒤 일부러 아들의 얼굴을 맞혔다. 피가 날 정도로 세게 맞은 아들은 아버지가 원망스러웠다. 그러나 그 덕분에 어떤 공도 무서워하지 않게 됐다. 존스는 메이저리그 통산 2499경기에서 몸 맞는 공이 18개밖에 되지 않았다. 존스보다 많은 경기에 나와 그보다 적은 몸 맞는 공을 기록한 선수는 역사상 단 한 명뿐이다. 2830경기에 나서 몸 맞는 공 14개를 기록한 해럴드 베인스다.

존스는 메이저리그 통산 볼넷 1512개를 기록하는 동안 삼진은 1409개에 그쳤다. 1500개 넘는 볼넷을 골라내면서 삼진이 더 적었던 경우는 존스가 12번째다(베이브 루스, 루 게릭, 멜 오트, 테드 윌리엄스, 에디 요스트, 스탠 뮤지얼, 칼 야스트렘스키, 조 모건, 피트 로즈, 대럴 에번스Darrell Evans, 프랭크 토머스). 타자들의 삼진이 급증한 오늘날 13번째 선수는 언제 나올지 알 수 없다. 존스가 이러한 성적을 거둘 수 있었던 비결은 공을 끝까지 지켜봤기 때문으로, 이는 아버지가 그에게 바란 모습이었다.

아버지는 지역 일대를 평정한 존스를 더 큰 고등학교로 전학시켰다. 태어나서 줄곧 동네를 떠나지 않은 존스는 적응하기가 매우 힘들었다. 낯선 곳에서 이방인으로 지내면서 매일 향수병에 시달렸다. 하지만 아버지는 흔들리지 않았다. 존스가 이겨내리라 믿었다. 존스도 아버지의 기대를 저버리지 않았다.

아버지는 늘 아들을 지켜봤다. 메이저리그 선수가 된 뒤에도 마찬가지였다. 존스는 자신의 타격에 대해 누구보다 잘 아는 사람으로 아버지를 지목했다. 아버지의 진심을 누구보다 잘 알았던 아들의 마음이기도 했다.

드래프트 1순위, 애틀랜타

고교 시절 치퍼 존스의 목표는 드래프트 전체 1순위였다. 최고가되고 싶었고, 최고에 어울리는 출발을 하고 싶었다. 존스는 1순위에 어울리는 길을 걸어왔다. 플로리다주 퍼스트 팀 올스타에 뽑혔으며, 대회에서 우승과 MVP를 놓치지 않았다.

하지만 존스가 나온 1990년 드래프트에서 압도적인 1순위 후보는 따로 있었다. 텍사스주 출신의 우완 파이어볼러 토드 반 포펠Todd Van Poppel이었다. 드래프트 역사상 최고의 투수가 등장한다며 떠들

썩했다. 베테랑 스카우트 레드 머프Red Murff는 "체격과 스타일이 자신이 예전에 발견한 투수와 비슷하다"고 평가했다. 머프가 비교한 이 투수는 1965년 뉴욕 메츠가 드래프트 12라운드에서 찾아낸 놀란 라이언이었다.

당시 1순위 지명권은 양 리그 최하위 팀이 서로 번갈아가면서 나눠 가졌다. 전년도 1989년 전체 최하위는 디트로이트(0.364)였다. 그러니 1990년은 내셔널리그 최하위 팀이 1순위 지명권을 행사할 차례였다. 63승 97패(0.394)에 그친 애틀랜타였다.

애틀랜타는 당연히 토드 반 포펠을 염두에 두고 있었다. 그러나 하늘의 별 따기였다. 반 포펠의 계약을 주관하는 에이전트는 스콧 보라스였다. 반 포펠을 붙잡으려면 엄청난 계약금이 필요했다(지금처럼 슬롯 머니[지명권별로 부여된 한정된 예산가 도입된 시대가 아니었다). 대학 진학 의사를 밝힌 반 포펠도 내심 애틀랜타에 가고 싶지 않았다. 애틀랜타는 주로 하위권을 맴도는 팀이었고, 반 포펠은 약팀에서 시간을 낭비하고 싶지 않았다.

토드 반 포펠에게 거절당한 애틀랜타는 서둘러 플랜 B를 찾아 나섰다. 치퍼 존스였다. 바비 콕스 단장은 실무진과 동행해 존스가 있는 플로리다주 잭슨빌을 방문했다. 존스의 얼굴을 알지 못했던 그들이지만 누가 존스인지 대번에 알아볼 수 있었다. 존스는 우타석에서 홈런 한 방을 날리더니 좌타석에서도 홈런 한 방을 추가했다. 애틀랜타는 확신을 가졌다.

당초 애틀랜타가 토드 반 포펠에게 주려고 했던 돈은 100만 달러였다. 존스는 이 금액의 절반도 되지 않는 27만 5000달러를 받았다(아버지가 계약을 담당했는데 그의 첫 요구액은 30만 달러였다). 그사이 대학에 간다고 했던 반 포펠도 입장을 바꿔 드래프트 지명을 받아들였다. 오클랜드가 14순위로 지명하면서 120만 달러를 투자했다.

1순위를 영광스럽게 여겼던 존스는 훗날 최종적으로 베이스볼 레퍼런스 기준 승리기여도 85.3을 기록했다. 1990년 드래프트에 나온 1487명 중 1위였다(토드 반 포펠의 승리기여도 −0.3). 한편 애틀랜타엔 반 포펠의 지명과 상관없이 존스를 데려와야 한다고 주장한 팜 디렉터가 있었다. 존스의 진가를 가장 일찍 눈치 챈 행크 애런이었다.

3루수가 되다

치퍼 존스는 유격수였다. 프로필상 키가 같은 장신 유격수 칼 립켄 주니어(193센티미터)가 우상이었다. 신인 시절 립켄에게 사인볼을 요청할 정도였다.

일반적으로 장신 유격수는 수비 범위가 좁다. 이 약점은 프로에서 더 두드러진다. 약점이 명확하면 마음이 급해지고, 마음이 급해지면 긴장감이 높아진다. 실책의 늪에 빠지게 되는 과정이다. 존스는 마이너리그에서 수비 연습에 매진했지만 나아질 수 있는 수준이 아니었다. 1991년부터 1993년까지 3년간 마이너리그 389경기에 나서 존스가 저지른 실책은 무려 131개에 달했다. 수비력을 보강하느니 다른 포지션을 택하는 것이 옳았다.

그렇다고 애틀랜타는 수비 때문에 존스를 마이너리그에 묶어둘 수도 없었다. 존스는 당장 메이저리그에 올라와도 손색이 없는 타격을 자랑했다. 1993년 9월에 올라온 존스는 메이저리그 첫 8경기에서 3타수 2안타 1볼넷을 기록했다. 그러자 애틀랜타는 다음 시즌부터 존스를 메이저리그에서 안고 가기로 결심했다. 마침 중심 타자

론 갠트가 교통사고를 당하면서 존스의 출장 시간은 늘어날 것으로 보였다.

존스는 의욕을 갖고 스프링캠프에 임했다. 성적도 좋았다(타율 0.375 3홈런). 그러나 존스는 개막전에 나서지 못했다. 양키스와의 시범경기에서 1루수의 태그를 피하려다가 왼쪽 무릎 전방 십자 인대가 파열됐다. 결국 존스는 1994년 시즌을 통째로 날렸다. 1994년 시즌은 선수노조의 파업으로 시즌이 단축되고 포스트시즌이 취소되는 초유의 사태도 일어났다.

1995년 시즌은 개막 전에 파업이 끝나면서 정규 리그와 함께 존스도 돌아왔다. 건강한 몸으로 140경기에 나서 준수한 성적을 거뒀다(타율 0.265 23홈런 86타점). 그해 애틀랜타는 동부 지구 1위로 포스트시즌에 진출해 콜로라도와 신시내티, 클리블랜드를 꺾고 월드시리즈 우승을 차지했다. 존스의 처음이자 마지막 월드시리즈 우승이었다. 존스는 포스트시즌 14경기에서도 맹타를 휘둘렀는데 (0.364/0.446/0.618, 3홈런) 단장에서 감독이 된 바비 콕스는 "5, 6년 차 선수를 보는 것 같다"고 칭찬했다. 존스는 그해 신인왕 투표에서 2위에 올랐다. 1위는 '토네이도 열풍'을 몰고 온 노모 히데오였다.

1995년 존스는 테리 펜들턴이 이적하면서 3루수로 나선 경기가 많았다. 유격수와 외야수로도 출장했지만, 그의 공식 자리는 3루가 됐다. 1998년부터는 온전히 3루수로 나섰다. 1999년 존스는 타율 0.319 45홈런 110타점을 기록하며 개인 최고 시즌을 작성했다. 그리고 그해 애틀랜타에 MVP를 안겨준 5번째 선수가 됐다(1947년 밥 엘리엇Bob Elliott, 1957년 행크 애런, 1982~1983년 데일 머피, 1991년 테리 펜들턴).

"애틀랜타는 치퍼의 팀"

애틀랜타는 치퍼 존스가 입단하고부터 완전히 다른 팀이 됐다. 1990년 65승에 그친 팀이 1991년 94승을 거둔 팀으로 변신했다. 지구 1위를 만들어낸 뒤 월드시리즈 무대까지 밟았다. 1991년은 미네소타, 1992년은 토론토에 가로막혀 월드시리즈 준우승에 머물렀지만, 1995년은 준우승의 설움을 씻었다. 1996년에도 월드시리즈에 올라감으로써 애틀랜타는 어느새 1991년부터 1999년까지 9년간 5차례나 월드시리즈에 나간 단골손님이 됐다.

1995년 애틀랜타의 월드시리즈 우승이 확정된 6차전에서 결승 홈런을 쳐 1대 0으로 팀의 승리를 이끈 데이비드 저스티스는 1997년 팀을 떠나면서 이 같은 말을 남겼다. "이제 애틀랜타는 치퍼의 팀이다."

데이비드 저스티스의 말은 현실이 됐다. 존스의 전성기가 곧 애틀랜타의 전성기였다. 존스가 날아오르면 애틀랜타도 날아올랐다. 14년 연속 지구 우승과 포스트시즌 진출을 달성하면서 수많은 스타들이 등장했지만 존스를 넘어서는 선수는 없었다. 지구가 태양을 중심으로 도는 것처럼 애틀랜타도 존스를 중심으로 돌고 있었다.

존스는 어릴 적 학교를 옮기면서 힘들었던 기억이 트라우마로 남았다. 그 때문인지 프로에 와서도 팀을 옮기고 싶지 않았다. 돈보다 의리가 먼저였다.

2000년 8월 존스는 FA 자격을 포기하고 애틀랜타와 6년 9000만 달러 계약에 합의했다. 팀 옵션이 두 차례 행사되면 8년 1억 2000만 달러 규모로 커지는 계약으로, 켄 그리피 주니어의 계약 9년 1억 1650만 달러를 능가했다. 존스가 애틀랜타를 향한 애정을 드러낸 만큼 애틀랜타도 그에 걸맞은 대우를 해준 것이다. 하지만 이후 존스는 부상과 부진을 겪으며 성적 하락을 피하지 못했고, 2004년에는 타율이 심각하게 떨어졌다(0.248/0.362/0.485).

하필 그 무렵 애틀랜타는 구단 운영에 부담을 느끼고 있었다. 2004년 12월, 트레이드로 데려온 투수 팀 허드슨Tim Hudson이 다음 해 3월 1일까지 장기 계약을 주지 않으면 곧바로 FA 시장에 나가겠다고 압박했다(허드슨은 양키스가 눈독을 들이고 있었다).

이때 존스가 두 팔을 걷고 나섰다. 존스는 자신의 연봉을 삭감해 허드슨을 붙잡는 데 보태라고 전했다. 존스의 지지를 받으며 애틀랜타는 팀 허드슨과 4년 4700만 달러 계약을 맺었다. 2005년 왼발에 부상을 입어 53경기에 결장한 존스는 시즌이 끝나고 정말 남은 계약을 조정했다. 향후 3년간 1500만 달러에 해당되는 돈을 덜어주면서 애틀랜타의 자금 융통에 힘을 실어줬다. 팀을 사랑하는 마음이 없었다면 절대 할 수 없는 행동이었다.

미키 맨틀을 꿈꾸며

치퍼 존스는 그대로 꺾이지 않았다. 2006년부터 2008년까지 3년 연속 OPS를 끌어올렸다(1.005→1.029→1.044). 36세 시즌이던 2008년에는 데뷔 첫 타격왕도 거머쥐었다(0.364/0.470/0.574). 존스가 마지막으로 불꽃을 피운 시즌이었다.

마흔 살이 된 존스는 2012년 시즌을 끝으로 은퇴를 발표했다(0.287/0.377/0.455). 그해 애틀랜타는 포스트시즌에 올랐지만 와일드카드 경기에서 세인트루이스에 패배했다. 외야에 떨어진 타구가 인필드 플라이로 선언되면서 논란이 생긴 이 경기가 그의 마지막 경기였다(5타수 1안타).

본격적인 항해가 시작된 1995년 이후 존스는 18년 연속 두 자릿수 홈런을 이어갔다. 40홈런 시즌은 1999년이 유일했지만, 유니폼을 벗을 때까지 한 방이 있는 타자로 홈런을 터뜨렸다. 정확한 타격과 더 정확한 선구안을 보유하면서 경기에 나서면 녹슬지 않은 기량을 과시했다. 덕분에 존스는 대단히 아름다운 슬래시 라인을 가꿀 수 있었는데(0.303/0.401/0.529), 최소 7500타석을 소화한 타자 중 3할 타율, 4할 출루율, 5할 장타율에 성공한 16명 중 한 명이 됐다. 이 가운데 스위치히터는 존스밖에 없다.

존스가 때려낸 통산 468홈런은 스위치히터 역대 3위에 해당한다 (미키 맨틀 536홈런, 에디 머리 504홈런). 통산 1623타점은 2위(에디 머리 1917타점), 통산 OPS 0.930은 3위 기록이다(미키 맨틀 0.977, 랜스 버크먼Lance Berkman 0.943).

1위에 오른 항목은 없지만, 존스는 스위치히터의 교과서다. 그 어떤 스위치히터도 존스처럼 양 타석에서 균형 잡힌 성적을 올리지 못했다. 통산 우타석 성적이 0.304/0.391/0.498, 좌타석 성적이 0.303/0.405/0.541였다. 심지어 마지막 시즌에도 우타석과 좌타석에서 기록한 OPS가 비슷했다(우타석 0.821, 좌타석 0.841).

2018년 존스는 명예의 전당 입회를 위한 첫해 투표에서 97.2퍼센트 득표율을 기록하며 입성했다. 타자로는 8번째로 높은 득표율이다. 존스보다 높은 득표율을 얻어 명예의 전당에 오른 스위치히터는 없다. 미키 맨틀을 보고 달려왔던 그가 더 높은 곳에 위치한 것이다. 누군가를 꿈꾸며 달려왔던 스위치히터는, 이제 누군가가 꿈꾸는 스위치히터가 됐다.

2012년 마지막 경기를 마치고
팬들에게 인사하는 치퍼 존스의 모습.

사진 Charles Atkeison

데릭 지터, '캡틴 클러치'

그의 눈이 불타오를 때 더 이상 걱정할 필요가 없다. _조 토레

데릭 지터 Derek Sanderson Jeter, 1974~

유격수, 우투우타

활동 기간 1995~2014(20시즌)

뉴욕 양키스는 가장 규율이 엄격한 팀이다. 양키스에 입단하려면 두발과 수염부터 깔끔히 정리해야 한다. 2020년에 입단한 게릿 콜 Gerrit Cole도 예외가 아니었다.

양키스의 전통은 조지 스타인브레너 전 구단주가 만들었다. 군인 집안에서 자란 스타인브레너는 통일성을 강조했다. 프로 선수라면 용모부터 단정해야 한다는 것이 스타인브레너의 지론이었다.

조지 스타인브레너는 전폭적인 지원을 아끼지 않았다. 하지만 그만큼 구단 문제에 간섭이 심했다. 캡틴을 임명하는 것도 스타인브레너의 지시가 있어야 가능했다. 1995년 돈 매팅리가 떠나고 나서 양키스 캡틴이 한참 공석이었던 이유도 스타인브레너의 허락이 떨어

지지 않아서였다.

조지 스타인브레너가 고집을 꺾은 것은 2003년 6월. 데릭 지터가 마침내 오래전부터 준비된 대관식을 치렀다. 1903년 클라크 그리피스Clark Griffith부터 출발하는 양키스 캡틴의 역사는 베이브 루스(1922년)와 루 게릭(1935~1941년), 서먼 먼슨(1976~1979년) 등이 거쳐왔다. 지터는 16번째 캡틴이었는데, 캡틴을 의미하는 알파벳 C 자를 유니폼에 새기지 않았다. 명예는 그 자체로 명예롭다고 생각했기 때문이다.

지터는 2014년 마지막 경기를 치를 때까지 양키스의 캡틴이었다. 10년 넘게 캡틴 자리를 지킨 양키스 선수는 그가 유일하다. 브라이언 캐시먼Brian Cashman 단장은 지터 이후 양키스 캡틴은 없을 것이라고 말했다. 실제로 양키스는 지터가 은퇴한 뒤 캡틴을 내세우지 않고 있다(사실 리그 전체가 캡틴을 인정하지 않는 추세로, 마지막 공식 캡틴은 2018년 뉴욕 메츠의 데이비드 라이트다).

미스터 베이스볼

뉴저지주에서 태어난 데릭 지터는 네 살 때 미시간주 캘러머주로 이사를 갔다. 하지만 여름방학 때마다 조부모님이 있는 뉴저지주로 놀러 와서 시간을 보냈다. 지터는 양키스 경기를 실컷 볼 수 있는 이 시간을 어느 때보다 기다렸다(할머니가 대단한 양키스 팬이었다).

지터는 어릴 때부터 양키스로 가득했다. 유니폼에 줄무늬를 그렸고, 방에는 데이브 윈필드의 포스터가 붙어 있었다. 아버지와 함께 디트로이트 홈구장을 방문할 때도 관심사는 양키스였다. 지터는 자신이 양키스 선수가 될 것을 확신했다. 매일 스스로에게 주문을 걸었다. 고교 시절 감독에게도 자신은 양키스 유격수로 뛸 예정이라면서 곧 응원 팀을 바꾸게 될 것이라고 장담했다(감독은 메츠 팬이었다).

지터는 축복 받은 재능을 갖고 있었다. 그렇다고 재능만 믿고 나태하지 않았다. 가진 재능 이상으로 많은 땀을 흘렸다. 야구와 농구 중 하나를 결정해야 할 기로에서는 당연히 양키스로 가기 위해 야구를 택했다. 지역에서 지터는 적수가 없었다. 미시간주에서 지터의 별명은 '미스터 베이스볼'이었다.

1992년 드래프트는 최대 유망주가 두 명 있었다. 스탠포드대 외야수 제프리 해먼즈Jeffrey Hammonds와 고교 졸업생 지터였다. 당시 1순위 지명권은 휴스턴이 갖고 있었다.

미시간주를 담당하던 휴스턴의 스카우트는 명예의 전당에 오른 투수 할 뉴하우저였다. 뉴하우저는 무조건 지터를 뽑아야 한다고 주장했다. 그런데 미시간대에서 장학금 제안을 받은 지터는 넉넉한 계약금이 필요해 보였다. 이 부분이 부담스러웠던 휴스턴은 뉴하우저의 의견을 무시하고 플러턴대 3루수 필 네빈Phil Nevin을 뽑았다. 최선을 다해 지터를 설득했던 뉴하우저는 사표를 냈다.

2순위 클리블랜드와 3순위 몬트리올도 지터를 지나쳤다. 4순위 볼티모어는 계약금 97만 5000달러를 주고 제프리 해먼즈를 데려갔다. 5순위 신시내티는 이미 올스타 유격수 배리 라킨이 있었다.

6순위 양키스에 기회가 찾아왔다. 양키스의 스카우트 딕 그로치 Dick Groch는 "그는 대학교에 진학하지 않느냐"는 구단 수뇌부의 물음에 "그는 명예의 전당으로 갈 것"이라고 말했다. 양키스가 건넨 계약금 70만 달러는 휴스턴이 필 네빈에게 준 계약금과 똑같았다.

올스타전 MVP와 월드시리즈 MVP 동시 수상

데릭 지터는 프로 무대에 입성한 첫해 방황했다. 루키리그에서 47경기에 나서 타율 0.202, 싱글A에서도 11경기에 나서 37타수 9안타(0.243)에 그쳤다. 아무리 지터라고 해도 열여덟 소년에게 마이너리그 생활은 고되고 가혹했다. 매일 향수병에 시달리며 힘든 시간을 보냈다.

그대로 주저앉을 지터가 아니었다. 그는 야구는 실패 속에서 교훈을 얻어야 하는 스포츠라는 것을 잘 알고 있었다. 1993년 싱글A 생활을 거치며 한 단계 성장했고, 이듬해 상위싱글A(0.329/0.380/0.428)와 더블A(0.377/0.446/0.516), 트리플A(0.349/0.439/0.492)를 높은 타율로 차례로 휩쓸고 팀 최고 유망주로 올라섰다. 유망주를 전망하는 전문 매체 베이스볼 아메리카는 1994년 올해의 마이너리거로 지터를 선정했다.

하지만 지터는 바로 승격되지 않았다. 불안한 수비가 발목을 붙잡았다. 지터는 1995년 내야수들이 연이어 부상을 당할 때 잠시 메이저리그에 올라갔다가 내려왔다. 다시 트리플A로 내려가라는 통보를 받았을 때는 매우 낙담했다. 함께 트리플A로 돌아간 동료와 울먹이다시피 했다고 한다. 둘은 메이저리그로 돌아가면 다시는 내려가지 말자고 약속했다. 지터와 다짐한 동료는 마리아노 리베라였다.

1996년 양키스는 벅 쇼월터Buck Showalter가 물러나고 조 토레가 새 감독으로 부임했다. 마침 유격수 토니 페르난데스Tony Fernandez가 부상을 입어 시즌을 마감하면서 더 이상 지터를 외면할 수 없었다. 지터는 1962년 톰 트레시Tom Tresh 이후 오랜만에 개막전 유격수로 출장한 양키스 신인이었다.

그해 클리블랜드의 데니스 마르티네즈를 상대로 데뷔 첫 홈런을 작렬했다. 양키스의 리더 폴 오닐은 훗날 "대단한 선수가 나타났다는 것을 모두가 직감했다"고 떠올렸다.

지터는 승승장구했다. 1996년 만장일치로 신인왕을 수상했다(157경기 0.314/0.370/0.430, 10홈런). 그해 월드시리즈 우승까지 이뤄낸 지터는 신인왕과 월드시리즈 반지를 동시에 획득한 역대 7번째 선수가 됐다(총 10명).

모든 것이 뜻대로 풀리면 자칫 방심할 수 있다. 하지만 지터는 흔들리지 않았다. 신인왕을 받고 나서 "야구는 정말 겸손하게 하는 스포츠다. 오늘은 잘했지만, 내일 다시 나빠질 수 있다. 오늘은 상을 받은 기쁨을 만끽하겠지만, 자만심에 빠지는 일은 없을 것이다"고 전했다.

지터는 자신에게 한없이 냉정했다. 오늘의 감정을 내일까지 이어가지 않았다. 끊임없이 자신을 채찍질한 노력이 꾸준한 성적을 올릴 수 있었던 비결이다.

1998년 처음 올스타로 선정된 지터는 이후 올스타 14회, 골드글러브와 실버슬러거 각 5회에 선정되면서 전성기를 누렸다. 2000년에는 올스타전 MVP와 월드시리즈 MVP를 같은 해에 누린 최초의 선수가 됐다. 비록 정규 시즌 MVP는 받은 적이 없지만, 지터는 그라운드를 누빈 20년간 메이저리그의 아이콘이었다. 그 누구도 넘보지 못한 메이저리그의 상징이었다. 매년 인기투표에서 1위를 차지했고, 유니폼도 가장 많이 팔렸다. 자타 공인 최고의 스타였다.

미스터 노벰버, 포스트시즌 200안타

진정한 스타는 승부처에서 탄생한다. 데릭 지터의 진가도 포스트시즌에서 발휘됐다. 그래서 생긴 별명이 '미스터 11월'이다. 지터를 지켜보던 한 선배는 "나의 과거와 그의 미래를 바꾸고 싶다"고 했다. '미스터 10월'로 불린 레지 잭슨이었다.

지터의 포스트시즌은 신인 때부터 남달랐다. 1996년 볼티모어와의 챔피언십시리즈 1차전에서 터진 포스트시즌 첫 홈런은 관중석에 있던 열두 살 소년 제프리 마이어Jeffrey Maier의 도움으로 만들어졌다(소년이 펜스 너머로 손을 뻗지 않았으면 볼티모어의 우익수 토니 타라스코Tony Tarasco가 잡을 수 있었다).

그해 양키스는 월드시리즈에서 애틀랜타와 맞붙었는데, 6차전에서 지터는 추가점을 올려 우승을 확정하는 데 기여했다. 당시 그가 공략한 투수는 1992년부터 1995년까지 4년 연속으로 사이영상을 수상한 그레그 매덕스였는데, 매덕스는 FA로 풀렸을 때 양키스의 제안을 거절했다는 이유로 양키스가 유독 싫어하는 투수였다.

지터는 양키스가 1996년 우승에 이어 1998년부터 2000년까지 3년 연속으로 월드시리즈 우승을 차지하는 데도 혁혁한 공을 세웠다. 이 기간 41경기에 나서 타율 0.309를 기록하고 홈런 5개를 때려냈다.

지터는 2001년 오클랜드와 맞붙은 디비전시리즈 3차전에서 멋진 수비로 팀을 구하기도 했다. 오클랜드의 테런스 롱Terrence Long이 마이크 무시나의 공을 때려 2루타를 쳐냈을 때, 지터는 우익수 셰인 스펜서Shane Spencer의 긴 송구를 낚아채 홈으로 재빨리 던져 질주하던 1루 주자 제러미 지암비Jeremy Giambi를 잡아냈다('더 플립The Flip').

이 수비에 힘입어 양키스는 시리즈 열세를 딛고 일어나 결국 4년 연속 월드시리즈 진출에 성공할 수 있었다.

2001년 애리조나와의 월드시리즈에서도 지터는 집중 조명을 받았다. 4차전 연장 10회 말에 끝내기 홈런을 쏘아 올렸다. 지터에게 홈런을 허용한 애리조나의 마무리 투수는 김병현이었다. 지터는 이 타석에서 0볼 2스트라이크에 몰렸는데, 풀카운트 승부까지 끌고 간 다음 9구째 공에 홈런을 때려냈다. 물론 그해 월드시리즈는 접전 끝에 애리조나가 양키스를 꺾고 우승을 차지했다. 지터는 집중력이 더 높아진다는 이유에서 '0볼 2스트라이크'를 가장 좋아하는 볼카운트로 뽑은 바 있다.

지터의 포스트시즌 맹활약은 세월이 흘러도 계속됐다. 2006년 디트로이트와의 디비전시리즈 1차전에서는 5타수 5안타를 몰아 쳤다. 포스트시즌에서 5타수 5안타 경기를 선보인 선수는 지터 이전에 한 명(1995년 마키 그리솜Marquis Grissom), 지터 이후에 한 명(2008년 칼 크로포드Carl Crawford)이 있다. 이 가운데 홈런을 친 선수는 지터뿐이다.

지터는 2012년 디트로이트와의 챔피언십시리즈 1차전에서 포스트시즌 통산 200안타 고지를 밟았다. 포스트시즌 통산 200안타는 오직 그만이 밟은 영역이다. 지터에 이어 버니 윌리엄스가 128안타로 2위, 현역 선수 중에선 야디에르 몰리나가 101안타로 1위를 달리고 있다. 그러나 이 경기에서 지터는 수비하는 도중 발목이 골절되는 부상을 입었다. 교체되는 상황에서도 승부욕을 드러냈던 이 경기는 그의 마지막 포스트시즌 경기가 됐다.

지터가 있는 동안 양키스는 무려 17차례나 포스트시즌에 올랐다.

그 사이 월드시리즈에 7차례 나가 5차례 우승했다. 지터의 가을이 깊어지는 만큼 양키스의 가을도 찬란히 눈부셨다.

2번 타자, 유격수 안타 1위

데릭 지터는 스테로이드 시대를 지냈지만 홈런으로 리그를 평정하지는 못했다(지터는 데뷔할 때의 몸무게를 은퇴할 때까지 유지했다). 한 시즌 최다 홈런은 1999년에 친 24개로, 통산 홈런 수도 260개에 지나지 않는다. 100타점을 기록한 시즌도 1999년(102타점) 한 번밖에 없다. 그는 개인 타이틀에서 명함을 내밀 수 있는 선수는 아니다.

지터가 가장 많이 배치된 타순은 자신의 등번호와 같은 2번이다 (1471경기). 지터는 2번 타자로서 할 수 있는 일과 해야 할 일을 정확히 파악했다. 매번 해결사를 자처하는 것보다 기회를 제공하거나 확대하는 역할을 수행했다.

통산 타율은 0.310이다. 타격왕에 오른 적은 없어도 안타를 쏟아내는 재주가 탁월했다. 8번의 200안타 시즌은 피트 로즈와 스즈키 이치로(이상 10회), 타이 콥(9회) 다음으로 많은 기록이다. 1996년부터 2012년까지 이어온 17년 연속 150안타 시즌은 역대 최장 타이기록이다(1955~1971년 행크 애런). 2009년 9월 루 게릭의 통산 2721안타를 넘어선 지터는 2011년 7월 10일 데이비드 프라이스David Price를 상대로 홈런을 날려 3000안타 대업을 완성했다. 37세 13일은 3000안타 달성자 가운데 네 번째로 어린 나이였다.

지터는 2014년 홈 고별전에서 9회 말 끝내기 안타를 쳐 마지막 인사를 했다. 이후 보스턴 원정 시리즈에서 안타 두 개를 추가해 통산 3465안타를 기록하고 타석에서 물러났다. 호너스 와그너(3420안타)를 제친 유격수 최다 안타 1위이자 전체 6위에 해당한다.

지터는 타격 기술에 거의 변화를 주지 않았다. 변화를 주더라도 부진을 벗어나면 원래대로 되돌아갔다. 잘 맞는 옷을 오래 입는 것이 그의 스타일이었다. 마흔이 되어서도 반대편으로 타구를 날리는 인사이드 아웃 스윙을 포기하지 않았다.

사공이 많으면 배가 산으로 가는 법이다. 지터는 경기 전 탐색을 최소화했다. 경기 중에도 투수에 대한 정보를 자세히 파헤치지 않았다. 복잡한 생각에 사로잡혀 진짜 승부를 망치는 실수를 피했다. 지터는 최대한 단순해야 한다고 생각했다. 준비 과정이 간단해야 기복 없이 오래갈 수 있다고 믿었다. 지터는 더하는 것보다 덜어내는 것이 중요하다는 사실을 알고 있었다.

99.7퍼센트

2019년 마리아노 리베라는 아무도 하지 못한 일을 해냈다. 득표율 100퍼센트를 기록하며 명예의 전당에 헌액된 것이다. 리베라가 만장일치의 벽을 무너뜨리면서 두 번째 주자는 좀 더 쉽게 나올 것으로 예상했다. 유력한 후보는 단연 데릭 지터였다.

마리아노 리베라보다 1년 늦게 나온 지터는 야수 첫 만장일치를 노렸다. 그러나 투표자 397명 중 단 한 명의 선택을 받지 못했다. 득표율 99.7퍼센트는 켄 그리피 주니어가 받은 득표율 99.3퍼센트를 넘어서는 야수 1위였는데, 만장일치를 기대한 만큼 다소 아쉬웠다.

지터는 왜 명예의 전당 헌액을 위한 투표에서 만장일치를 받지 못했을까. 성적과 명성을 고려하면 만장일치 헌액자로 손색이 없었다. 굳이 결격사유를 고르자면 수비다. 골드글러브 5개를 따낸 유격

2009년 9월 양키스타디움에서 뉴욕 양키스의 최다 안타 기록인 루 게릭의
2721안타를 경신하고 나서 출루해 관중들에게 인사하는 데릭 지터.

사진 Chris Ptacek

수이지만, 수비는 늘 의문점이 있었다. 2003년부터 공개된, 수비 능력을 측정하는 지표인 디펜시브런세이브(DRS)에서 지터가 12년 동안 거둔 수치는 마이너스 152였다. 모든 포지션을 통틀어 최악의 기록이다. 마이너리그에서도 발목을 잡았던 수비는 메이저리그에서도 극과 극을 넘나들었다.

하지만 수비 때문에 평가가 달라지지는 않았다. 지터는 팬들은 물론 선수들의 우상이기도 했다. 유격수가 선풍적인 인기를 누리게 된 것은 그의 힘이 결정적이었다. 최고의 자리에 올라서도 게을리 하지 않는 자기 관리는 모든 선수들이 본받아야 한다.

양키스에 입단한 것은 지터에게 가장 행복한 일이었다. 어린 시절 꿈이 실현되는 순간이었다. 지터는 양키스에 온 것을 하루도 후회하지 않았다. 누구보다 양키스에 어울리는 선수가 돼 '뉴욕의 연인'으로도 불렸다. 양키스는 언제나 지터의 자부심이었고, 지터 역시 양키스의 자부심이었다.

블라디미르 게레로, 배드볼 히터 괴수

**괴물 같은 재능이다. 나는 심지어 파울 타구도
그런 소리를 들어본 적이 없다.** _토니 라루사

블라디미르 게레로 Vladimir Guerrero, 1975~

우익수, 우투우타

활동 기간 1996~2011(16시즌)

    1990년대 중반 메이저리그에 출몰한 블라디미르 게레로는 마치 고대로 돌아가야 볼 수 있는 괴수 같았다. 큰 키(190센티미터)에 길쭉한 팔, 여기에 맨손으로 방망이를 쥐고 나오는 모습은 위압감이 달랐다. 공룡이 사람으로 구현됐다면 그 형체가 게레로였을 것이다(실제로 게레로는 벨로키랍토르와 비교됐다).

    게레로는 야생성이 강했다. 날것 그 자체였다. 스카우트들은 게레로에게서 범상치 않은 기운을 느꼈다. 하지만 그의 숨겨진 발톱을 찾아낸 사람은 단 한 명이었다.

유레카, 몬트리올

1975년 도미니카에서 태어난 블라디미르 게레로는 지독한 가난과 맞닥뜨렸다. 전기와 수도가 끊긴 판자촌에서 공동체 생활을 했다. 게레로에겐 학교를 다니는 것도 사치였다. 또래들이 수업을 들을 때 밭에서 채소를 수확하고 가축들을 키워야 했다.

어려운 환경에서 게레로가 키운 꿈은 야구였다. 그에겐 지역에서 최고의 야구 유망주로 꼽히는 이복형이 있었다. 월턴 게레로Wilton Guerrero였다. LA 다저스 아카데미에서 실력을 키우고 있던 월턴은 가족들의 희망이었다. 게레로도 형을 따라 다저스로 들어가기 위해 트라이아웃에 참가했다. 하지만 다저스는 게레로를 받아들이지 않았다. 스윙이 너무 길고 느리며 체중이 많이 나가는 점이 결격사유였다.

텍사스 레인저스에서도 퇴짜를 맞은 게레로는 몬트리올 엑스포스로 향했다. 몬트리올의 스카우트는 '캐리비언의 상어'로 불리던 프레드 페레이라Fred Ferreira였다. 페레이라는 친구의 오토바이 뒷좌석에서 내린 게레로를 신기하게 쳐다봤다. 머리부터 발끝까지 이상한 점투성이였다. 신고 온 스파이크도 짝이 맞지 않아서 양말을 구겨 넣은 상태였다.

프레드 페레이라는 왜 다른 팀들이 게레로를 외면했는지 이해가 갔다. 그러나 게레로는 60야드(55미터)를 6.6초에 돌파하는 뛰어난 스피드를 자랑했다(다저스가 뚱뚱해서 탈락시킨 게레로는 사실 서서히 살이 빠지고 있었다). 우측 외야에서 뿜낸 송구도 페레이라의 시선을 사로잡았다. 비록 첫 타석에서 유격수 땅볼을 치고 난 뒤 사타구니 부상을 당했지만, 페레이라는 게레로의 타격에 대해 7점 만점에 4점을 쳤다. 그리고 '약점은 발견할 수 없었다'는 의견을 적은 리포트를 제출했다.

프레드 페레이라는 게레로에게 가능성을 내다봤다. 하지만 절대 감정을 드러내지 않았다. 최대한 적은 금액으로 계약하는 것도 스카우트의 임무였다. 페레이라가 내민 돈은 단돈 2000달러, 터무니없이 적은 액수였다(게레로를 태워 온 친구에게 200달러를 쳤다는 후문이 있다).

훗날 이 사실을 알게 된 스포츠일러스트레이티드는 1993년 몬트리올이 게레로와 맺은 계약을 야구 역사상 두 번째로 좋은 계약이라고 보도했다. 첫 번째는 1920년 뉴욕 양키스가 데려온 베이브 루스였다. 당시 양키스는 보스턴에 12만 5000달러를 주고 루스를 영입했다. 게레로의 계약이 얼마나 헐값에 이뤄졌는지 실감할 수 있다.

호타준족, 어시스트 1위

몬트리올이 2000달러에 사들인 보석은 이내 빛을 발휘했다. 1994년 루키리그를 치른 블라디미르 게레로는 1995년 싱글A에서 110경기에 나서 0.333/0.383/0.544를 기록했다. 2루타(21개), 3루타(10개), 홈런(16개), 도루(12개) 모두 두 자릿수였다.

싱글A 팀의 더그 시슨Doug Sisson 감독은 게레로의 태도에 높은 점수를 쳤다. 험악하게 보이는 외모와 달리 그는 언제나 웃음을 잃지 않았다. 불평불만 없이 매사에 긍정적이었다. 시슨은 "어린 시절 야구를 할 때처럼 천진난만한 모습"이라고 설명했다. 힘들게 야구를 했던 게레로는 마음껏 야구를 하는 것만으로도 즐거웠다.

싱글A를 초토화한 게레로는 1996년 더블A도 가뿐히 접수했다

(118경기 0.360/0.438/0.612, 19홈런). 그리고 그해 9월 20일 메이저리그 데뷔전을 치렀다. 9경기에 나서 27타수 5안타(0.185)에 그쳤지만, 더 이상 게레로를 의심하는 이는 없었다. 1997년 게레로는 유망주 순위에서 애틀랜타의 앤드루 존스에 이은 전체 2위에 올랐다.

1997년 게레로는 스프링캠프에서 왼발 골절상을 입어 5월 4일에야 시즌 첫 경기에 나섰다. 6월 4일 뉴욕 메츠전에서는 무시무시한 홈 송구를 선보여 강렬한 인상을 남겼다. 워닝 트랙에서 던진 공은 단 한 번의 바운드로 포수 대린 플레처Darrin Fletcher에게 전달됐다. 이 장면을 본 메츠의 감독 바비 밸런타인Bobby Valentine은 "그에겐 더 큰 구장이 필요하다"고 말했다.

주자들은 게레로의 송구를 시험해보곤 했다. 그럴 때마다 게레로는 괴력을 확인시켜줬다. 게레로가 완전히 지명타자로 돌아선 때는 2009년인데, 그 이전까지 기록한 통산 어시스트는 127개였다. 메이저리그 최다 1위였다(같은 기간 2위 마크 캇세이Mark Kotsay 116개).

1997년 게레로는 신인왕 투표 6위로 시즌을 마쳤다(90경기 0.302/0.350/0.483). 성적은 준수했지만, 시즌 도중 부상자 명단에 한 번 더 다녀왔다. 당시 어머니를 몬트리올로 모셔온 게레로는 어머니가 해주는 집밥을 먹고 심리적 안정을 찾았다. 또 펠리페 알루Felipe Alou 감독과 선배 페드로 마르티네스가 적응하는 데 도움을 줬다. 특히 마르티네스는 게레로가 혹시 길을 잃어버릴 것을 대비해 자신의 집 주소를 적어줬다.

1998년 게레로는 타율 0.324 38홈런 109타점을 기록하면서 발톱을 드러냈다. 시즌이 끝나고 몬트리올은 게레로에게 5년 2800만 달러 계약을 선물했다. 마음이 편안해진 게레로는 야구에 더 집중할 수 있었다. 그해 시즌 중반에 이복형 윌턴이 트레이드를 통해 몬트리올로 오면서 가족이 함께 지낸 것도 게레로에겐 행복이었다.

괴수의 리그 침공은 한층 거세졌다. 게레로는 1999년 타율 0.316 42홈런 131타점, 2000년 타율 0.345 44홈런 123타점을 기록하며 2년 연속으로 실버슬러거를 수상했다. 2001년에는 34홈런 37도루를 기록해 팀 역대 첫 번째로 30홈런 30도루 클럽에 가입했다 (0.307/0.377/0.566). 2002년에도 30홈런 30도루를 넘어섰다. 그해 39홈런 40도루를 기록했는데 홈런 하나가 오심에 의해 희생되지 않았다면 40홈런 40도루를 달성할 수 있었다(0.336/0.417/0.593).

게레로의 주가가 날이 갈수록 치솟은 반면, 몬트리올은 야구 도시로서의 지위를 잃어갔다. 매년 하위권을 맴돌면서 흥행 몰이에도 실패했다. 1998년 이후 관중 동원에서 리그 최하위를 벗어나지 못했다. 그러자 구단주 제프리 로리아Jeffrey Loria는 몬트리올을 정리하고 플로리다 말린스를 인수했다. 이 시기 미네소타 트윈스도 구장 문제를 두고 주 정부와 대립하면서 28구단 체제가 수면 위로 떠올랐다.

결과적으로 리그가 축소되는 사태는 일어나지 않았다. 미네소타가 주 정부와 극적으로 합의에 도달하면서 계획이 전면 무산됐다(몬트리올은 2005년 워싱턴 내셔널스가 된다). 한편 몬트리올을 탈출한 제프리 로리아는 선수 두 명을 플로리다로 데려갈 수 있게 해달라고 요청했다. 투수 하비에르 바스케스Javier Vazquez와 게레로였다.

아메리칸리그 제패
구단 해체가 논의되고 있는 어수선한 분위기에도 블라디미르 게레로는 흔들리지 않았다. 2003년 시즌엔 부상을 입어 50경기를 놓쳤지만 여전히 수준급의 성적을 기록했다(0.330/0.426/0.586). 9월 15일 메츠전에서는 사이클링히트도 달성했다.

8년간의 몬트리올 생활을 끝낸 게레로는 2003년 겨울 FA 시장에 나왔다(몬트리올이 5년 7500만 달러 계약을 제안했지만 받아들이지 않았다). 여러 팀이 접촉한 가운데 승자는 애너하임 에인절스(현 LA 에인절스)였다. 새 구단주 아트 모레노Arte Moreno는 공격적인 투자를 통해 팀을 강화하는 중이었고, 5년 7000만 달러에 게레로를 영입하면서 방점을 찍었다. 메츠 역시 게레로에게 5년 7100만 달러를 제안했는데 메츠는 게레로의 부상을 우려해 3년 3000만 달러만을 보장했다.

2004년 게레로는 단숨에 아메리칸리그를 제패했다. 타율 0.337를 기록하며 39홈런과 126타점을 쓸어 담았다. 206안타는 안타왕을 거머쥔 2002년과 타이기록이었고, 데뷔 후 가장 많은 124득점은 리그 1위였다.

타율 0.330과 더불어 200안타 30홈런 120타점 120득점을 모두 이뤄낸 아메리칸리그 타자는 1996년 알렉스 로드리게스가 있었다. 그런데 그 전으로 치면 아메리칸리그 타자는 59년 전까지 올라가야 한다. 조 디마지오와 루 게릭, 행크 그린버그였다. 그리고 2004년 게레로 이후 이 기록을 달성한 아메리칸리그 타자는 없다.

게레로가 활개를 치면서 에인절스는 다시 서부 지구 1위를 탈환했다. 시즌이 끝나고 발표된 그해 리그 MVP는 게레로였다. 1979년 돈 베일러에 이어 팀 역대 두 번째 MVP였다. 리그를 이동한 선수가 곧바로 MVP를 따낸 경우는 게레로가 5번째였다(1966년 프랭크 로빈슨, 1972년 딕 앨런, 1984년 윌리 에르난데스Willie Hernandez, 1988년 커크 깁슨(Kirk Gibson).

2004년 게레로는 첫 포스트시즌에 나섰다. 디비전시리즈 3차전에서 만루 홈런을 때려냈지만, 시리즈 성적은 12타수 2안타(0.167)에 그쳐 부진했다. 게레로는 아메리칸리그로 온 뒤 포스트시즌에 자주 나갔다. 2009년 보스턴과의 디비전시리즈 3차전에서는 9회 초 역전 2타점 적시타를 때려 팀의 승리를 이끌었다. 2010년 텍사스로 이적해서도 챔피언십시리즈 6차전에서 결승 2타점 2루타를 때려냈다.

하지만 게레로의 가을은 그리 돋보이지 않았다. 정규 시즌 성적을 감안하면 오히려 아쉽게 느껴졌다(통산 44경기 0.263/0.324/0.339). 게레로는 월드시리즈 우승 반지를 얻지 못했는데, 2010년 월드시리즈 성적은 14타수 1안타(0.071)로 초라했다.

2005년 서른이 된 게레로는 또 다른 MVP 시즌은 만들지 못했다. 하지만 2005년과 2007년엔 MVP 투표 3위를 차지할 정도로 만족스러운 성적을 거뒀다. 2009년 옵션까지 행사한 게레로의 계약은 지금도 에인절스 역사상 가장 성공한 계약으로 꼽힌다. 다만 게레로는 고질적인 무릎 통증 때문에 점점 수비와 멀어졌다. 반쪽짜리 선수로 전락하면서 활용도가 떨어졌고 뛸 수 있는 팀도 크게 줄어들었다.

게레로는 에인절스와 계약이 종료된 뒤 2010년 텍사스(0.300/0.345/0.496), 2011년 볼티모어(0.290/0.317/0.416)에서 활약했다. 타석에서 괴수 본능은 변함이 없었는데, 공교롭게도 전성기가 지난 시점에서 타자 친화적 구장을 홈으로 썼다(몬트리올 올림픽스타디움은 우타자가 홈런을 치기 매우 어려운 곳이었다).

2012년 게레로는 토론토와 마이너리그 계약을 맺었다. 하지만 메이저리그에 올라오지 못하고 그대로 은퇴했다. 통산 13번의 3할 타율 시즌을 보내고 12년 연속(1997~2008년)으로 300타석 이상 3할 타율을 넘긴 게레로는 통산 타율 0.318를 기록했다. 여기에 449홈런을 쏘아 올렸다. 400홈런을 친 역대 57명 중 게레로보다 타율이 높은 선수는 테드 윌리엄스, 베이브 루스, 루 게릭, 스탠 뮤지얼, 지미 폭스가 전부다.

배드볼 히터, 초구 홈런

블라디미르 게레로에게 배드볼은 떼려야 뗄 수 없는 키워드다. 정상 범주에서 벗어난 타자였던 게레로는 복잡한 수 싸움을 하지 않았다. 그냥 눈에 보이면 다 때려냈다. 스트라이크인지 볼인지도 중요하지 않았다. 존을 벗어난 공, 심지어 원 바운드 공에도 방망이를 휘둘렀다. 투수 입장에서는 양 타석에 모두 서 있는 착각이 들 정도였다.

게레로는 초구를 가장 좋아했다. 통산 449홈런 중 126홈런이 초구 홈런이었다. 정확한 투구 수 집계가 이루어진 1988년 이후 게레로보다 초구 홈런이 많은 타자는 없다(마크 맥과이어 124홈런, 배리 본즈 122홈런). 데뷔 첫 안타와 데뷔 첫 홈런 역시 초구를 공략했다. 게레로에게 초구는 건드리기 아까운 공이 아니었다. 투수가 타자에게 주는 처음이자 마지막 선물이었다.

게레로는 공을 편식하지 않았다. 다른 타자들이면 지나칠 공도 집어삼켰다. 남들은 치지 않는 배드볼이 게레로에겐 치기 딱 좋은 공이었다. 배드볼의 기준이 달랐다.

게레로는 1996년 9월 22일 애틀랜타전에서 첫 홈런포를 가동했다. 상대는 애틀랜타 마무리 마크 월러스Mark Wohlers였다. 그해 올스타로 뽑힌 월러스는 바깥쪽 낮은 곳에 공을 던졌다. 완벽히 제구가 된 공이었는데, 게레로는 아무렇지 않게 밀어 쳐서 우측 담장을 넘겼다. 게레로를 제외한 모두가 충격에 빠졌다.

이 홈런은 시작에 불과했다. 게레로는 스트라이크존뿐 아니라 아웃 존까지 다 커버했다. 2009년 8월 15일 볼티모어전에서는 크리스 틸먼Chris Tillman의 원 바운드 커브를 툭 걸어 올리더니 안타로 만들었다. 볼티모어의 해설위원 짐 파머는 "태어나서 처음 보는 장면"이라며 놀라워했다.

게레로의 모든 안타는 우연히 나오지 않았다. 게레로는 손과 눈의 협응력이 뛰어났고, 강인한 긴 팔에 의한 배트 컨트롤이 천부적이었다. 이러한 재능 덕분에 선구안이 떨어졌지만 통산 출루율 0.379를 기록할 수 있었다.

웬만한 공은 통하지 않았던 게레로는 통산 고의사구가 250개로 역대 최다 7위였다(1위 배리 본즈 688개). 오클랜드의 밥 게런Bob Geren 감독은 게레로가 나오자 주자가 아무도 없는 상황인데도 고의사구를 지시하기도 했다(화가 난 투수 조 블랜턴Joe Blanton은 92마일짜리 빠지는 공을 던졌다). 애매하게 거르면 반드시 대가를 치르게 했던 게레로는 오늘날 자동 고의사구 규정의 밑바탕이 된 타자다.

게레로를 만나 자존심을 구긴 투수들이 여러 명이다. 그중 한 명이 케빈 브라운Kevin Brown이었다(43타석 0.450/0.488/0.875). 브라운은 답답한 마음에 '게레로 매뉴얼'을 구하러 다닌 적이 있다. 게레로의 몬트리얼 시절 동료 F. P. 산탄젤로F. P. Santangelo가 브라운에게 말했다.

"한가운데로 던지고 나서 야수 정면으로 가기를 기도해."

2017년 명예의 전당 입회를 위한 투표에서 고배를 마신 게레로는 다음 해 92.9퍼센트 득표율을 기록하며 명예의 전당에 들어갔다. 상식이 통하지 않는 막무가내로 덤비는 타입이었지만 그동안 볼 수 없었던 희귀한 선수였다. 물론 앞으로 또 언제 볼 수 있을지도 장담할 수 없다.

2011년 5월 볼티모어 오리올스에서
지명타자로 뛰던 시절의 블라디미르 게레로.

사진 Keith Allison

우리 시대의 레전드들

스즈키 이치로, 끝없는 자기 관리

나는 자신과의 약속을 한 번도 어긴 적이 없다. _스즈키 이치로

스즈키 이치로 鈴木一朗 "イチロー", 1973~

우익수, 우투좌타

활동 기간 2001~2019(19시즌)

1994년 메이저리그는 선수 파업으로 시즌이 중단됐다. 포스트시즌마저 취소되는 초유의 사태였다. 당시 빌 클린턴 대통령이 직접 중재에 나서기도 했다. 이듬해 시즌이 재개됐지만 양측의 감정싸움에 팬들은 마음이 떠난 상태였다. 1995년 메이저리그는 평균 관중수가 2만 명대로 떨어졌고, 암흑기는 한동안 이어졌다.

메이저리그가 위기를 벗어나기 위해 집어든 카드는 홈런이었다. 1998년 마크 맥과이어와 새미 소사 간의 역사적인 홈런 대결이 펼쳐지면서 다시 인기가 높아졌다(맥과이어 70홈런, 소사 66홈런). 그러면서 너도 나도 홈런을 치는 시대가 도래했다.

홈런 열풍이 절정에 달한 것은 2000년이었다. 시즌 전체 5693홈

런은 역대 최다 기록이었다. 2위 기록이 1999년 5528홈런이었다
(2017년 6105홈런, 2019년 6776홈런으로 경신된다). 리그 평균 장타율
0.437도 부동의 1위를 고수했다. 사람들은 펑펑 터지는 홈런에 열광
했으며, 타자들도 모든 타석에서 홈런을 노렸다. 하지만 시간이 지나
감춰졌던 어두운 진실이 드러나면서, '홈런의 시대'는 '스테로이드의
시대'가 됐다.

홈런만이 전부였던 그 시절, 스즈키 이치로의 등장은 무척 신비로
웠다. 일본에서 넘어온 이치로는 데드볼 시대 최강의 타자 타이 콥
이 부활한 것 같았다. 획일화된 리그에 다양성을 불어넣었고, 잊혀진
야구의 매력을 상기시킨 존재였다.

일본, 7년 연속 타격왕

1973년생 스즈키 이치로의 고향은 일본 아이치현 도요야마다. 야
구광이었던 아버지는 이치로가 세 살이 되던 해 글러브를 선물로 사
줬다. 이치로는 단순히 글러브를 사용하는 데 그치지 않았다. 아버지
로부터 글러브를 손질하고 관리하는 법을 배웠다.

일곱 살 때 야구팀에 들어간 이치로는 또래보다 더 야구를 잘하
고 싶었다. 그래서 아버지에게 야구를 가르쳐달라고 보챘다. 아버지
는 하루도 거르지 않고 매일 훈련을 해야 한다고 조건을 달았다. 이
치로는 흔쾌히 받아들였다. 그날 이후 이치로의 하루는 고된 훈련의
반복이었다. 아버지는 이치로가 모든 포지션을 볼 수 있도록 세부적
으로 가르쳤다. 특히 오른손잡이였던 이치로를 왼쪽 타석에 서게 했
다. 왼쪽 타석이 1루 베이스에 더 가까우니 출루하기에 유리하다는
이유에서다.

아버지는 날씨가 덥거나 추워도 사정을 봐주지 않았다. 비가 내리고 눈이 와도 훈련은 계속됐다. 어린 이치로는 매일 녹초가 되어 쓰러졌다. 하지만 몸은 힘들어도 마음은 즐거웠다. 이치로는 모든 훈련이 최고가 되는 과정이라고 생각했다.

노력은 배반하지 않았다. 이치로는 지역의 야구 명문인 메이덴 고교에 입학했다. 아버지는 감독을 찾아가 "이치로가 아무리 잘해도 절대 칭찬하지 말아주십시오. 정신적으로 강하게 키워야 합니다"라고 부탁했다. 그런 환경에서 이치로는 아무리 뛰어난 성적을 올려도 만족하지 않았다. 완벽에 완벽을 추구하는 선수가 됐다. 한편 이치로의 고교 3년간 통산 타율은 0.501였다.

1991년 11월, 이치로는 드래프트 4라운드 41순위로 오릭스 블루웨이브(현 버팔로스)의 지명을 받았다. 많은 팀이 이치로의 왜소한 체구(177센티미터 56킬로그램)을 꺼려했다. 내심 고향 팀인 주니치 드래곤즈에서 뛰고 싶었던 이치로는 실망했다.

이치로는 2군에서 좋은 성적을 남겼다. 타율이 1992년 0.366, 1993년 0.371였다. 2군 통산 타율은 0.368에 달했다. 그런데 1군만 올라오면 위축됐다. 1992년 40경기에서 타율 0.254, 1993년 43경기에서 불과 0.188를 기록했다. 데뷔 첫 홈런을 노모 히데오를 상대로 때려냈지만, 주전으로 도약하기엔 턱없이 부족했다.

전환점을 맞이한 건 1994년이었다. 오기 아키라仰木彬 감독이 오릭스에 부임하면서 이치로에게 힘을 실어줬다. 다들 이치로의 타격 폼이 특이하다고 했지만, 오기는 그의 타격 폼이 특별하다고 생각했다. 절대 이치로에게 기술적인 변화를 요구하지 않았다. 오히려 1번 타자로 기용하며 그가 날개를 활짝 펼 수 있도록 지원했다. 오기의 안목과 결단에 힘입어 일본 프로야구는 전설적인 선수를 얻을 수 있었다.

1994년 이치로는 210안타를 쳐내 일본 프로야구 최다 안타 신기록을 수립했다. 그해 이치로의 타율은 무려 0.385였다. 그해 리그 MVP를 수상한 이치로는 이후 3년 연속으로 MVP를 차지했다. 1996년에는 19년 만에 오릭스를 일본시리즈 왕좌에 올려놓았다.

2000년 이치로는 7년 연속으로 타율 1위를 휩쓸었다. 일본 야구사에 없었던 대기록이었다. 그해 이치로는 1994년을 뛰어넘는 타율 0.387를 기록했다. '타격의 신'이었다. 더 이룰 것이 없었던 그는 더 높은 무대로 시선을 돌렸다.

신인왕과 MVP 동시 석권

스즈키 이치로는 일본 프로야구 9년간 통산 성적이 0.353/0.421/0.522였다(데뷔 첫 두 시즌을 제외하면 타율은 0.359다). 홈런 타자는 아니었지만 매년 두 자릿수 홈런을 쏘아 올렸다(118홈런). 빠른 발을 앞세워 장타도 곧잘 만들어냈다.

이전부터 메이저리그 준비를 하고 있던 이치로는 욕심을 버렸다. 일본에서처럼 정확성과 파워를 모두 안고 가는 건 현실적으로 무리였다. 자칫 둘 다 놓치게 될 위험이 있었다. 이에 강점을 더 부각하는 변화를 줬다. 자신의 전매특허인 진자 타법을 축소하면서 메이저리그 강속구에 대비하기로 했다.

이치로는 포스팅 시스템을 통해 메이저리그에 노크했다. 단독 교섭권을 따낸 팀은 시애틀 매리너스였다. 이치로를 눈독들이고 있던 시애틀은 일본 측에 1312만 5000달러를 지불한 뒤 3년 1400만 달러 계약을 안겨주고 이치로를 영입했다.

이치로는 메이저리그에 발을 내딛은 첫 일본인 야수였다. 아시아 야수 중에서도 최초였다. 이치로에게 일본 야구의 자존심이 걸려 있다고 해도 과언이 아니었다. 그렇다 보니 스프링캠프에서부터 취재 열기가 뜨거웠다. 그의 모든 행동이 카메라에 찍히고 기사로 쓰였다. 누군가는 이치로가 스윙을 몇 번이나 하는지 살펴봤다.

이치로는 쏟아지는 관심이 부담스러웠다. 만약 다른 선수였다면 중압감에 시달려 무너졌을지도 모른다(이치로는 어린 시절 아버지의 조언으로 멘탈 관리를 대단히 잘해왔다). 무엇보다 시애틀 루 피넬라 감독과 일부 동료들은 요란스러운 이 상황이 달갑지 않았다. 그들에게 이치로는 아무것도 보여준 것이 없는 신인이었다.

이치로는 스프링캠프 초반에 날카로운 타구를 때려내지 못했다. 툭 밀어 쳐서 좌측으로 타구를 보내는 것이 전부였다. 감독을 비롯해 대다수 사람들이 이치로가 힘에서 밀린다고 생각했다. 개막도 하기 전에 회의적인 분위기가 감돌았다. 루 피넬라는 "메이저리그에서 그에게 타율 0.370을 기대하는 건 불공평하다"고 말했다.

이치로는 신경 쓰지 않았다. 그저 해온 대로 타격감을 조율했다. 모두가 초조함을 감추지 못한 가운데 루 피넬라가 이치로를 불러 타구를 당겨 칠 수 없는지 물었다. 피넬라의 의중을 알아차린 이치로는 경기 첫 타석에서 타구를 잡아 당겨 담장 밖으로 보냈다. 더그아웃에 돌아온 뒤 피넬라에게 만족하는지 되물었다. 피넬라는 더 이상 이치로를 걱정하지 않았다. 한편 이치로의 천재성이 담긴 이 일화는 피넬라가 직접 말한 버전과 벤치코치 존 매클래런John McLaren이 전한 버전이 있다(어감이 조금 다르다).

이치로는 달라지지 않았다. 뛰는 무대가 바뀌었을 뿐 변함없이 리그를 휘저었다. 2001년 이치로는 타율(0.350), 안타(242개), 도루(56개)에서 리그 1위에 올랐다. 242안타는 종전 신인 최다인, 1927년 로이드 웨이너가 세운 223안타를 74년 만에 갈아 치운 기록이었다. 이치로는 골드글러브와 실버슬러거를 포함해 신인왕과 MVP도 석권했다. MVP까지 독식한 신인은 1975년의 프레드 린에 이어 이치로가 두 번째였다.

이치로가 센세이션을 일으킨 2001년 시애틀은 정규 시즌에서 116승을 올렸다. 1906년 시카고 컵스가 세운 115승을 넘어서는 정규 시즌 최다승이었다. 시애틀은 디비전시리즈에서 힘겹게 클리블랜드를 꺾었다(3승 2패). 그런데 챔피언십시리즈에서 뉴욕 양키스에 가로막혔다(1승 4패). 시애틀의 마지막 포스트시즌 나들이였다.

이치로는 극과 극의 포스트시즌을 보냈다. 디비전시리즈에서 20타수 12안타(0.600)의 맹타를 휘둘렀지만, 챔피언십시리즈는 18타수 4안타(0.222)에 그쳐 기세가 꺾였다. 양키스의 조 토레 감독은 투수들에게 "이치로를 각별히 조심하라"고 주문했다.

262안타, 10년 연속 200안타

이치로의 MVP는 2001년이 끝이었다. 하지만 그의 질주는 2001년이 시작이었다. 이치로는 36세 시즌인 2010년까지 10년 연속으로 3할 타율을 이어갔다. 같은 기간 통산 타율은 앨버트 푸홀스만이 근소하게 더 높았다(푸홀스 0.3314, 이치로 0.3310). 물론 푸홀스는 21세~30세 시즌이었다(나이를 속였다는 의혹이 있지만).

이치로는 안타 생산력이 압도적이었다. 남들에게 내야 땅볼이 이치로에겐 내야 안타였다. 내야수가 잠시라도 주춤하면 이치로는 이미 1루 베이스에 도달해 있었다. 이치로가 타석에 들어서면 내야진이 모두 긴장했다.

이치로는 메이저리그 첫 10시즌 동안 2244안타를 때려냈다. 역대 데뷔 첫 10시즌 최다 안타로, 이치로 말고 2000안타를 친 타자는 폴 웨이너(2036안타)뿐이다(앞서 언급한 로이드 웨이너의 형이다). 메이저리그 진출 이후 한 번도 200안타를 놓치지 않았다. 10년 연속 200안타는 전무후무한 기록이었다(데드볼 시대를 뛴 윌리 킬러가 1894년부터 1901년까지 8년 연속 200안타를 때려낸 바 있다).

2004년 이치로는 극강의 타격감을 자랑했다. 타율 0.372에 262안타를 기록했다. 1920년 257안타를 친 조지 시슬러를 내리고 단일 시즌 최다안타왕에 등극했다. 시슬러와 같은 154경기에서는 251안타였는데, 남은 7경기에서 11안타를 몰아 쳤다. 메이저리그 역사의 한 획을 그은 이치로는 "커리어 최고의 순간"이라고 말했다.

통산 두 번째 안타왕 타이틀을 획득한 이치로는 2006년부터 2010년까지 5년 연속으로 안타왕에 올랐다. 안타왕 타이틀을 7회 이상 거머쥔 세 번째 선수였다. 앞선 두 명은 타이 콥(8회)과 토니 그윈(7회)이다.

이치로의 안타는 단타로 도배되어 있다. 첫 10년간 때려낸 2244안타 중 81.3퍼센트에 해당하는 1825안타가 단타다. 이치로가 오기 전까지 단일 시즌에 단타만 200개를 친 타자는 아무도 없었다(2004년 이치로 225개, 2007년 이치로 203개). 이치로의 단타는 빠른 발을 활용한 번트도 한몫했다. 2001~2010년 10년간 성공한 번트히트 57개는 전체 10위(1위 후안 피에르 175안타) 기록이다. 놀라운 건 번트히트를 만들어낸 비중이었다. 번트히트 30개 이상 친 37명 가운데 번트히트

성공률이 50퍼센트가 넘는 선수는 이치로가 유일하다(50.9퍼센트).

이치로가 첫 10년 동안 놓치지 않은 건 200안타만이 아니다. 매년 올스타전에 나선 이치로는 최고의 우익수이기도 했다. 10년 연속 골드글러브를 따낸 외야수 5명 중 한 명이다(로베르토 클레멘테와 윌리 메이스 12년, 켄 그리피 주니어와 앤드루 존스 10년). 어릴 때부터 단련된 어깨는 투수들을 지키는 방패였다. 첫 10년 통산 어시스트 89개는 외야수 2위(바비 아브레유Bobby Abreu 90개)에 해당한다. 2002년부터 집계된 디펜시브런세이브도 칼 크로포드 다음으로 높았다(크로포드 80, 이치로 78).

이치로는 남들과 다른 야구를 펼쳐 메이저리그를 발칵 뒤집어놓았다. 차별화된 방식을 내세워 정상에 군림했다. 일본에서는 이치로 신드롬이 일어났다. 2007년 일본으로 건너간 투수 라이언 보겔송 Ryan Vogelsong은 "모든 곳에서 이치로를 볼 수 있었다"고 증언했다.

자기 관리

메이저리그에서 스즈키 이치로의 성적은 두 구간으로 나뉜다. 첫 10시즌과 나머지 9시즌이다. 27~36세에 해당하는 첫 10시즌에 평균 224안타와 38도루(0.331/0.376/0.430)를, 37~45세 시즌인 나머지 9시즌은 평균 94안타와 14도루를 기록했다(0.268/0.309/0.342). 아무리 이치로라고 해도 세월을 거스르지는 못했다.

시애틀과의 2018~2019년 계약은 예우 차원에서 맺어졌다. 2018년 15경기에 나서 타율 0.205를 기록한 이치로는 그해 5월부터 구단 직원으로 일했다. 2019년 마이너리그 계약도 3월 도쿄돔에서 개최되는 일본 개막 시리즈를 위한 것이었다. 그렇게 이치로는 3월 22일 오클랜드전에서 마지막 인사를 건네고 은퇴를 선언했다.

평소 이치로는 50세까지 선수 생활을 하고 싶다고 밝혔다. 비록 목표는 이루지 못했지만, 오랜 시간 큰 부상 없이 선수 생활을 지속했다. 롱런이 가능했던 비결은 끊임없는 자기 관리였다. 이치로는 스스로에게 가장 엄격했다.

이치로가 중요하게 여긴 건 습관이었다. 해야 할 일들이 몸에 배도록 실천했다. 이치로는 경기 시간에 맞춰 취침과 기상 시간을 정해놓았다. 시력을 지키려고 눈에 피로감을 주는 일도 가급적 하지 않았다. 철저한 식단 조절로 몸무게를 유지했고, 부상 방지를 위해 수시로 스트레칭을 했다. 늦가을이 되면 모든 야구가 끝이 났지만, 그의 야구는 겨울에도 끝나지 않았다.

과거 아버지와 한 약속은 자신과의 약속이기도 했다. 이치로는 메이저리그에 와서도 훈련에 충실했다. 단 하루도 나태하지 않았다. 마이애미에서 이치로와 함께 뛴 디 스트레인지-고든Dee Strange-Gordon은 이치로가 훈련하는 걸 지켜보더니 "그가 평생 야구를 했으면 좋겠다"고 말했다. 이어서 "만약 그가 야구를 안 한다면 죽을 것 같다"고 덧붙였다.

이치로를 곱지 않게 보는 부류도 있었다. 이치로는 팀보다 개인 성적에 더 집착한다는 비판을 받았다. 팀을 대표하는 선수였지만 팀 문제에 적극적으로 나서지 않았다. 감독 및 동료들과 불화가 생겼고, 애드리안 벨트레는 공개적으로 불만을 드러냈다(마이크 하그로브 감독 역시 이치로와 마찰을 빚으면서 경질됐다).

하지만 이치로가 훌륭한 선수라는 사실에는 이견이 없었다. 시애틀을 떠난 뒤 양키스를 거쳐 2015년 마이애미로 온 이치로는 이듬해 역대 30번째 3000안타 달성자가 됐다. 메이저리그 통산 기록은 3089안타 1420득점 117홈런 509도루였다(0.311/0.355/0.402). 일본 프로야구에서 친 1278안타를 더하면 도합 4367안타가 된다. 메이저리그 역대 최다안타 1위인 피트 로즈(4256안타)보다 많은 기록이다.

실제로 켄 그리피 주니어는 ESPN과의 인터뷰에서 "메이저리그 안타왕은 피트 로즈다. 그러나 전 세계 안타왕은 이치로다"라고 말했다. 한편 피트 로즈는 "그렇게 따지면 (자신의) 마이너리그 기록도 합산해야 한다"고 맞받아쳤다(통산 4683안타).

메이저리그에서 거대한 족적을 남긴 이치로는 2025년 명예의 전당 입회를 위한 자격을 얻는다. 첫해 투표에서 입성이 유력하다는 여론이 지배적이다. 명예의 전당에 들어가는 최초의 아시아 선수가 탄생하는 건 시간문제다.

이치로는 여전히 야구를 하고 있다. 야구는 아직도 그의 곁에 있다. 2021년에도 시애틀 스프링캠프에서 후배들의 시즌 준비를 돕는 데 여념이 없었다. 힘이 다할 때까지 야구를 놓지 않을 것이다. 그게 이치로의 야구다. 그리고 이치로의 인생이다.

2009년 7월 올스타전 앞서 클럽하우스에서
버락 오바마 대통령을 만나는 스즈키 이치로. **사진 Pete Souza**

메이저리그 전설들 1
야구공을 파괴한 타자들

2022년 2월 15일 1판 2쇄 발행
2021년 10월 15일 1판 1쇄 발행

지은이 김형준, 이창섭
펴낸이 임후성   펴낸곳 북콤마
디자인 sangsoo   편집 김삼수

등록 제406-2012-000090호
주소 (413-756) 경기도 파주시 문발동 파주출판단지 534-2 201호
전화 031-955-1650   팩스 0505-300-2750
이메일 bookcomma@naver.com
블로그 bookcomma.tistory.com

ISBN 979-11-87572-33-6   04690
     979-11-87572-32-9   (세트)

, BOOKcomma